사랑도 명예도
이름도 남김없이

백기완
나의 한살매

사랑도 명예도 이름도 남김없이

한겨레출판

머리말

다시 반딧불이를 찾아서

내가 대여섯 살 적이다. 밤하늘을 날아가는 콩알만 한 불빛이 하도 멋있어 나보다는 한 서너 살 위인 어느 언니한테 물었다.

"언니, 저게 뭐야."

"응, 저거, 반딧불이지."

"반딧불이? 반딧불이는 왜 밤하늘을 날아가는 거야. 저네 집은 아궁이 아니야."

"응, 저기 저 숲속으로 가는 거야. 거기엔 반딧불이의 어머니가 있거든."

쪼매난 불빛이 어머니를 찾아간다는 말에 나는 그만 뭉클, 대뜸 와라와라 쫓아 들어갔다. 그러나 된통 시꺼먹고(혼나고) 말았다. 캄캄한 숲속엔 끄름(그을음) 같은 어두움밖에 없었기 때문이다.

몇 날 뒤 또 물었다.

"언니, 반딧불이를 따라가 보았어. 그런데 아무것도 없던데."

"야 임마, 가다가 마니까 그렇지. 끝까지 가보아야지."

"끝까지 가보아야 한다"는 그 말에 또다시 시껌, '이참엔 끝을 보고야 말리라' 하고 깊이깊이 들어갔다가 길을 잃고 말았다. 허둥지둥, 마침내 무지 땀으로 범벅이 되어 나오는 내 꼴을 본 그 언니의 말이었다.

"못난 놈. 넌 임마, 반딧불이만도 못하구나."
'뭐, 날더러 반딧불이만도 못하다고?'

어릴 때 그 한마디는 내 한살매(일생)를 내려치는 채찍 같았다. 그때부터 나는 무어든 하기를 차름(시작)하기만 하면 끝까지 해보려고 해왔다.

'그렇다, 사람은 꾀로 되는 게 아니다. 억척같은 끈기, 그도 아니면 목꽂이(온몸으로 들이대는 것) 같은 대들(도전)이 사람을 만든다 인석들아.' 그러면서 어떤 일에든 아각대곤(아우성치곤) 했지만, 그러나 나에게 엥겨지는 건 마냥 꺾임(좌절)과 깜떼(절망)뿐이었다. 한살매 한 일도 없지만 하는 일 쪽쪽 죄 진꼴(실패)이었다, 이 말이다. 나는 나를 누를 단추도 없었다.

그래도 누더기 하나만은 남았다고 할까. "사람은 한살매 내내 쓰디쓴 꺾임과 아뜩한 깜떼만 먹고도 산다" 그거였다.

이 글들은 바로 그 억은(모자란) 삶의 그림자 같은 이야기들일 터. 그런데도 이것들을 한 석 달 동안 〈한겨레〉에다 주접을 떨었더니 사람들이 하는 말, "읽기도 어렵고 낱말도 어렵다" 그랬다. 따라서 이것들은 마땅히 불을 질러버렸어야 할 것인데도 이렇게 글묶(책)으로 엮으면서도 그 어렵다고 하는 낱말들을 나는 하나도 바꾸질 않았다. 도리어 이따금 끼겨져 있던 영어와 한문 낱말들을 이 잡듯 모두 빼버렸다. 몽땅 우리말만 썼다.

"읽기가 힘이 든다는데 왜 그랬느냐"라는 것은 묻질 말아 달라. 내 맞대(대답)는 한숨밖에 없으니 무슨 말을 따로 하겠는가.

다시 진꼴의 어두움 속으로 반딧불이를 찾아 뛰어드는 느낌이다.

글쓴이 백기완

차례

머리말   다시 반딧불이를 찾아서   4

1   새벽은 한살매 어둠 속을 걷는 이의 발끝에서 열린다
　　내 한살매를 매겨온 새김말　　　　　　　　　　　13
　　아주마루로 잊을 수 없는 내 소꿉동무　　　　　　17
　　내가 맨 처음 배운 노래는　　　　　　　　　　　24
　　나를 키운 것은 글묵이 아니라 한 가닥 옛이야기였다　29
　　내가 겪은 8.15　　　　　　　　　　　　　　　37

2   사랑도 명예도 이름도 남김없이
　　서울서 내가 바구한 거, 그건 주먹이었다　　　　　45
　　'네놈들이 나가야지' 그랬어야지　　　　　　　　52
　　아, 해방된 역마차　　　　　　　　　　　　　　58
　　내 눈을 틔워준 스승, 가대기 언니　　　　　　　65
　　아, 썽풀이 춤　　　　　　　　　　　　　　　71
　　눈물의 주먹　　　　　　　　　　　　　　　　76
　　내가 일으킨 세딱 싸움　　　　　　　　　　　82

    릴케를 찾아 헤맨 한 해   88
    나에게 한숨을 가르쳐준 어린 알맥이   93
    내가 뵌 백범 선생   97

3   너도 젊은 한때가 있었던가
    내가 겪은 6.25 우당   105
    누가 떵이일까   111
    내가 처음으로 해치운 못된 미따꾼   116
    찢어진 집안, 찢어진 살덩이   122
    달동네라는 말 한마디 썼다고 매다는 나라   127
    우리가 반드시 읽어야 할 바발이란   132
    백기완이, 너도 젊은 한때가 있었던가   137
    젊어 한때 내가 치켜든 말뜸   143
    아, 그 가시나 어딘가 살아만 있다면   149
    이 강산 봄 새뜸을 글월로 쓰자   157
    달거지   163

4   저 들녘의 이름 없는 풀잎으로
    내가 저치 가던 이야기   173
    저치도 못 가보고 죽을 뻔했던 이야기   179
    첫딸   184
    우리 세 언애   190
    내가 겪은 4달 불쌈   197
    갈매기 바다 위에 날지 말아요   202

	널마의 술꾼 이야기	207
	얼마나 눈물 바닥을 바싹 더 말려야	213
	흘떼는 뛰어드는 데가 아니라 저어가는 데라니까	219
	찬굿으로 꾸미려던 어린 엿장수 이야기	224

5 앞서서 나가니, 산 자여 따르라

	통일문제연구소의 맨 처음 집데	235
	마흔다섯 해 앞서와 똑같은 목소리로	241
	젊은이들이여! 어디선가 그대들 부르는 소리 안 들리는가	246
	쇳소리	251
	굴대솔이 될 뻔했던 이야기	258
	꽁치통조림	265
	아, 참말로 사람이 없구나	270

6 길을 잃더라도 발길을 돌리지 마라

	목숨을 건 싸움, 유신 깨트리기	279
	항일민족 글나의 밤	284
	찬굿 〈포도의 계절〉	289
	장준하, 그는 누구던가	295
	나와 문익환 목사	302
	쩨쩨한 짜나리가 거머쥔 나라	308
	파리새끼한테 띄운 글월	315
	때속에서 만난 김지하	320
	녹슬은 기찻길	327

이 개망나니 새끼들아 334

7 딱 한술 깨져 천해를 산다는 것
러시아 어느 찰니한테 띄우던 글월 343
딸들의 일어남 349
벗이여 일어나라 356
살다보니 만났다 멀어져간 사람들 363
아, 천해 만에 온 때활을 잃었구나 371
남북정치협상회의, 거기서 나는 무슨 말을 하려고 했던가 379
목꽂이와 곧은목지 385

8 나는 늙지 않겠다
노녈 누님께 띄우는 글월 395
돌빔 이야기 402
죽어서도 사는 삶 409
퉁차기 온골 큰잔치와 나 416
내 찬굿글묵 '쾌지나 칭칭 나네' 424
이 딱선이를 어찌 한단 말인가 433
있는 대로 탈탈 털어 '한바탕' 438
하얀 종이배 444
나 혼자 웅질 대는 안간 소리, '비나리' 454

"야 부심아, 배고픈 것쯤은 참아야 돼. 모두가 주리고 있는 이참에 제 배지만
부르고 제 등만 따스고자 하면 너, 어더렇게 되는 줄 알아. 키가 안 커.
너, 어서 커서 어른이 되고 싶잖아.
그러니까 배나 고프다고 허리를 꺾으면 안 되는 거야."
"배가 고프다고 울면 키가 안 큰다"는 바람에 쭉박(겁)이 나 눌데(방) 윗목에서
쿨적이자 난딱 안아다가 아랫목에 뉘어주시던 아, 우리 어머니.

1
새벽은 한살매 어둠 속을 걷는 이의 발끝에서 열린다

내 한살매(일생)를 매겨온 새김말

"선생님, 제 애가 선배우내(고등학생), 돌배우내(중학생) 이렇게 둘인데요, 갸들한테 들려주고 싶어서 그럽니다. 선생님께서 품고 계시는 새김말(좌우명)이라고 할까, 아들딸을 키우실 때 이르시던 한마디가 있다고 하면 무엇이겠습니까?"

나는 이렇게 물어올 적마다 곧장 맞대(대답)는 안 하는 꼴이다. 내 생각이라는 것도 얕거니와 짜배기로는(진짜로는) 그럴싸한 한마디가 없기 때문이다.

몇 해 앞서다. 문화굴대(문화방송)에서 아낙네들과 이야기하는 모습을 찍을 적에도 비슷한 물음이 나와 나는 멈칫했다. 잘 흘러가던 물살이 갑자기 돌멩이에 부대낀 듯 어질어질. 하지만 어렵사리 끄집어낸 내 말은 이러했다.

"모두가 어려운 때 제 배지(배)만 부르고 제 등만 따스고자 하면 키가 안 크니라"라는 우리 어머니 말씀이 내 한살매의 새김말일지 모른다고.

그런데 굴대(방송)를 이끌던 이선영 선생이 느닷없이 우는 게 아닌가. 다른 사람들도 눈시울이 붉어지고. 그 때문에 한참동안 찍게(사진) 찍기가 멈춰지고 말았다.

왜 그랬을까. 아마도 그 말귀보다도 그 말귀에 서린 내 어린 날 이야기 때문이 아니었을까. '나'라는 사람은 메척(원래) 되어먹기가 남을 울리고 웃길 만한 됨새는 못 된다. 하지만 잘못 타고난 몸끼(본질)는 하나 있어온다. 먹고 싶은 것을 못 참는 몸끼다. 아무튼지 콩국꺼리도 없는 집에 대고 콩엿을 해내라고 밤늦도록 앙앙 울다가 끝내는 '맨데이 울음'을 울곤 했다. 눈물 없이 우는 울음, 이를테면 뜨저구니(떼쓰기) 말이다.

내가 댓살 적이다. 온 겨레 온 땅덩이가 왜놈검뿔빼꼴(일제)의 발길에 짓밟히던 그때, 섣달그믐께는 가눌가눌 바사진 것 같은 가루눈이 그리 많이 왔다. 그것을 '서슬눈'이라고도 했다. 하늘에서 내리는 눈이 아니라 모두를 빼앗겨 뒤집히는 빈속에 맺힌 약오름, '서슬' 말이다.

그래도 웬만한 집에서는 차조 두어 되를 처마 밑에 꽁쳐두었다가 섣달그믐날이랍시고 떡을 쳤다.

'철썩 척, 철썩 척.'

그 소리는 새날을 부르는 아우내(아우성)라고도 했다.

그런데 얄궂게도 조차떡이 아니라 그때만 해도 엄청 비싼 흰 찰떡 조박(조각)을 갖고 나와 먹는 애들이 있었다.

'용용', '낼름낼름.'

더구나 사람을 아주 깔보는 듯한 눈매를 희뜩이며 나한테는 한 조박도 아니 떼주는 거라. 이때 먹고 싶은 것을 아뿔스레(어쨌든지, 절대) 못 참는 딱선이(하나도 모르는 놈)인 내가 어떻게 했을까. 입을 쩍 벌리고는 떡 먹는 애들을 졸졸졸 따라다닌 것이었다.

그랬더니 마침내 떡을 하나 주긴 준다. 그런데 떡 속에 슬쩍 모래를 넣어주었는가 보았다. '우두둑', 이빨이 아파 "이 새끼가?" 그대로 대들다 몰매만 맞게 되었다. 성깔은 간데없었으니 오죽했겠는가. 피도 나고 약도 오르고, 집으로 뛰어들며 나는 울음 지르는 수밖에 없었다.

"야 엄마이, 우리도 떡 좀 하라우. 이거 단침이 돌아 죽겠구나, 이거."

그런데 우리 어머니께선 가만히 쭈그리고 앉아 아궁이에 불만 지피고 계신다.

"야 엄마이, 우리도 떡을 하네?"

아무 말씀이 없으신다.

"야 엄마이, 그럼 밥을 하네?"

그래도 아무 말씀이 없어 펄썩 주저앉으며 울어버렸다. '앙앙', 그때서야 하시는 말씀이었다.

"야 부심아(내 덧이름), 이참 엄마는 군불을 때고 있는 거야."

"군불이 뭐가."

"맹물을 끓이는 게 군불이지."

"야 엄마이, 배고파 죽겠는데 왜 맹물만 끓이네."

"얘야, 요즈음은 밥 못 하는 집이 많아. 이런 때 우리 집 굴뚝에서도 내(연기)가 안 나가면 저 부심이네도 쌀이 떨어졌는가 부다고 걱정을 해."

"난 싫어. 밥도 떡도 못하는 엄마가 미워" 하고 벌러덩 자빠져 울자, 어머니 말씀이었다.

그때 부엌은 맨땅바닥이었다.

"야 부심아, 배고픈 것쯤은 참아야 돼. 모두가 주리고 있는 이참에 제 배지만 부르고 제 등만 따스고자 하면 너, 어더렇게 되는 줄 알아. 키가 안 커. 너 어서 커서 어른이 되고 싶잖아. 그러니까 배나 고프다고 허리를 꺾으면 안 되는 거야."

"그래도 떡도 하고 밥도 하는 집이 있잖아."

"그건 왜놈들한테 붙어먹는 면서기, 오랏꾼(경찰), 금융조합 이사네야. 그러니까 배가 고프다고 허리를 꺾으면 키도 안 크고 그놈들한테 우리가 꺾이는 거라니까."

"배가 고프다고 울면 키가 안 큰다"는 바람에 쭉박(겁)이 나 눌데(방) 윗목에서 쿨적이자 난딱 안아다가 아랫목에 뉘어주시던 아, 우리 어머니.

달구름(세월)은 흘러 어느덧 일흔두 해, 그런 어머니와 열세 살에 헤어지고 나서 여든을 바로 눈앞에 둔 입때까지 한술(한 번)도 찾아뵙지를 못했을 뿐더러 업어드리지도 못했다. 그렇게도 좋아하시던 구수한 팥밥에 감은내(후더분한 내) 한술 물씬한 우거짓국 한 그릇 못 올려드린 채 얄궂은 밤은 덧없이 깊어만 간다.

오늘밤에도 '서슬눈'이 내리려는가. 여기저기서 다듬이질 소리 밭아진다. 목메어 님을 찾는 다듬이질 소리.

아주마루로(영원히) 잊을 수 없는 내 소꿉동무

이런 말을 해서 쓸라는지 모르겠다. 나한테 물으려고 하면 "랭이 날래 듬직(민중 해방 사상)의 뿌리는 무엇인가? 랭이굴랑(민중예술)과 썩은 굴랑(예술)은 어떻게 다른가?"라고 물어주었으면 내 오죽 들썩이며, 그 맞대(대답) 한술 오죽 멋들어지겠는가.

그런데 과녁은 마냥 빗나가 엉뚱한 것을 물어오곤 할 적이 있다.

"꼬마일 적부터 한살매 동안 잊혀지질 않는 어릴 적 동무를 하나만 떠올려달라" 그런다.

그럴 적마다 나는 온몸이 끔찔 한다. 사람 패는 곳엘 잡혀가 시시콜콜한 어릴 적 이야기까지 죄 털어놓으라며 거꾸로 매달던 고얀 놈들이 떠오르기 때문이다.

이에 쭈볏(긴장)하다가 문득 허리 꺾인 꽃이 이슬에 살뜻하듯(사람의 살같이) '메주'가 떠오른다.

메주는 나보다는 열 살이나 위, 열일곱 머슴이었다. 이름도 그리 많았다. 훌쩍이, 개불이, 메주, 똥메주, 바보. 그도 그럴 것이 어린 내 눈으로 보아도 갸는 못나기만 한 것이 아니었다. 아주 안 나 보였다.

말 한마디를 하려고 하면 한나절이나 늘어졌다. 어른을 만나도 허리를 굽히는 것이 아니다. 씰룩 웃고 치웠다. 그 바람에 늘 입방아에만 오르고 우리 꼬마들도 메주는 바보, 배울 게 없고, 따를 게 없고, 줄 게 없다고 했다. 하지만 나만은 사뭇 달랐다.

나는 어려서 쨴지밥(김치밥) 하는 날이 그렇게도 싫었다. 솥 밑에 김치를 깔고 그 위에 좁쌀을 조금 얹고 또 김치를 깔고 그 위에 좁쌀을 덮었고 끓인 것이 쨴지밥이라는 것이다. 나는 그게 그렇게도 싫었다. 왜냐, 찝찝(반찬)이라곤 까나리(멸치) 꽁다리도 하나 없었기 때문이다. 그래서 조그만 게 생각은 있어갖고, 빼느니 머슴 사는 메주네 바같(사랑)이었다. 우리 쨴지밥은 깡조밥인데 메주네는 꼬박꼇 노오란 조밥에 흰쌀이 듬성듬성한 꼬꼬밥(반짓밥) 한 그릇을 챙겨두었다가 나를 주곤 했다. 나는 그게 그렇게 좋았다. 씹을 것도 없었다. 한 숟갈씩 듬뿍 떠 된장찌개에 슬쩍 담갔다가 아귀아귀, 그 맛이 살맛이었다.

하지만 나도 사람이라고 메주를 쳐다보며 입을 여는 것이었다.

"야, 너는 왜 안 먹고 나만 주네." 그러면 갸는 잘룩 웃는 것으로 말을 받았다.

내가 한배울(초등학교)에서도 못 배우는 것을 갸는 가르쳐주었다. 새끼 꼬기, 짚세기 삼기, 팽이 깎기, 연 만들기, 낫질, 도리깨질.

도리깨질 할 적마다 "기완아, 도리깨는 말이다. 낱알을 털기도 하지만 알로는(진짜로는) 못된 놈 꿀통을 까는 거그든." 나는 그 말이 무슨 뜻인지를 모르고 더욱 세게 때리려고만 들면 "도리깨는 말이다. 세게만 치는 게 아니야. '몰아치고', '다그치고', '후려치고', '쌔려쳐야' 하는 거그든."

"그게 무슨 말이야."

이때도 그는 쌜룩 웃고 치웠다.

그는 꾕쇠(꽹과리)를 정말 잘쳤다. 탱, 탱강탱강, 탱탱탱. 나는 그 소리가 그리 좋았다. 그런데 그는 그것을 덤삐알(산자락)로 나무하러 갈 적만 옆채기에 몰래 차고 갔다가 꺼내 치곤 했다. 마당에선 아물레(절대) 안 치고.

나는 그게 못마땅해 "야, 년 왜 사람 없는 이런 데서만 쇠를 까냐?" 그래 물으면 걔는 엉뚱한 맞대(대답)를 하곤 했다.

"'탱', 너 이게 무슨 소리인 줄 아, 아, 알아?"

"몰라."

"이게 바로 내 소리야. 바보라는 꺼~꺼~껍줄 까는 소리."

나는 무슨 말인지를 알 수가 없었다.

하루는 이런 일이 있었다.

"너, 쌀밥 한술 실컷 먹고 싶지 않아?"

"어림 따로 있어, 그렇다"고 하자 뜬쇠한테 가잔다.

뜬쇠라면 떠돌이 굿냉이, 우리 고을엔 닷새마다 서는 맛돌(장)의 맛돌뱅이들이었다. 젊은 아저씨가 '으뜸'이고, 장고 잘 치는 '해래비', 징 잘 치는 '부슬이', 북 잘 치는 '꺼벙이', 날라리 잘 부는 '꼭깔이' 따위가 한 떼인데, 그 치들은 걷는 것부터가 신이 났다.

힛쭉빗쭉, 히물저물.

우리들도 힛쭉빗쭉, 히물저물.

그러면서 그들을 찾아가는 길은 으쓱하지 않을 수가 없었다. 더군다나 내 한살매, 어린 한살매이긴 하지만 맨 처음의 나들이라 오죽 우쭐대지는가.

하지만 우리들의 나들이는 곧 새시깜해졌다. 서글퍼졌다, 이 말이다. 아무리 가도 가도 뜬쇠가 없는 거라. 한 이레를 걷고서야 겨우 어느 맛돌에서 만났는데 그야말로 '아이구야'였다. 누구 하나 메주를 아는 척도 안 하는 거라. 그런데 쌀밥이 어디 있겠는가. 하는 길(수) 없이 그야말로 너덜이가 돼서 되돌아오는데 배가 고픈 건 말할 것도 없고 짚세기가 다 닳아 힛쭉빗쭉이 아니었다. 아예 뒷틀뒷틀, 돌길에 맨발로 걷기가 그리 힘이 들었다.

그런데 메주는 그참에서야 어깨가 들씩거려지는 듯 "야 기완아, 우리 참외둘(원두막)을 찾아가자. 거기엔 떨어진 짚세기가 쌓였거든."

가봤다. 없었다.

"그럼 이럭 하자. 우리 저 건넛마을 남의 집 바깥(사랑)을 한술 가보자."

또 갔다. 거기서도 들어오라는 사람 하나 없자, 한길 가에 앉자고 한다. 한길 가에서 밤이 가고 해가 떴다. 그래도 지나는 사람은 하나도 없는데 저기서 달구지 하나가 덜컥덜컥. 아이고매, 우리 어머니가 아니신가 말이다. 어머니는 소릴 지르는 것이었다.

"야 부심아."

"응 엄마" 하고 껴안자마자,

"너, 쟈하고 어딜 갔었니."

그참에도 이죽스럽게 메주가 불쑥 맞대를 하는 것이었다.

"쌀밥 좀 실컷 먹고 싶어서 뜬쇠를 따라갔다가……."

"응, 그래" 그러시더니 우리 어머니께서는 이런 말씀을 하셨다.

"뜬쇠네도 쌀밥은 없을 텐데……."

나는 그 말이 뭔 말인지를 알 수가 없었다. 그저 어벙벙 메주를 쳐다보다가 우리 어머니를 올려보고, 아무리 짝 갈라보아도 "뜬쇠네도 쌀밥은 없을 거"라는 어머니 말씀은 알 수가 없었다.

며칠 뒤 콩국 한 사발에 강냉이 한 자루 갖고는 어방도 없고 어림도 없어 메주를 또 찾아갔더니 반갑게 맞는다.

"야 기완아, 내가 잘못했어. 뜬쇠는 말이야, 따라가는 게 아니었어."

"그럼."

"뜬쇠가 되고자 했어야 하는 건데 말이야, 그치?"

"뭐야, 네가 뜬쇠를 만들면 쌀밥은 실컷 먹을 수가 있다는 거가?"

"그럼, 뜬쇠를 만들었다고만 하면 좀 있다는 놈들의 논밭 같은 건 발랑 뒤집히고 덤덩이(산덩이)는 들썩들썩할 터인데 그까짓 쌀밥쯤이야."

그 말에 어린 나는 메주가 하늘처럼 느껴졌다. 잠자리에 누우면서도 메주가 어서 뜬쇠를 만들어주기를 빌었다.

그런데 일이 터지고 말았다. 내가 한배울 4학년 때던가. '장련읍 태장재'에 살고 있던 손바닥만 한 이응집(초가집)마저 팔고 '일도' 어느 집 들락눌데(문간방)로 옮겨 살게 되었다.

그 구석에도 메주에 마주한(대한) 새뜸(새소식)이 왁자했다. 어느 술집 아가씨가 죽게 된 것을 그 메주가 지게로 고칠데(병원)엘 지고 가 살려냈다는 새뜸.

"기완아, 나 말이다, 평양 갈 거다. 가서 인력거꾼 될래. 그 가시나가 인력거를 좋아한다고 했거든."

새뜸은 또 일었다. 왜놈 오랏꾼(경찰)들이 마을 가시나를 싸움터로 끌고 가던 날, 모두가 "아이구 내 딸아, 내 딸이 불쌍쿠나" 하고 울기만 했다. 그런데 난데없는 일이 벌어졌다. 메주가 왜놈 오랏꾼들을 칼도 아니고 그것도 지게 짝대기로 쌔려치고 감아쳐 꼬꾸라뜨리고는 가시나를 달아나게 했다는 것이다.

나는 신이 났다. 하지만 어른들은 다른 것 같았다.

"바보가 계집에 미쳤군" 그러면서 혀를 차는 이들도 많았다.

얼마 있다가 또 새뜸이 들려왔다. 그 메주가 평양 길통(거리)에서 인력거는 못 끌고 지나는 인력거만 쳐다보며 울고 있다는 말이 들리더니 우당(전쟁)이 터지고 메주가 앞장서 나가 싸우다가 따콩(총)을 맞았다고 하던가.

어쨌든 달구름(세월)은 흘러 일흔 해. 아, 그때 그 메주는 내가 그렇게도 바라던 떠돌이 굿냉이 '뜬쇠'를 만들었을까. 그 가시나도 만나고.

"'탱' 하는 쇳소리는 바보를 까는 소리"라고 하던 내 소꿉동무 쇠잡이 '메주' 말이다.

내가 맨 처음 배운 노래는

내가 태어나고 나서 맨 처음 배운 노래는 어떤 노래였을까. 그때도 많이 부르던 어린이 노래였을까. 아니다. 그러면 육자배기? 아니라니까. 창피 따위는 아랑곳도 않고 마냥 털어놓고저 한다. 날노래였다. 어려운 말로는 유행가. 그것도 구슬픈 날노래.

말을 하자면 아득한 날로 돌아간다. 한배울(초등학교)엘 들어가고 나서 서너 달 동안 우리들은 왜노래를 여럿 배웠다. 왜놈 따꾼노래(군가)도 여럿 배운 터라, 선생님이 하나씩 나와 좋아하는 것을 뽑아보란다.

한참 만에 내 먼개(차례)가 와 나도 가슴을 펴고 씩씩하게 나갔다. 그런데 왜놈 따꾼노래가 아니라 애들로서는 듣도 보도 못한 날노래를 부르자 선생님이 눈깔을 모로 박더니 날더러 나오란다. 그러더니 채찍으로 종아리를 친다.

"너는 우리 안둘(반)의 홀곧(반장)이다. 홀곧이 그따위 탈(병)든 노래를 하면 되냐."

얼마 뒤 다른 안둘과 함께 노래 부르기를 할 적에도 내가 그 날노래를 불렀더니 뿔이 돋친 선생님이 나를 일떼(교무실)로 끌고 간다. 그리고는 한바탕 후비는 것이었다.

"기완이 너는 우리 안둘의 홀곧이다. 그런 꼴새(꼬락서니)에 다른 건 모두 으뜸인데 일본말만은 어찌해서 꼴찌를 하며, 노래도 씩씩한 따꾼노래는 안 부르고 어째서 그 날노래만 부르는 거가. 어디서 배웠어, 유성기?"

"없다"고 하자,

"소리통(라디오)?"

그것도 "없다"고 하자, 대란다. 누구한테 배웠느냐고.

나는 거리낌 없이 "우리 언니(형)"라고 했다.

그러자 "얼떵(어서) 가서 그 언니 데려와라. 네 언니, 나쁜 놈이라"는 것이다.

'우리 언니더러 나쁜 언니라니. 그 언니는 나보다는 열댓 살 위, 착한 조막손이 언니였을 뿐 나쁘다니, 택도 없다' 고 생각되자 나는 우리 선생님이 미워졌다.

나한테 그 날노래를 가르쳐준 우리 언니의 아버지는 내 큰아버지, 3.1 만세싸움 때 태극기 세 먹쟁이(가마니보다 큼)를 만들어 만세를 불렀다고 잡혀가 세 해 동안 때(감옥)를 살게 되었다. 우리 할아버지는 왜놈들을 아예 몰아내자고 하시다가 왜놈 오랏꾼(경찰)들한테 매를 맞아 피를 반 동이나 쏟고 돌아가시고, 그래도 그 큰아버지는 또다시 맑스주의라던가, 아무튼 그런 홀섰꺼리(독립운동)를 하시다가 때살이(감옥살이) 아홉 해, 모두 열두 해. 그 도막(사이)에 큰어머니(조막손이 언니의 어머니)는 너무나 살기가 어려워 돈을 버신다며 어딘가로 가시고 말았다.

이에 겨우 아장아장 걸음마를 옮기던 어린 그 언니가 엄마, 아빠를 울부짖다가 그만 시물시물 타고 있는 모닥불에 엎으라지고 말았다. 뜨겁다고 앙앙 운들 그 시골구석 한낮에 누가 있으랴. 금세 손가락 열이 모두 타버린 것이다. 더구나 그렇게 타버린 손가락을 펼 수 있는 고칠데(병원)가 어디 있으랴. 가엾게도 코를 풀어 동여매고 된장을 바르고 그리하여 덴 데는 아물었으나 떨어진 손가락과 나머지 살조박은 그냥 엉겨 붙고 말았다.

그래서 조막손이가 된 것이다. 젓가락도 잘 못 쥐고 팽이를 깎지도 치지도 못하는 조막손이.

그 언니는 그 조막손으로 글락(소설)을 짓고자 했다. 하지만 글락을 쓸 아무 턱이 없는 외로움을 늘 혼자서 흥얼거렸다.

그것도 모르고 나는 "언니, 우리도 밤 좀 따러 가자, 우리도 냇가로 멱 좀 감으러 가자"고 칭얼대도 못 들은 체 늘 흥얼거리기만 했다. 그러다가 내가 밖으로 나가면 그 흥얼거림은 이내 노랫말이 있는 노래가 되는 것을 나는 귀담곤 했다.

어느 날이다. 우리 집에 왜놈 오랏꾼들이 들이닥쳤다.

"왜놈검뿔빼꼴(일본제국주의)의 큰길(신작로) 닦기에 안 나온다"고 우리 어머니를 잡으러 온 것이다.

"가자."

"못 간다."

한바탕 벅적이는데 구석 눌데(방)에서 느닷없이 커단 노랫소리가 들려왔다.

산홍아 너만 가고
나만 혼자 버리기냐
너 없는 이 세상은

눈 오는 벌판이다
달 없는 사막이다
불 꺼진 항구다

노랫가락은 비록 구슬펐지만 노랫소리만큼은 거의 안간을 쓰듯 우렁차게 들려왔다.

놀란 왜놈 오랏꾼이 "누구야 저거, 썩어빠진 날노래를 부르는 놈이, 나와" 그러다가 "어, 이 새끼 이거, 손가락도 없는 나간이(병신) 새끼가 희깔(재수) 없게시리 날노래를 불러……."

발길로 차고 짓이긴다.

'아이쿠 우리 언니 이젠 죽었구나' 그러는데 느닷없이 빽 소리가 나더니 쿵, 나가떨어지는 것은 우리 언니가 아니었다. 놀랍게도 그 오랏꾼이 벌렁 나자빠지는 게 아닌가 말이다. 이를 놓칠세라, 우리 어머니는 부지깽이로 후려치고 나는 팽이채로 갈겼지만 끝내 언니는 잡혀가고 썰렁해진 집, 무달(침묵까지 삼킨 고요)한 밤이 지나고 또 지난 밤이었다.

느닷없이 멀리서 흐득이는 소리가 들려왔다. 으스렁 달밤이었다.

'너 없는 이 세상은 눈 오는 벌판이다. 달 없는 사막이다~' 어쩌고 하는 언니의 노래가 차라리 몰개(파도)처럼 울고 있는 게 아닌가 말이다. 거기서 그 노래가 어린 내 귀에 쌉쌀히 익게 되었다.

어느 날 8.15가 왔다고 벅적였다. 언니가 사라졌다. 어디를 가셨을까. 아닌 밤 귀를 기울이는데 '딱딱딱', 땅이 꺼지는 구두 소리가 난다.

"엄마이, 저거 오랏꾼 놈들 아니가."

"아니다, 왜놈들은 죄 쫓아냈는데. 아마도 네 언니일 거다."

아니나 다를까. 커단 소리로 "엄마이, 저 왔어요" 그러더니 윗목에서 '산홍아 너만 가고 나만 혼자 울리기냐' 라는 콧노래가 들려온다. 밤이 울고 어두움이 울고 먹개(벽)가 우는 것 같았다. 거기서 그 노래가 아주 내 노래가 된 것이었다.

그 뒤 나는 서울로 오고, 이 땅에선 우당(전쟁)이 터졌다. '쎙쎙쎙', '윙', 날틀(비행기)들이 때도 없이 날며 불방(폭격)을 마구 쏘아댔다. 따다당 쿵 쾅.
그 바람에 불이 난 집에서 "사람 살리라"는 소리가 들려왔다. 도울 젊은이 하나도 없는데 큰일이었다. 이때 조막손이 언니가 나가 손가락 없는 팔뚝으로 사람들을 끄집어내는 그 때박(순간), 또다시 불떨(폭탄)이 왕창, 불길에 파묻히면서도 언니는 그 손가락 없는 주먹으로 하늘을 쥐어지르고 또 쥐어질렀다고 한다.
"네 이놈들, 물러가라 이놈들!"
하지만 나는 나 나름으로 더듬는 게 따로 있다.
그 언니가 쥐어지르는 그 주먹 속엔 '산홍아 너만 가고~' 어쩌고 하는 그 날노래도 함께 실렸을 거라고. 그렇다. 갈마(역사)는 우렁찬 환울(영광)을 찾아 내달리는 것이지만 또 한켠으로는 슬픈 노래의 흘떼(강물), 그 어기참이 아닐까 중얼거려본다.

나를 키운 것은 글묵(책)이 아니라
한 가닥 옛이야기였다

사람에게 꿈이란 무엇일까. '먼얼(무의식)의 한 내미(표현)' 어쩌고 하는 꿈이 아니라, 날마다 꾸고 싶은 꿈이라는 거, 그건 무엇일까. 어느 누가 앗싹 비웃어도 좋다. 나의 꿈은 '돼지기름데이'였다.

그 꿈의 지난(내력)을 말하고자 하면 내 아득한 어린 날로 돌아간다.

나는 어려서 '하루거리'를 그리 많이 앓았다. 하루 걸러큼씩 한낮만 되면 춥고 떨려 꼭 죽을 것만 같은 탈(병)을 우리네는 '말라리아'라고 하질 않고, '하루거리' 그랬다. 그런 하루거리를 앓을 적마다 나는 쓸풀(약)이라는 건 도통 먹어보질 못했다. 하지만 꼭 먹고 싶은 게 하나 있었다. 그게 돼지기름데이였다. 기름이 지글지글한 놈, 딱 그 한 조박, 그것도 날거로 '질경질경 꿀꺽' 하기만 하면 살 것 같은데 그게 안 돼 나는 졸랐다.

"야 엄마이, 거 돼지기름데이 한 조박 안 되네."

"고마이 있으라우. 이제 네 애비가 곧 와. 그땐 돼지도 통이고 소도 통, 그러니까 몽땅 옹근으로 잡는다니까."

그 말만 믿고 깜빡했다가 깨어나니 참말로 죽을 것만 같았다. 얼마나 쭐이타게(급하게) 아팠던지 잠결에 똥을 한 바가지 쌌다. 그런데 찬찬히 보니 똥은 없고 지렁이 엉킴을 젠창 빼닮은 횟덩이뿐이다. 이 때문에 더욱 텅 빈속은 느글느글하다가 가릿가릿하고, 몸뚱인 불덩어리인데다 입술은 밧싹밧싹, 나는 터져 나오는 하품보다 더 크게 입을 찢을 수밖에 없었다.

"야 엄마이, 나 거 간장 탄 찬물이라도 한 사발 달라우."

그때 우리나라 사람들의 모든 집엔 설탕이라는 게 있을 턱이 없었다. 있다는 건 여러 해 묵은 간장이 있었는데 그것을 물에 타 마시면 백해고 천해고 거뜬하다는 말을 들어왔기 때문에 나는 이따금 간장을 물에 타 마시곤 했다. 하지만 그날따라 야릇했다. 그 간장을 탄 찬물을 벌컥벌컥 마시자마자 울컥 게우느니 노오란 똥물뿐인데도 또 게우고 또 게우고, 끝내는 핑하고 넋을 잃고 말았다.

아련한 꿈결에 누군가의 우는 소리가 들려왔다. 부스스 깨어나 보아하니 할머니와 어머니였다.

"어쩌면 애비가 돌아온 날 애가 죽다니, 그것도 애비가 탈(병)과 함께 빚만 지고 돌아온 날."

나는 소리 아닌 소리를 질렀다.

"야 엄마이, 나 안 죽었어. 거 간장 탄 찬물 한 사발만 더 달라우……."

할머니, 어머니가 놀라시는 거였다.

"옳아옳아, 내 새끼가 옛날이야기처럼 살아왔구나. 자자, 여기 있다. 씨원하게 마시라우." 그러면서 말씀을 하시는 것이었다.

그날은 '장산곶매 이야기'가 아니라 '이심이 이야기'였다.

"부심아~ 너, 듣고 있지?"

"엉."

옛날옛날 아주 꼬꼬지 옛날겟적에 말이다. 저 깊은 바다 밑에선 먹는 건 짠물이요, 하는 짓은 딱 한 가지, 노래뿐인 물고기, 노곳떼가 살았구나. 노곳떼라니, 무슨 물고기인 줄 알아. 말 그대로지 뭐. 노래하는 고깃떼라는 말을 줄쿼 '노곳떼.'

이들 노곳떼는 무언가 할 줄 안다는 것이 기껏 노래밖에 없었으므로 너나없이 얕잡아보고 "네 이놈, 잡아먹겠다" 그러는 거야. 됫싸게는(심지어는) 뻘 밑에 조갑지(조개)까지.

그러니 어찌겠어. 아무도 안 사는 깊고 깊은 물속으로 들어가 살았어. 거기서도 쪼매난 민물고기 같은 것들까지 "네 이놈, 잡아먹겠다" 그러면 더 깊은 물속으로 자꾸만 자꾸만 들어가 사는데도 말이다. 착하게 노래만 해갖고는 도통 살 수가 없었어. 이래저래 잡아먹혀 노곳떼의 밥네(식구)들은 다 죽게 되었대.

이때야.

그 노곳떼 가운데서도 가장 야들하고 그래서 몸도 작은 이심이가 용왕을 찾아가 말을 하질 않았겠니. "용왕님, 우리 노곳떼가 다 잡아먹혀 죽게 되었으니 좀 살려주사이다" 그렇게 말을 했어.

아니지, 빌었어. 엉기라면 엉기고, 썰썰 매라면 매기라도 할 터이니 목숨만은 살려달라고. 그러자 글쎄 "오냐, 오냐" 그렇게 다독이는 게 아니었어. 글쎄 어쩌자고 날떨구(날벼락)가 떨어졌어. 뭐라고 떨어졌느냐.

"야 이놈아, 이곳 용궁이라는 데는 힘센 놈이 힘없는 놈을 잡아먹는 데다. 이놈. 그런데 네놈이 이 용궁의 할대(법칙)를 어기고 뭐 살려달라고 빌어. 네 이놈, 이 희깔(재수) 없는 놈. 이놈, 이놈을 대뜸 때(감옥)에 처넣거라. 그리고는 오늘 저녁 내 밥올리게(밥상)에 찝찝(반찬)으로 올리거라."

그래서 그 어리고 착한 이심이가 용궁의 때속에서 죽게 되질 않았겠니. 그러니 그 으리으리한 용궁, 그 속에서도 때속에서 이심이가 할 수 있는 게 뭐가 있었겠어. 뻔했지 뭐. 노래밖에 할 줄 모르니 노래나 했지 뭐.

맑은 냇가
외로운 버들은
바람이 안 불어도
스스로를 치네
아프지만 그 아픔을 노래로 뽑으니
물고기들이 춤을 추네
용왕도 들썩이는 걸 보니
노래야 노래를 불러라

그 예쁜 목소리로 부르다간 울고 울다간 또 부르고.
 그런데 말이다. 그 용궁의 딸 보라난이(공주)가 어디선가 들려오는 그 노랫소리를 듣고선 귀가 솔깃해버렸어. 슬프면서도 아름답고 아름다우면서도 무언가를 안타깝게 그리는 소리, 그 소리에 그만 보라난이가 홀락 반해갖고 '이게 누가 부르는 노랫소리인가' 하고 알아보았어. 그리고는 깜짝 놀랐어. 물고기치고도 그렇게 작을 수가 없는 쪼매난 물고기가 부르는 노랫소리가 아닌가 말이다. 더군다나 그 쪼매난 것이 때속에 꽁꽁 묶여 있는데 이제 곧 날감(횟감)이 돼서 임금님의 밥올리게에 올려진다는 게 아니겠어.
 보라난이는 놀랐어.

'그러면 안 되지, 저렇게 노래를 잘하는 물고기를 잡아먹으려 들다니. 안 되지' 하고는 몰래 오라를 풀어 살려줬어.

그래서 냅다 달아나게 된 이심이는 어더렇게 되었갔어.

마음을 다졌어. 어더렇게 다졌드냐.

'그렇다. 나만 내빼고 숨어 지내다가 힘센 놈들한테 살려달라고 살살 빌어보았자, 살려주는 놈은 하나도 없다. 그렇다고 하면 내 이참부터는 나를 잡아먹겠다고 덤비는 놈, 그놈하고 나도 한술쯤 목숨을 걸고 싸워보리라.'

그래갖고 목숨을 걸고 맞붙었더니 말이다.

어라? 이게 웬일이갔어.

이기더란 말이다. 그런데 한술 이길 것이면 말이다. 그 이심이 몸에 어럽쇼, 쇠 비늘이 하나씩 나는 거야. 또 싸워 이길 것이면 또 쇠 비늘 하나가 붙고. 마침내 온몸이 쇠 비늘로 되니 어더렇게 되었갔어.

어더렇게 되긴, 겨룰 놈 없는 힘꾼이 된 거지 뭐.

이에 이심이와 맞부닥뜨리기만 하면 "네 이놈, 잡아먹겠다"고 덤비던 것들이 이심이만 볼 것이면 "나래야 날 살려라" 하고 냅다 달아나는 거야.

여기서 이심이는 생각했어. 이쯤 되었으면 용왕 놈을 한술 만나 따져야겠다는 생각이 들자 어더렇게 했갔어. 그냥 곧장 앞으로 용궁으로 쳐들어가질 않았겠니.

거기서 딴 짓은 안 했어. 떡하니 버티고선 "네 이놈, 용왕 놈 나오너라" 하고 소리를 한바탕 질렀는데 말이다. 어럽쇼, 용왕은 어딜 가고 용왕이 앉았던 자리에선 한줌 재가 '푸석' 하는 거야. 알고 보니 용왕이라는 것이 상어였는데 그놈이 어찌나 놀랬던지 이심이의 한 소리에 재가 된 거라.

그러니 어더렇게 되었갔어.

어더렇게 되긴, 그 일렁이는 바다보다도 이심이가 먼저 퍼뜩 깨우쳤어.

'아, 우리 모두가 상어 놈한테 속았었구나' 하고 용궁을 공깃돌처럼 냅다 엎어버리고선 나오다가 문뜩 보라난이가 생각났어. 그래서 보라난이를 찾아보질 않았겠니. 그런데 말이다. 그 착한 보라난이는 이심이를 살려준 사갈(죄)로 하여 벌써 바나에서 뭍으로 쫓겨났다는 거야.

'뭐야, 이 나쁜 놈들' 하고는 이래저래 찾았더니 말이다. 아이구야, 그럴 수가 있겠어. 보라난이가 사람이 되어 바다가 아니라 뭍에서 살고는 있는데 말이다. 사람들한테 얼마나 짓밟히고 뜯기고 시달렸던지 말이다. 글쎄 하얗다못해 아주 밋노오란 갈대할멈이 되어 있는 거라. 바람이 없어도 마냥 흔들리기만 하는 갈대할멈.

뿔따구가 시뻘겋게 달아오른 이심이는 어더렇게 되었갔어. 그야말로 온몸이 불방메, 시뻥메로 달아오른 거지 뭐. 그래갖고 보라난이의 피눈물 나는 발자국을 더듬으면 더듬을수록 따름따름(점점) 하늘 높이 치솟는 불기둥 시뻥메가 되어갖고 보라난이를 노리개로 부려먹던 커단 잿집(기와집) 있잖아. 그 집을 찾아가선 어더렇게 했갔어. 어더렇게 하긴, 그 집 등마루 있잖아. 그 등마루 한가운데를 그대로 내려치니 어더렇게 되었갔어.

어더렇게 되긴, 그냥 꽈다당! 한줌 재가 되더래.

"그래서."

이참엔 그 보라난이를 밥띠기로 부려먹던 집을 보자마자 이심이는 어더렇게 되었갔어. 이심이의 그 뿔대, 시뻥메가 얼마나 핏대가 올랐던지

하늘 높이 펄펄 타오르고 또 타오르다가 그냥 내려치니 어더렇게 되었갔어. 어더렇게 되긴…….

그냥 꽈다당, 한줌 재가 되드래.

"그래서."

또 그 고운 보라난이를 잡아다 패던 쥐망나니네 집을 보고서는 말이다. 그 시뻥메에서 뜨거운 불꽃이 느닷없이 '화다닥 화다닥' 튀자마자 그대로 내려치니 어라, 그 쥐망나니네 집은 아무려나(물론) 앙짱(박살)이 났지만서도, 보라난이가 말이다. 그렇게도 쪼글쪼글 늙고 탈이 나 있던 보라난이가 말이다. 글쎄 어여쁜 젊은 가시나로 다시 태어나드래.

"그래서."

"그래서, 그렇게 됐지 뭐."

내가 겪은 8.15

1945해 8달이었다. 마침내 우리 시골마을 구석에도 8.15가 왔다고 발칵 뒤집혔다. 나는 그때 한배울(초등학교) 6학년 꼬마였지만 사람들을 따라 만세도 부르며 무척 울었다. 떼로 몰려가 왜놈검뿔빼꼴(일제) 오랏집(경찰서)을 때려 부수는 데도 따라가고, 이어서 왜놈 오랏꾼(경찰)을 꿇어앉히자 "내가 언제 조선 사람들한테 거들먹거렸드냐. 참말로 잘못했다, 살려만 달라"고 살살 운다. 비는 게 아니라 살살 울더라니까.

'그렇게도 뻗대던 오랏꾼이 울어?' 그러는데 그렇게 살살 울던 그 왜놈 오랏꾼이 글쎄 가분재기(갑자기) 살쾡이 대갈찌(대가리)로 바뀌면서 칼을 빼 들고 달아나는 것이었다.

이에 마을사람들이 왈왈 몰려가 잡으니 어더렇게 되었을까. 사람들의 약 오름이 마침내 돌덩이가 되고, 도끼가 되고, 쇠스랑이 되어, 찍고 내려칠 적에 어린 나도 앞장서리만치 아 8.15, 그것은 한바탕 그 벅참이 왕창 불길이 되는 가름(고비)이었다고 더듬어진다.

하지만 또 한켠으로 어린 나로선 그 8.15라는 걸 도통 알 수가 없었다. 어머니 말씀이 "왜놈검뿔빼꼴만 물리치면 그까짓 돼지기름데이뿐이랴, 네 애빈 통돼지를 메고 올 거라"고 하셨다.

그런데 그 아버지가 만세를 부르다가 똥구덩이에 빠졌다는 것이다. 똥구덩이에 빠졌다고 하면 갔다는 이야기가 아닌가.
"야 아바이, 어쩌다가 그렇게 되이."
"야 이 새끼야, 왜놈들이 남긴 건 모두 똥구덩이야. 그래서 뒤엎으려던 것이지 내가 빠졌네."
나는 가슴이 철렁했다. 왜놈만 물리칠 것이면 딴 건 몰라도 돼지기름데이 한 조박만큼은 어찌됐든 얻어먹는 줄로만 알았다. 그런데 어린 내 눈으로 보드래도 마들(판)이 영 다르게 돌아가는 것 같았다. 먼저 우리 아버지가 똥구덩이에 빠지셨다는 그 왜놈찌꺼기 똥구덩이 말이다. 그 똥구덩이를 다 없애려고 하면 한참 걸릴 것이니 돼지기름데이 얻어먹기는 다 틀렸구나.

내가 알 수 없는 건 또 있었다. 우리 선생님은 입는 것, 노는 것도 꼭 왜놈에다가 부러(자청)까지 더한 것 같았다. 아침마다 왜놈임금(천황)이 있다는 동쪽에 허리를 덜 굽혀도 때리고, 왜놈 말을 안 쓰고 우리말 한마디, 그것도 어머니를 어머니라고 해도 줄창(늘) 때리고, 더구나 나한테는 날틀(비행기)을 만드는 데 돈 한 푼 안 낸다고 눈을 흘겨왔다. 그러던 그 우리 선생님이 가분재기(갑자기) 달라진 것이다.
"이제 우리도 우리나라를 찾았다. 그러니 왜말일랑은 한 꼬래비도 남김없이 때려 엎고 우리말을 배우자, 우리 갈마(역사)를 깨우치자"고 수선을 떤다.
어린 나는 알 수가 없었다. 왜놈 오랏꾼도 우리 선생님도 어떻게 저렇게 왔다 갔다 할 수가 있을까.

내가 알 수 없는 건 또 있었다. 내 라비(고향) 연자방앗집 기둥은 거의가 밤나무였다. 그래서 말벌들이 윙윙 구멍을 뚫고 사는데 거기엔 낮이나 밤이나 허구한 날 미국과 영국을 때려 부수자는 왜놈들의 '알림'이 붙어 있었다. 이 때문에 집을 잃은 말벌들이 더욱 윙윙거렸었다.

그런데 8.15가 오자마자 바로 그 자리엔 딴 '알림'이 붙어버린 것이었다. 뭐라고 붙었느냐. 왜놈검뿔떼꼴이 남긴 똥구덩이를 뒤집자는 게 아니었다.

'사람 죽인 개망나니의 으뜸 김구를 때려잡자!'

나는 깜짝 놀랐다. 우리 할머니가 몰래몰래 들려주시던 김구 할아버지는 그게 아니었는데 참말로 김구 할아버지가 사람 죽인 개망나니였을까? 어린 나는 알 수가 없었다.

내가 알 수가 없는 것은 거기서 그치질 않았다. '8.15를 기리자'며 우리 배울(학교)에선 좋은 말 짓기가 벌어졌다. 나도 이렇게 적어냈다.

"네 주의 내 주의 다 버리고 새 나라를 돋고저(위하여) 한 뭉치 되자."

이 말귀가 으뜸으로 뽑혔다.

그런데 선생님 말씀이었다.

"덮어놓고 하나가 되자는 건 틀렸다. 옳음을 알기(중심)로 하나가 되자고 해야지."

이 말에 나는 매우 헷갈렸다.

'올바름을 알기로 모두가 뭉치자는 말이 더 좋아 보이긴 하다. 그렇다고 하면 왜놈검뿔떼꼴의 발굽 밑에서 우리 선생님은 왜 왜놈임금을 알기로 똘똘 뭉치자고 했었을까.'

나는 알 수가 없었다.

어쨌든 그 말귀로 하여 나는 은율 군청 누골(강당)에서 '건국을 위하여 한

뭉치 되자'는 도틈(제목)으로 말을 하게 되었다. 아무려나 언니가 써준 것을 외우는데 어린 것이 잘도 외운다고 손뼉을 쳐주는 바람에 후끈하여 내가 외워야 할 이야기 줄기를 깜빡 잊어버리고 말았다. 사람들은 빼곡히 앉아 내 입만 보고 있다. '어찌 할꼬?' 나는 팽팽 돌다가 얼낌에 엉뚱한 소리를 내뱉어버렸다.

"여러분, 이참은 내 이야기를 할 때가 아닙니다. 어떻게 하면 나라를 하나로 하느냐는 것을 이야기할 때입니다. 제젓끔(제각기)의 생각으로 갈라설 때가 아닙니다. 새 나라 세우기라는 한 집안으로 모여야 할 때라니까요. 그것이 사람이요, 조선 사람이라니까요. 자, 누가 조선 사람입니까. 조선 사람이라면 조선으로 모이자구요. 하나로 어서 모이자구 외칩니다!"

그랬더니 그 자리에 있던 소련 따꾼(군) 매걸(장교) 하나가 날더러 '까레스끼 레닌(조선의 레닌)'이라며 말 한 마리를 주겠다는 것이다.

'옳거니, 돼지기름데이는 못 먹어도 말고기는 한 꼭짓(점) 얻어먹겠구나' 했다.

하지만 거저 주겠다는 그 말 한 마리를 안 받겠다고 한 것은 누구였을까. 우리 아버지였다. 손님 것은 못 받는다며 도리어 마을사람들과 어울려 통돼지를 잡아주었다는 소리를 듣고 "야 아바이, 거 말만 해도 침이 짜르르 도는 돼지고기 말이다, 그걸 왜 갸네들만 통째로 주네. 나는 왜 한 조박도 안 주고."

이때 아버지 말씀은 더욱 알 수가 없었다.

"갸네들이 누군 줄 알아. 갸네들이 비록 넓은 땅에 살고는 있지만 알로는 땡땡이(속이 좁은) 아새끼들이야 임마. 더 널마스러워야(대륙적이어야) 하는 건 우리라니까."

그러시더니 어느 날 우리 집에 더부룩한 소련 따꾼 두어 놈이 따콩(총)부리를 들이대고 우리 집 속옷더미에 있던 살구씨만 한 누리끼리(금)를 뺏어갔다.

대뜸 우리 아버지 입에선 우박이 굴렀다.

"야, 이 개새끼들아."

내가 집도 없고 땅도 한 뼘 없고 쌀도 한 톨 없는 우리 집에 웬 누리끼리냐고 묻자 우리 아버지 말씀이었다.

"이 터진 손을 좀 보라우. 내가 끼니를 찰찰 굶어가면서 돌을 까고, 뽀고, 일고, 그렇게 하기를 석 세 해 동안 잡았던 누리끼리였다고. 너를 데리고 서울엘 가려고. 야 이 새끼야, 네가 통차기뽀덜(축구선수)이 되고 싶다고 그러질 않았어."

아, 8.15.

그때 어린 나는 그렇게 헷갈릴 수가 없었다.

맨바닥만 기고 살아 서럽기 그지없는 사람들, 그들을 일으키는 건 무엇일까.

따끔한 한 모금?

아니다.

그러면 늦은 밤 가마솥에서 펄펄 끓은 밑(순)두부 한 바가지?

아니라니까.

그러면 무엇이드냐. 맨바닥을 기고 사는 사람들보다 더 서러운 모습을

보여주었을 때 그때 무언가가 비로소 벌떡 일어난다는 걸

나는 몸으로 겪어본 사람이다.

2
사랑도 명예도 이름도 남김없이

서울서 내가 바구(필요)한 거, 그건 주먹이었다

8.15 다음해 가을, 나는 아버지를 따라 서울엘 왔다. 맨발이었다. 그때만 해도 서울에서 알 맨발은 빌뱅이도 없었다. 어쨌든 알 맨발로 노량진에서 서울로 들어가는 땡저미(전차)라는 걸 처음 탔다.

'땡땡땡.' 아버지가 "야 임마, 저거이 남대문이야."

"뭐, 남대문이 어드메라고."

내 말보다 땡저미가 더 빨리 홱~.

"야 아바이, 어드메가 남대문이가." 거퍼 그랬는 것이 좀 떨썩하긴(시끄럽긴) 했다.

어쨌든 그랬다고 누군가가 군밤을 먹이며 "시끄러워 이 새끼야" 그런다. 나는 눈만 흘겼을 뿐 뭐가 뭔지를 몰라 가만히 있었다. 하지만 이를 본 아버지가 나를 쥐어지르던 서른 안팎의 사나이더러 "너, 이 새끼" 그러면서 멱살을 잡으니 바싹 들린다. 덩치가 엔간한 치가 아니건만 대롱대롱. 그냥 흔들다가 귀싸대기를 철썩 먹이며 "시골 애들은 목소리라도 커야 살 수 있는 데가 서울이야, 이 얼치기야."

한 대만 치는 게 아니었다. 거퍼 갈긴다. 땡저미에서 내리자 바람이 불고 가을비가 으쓱했다.

"야 아바이, 그 사람 거 왜 그랬네."
"서울은 그렇게 사는 데라니까."
"아무튼 서울엔 왔는데 이참은 어델 가네?"
"그냥 가는 거지, 어디를 가려고 온 건 아니지 않아."
"비받이(우산)도 없고 배도 고프니까 그러는 거지."
그래도 아무 말씀이 없는 것으로 미루어 돈은 한 푼도 없는 것이 뻔했다. 가을비 추적이는 서울의 첫날 밤, 우지끈 딱, 번개처럼 어머니 말씀이 스쳤다.
"너, 서울 가자는 아버질 따라가봤자 헌날(만날) 굶어. 그래도 모래를 짜 먹는 한이 있어도 굶주림 따위엔 허리를 꺾지 말어, 알겠어. 그래야 퉁차기 뽀델(축구선수)이 되는 거야."
어머니의 말씀을 떠올리지 않더래도 나는 우리 아버지가 무서웠다. 땡돈 한 닢 없이 서울에 온 그 배짱은 쌍이로구(도대체) 어디까지일까.
요즈음의 명동 어디쯤이었을 게다. 비에 흠뻑 젖은 우리 아버지가 갑자기 소릴 지르신다.
"야, 막스대게이(더벅머리) 이 새끼야." 그러자 키가 꺼벙한 아저씨가 돌다서며 "헝님, 언제 왔수, 갑시다."
그분이 바로 먹줄배데(경제학자) 전석담 아저씨였다고 한다.
아무튼지 그래서 아침부터 굶다가 겨우 배를 채우고 요즈음의 '미도파' 맞은쪽 명동골목 '해방여관' 으로 들어가려다 덜컹이 걸리고 말았다.
"발 벗은 애는 못 들어온다"고 한다.
하지만 우리 아버지는 막무가내시다.
"뭐라고 그랬어. 너, 발 벗은 애를 못 들어오게 하려면 너, '해방여관' 이라는 그 '해방' 말이다. 그걸 떼버려야지, 안 그래?" 그러면서 어거지로 밀고 두걸(2층)로 뚜벅뚜벅 올라가신다. 이리하여 어거지로 비를 비끼긴 했는데 그만 일이 또 벌어지고 말았다. 밤은 깊어가는데 오줌이 마려웠다. 똥뚝을 알 수가 있어야지, 아버지를 흔들고 깨우고 소리까지 질렀다.

"야 아바이, 이거 터지려고 해."

아버지는 눈도 안 뜨시고는 "네가 알아서 해, 임마" 그러신다.

'알아서 하라고?'

두걸 들락(문)을 열고 내려다보니 비가 철철 내리는 골목, 사람들이 오간다. 쭐은 맞고(급하긴 하고) 어쩌랴. 그냥 갈겼더니 "아이 뜨거워, 이거 어떤 새끼야." 떼거지로 올라와 나를 죽여버리겠다고 벅적였다.

이때다.

"야 임마, 비오는 날 밤, 시골애가 서울엘 와서 오줌 한술 갈겼기로서니."

밤새 우당탕.

아침이 됐다. '해방여관'을 나오는데 어린 나는 그렇게 낌낌할(멋쩍을) 수가 없었다. 더구나 우리 아버지는 날 보고 아침을 먹자는 게 아니었다. 길도 모르는 날더러 보름 뒤에 서울역 마당에서 만나잔다.

눈물이 핑, 어디로 갈까. 길도 모르고 알아도 갈 데도 없고. 종로 어디쯤 '우미관'이라고 쓰여 있고, 그림도 크게 걸려 있어 기웃거리는데 꼬마들이 우르르.

"이 늦가을에 맨발이라니, 너 어데 양아치냐"며 다구리(몰매)를 놓는다.

하지만 나는 아프다는 소리 한술 안 질렀다. 그 다음날 또 갔다. 또 맞았다. 그래도 또 가자 그쪽에서 먼저 수그러들며 국수도 사준다.

그러면 그렇지. 나는 "서울은 참고 사는 데"라고 하시던 우리 아버지의 가르침이 고마웠다. 하지만 서울의 뒷골목은 그렇게 참는 것만으로도 안 되는 곳이었다. 어쩌다가 나는 '만리동 물(패)' 로 몰려 공덕동 애들한테 둘러싸이게 됐다.

"너, 만리동 어데 살아."

"나는 만리동이 어디인지도 모르고, 사는 집도 없는데" 그러자, "집이 없는 놈이야말로 양아치" 라고 때려, 주어맞으며 생각했다.

'그렇구나. 서울이라는 덴 집이 없으면 주먹이라도 있어야겠구나.'

부들부들 떨었다.

하지만 서울은 주먹만으로 되는 데도 아니었다. 땅에 떨어져 휘날리는 땡저미 꼬지(표)를 하나 주었다.

'옳거니, 아무데나 가보자' 하고 서울엘 와 두술째 땡저미를 탔다.

그런데 어럽쇼, 오랏꾼(경찰)들이 날 오랏집(경찰서)으로 끌고 가 느닷없이 닦달 친다.

"너 소매치기지? 어느 물이냐. 종로냐, 동대문이냐, 대라"고 디리 조진다.

"나는 소매치기가 뭔지도 모를 뿐더러 배우내(학생)다"라고 했더니 거짓말이라고 더 팬다.

"아저씨, 난 참짜로 배우는 배우내"라고 했더니, "너, 그럼 영어도 아느냐"고 해서 돌배울(중학교) 2학년 영어 글묵(책)을 줄줄 다 외워버렸다.

나를 때리던 오랏꾼은 사뭇 놀란 눈으로 한참동안 나를 보다가 "손 내놔 임마" 그러더니 댕이(도장)를 꽝! "나가" 라고 해 풀려 나오며 온몸이 주먹으로 떨렸다.

'아, 그렇구나. 서울이라는 데는 배우내가 되어야지만 사는 데인가 보

구나.'

이때다. 돌배울 퉁차기뽀덜들이 달리기를 한다.

'옳지, 나도 한술 낑겨볼까' 하고 따라 뛰었더니, "이 빌뱅이 새끼가 짝팔(운수) 나쁘다"고 질러댄다.

약이 오른 나는 그길로 물어물어 그들 돌배울 끼고(교장) 선생님을 찾아갔다.

"선생님, 이 배울(학교) 1학년 배눌(교실) 맨 뒤에 글묵올리게(책상)도 말고, 걸치게(걸상)만 하나 놔주세요. 그러면 석 달 안에 제가 글파(공부)도 으뜸을 하고, 또 퉁(공)차기도 으뜸으로 올려놓겠습니다."

나는 거의 눈물로 달턱(호소)했다. 내 말을 듣던 끼고 선생님이 찬찬히 일러준다.

"이봐, 배울이란 말이다. 어떤 배울이든 들어오는 따라(절차)가 있고, 그리하여 돈도 내고 그래야 되는 데야. 정 들어오고 싶으면 아버지를 모시고 와."

"아버지가 어디 계신지도 모르고 아버지가 어데 계신다고 하드래도 돈은 없는데요."

"뭐, 돈이 없다고? 없으면 만들도록 해보아야지."

"그러니까 배울에 글묵올리게도 말고 걸치게 하나만 놓아달라는 거 아닙니까."

그래 말을 한 것뿐인데 뜻밖에도 소리를 지르신다.

"빌뱅이 새끼가 식은 밥이나 빌지, 왜 그래 너?"

버릇없이 논다고 끌어내란다.

나는 서슴없이 "선생님, 글파를 하겠다는 애를 내쫓는 건 배울이 아니지 않습니까. 저잣거리 장사치지."

"뭐야, 너 이 새끼 빨갱이 새끼지. 빨갱이가 아니면 그따위 말은 못해, 대뜸 끌어내."

대뜸 끌려 나오는데 지기(수위) 아저씨가 말을 건다.

"너, 만 원만 장만할 수 있어? 그러면 내가 우리 밥네(식구)라고 하고, 배울에 말을 해보겠다"고 하신다.

"만 원이라고요, 알겠습니다" 하고 갖은 일을 다 했으나 만 원 벌기가 그리 힘들었다. 1946해 가을부터 1947해까지 어린 나로서 할 수 있는 건 뭐든지 다했다. 하지만 만 원을 만드는 데는 진꼴나고(실패하고) 말았다.

그 만 원에 한이 맺힌 지 쉰 해가 되던 1994해, 나는 '단돈 만 원'이라는 찬굿글묵(영화극본)을 써서 달래보았다. 하지만 그때 맺힌 그 피멍은 이참까지 아니 풀리고 부들부들. 그 부들부들 떠는 깔끗(성깔)도 진꼴나고 말았다.

한갓된 꿈만 남았기 때문이다. 이적지 꿈만 꾸었다고 하면 돌배울 벙거지(모자)를 쓰고 배울의 배눌까지 가긴 간다. 그런데 선생님이 들락(문)을 아니 열어주는 거라. 꿈속에서도 얼마나 안타깝던지.

또 어떤 날은 돌배울 배눌까진 들어는 간다. 하지만 빠저(유독) 내 글묵올리게만 없고 내 걸치게만 없는 거라. 그런데도 나를 제 옆에라도 앉으라고 하는 애들도 하나 없어 혼자 우는 꿈에 흠뻑 젖곤 한다.

그래서 이 늙은 나이에도 주먹을 쥐어보지만 아, 나에게 서울이라는 데는 주먹으로도 안 되고, 참어도 안 되고, 울어도 안 되고, 닥치는 대로 들이 붙어도 안 되는 곳이었다.

'네놈들이 나가야지' 그랬어야지

"기완아, 만 원만 만들거라. 그것만 만들면 너는 그렇게도 안타깝게 바라던 퉁차기뽀덜(축구선수)이 된단다."

"그렇다. 열해가 가고 백해가 가 하얗게 늙는 한이 있어도 돈 만 원만큼은 죽어도 만들어야 한다. 암, 만들고야 말테다" 다짐하며 나는 닥치는 대로 일을 했다.

낡은 벽돌에 짝 달라붙은 세면을 딱딱 까는 일, 그것도 망치도 없이 돌로 떼어내는 일은 아무나 하는 게 아니었다. 일거리가 없는 애들이 아예 죽으러 가는 무덤 같았다. 그나마 그런 일거린 없고, 있다고 하드래도 품삯이라는 게 몇 푼 안 되었다. 더구나 괴로운 건 일을 끝내도 돌아갈 집이 없는 거라. 그래서 하염없이 어기적어기적, 가는 내 눈깔은 홀딱 뒤집히는 것 같았다. 까놓고 털어놓을 것이면, 나는 아무나 물어뜯고 싶었다. 한술 물을 것이면 으드득 으드득 죽일 것만 같아 어린 눈깔에도 겹심지가 펄펄 타오르는데 어렵쇼, 처진 길에서 아버지를 만났다.

"야 아바이."

"어 기완아."

우리는 너무나 반가워 남이 보거나 말거나 껴안고 땅바닥엘 뒹굴었다.

"야 아바이, 아직도 눌데(방) 하나 못 얻었네. 이거 죽겠구나 이거."

"고마이 있으라우. 이제 곧 돼" 그러면서 썹썹이(쓸쓸히) 가신다.

나는 다시 가로막고 나섰다.

"야 아바이, 밥도 안 먹고 그냥 헤어지네."

"고마이 있으라니까, 이제 곧 돼."

나는 쫓아갔다. 뿌리치시는 아버지한테 "야 아바이, 나 돈 있다"며 아버지 손을 잡고 남산으로 모시고 올라갔다. 그때 남산으로 오르는 길가엔 지붕 없는 밥집이 쭉하니 늘어서 있었다. 거기서도 맨 구석 길바닥, 그 한데엔 동태 대구리만 끓여 파는 아주머니가 있었다. 거기서 그 동태 대구리 국은 놔두고 밥만 두 그릇 시켰다. 거저 주는 찝찝(반찬) 김치쪼가리가 있었기 때문이었다. 나는 밥 한 그릇을 뚝딱 해치웠다. 그런데 아버지는 그냥 앉아만 계신다.

"야 아바이, 왜 그래. 나 돈 있어" 하고 사과궤짝으로 된 밥올리게(밥상) 위에 탕 하고 몇 푼을 내놓았는데도 그냥 일어서려고 하신다. 이를 보신 아주머니가 안 됐던지 동태 대구리 찌개 한 그릇을 거저 주고 찌개 국물도 더 주는데도 아버지는 그냥 일어서며 소릴 지르신다.

"야 이 새끼야, 고마이 있으라우. 이제 곧 돼" 그러시는데 터진 입술에서 마른 피가 썰핏.

벌써 붉어져버린 내 눈빛보다 더 찐한 우리 아버지의 핏빛……, 나는 불끈 쥔 주먹으로 눈자위를 훔치며 중얼거렸다.

'어쨌든 나는 돈 만 원만은 만들어야 한다, 단돈 만 원' 그러는데 길가 집 먹개(벽)에 붙어 있는 '알림' 이 눈에 들어온다.

그때 서울에서 가장 높은 여덟걸(8층)집 반도젖골(반도여관. 요즈음 롯데여관)을 차지한 미따꾼(미군)이 '승강기 몰이'를 찾는다는 것이었다.

'나이는 열셋에서 열여섯, 영어를 좀 하고, 욱끈(건강)한 몸뚱이리' 그거였다.
나는 첫 영어 다룸(시험)에선 한 발을 올렸다. 또 한 발은 높은 사람을 만나서 댓거리(면접)를 하는 것이었다. 느글느글한 아저씨가 나를 만나자마자 똑바로 꼬나본다. 그래서 나도 곧바로 쳐다본 것뿐이다. 그런데 눈길을 사납게 흘긴다.
"너는 임마, 왜 그렇게 사람을 똑바로 쳐다봐."
"아닌데요, 아저씨와 마주앉았는데 딴 데를 쳐다볼 수가 없지 않아요."
"아무튼 너, 영어를 좀 알아?"
"네, 조금."
"그러면 미합중국을 영어로."
"더 유나이티드 스테이츠 오브 아메리카."
"그러면 위대한 미국은."
"더 그레이트 아메리카."
"됐어."
이틀 뒤 와보란다. 가보니 어절씨구 지화자, 내 이름 딱 하나만 붙어 있는 게 아닌가. 너무나 기꺼워 달뜨게(열심히), 그야말로 달뜨게 승강기 모는 걸 배우던 어느 날이다. 내가 한때 일을 하던 밥집, 밥 많이 먹는다고 내쫓았던 설렁탕집 아저씨가 날 보더니,
"너, 여기서 일하냐."
"네."
"내가 그럴 줄 알았어. 앞으로 너는 큰사람이 될 거다, 길을 잘 들었으니"
그런다.

'길을 잘 들었다고?'

또 벽돌 까는 일터 일꾼들의 입도 바빠졌다.

"그 새끼 그거, 말없이 혼자 일만 하더니 아무튼 무언가 있었던 놈이라고, 무언가" 입이 닳고, 우리 라비(고향) 사람들도 "기완이가 잘됐어, 이제 걘 미국까지 갈 테니 두고보라니까" 그러고.

아무튼 여기서 한 해쯤만 참고 일을 하면 내 힘으로 돌배울(중학교)에 들어갈 돈 만 원쯤은 이미 손에 넣은 짝수다 싶었다. 이 때문에 흐뭇해진 나는 아침 제 때결(시간)보다도 한참 앞서 가서 기다리다 일터로 들어가곤 했다.

그런데 또다시 뜸꺼리(문제)가 일고 말았다. 승강기를 탔다 내렸다 하는 미따꾼들이 다 떨어진 내 입성(옷) 꼬라지를 보고 입을 삐쭉인다.

또 어떤 매결(장교) 하나는 날더러 "꼬마 심부름꾼 임마, 이따위론 안 돼. 미따꾼 옷으로 갈아입어야지"라고 나무라다가 군밤까지 먹인다.

나는 손을 쳤다. 그런데 날 또 툭 건드린다. 이에 눈깔을 치커뜬 것이 그만 낼판(결정적)으로 탈이 되고 말았다. 미따꾼들이 차지한 그 젖골(여관) 한국 사람 높은네가 나를 불러다놓고 "미따꾼 옷은 왜 안 입느냐, 남대문 맛돌(시장)엘 가면 살 수가 있으니 하제(내일)부터는 반드시 꼬마 미따꾼 옷을 입고 나오거라" 그런다.

'날더러 꼬마 미따꾼 옷을 입고 오라고? 그럴 수는 없다'는 생각이 들자 곧바로 맞대(대답)를 했다.

"아저씨, 그 말씀은 받아들일 수가 없는데요. 내가 미따꾼이 아닌데 승강기만 몰면 됐지, 왜 미따꾼 옷을 입어야 합니까."

내 말을 듣자 아저씨는 이내 낯빛이 일그러지는 것이었다.

"야 인석아, 그것은 이 미따꾼 일매기(사무실)의 할대(규칙)에 어긋나는 거야. 또 너는 어째 그렇게 버르장머리 없이 미따꾼 매걸한테 눈을 흘겼다면서? 왜 그랬어. 엉?"

"아저씨, 내가 심부름꾼입니까. 아니라구요, 승강기 모는 사람이지. 그런데도 날더러 꼬마 심부름꾼이라며 군밤까지 먹이는 놈을 가만히 두는 것도 사람입니까?"

그랬을 뿐인데 소릴 지른다.

"뭐야? 너 같은 막떼쟁이는 오늘의 한국 사람이 아니다. 오늘의 한국 사람이라면 미따꾼들한테 고마움을 알아야지, 고얀 놈 같으니라구. 대뜸 나가. 안 나가."

소리소리 지른다. 소리만 지르는 게 아니었다. 글묵올리게(책상)까지 탕탕 친다. 나는 어이가 없었다.

'내 옷이 더럽다고, 더구나 미따꾼 옷을 안 입었다고, 쥐어박은 놈이 나쁜 놈이지, 왜 내가 나쁜 놈이란 말인가.'

갑자기 뿔따구가 치솟아 그대로 맞받아치고 말았다.

"그래 나갈 거다, 내 발로 나갈 거다, 이 개새끼들아" 하고 들락(문)이 부서져라 꽝 닫고 나오고 말았다.

한 달에 쌀 여덟 말을 받기로 했었다. 아버지와 내가 한 달을 먹어보아야 다섯 말, 나머지 세 말씩 한 해만 모을 것이면 그까짓 만 원이야 안 되랴 싶어 그야말로 마음도 달뜨게 일손도 달뜨게 움직였지만 다 틀리고 말았다.

뒷날 내 이야기를 들은 아버지께서 하시는 말씀이었다.

"야 임마, 나갈 놈은 네놈들이라고 했어야지. 아무튼 잘했어, 임마."

아, 해방된 역마차

"야 아바이, 콩나물에다 꽁치통조림 까 넣고 끓이는 국, 그런 거 먹어봤어. 우리 그거 한술 먹어보자우."

"그거 괜찮겠군."

그래서 물통을 엎어 만든 땔통에 나무를 지펴 쌀 한 되로 밥을 지으니 밥이 여덟 그릇, 거기다 꽁치 콩나물국 한 솥을 바글바글 끓여 우리 둘이서 몽땅, 국물 바닥까지 득달처럼 먹어치웠다. 서울이라는 데를 온 지 몇 달 만에 처음으로 푸짐하게 먹었으니 한동안 너끈할 거다 그랬다.

그런데 아버지는 먼저 어디론가로 가시고 뒤따라 일어나려는데 갑자기 으쓱 추워진다.

'어라, 모처럼 먹었는데 춥다니.'

꿈적거려도 미념(소용)이 없었다. 속이 뒤집히는지 갑자기 울컥, 왜꽥 게웠다. 그대로 나오는 콩나물국, 씹질 않고 삼켰던 밥알들, 거기다가 꽁치 살덩어리들을 게우면서 나는 그렇게 아까울 수가 없었다. '이 아까운 것들을 게우다니.' 하지만 어떡허랴. 와들와들 떨릴 짬도 없었다. 숨이 가빠 한 발자국도 떼질 못하겠다. 겨우 전봇대에 기댔으나 더는 버틸 길이 없었다.

지나던 누군가가 "쟈 저거 '엠병(장티푸스)'일 거다"라고 하고, 또 누구는

'급성폐렴'일 거라고 한다.

엠병은 무엇이고 급성폐렴은 또 무엇이란 말인가. 이참 내가 어려운 건 살을 에는 추위와 끔적일 수도 없을 만치 숨이 가쁜 거다. 하지만 이 추운 서울거리에서 이 백기완이가 얼어 죽어? 어림없지. 그럴 순 없다. 그렇다, 가자. 어디로. 집으로? 아니다. 내 보금자리 서울역 마루를 겨냥해 비칠비칠, 뜻밖에도 아버지와 마주쳤다.

"이거 어떻게 된 거가. 우리 기완이가 왜 이렇게 돼서 엉? 하지만 기완아 괜찮아, 따슨 눌데(방)에서 한숨 자고 나면 거뜬해질 거야. 자, 가자우."

서울역에서 효자동까지 가자고 하면서 돈이 없는지 걷잔다.

"야 아바이, 나 못 가겠어" 그랬더니, "야 이 새끼야, 너 퉁차기뽀덜(축구선수)이 되겠다고 했잖아. 그런 새끼가 일어서지도 못하겠다니, 일어서 임마."

하는 길 없어 미적이다간 주저앉고 겨우겨우 엉기며 효자동까지 가긴 갔다.

그 추운 한데에서 몇 때결(시간)이나 걸렸을까. 꽁꽁 얼어갖고 야트막한 잿집(기와집) 큰들락(대문)을 밀치시더니 "아주마이, 우리 애 좀 뉘우자구요."

들어오란 말도 안 하는데 어거지로 따슨 눌데에 뉘어놓고, "내 금세 다녀올게" 그러구선 아버지는 어딘가로 가신다.

아무리 따슨 눌데에 누웠어도 춥고 숨이 차 견딜 수가 없는데 배울(학교)에서 돌아온 그 집 아들 모배우내(대학생)가 눈알을 굴린다.

"이 새끼 이거, 발진티푸스에 걸린 아새끼인데 누가 내 눌데에 들여놓았느냐"며 날 질질 끌어다가 한데에 내팽개친다. 거리라고 해보았자 불빛 하나 없는 캄캄한 밤, 눈보라는 쌩쌩 치지, 꼭 죽을 것만 같았다. 아니, 죽질 않으면 할 게 없었다. 꺾심(의지)으로도 안 되고 주먹으로도 안 되고 참으려고 해도 참을 게 없어 트릿해갈 적이다.

멀리서 '신고산이 우루루 화물차 떠나는 소리~' 어쩌고 하는 노래가 들리더니 아니나 다를까, 아버지다. 내 꼴을 보자마자 "누가 그랬어."

딱 그 한마디 끝에 돌멩이로 그 집 들락을 왕창왕창 다 짓모은다.

"나와, 이 백땅년 죽여버리겠다"고 다부(거듭) 부셔놓고선 가잔다.

"야 아바이, 난 이제 안 돼, 내버려 둬."

"야 이 새끼야, 너 퉁차기뽀덜이 돼갖고 라비(고향) 엄마도 만나고 그래야지, 죽기부터 할 거가. 일어나라우, 가자우."

라비, 엄마, 어쩌고 하는 바람에 겨우겨우 힘을 내 한참을 기어 나왔다. 요즈음의 청와대 둘레였다. 깊은 밤 웬 말수레(역마차) 하나가 휘날리는 눈발을 맞으며 딸랑대고 있다. (그땐 왜놈들이 놓고 달아난 말로 만든 수레가 있었다.)

"아저씨, 우리 애가 아파 죽게 돼서 그래요. 돈은 없지만 서울역까지만 좀 데려다 주시우."

"그래요, 사람은 돈보다 목숨이지요."

그러면서 달리는데 어디선가 소리통(라디오) 소리가 들려왔다.

    해방된 역마차에 태극기를 날리며
    누구를 싣고 가는 서울거리냐
    울어라 역마차야 세종로가 여기다
    삼각산 바라보니 별빛이 반짝

그 소리를 들으며 서울역 큰마루 찬 바닥에 뉘어놓고선 아버지는 어딘가로 또 가신다.

"넌 이 새끼야, 딴 거 없어. 고기만 한 조박 먹으면 나아, 내 곧 올게."
곧 오신다던 아버지를 기다리길 한 댓새, 한데서 몇 날을 쿨적이던 젊은이 하나가 죽어나간다. 한 늙은이는 밤새 꽁꽁 얼어 동태가 되고, 나도 얼마 안 남았지 싶을 때였다.
"여기 백기완이란 어린이 어디 없습니까. 백기완이란 어린이 모르세요?"
나는 가슴이 철렁했다.
'저 새끼가 또다시 나를 소매치기로 몰려는 건 아닌가.'
하지만 놀랄 일이다. 상해 임시정부의 큰 어른 조소항 선생이 아닌가 말이다. 나를 보시더니 "너, 어떻게 이렇게 되었느냐"며 가잔다. 김구 할아버지와 나를 돌배울(중학교)엘 보내기로 했으니 가잔다.

이야기가 좀 되여울지지만 까닭은 이랬다.
우리 아버지와 잘 아는 기독교청년회 총무를 지낸 현동완 선생이 조소항 선생한테 우리 어른들 꾸중 좀 듣자고 했단다.
"백기완이라는 애가 있는데 가슴을 찌르는 말을 잘한다. 그러니 서울 놀마(운동장) 큰모임 때 내세워보라"고 해서 내가 나섰다.
처음엔 잘 나갔다.
"한겨레 여러분!" 어쩌고 저쩌고까지는 잘 나가다가 그만 이야기 줄거리를 잊고 말았다. 그도 그럴 것이, 그 추운 겨울에 속옷도 없고 덮개도 없이 입었다는 게 듬성듬성 쳐진 너덜 홑것만 걸쳤으니 몸도 얼붙고 입도 얼붙은 것이었다. 그래서 말하고저 했던 것을 죄 잊어버리고는 왔다 갔다 하다가 그만 내 이야기를 해버린 것이었다.
"여러분, 하나가 되세요. 둘이 모이면 두 갈래, 셋이 모이면 세 갈래, 백이 모이면 백 갈래, 서로 갈기갈기 찢어져 한나홀셨(통일독립)을 이룩하질 못할 것이면 나는 여러분들을 조정놈(도둑놈)으로 몰겠습니다. 조정놈. 조정놈이 되고 싶으면 갈라서시고, 나라를 사랑하는 사람이 되고 싶으면 하나가 되셔야 합니다. 딴 거 없습니다. 이참 우리 겨레는 어찌 되었든지 하나가 되어야 합니다."

1946해 12달 어느 날, 김구 선생과 조소항 선생도 함께한 십만도 더 모인 서울 놀마였다. 그것이 끈매(인연)가 되어 조 선생이 서울역 세면마루까지 찾아와 '급성폐렴'으로 죽어가는 날더러 "가자."
"조금만 기다려주세요. 우리 아버지가 오실 때까지요."
"그러면 고칠데(병원)라도 먼저 가자"고 달랠 적이다.
그 추운 겨울, 지글한 돼지고기 한 조박이 아니었다. 어디서 어떻게 삶아 먹으라고 꽁꽁 얼붙은 홍어, 그것도 매팡석(가마니보다 넓은 까래)만 한 거 한 마리를 질질 끌고 아버지가 오셨다.(그땐 홍어가 그리 쌌다) 내가 조 선생님과 이야기하는 것을 보시더니 우리 아버지가 하시는 말씀이었다.
"고맙소"가 아니었다.
"선생님, 내버려두세요. 우리 애가 김구 선생님이나 조 선생님한테 가서 배우게 되면 선생님들을 빼닮게 될지 모릅니다. 난 그런 건 생각하기도 싫습니다. 내버려두세요. 저 혼자서 깡패가 되든 불씸꾼(혁명가)이 되든 제 할 탓으로 살아야지요."
"그러면 먼저 고칠데라도……."
"고칠데엘 갔다 나오면 어델 갑니까. 또 여깁니다. 고맙지만 놔두세요. 그까짓 '급성폐렴' 따위에 숨을 빼앗길 우리 애가 아니라니까요."

서울역 얼른짝(유리)은 벌써 다 깨져 누렁소 바람이 쌩쌩, 그 차가운 마룻바닥에 밤은 깊어가고 깊어갈수록 찬바람은 더 됫싸지더니(거세지더니) 어디선가 들려오던 '해방된 역마차'란 노랫소리도 멀어져갔다.

내 눈을 틔워준 스승, 가대기 언니

뼈깡치(뼈다귀)만 남았다는 말은 있다. 하지만 눈깔만 남았다는 이야기를 아는 이가 있을까.

열이 걸리면 셋은 죽는다는 '급성폐렴'을 꿀밑(영하) 열 꼼(10도)을 오르내리는 한데에서 쓸바늘(주사) 한 대 못 맞고 쓸루(약가루) 한술 못 먹고 일어나자, 둘레의 빌뱅이들이 마른입을 쩔었다.

"저건 밑떼(저력)가 있는 애라고, 앞으로 죽지만 않으면 아마도 씨름꾼이 될 거야."

그러나 그것은 개나발이었다. 그때 '나'라는 애는 몸은 다 가고 노오란 눈깔만 남았었기 때문이다. 눈깔만 노오란 게 아니었다. 손바닥도 노오랗고, 얼굴도 노오랗고, 눈앞도 노오랗고.

갈 데라곤 딱 한 군데였다. 노오랗다 못해 뇌리끼리한 무말랭이들만 우거지처럼 쑤시고 들어오는 후암동 넘어가는 골목 뱅이집(난민수용소)뿐이었다. 얼른짝(유리)은 벌써 깨져 너덜대는 가마니때기를 친 들락(문), 나무때기 마루는 벌써 썩어 밟질 않아도 바람에 삐그덕대는 뱅이집, 그나마 겨우 열 사람이 누울 만한 넓이에 서른이 넘는 사람들이 빼곡히 꼬불치는 곳.

퀭한 아침이랍시고 껌벅껌벅 일어나도 밥이라는 게 없었다. 똥뚝은 똥이

덤(산)처럼 뾰족이 얼어 엉덩이를 댈 수가 없고, 이 때문에 일어나자마자 배고픔보다 더 에어터지는 짜증과 코딱지가 엇갈렸다.

거기에 홀어머니와 함께 있는 내 동무 살구는 그렇게 마음이 고울 수가 없는 애였다. 먹을 게 있으면 꼭 나 먼저 주곤 했다. 그런데도 이따금 까닭 없이 밉살스럽게 엥기곤 했다.

"이 바닥에 있는 '이'는 모두 네 거라"고 했다.

"아니다, 네 거라"고 실랑이를 하다가 붙었는데 죽다 살아난 내가 택이나 있을까. 실컷 밟히고 난 날, 난 아버지를 만나 따졌다.

"야 아바이, 아직도 눌데(방) 한 구석 못 얻었네."

"야, 너 인자 뭐라고 그랬어. 못난 새끼, 야 오소리도 쫄이타면(급하면) 남의 집을 밀고 들어가, 이 새끼야. 맨 놈의 집인데 왜 밤나닥 집 투정이냐."

"뭐야, 나 가가서, 노녁(북쪽) 엄마이한테 도루(다시) 가가서."

"갈 테면 가라우, 이 백땅놈의 새끼야."

"못 갈 줄 아네."

얼낌에 금이 없는데도 금을 그어놓고선 따콩(총)과 칼로 지키는 38금(선)이라는 곳까지 갔다가 매만 맞았다.

"네 에미 머리엔 벌써 시뻘건 뿔이 났어, 임마. 뿔난 에미는 만나 뭘 해, 임마."

"뭐야, 우리 엄마이가 얼마나 예쁜데 뭐 뿔이 났다고, 죽여버리겠다"고 대들다가 매만 맞고 돌아서며 나는 내 눈깔만 노오래지는 것을 겪은 것이 아니었다. 하늘도 땅도 몽땅 샛노랗다는 것을 처음 알았다.

깜떼(절망)란 그런 빛이 아니던가. 사람도, 퉁차기(축구)도, 들도, 먹거리도 모두 노오랗게 보이는 깜떼. 깨어보니 또 그 뱅이집이다.

그런데 살구 녀석이 빙그레 웃으며 또 밀어준다. 꽁꽁 얼은 '이' 여남은 마리(열 마리쯤)다.

"이건 다 네 몸에서 나온 네 것이니 갖고 가라. 그리고 다음부터 잠만은 딴 데서 자거라" 그런다.

"뭐야, '이' 라고 하면 어째서 모두 내 것이냐, 이 새끼야" 하고 한판 하러 나가며 생각했다. '이참에야말로 쟈하고 붙어서 내가 지게 되면 나는 죽어도 죽지를 못한다. 그러니 반드시 이기자' 하고 배지기로 들었다 엎고선 막 조지려는데 누가 툭툭 친다.

가대기 언니다.

나는 대뜸 "언니, 오늘은 내가 이겼지" 그랬다.

하지만 맞대(대답)라는 것이 영 딴말이었다. 빙그레 웃으며 "싸움은 턱없이 뺏어대는 놈, 일테면 있는 놈하고 붙었을 때 이기고 지고가 있는 거야, 인석아. 가진 것이라곤 '이' 밖에 없는 것들끼리 붙어봐야 서로 코만 터져."

나는 그적지까지 가장 따르고 싶은 이가 있다면 몽양도 아니고 백범도 아니고 조소항 선생도 아니었다. 그 누구보다도 가대기 언니였다.

어느 날 노녘으로 가는 긴수레(기차)를 타볼까 하고 염춘교 다리 밑에 쭈그리고 있는데 웬 덩메(덩치 큰 몸뚱이)가 모두발로 한 막일꾼을 내지른다. 끙 하고 넘어졌다가 일어나려고 하면 또 차고, 거의 죽는 줄 알았다. 그런데 희한한 일이었다. 죽었는 줄 알았는데 비실비실 일어난다. 피투성이가 된 입으로 속웃음까지 띠우고선 다시 들어오는 놈을 번쩍 들어 올리더니 쇠몰(철로) 위로 패대기를 치려고 한다.

이때 신나게 모두발질을 하던 그 녀석이 가분재기(갑자기) 푸석돌이 된 것처럼 가라앉으며 하는 소리였다. "언니, 나 잘못했소. 살려만 달라"고 한다.

"그래, 살려만 주면 앞으로도 나한테 언니라고 할 테냐?"

"네" 하는 소리도 사뭇 꾸정(비겁)하게 사린다.

나는 너무나 멋있어 "언니, 아까 그 사람 누구야?"

"응, 갸? 또깡(김두환)이지, 주먹떼 우두머리 또깡. 그 새끼가 날더러 노녕으로 가는 긴수레 쇠몰을 떼오라는 거야. 노녕으론 이제 못 가니까 팔아서 돈이나 만들자는 거야. 하지만 나는 안 된다고 했지. 떼낼 것은 38금이지 노녕으로 가는 긴수레 쇠몰이 아니라고. 그랬더니 날 보고 빨갱이라며 까불다 깨진 거지."

멋졌다. 멋진 그는 주먹쟁이가 아니라 가대기였다. 제 어깨에 짐을 져 먹고사는 가대기. 지게꾼보다 더 썰렁한 가대기. 가진 것이라곤 제 어깨 하나밖에 없는 그가 서울바닥에서 으뜸이라고 으스대는 주먹쟁이를 깨트리는 걸 보게 된 나는 그 누구보다도 그 가대기 언니를 우러러보게 되었었다, 이 말이다.

그런데 '오늘만큼은 내가 이겼다. 그것을 제 눈으로 똑똑히 보고서도 그 따위로 뭉개? 에이, 빌어먹을.'

가대기 언니고 뭐고 죄 보기 싫어 서울역은 어쨌든지 그 둘레까지 딱하니 발을 끊었었다.

그런데 그 뒤 그 언니는 그 깡패들한테 어디론가로 다시 끌려가 돌아오질 않는다는 소리에 울컥, 입때껏 그 언니의 말을 새기며 살고 있다.

"싸움은 턱없이 뺏어대는 놈, 있는 놈하고 하는 거야, 임마. 가진 것이라곤 '이' 밖에 없는 놈끼리 붙어봐야 코만 터져, 이놈들아."

그렇게 서울역 어딘가에 새긴돌(시비)이라도 하나 세우고 싶었다.

하지만 달구름(세월)은 어느새 예순 해가 흐르고 요즈음은 바로 그 서울역에서 빠른 긴수레(KTX) 가시나 알맥이(노동자)들이 빼앗긴 일자리를 도루 내놓으라면서 싸우고 있다지…….

나는 갸네들 가슴에 예순 해도 더 앞서 가대기 언니가 나한테 새겨준 말을 이어주고 싶다.

"싸움이란 말이다. 턱없이 뺏어대는 놈들 있잖아, 그 있는 놈들하고 해야 하는 거라고. 없는 놈들끼리 붙어봐야 서로 코만 터지는 거야. 알겠어."

아, 씽풀이 춤

맨바닥만 기고 살아 서럽기 그지없는 사람들, 그들을 일으키는 건 무엇일까.

따끔한 한 모금? 아니다.

그러면 늦은 밤 가마솥에서 펄펄 끓은 밑(순)두부 한 바가지? 아니라니까.

그런 것들은 모두 깜빡하고 돋구는 코질(아편)이지, 서러움을 그 바닥에서부터 가시게 하는 건 아니다. 그러면 무엇이드냐. 맨바닥을 기고 사는 사람들보다 더 서러운 모습을 보여주었을 때, 그때 무언가가 비로소 벌떡 일어난다는 걸 나는 몸으로 겪어본 사람이다.

아마도 그게 1947해 추운 겨울, 용산역 둘레쯤 어데였을 거다. 나는 꼬불쳐 굶어죽느니 차라리 주먹을 움켜쥐고선 얼어 죽고 싶었다. 그래서 에라 모르겠다, 남의 집 찬 굴뚝을 껴안고 밤을 지새우고 있었다. '얼마나 불 맛을 못 봤길래 이다지도 얼음장이드냐. 차라리 네놈의 굴뚝을 내 몸으로 풀어주리라' 하고 버티고 있었다.

그런데 어디선가 끼꿍대는 소리가 들린다. 일어나 가보니 그럴 수가 없다. 낡은 들락(문)은 굵은 몽뎅이로 가로질러져 있고, 그 안엔 피투성이의 가시나가 입은 헝겊으로 틀어막히고, 팔은 다듬이돌에 꽁꽁 묶인 채 살려달라는 눈짓이다. 꼭 내 꼬라지 같아 나는 장도리로 몽뎅이를 뜯고 들어가 풀어주었다.

가시나는 고맙다는 눈짓 하나 없이 그냥 냅다 달아난다. 얼껌에 나도 따라갔다. 나보다는 한 서너 살 위인 것 같애 "누나 어딜 가느냐" 물었다. 쓸풀(약) 장수를 따라다니며 춤을 추는 사람인데 양아치들이 노리개로 팔아먹으려고 해 시골집 양주로 내빼는 길이라고 한다.

서울에서 얼어붙은 양주길까지 걸어서 간다는 건 그다지도 멀었다. 그래도 아랫니 윗니를 뽀드득 뽀드득 지레 물고 따라갔더니 나보다도 더 딱한 사람들이 내 눈에 들어오기 차름(시작)했다.

일어나 앉지도 못하는 누나의 어머니가 그 피투성이 누나한테 "저기 구장(이장)네 집엘 가서 네 애비가 기르던 누렁소를 끌고 오라"고 한다. 구장한테 갔다.

대뜸 "돈 가져 왔느냐."

"못 갖고 왔다"고 하자 소의 앞발을 널짝(판때기) 위에 올려놓고는 이따위 큰못을 빵빵 때려 박는다.

"돈 안 가져오면 못 풀어준다."

누렁소는 꼼짝을 못하고 웡웡 울고, 나는 소름이 끼칠 새도 없었다. 누나가 그 길로 서울로 가자며 하는 말이다.

"너, 아까 우리 소 우는 걸 보았지."

"응."

"소가 꼼짝 못하는 것 같았지?"

"응."

"하지만 아니야. 소는 끊임없이 꿈적이는 거야. 그 널짝만 들어 올리자는 게 아니라구. 이 몹쓸 땅덩이를 한꺼술에 들었다가 마침내는 앙짱 엎어버리자는 몸사위로 사는 거야. 그게 뭔 줄 알아? 그게 바로 춤이라는 거야. 멍석마리 춤. 마음껏 내뻗으면서도 속으로 속으로 사리는 춤, 멍석마리. 서울의 양아치들이 내가 좀 예쁘게 되어먹었다고 내 발등에 빵빵 큰못을 때려 박고 저 하지만 그래도 난 서울로 갈 거야. 가서 놈들과 싸우면서 사라져가는 멍석마리를 다시 빚을 거야."

오시시 소름이 끼쳤다.

'저 누나는 멍석마리 춤을 살리고저 싸우러 가고 있다. 나는 어디로 간단 말인가. 뜻과 슬멋(재주)이 있어도 돈이 없으면 퉁(공)을 찰 수가 없는 틀거리(체제), 그 잘못된 틀거리를 내지르러 가는 거, 그거이 참짜 퉁차기가 아니겠는가.'

때가 흐를수록 그 누렁소처럼 내 발등엔 꽝꽝 큰못이 박히는 것 같을 적마다 그 누나를 떠올리다가 어느덧 쉰 해, 1987해였다.

연세모배울(연세대학교) 이한열 뜨끔(열사) 땅술접네(장례식) 때 나는 춤꾼 이애주 재름(교수)한테 "배우내(학생)들이 좋다고만 하면 땅술접네 앞자락은 하는 수 없이 기독교 투로 하되, 뒷자락은 멍석마리 가운데 우리 썽풀이 땅술(장례), 썽풀이 춤으로 해보자"고 했다.

이애주 재름이 좋다며, 배우내들과 말을 나누어보겠다고 하더니 "이야기가 됐다"고 한다.

그리하여 이 땅에선 여러 천해 만에 처음으로 썽풀이 땅술을 꾸미는 날, 연세모배울과 서대문, 광화문엔 자그마치 이백만도 더 모여들었다. 거기서 이애주 재름이 앞장을 서게 되었다.

아마도 온골(세계) 어느 춤꾼도 추어보질 못한 엄청난 이백만 사람의 몰개(파도), 그 맨 앞에서 이한열 뜨끔의 지릇(유해)을 모시고 나아가는 춤꾼 이애주 재름.

이 재름의 차림도 겨락(시대)을 패박(상징)하고도 남았다. 피 묻은 하얀 치마저고리를 입고, 때로는 꽁꽁 묶인 쪼각물코(분단체제)를 풀어제끼는 몸짓, 또 때로는 매콤알(최루탄)을 까부시는 몸짓, 또 때로는 발등에 꽝꽝 박힌 쇠못과 함께 고얀 놈들의 틀거리를 와장창 들었다 엎어버리는 몸짓으로 춤을 추는 것을 본 이우정 재름이 나한테 물었다. 이우정 재름 옆에는 김영삼 선생, 다른 옆에는 김승훈 신부, 김대중 선생이 있었다.

"백 선생, 저 이 재름의 춤은 어떤 겁니까?"

"꺼지는 땅은 끌어올리고, 무너지는 하늘은 갈라치고, 그리하여 죽었던 목숨, 죽었던 갈마(역사), 죽었던 하제(희망)를 일으키는 썽풀이 몸짓이지요."

"하지만 저 피 묻은 옷, 입술에 맺힌 피멍, 눈알에 희뜩이는 싸나운 빛깔, 그것은 핏대만 앞세우는 샤머니즘 아닌가요?"

"아니지요. 빼앗긴 목숨, 칼자국으로 숭숭한 몸뚱이, 하지만 그 맨바닥에 깔린 제힘으로 일어나 스스로를 찾는 싸움인 겁니다. 머릿속의 어떤 생각(절대자)의 이름(계시)에 따라 움직이는 몸짓, 그런 꾸며진 목숨이 아니라 제 목숨과 제 꿈까지를 제힘으로 다시 일으키는 제빛(부활)의 몸짓입니다. 그런데도 저 썽풀이를 샤만이라고 보는 눈이 도리어 제 뜻, 제힘을 제가 죽이는 갈굿(샤머니즘)일지도 모르지요."

"어머나, 그렇다면 저 멋진 것을 왜 이제야 보여주나요."

"재름님, 그렇게도 바라던 모두날(민주화)이다, 한나(통일)는 어찌해서 이제야 일구려고 하는 겁니까? 그와 비슷하지요."

우리들이 주고받는 사이 이한열 뜨끔을 앞세운 이애주 재름은 어느새 이백만 사람 물살을 길 잡아 시청 앞에 닿았다. 그리하여 막 춤의 맨마루(절정), 이백만이 넘는 썽난 랭이(민중)들을 따꾼막틀(군사독재) 끝장의 불길로 불러일으키려고 하고 있는 바로 그 때박(찰나), '따다땅 펑펑 따다땅', 엄청 몰아 터졌다. 그 북새 속에서 이한열 뜨끔의 지릇은 어쩐 일로 광주로 가고.

터져 올라붙어야 할 불길은 이리 쏠리고 저리 쏠리고 이래저래 두 가지를 이루질 못하고 말았다. 하나는 뽑기(선거)로서가 아니라 온몸으로 일으키는 갈마의 일어남을 잃은 것이요, 또 하나는 오람맑티(인류문화)의 어먹한(위대한) 알짜, 그 썽풀이 춤을 갈마의 바루(현장)에서 마저 빚어내질 못한 것이다. 썽풀이의 때참(계기)을 빼앗기고 만 것이다.

참으로 안타깝다 못해 썽이 뒤집히는 아픔이었다.

하지만 2008해 가을, 전두환이보다 더한 이명박 막틀(독재)이 마구 날뛰고 있는 이제야말로 그 썽풀이 춤을 다시금 빚어야 할 때가 온 게 아닐까.

불쌈(혁명)이 늪에 빠지면 굴랑(예술)이 앞장선다 했으니……

눈물의 주먹

나는 요즈음도 한밤이건 새벽이건 버럭없이(뜬금없이) 말통(전화)을 드는 버릇이 있다.

일흔이 넘은 계집애 애루(동생)한테 "야 인순아, 나 오빠야, 딴 거 있겠어. 한가락 뽑으라우" 그러면 이러구 저러구가 없다.

기다렸다는 듯이 "알았어" 하고는 말통으로 노래를 부른다.

거의가 '오빠생각'이다.

내가 '푸른 하늘 은하수' 그러면, 애루가 '봄날은 간다',

내가 '으악새', 애루가 '일송정'을 부르고자 '일~송~정~' 그러기만 하면 내 두 볼에서는 어느덧 달빛 머금은 빗물이 줄줄줄.

내 애루 인순이는 참말로 노래를 잘한다. 가슴을 찡하고 울린 다음에야 비로소 귀에서 들려오는 소리를 갖고 있는 애가 우리 인순이 말고 이 땅별(지구) 어디에 또 있을까. 오로지 우리 인순이밖에 없다는 것을 믿고 있는 것은 오빠인 나뿐이 아니었다.

8.15 뒤 서울에서 갸가 한배울(초등학교)엘 다닐 적이다. 이흥렬 선생이 "너는 소리를 타고났다. 그러니 어떤 일이 있어도 노래를 배우거라" 그러기도 했었다.

왜놈들의 등쌀이 어린 우리들에게도 지겨울 적이다. 나는 한배울 5학년에 오르고, 우리 인순이가 1학년에 막 들어와 처음으로 달놀이(운동회)가 있던 날이다.

"오빠, 나 오늘 달리기 으뜸할 거그든, 그러면 뭐 사줄래."

"뭐든 사주지."

"그럼, 나 곡마단 보여줘, 곡마단이라는 게 왔대. 그리고 또 있어. 솜사탕도 하나."

"으뜸만 하라우. 그까짓 거야 뜸꺼리(문제)도 아니지."

나는 그랬다.

그런데 이런 날떨구(날벼락)가 다 있을까. 우리 인순이가 참말로 달리기에서 으뜸을 해갖고 나를 찾아온다. 그러니 어쩐난 말이다. 놀마(운동장)의 왼쪽으로 오면 나는 바른쪽, 바른쪽으로 오면 나는 왼쪽.

마침내 오빠를 부르며 목메어 우는 것 같았다.

안타깝긴 하고, 그렇다고 돈이란 땡돈 한 닢이 없으니 이를 어쩐다지. 그래서 가슴이 미어지는데, 죽으라는 할(법)은 없는가 보았다. 때가 왔다, 이 말이다. '곡마단을 알리는 말뚝을 메고 나발떼(선전꾼)로 따라다니면 곡마단을 거저 보여준다' 는 것이다.

잽싸게 둘러메, 곡마단은 보여주었다. 그런데 솜사탕 장수가 곡마단이 끝난 밤에도 안 가고 있으니 이를 어쩐다? 또 냅다 달아나는 길밖에 없었다. 달리기보다 더 빨리 달아났다. 그런데도 우리 애루 인순이는 끝까지 "오빠, 나 솜사탕, 솜사탕" 그러면서 따라오긴 하고…….

아, 얼마나 안타깝던지.

8.15 뒤다. 그렇게도 예뻐하던 우리 애루 인순이를 두고 서울로 오던 날이다. 느닷없이 노래를 불러주는 게 아닌가.

우리 오빠 맨발로 서울 가시며
퉁뽀덜(축구선수) 돼가지고 오신다더라

어머니가 도토리묵도 못 싸주고, 풋대추 세 알만 주시는 걸 갖고 서울엘 와 그렇게 살기가 어려웠어도 나는 딱 한술도, 나 때문에 운 적은 단 한술도 없었다. 오로지 사랑하는 내 애루한테 솜사탕 하나 못 사준 거, 그거이 그렇게도 아프고 쓰려 울곤 했다.

그런데 갸가 38금(선)을 넘어 서울엘 왔단다. 1947해 이른 봄이었다.

달려갔더니 우리 인순이가 "오빠."

"엉, 인순아."

너무나 반가워 함께 껴안고 소릴 지르고, 그런데 인순이가 웬 애를 업고 있다.

"그 어린애는 누구지?"

할머니네 애란다. 그때 남대문 뒷골목에는 마음씨 고운 백씨 할머니가 계셨다. 글파(공부) 잘하는 금순이 고모도 있고. 갈 데가 없는 언니(형)가 아버지를 모시고 온다며 우리 인순이를 한축(일단) 그 할머니네 집엘 맡겼던 것이다. 사람도 수레도 마냥 붐비는 남대문거리. 오매 아홉 살인 인순이가 홀로 떨어졌으니 오죽 안타까웠겠는가.

그러다가 나를 만나자 "오빠, 아버지는 어디 있어? 나, 아버지한테 데려다 줘" 그러면서 울먹인다.

갑자기 눈앞이 아찔해진 나는 아버지를 만나 따졌다.
"야 아바이, 인순이가 왔어. 그런데 어째서 아직도 눌데(방) 하나를 못 얻네."
"고마이 있으라우, 이제 곧 돼."
또 그러시기를 한 달. 우리 집은 마녁(남) 노녁(북)으로만 갈린 게 아니었다. 서울에서도 또 넷으로 갈린 셈이었다. 아버지 따로, 언니 따로, 인순이 따로, 나 따로. 마침내 나는 퉁차기뽀덜이 되겠다는 것보다 먼저 내 힘으로 눌데를 하나 얻으려고 닥치는 대로 막일을 했다.
얼마 만에 돈 만 원을 만들어 쪼매난 눌데를 하나 얻었다. 내 힘으로 뿔뿔이 헤어졌던 우리가 하나 되던 날, 인순이와 나는 얼마나 노래를 불렀는지 모른다.
'우리 오빠 맨발로 서울 가시며~.'
하지만 그 집에 건 돈도 몇 달 만에 다 빠져 거기서도 쫓겨나고 정릉 왕아저씨네 집에 빌붙었을 적이다.
아버지도 언니도 돈 벌러 간다며 나가신 지 보름이 지났는데도 오시질 않았다. 후덥지근한 장맛비는 마냥 내리지, 배는 고프지, 시뻘겋게 불어난 냇물에 나가 놀던 인순이가 홀랑 젖은 채 들어와 꺼떡꺼떡 존다.
"너 배고프네?"
지난 저녁부터 굶었는데도 "아니."
"그럼, 너 엄마가 보고 싶으네?"
"보고 싶어도 참아."
그 말에 갑자기 왈칵, 안집 처마 밑 오이지 독에서 하얗게 곰 슬은 오이지 세 나를 훔치다가 뻘건 냇물에 씻었다. 그리고는 밥도 없이 그 짠 것을 하나씩 쥐고 와작와작. 나는 더는 어쩌는 손(수)이 없었다.

"인순아."

"응."

"오빠가 어딜 좀 다녀올게 기다려. 냇물이 불었으니 냇가엔 가지 말어, 알었지."

"응, 오빠 빨리 와. 아버지처럼 안 들어오면 안 돼."

"그러구말구"라는 말도 못하고 정릉에서부터 걸어서 남산까지 와 갖고는 그냥 비에 젖은 풀숲에 퍽 쓰러지고 말았다.

날이 밝았다. 시커먼 구름들이 어디로 가는지 그냥 뺑소니를 친다. 젖은 풀숲은 누워 있을 데가 아니라서 그랬을까. 지나던 돌배우내(중학생) 한 녀석이 "저, 빌뱅이 새끼 좀 보랴"며 이죽댄다.

나는 누운 채로 "야 임마, 빌뱅일 보려고 하면 똑똑히 봐, 임마."

"어떻게 하면 똑똑히 보는 거냐"고 고개를 숙일 때박(순간)이다. 나는 대뜸 끌어안으며 주절댔다.

"야 이 새끼야, 빌뱅이한테는 나누어 먹는 거야, 이 새끼야. 안 내놔."

"뭘?"

"도시락이지 딴 거가."

거기서부터 나는 남산자락 '눈물의 주먹' 이라는 덧이름(별명)이 붙게 되었다.

하루는 "눈물의 주먹한테는 견줄 놈이 없다드라"는 말을 듣고 힘꼴이나 쓰는 놈이 일부러 날 찾아와 붙잔다.

"그래, 좋다"고 일어서려다 홱 하고 들어오는 한 방에 발랑 나가떨어지고 말았다.

"눈물의 주먹, 아무것도 아니구먼. 야 임마, 눈물이나 보여" 그런다.

나는 나도 모르게 입가에 웃음을 띠우며 "내 눈물을 보고 싶다 그 말이가. 여기 있잖아, 임마" 그러자,

"뭐가?" 그러는 때박,

그냥 우지끈, "이게 내 눈물이야, 이 새끼야" 하고 보낸 뒤 날나발(소문)은 더욱 싸게 돌았다.

"남산 눈물의 주먹은 힘은 안 쓰고 눈물만 쓴다더라."

나는 그때 참말로 주먹쟁이가 되고자 했다. 우리 인순이를 생각하면 돌배울(중학교) 벙거지(모자)를 쓴 애들은 그저 몽땅 꼬꾸라뜨리는 깡패.

나는 남산 꼭대기에 올라 외쳤다.

"야, 이 서울 아새끼들아. 다 나와, 나하고 맞짱 한술 뜨자우."

하지만 서울이라는 데는 알 수가 없었다. 나하고 붙자는 애가 하나도 없는 게 그리 서운할 수가 없었다.

내가 일으킨 세딱(세 가지) 싸움

열여섯이 되던 해, 나는 마침내 일을 저지르고 말았다. 뒷골목 우당(전쟁)을 일으킨 것이다. 주먹 우당이 아니다. 혼자서 세 해 안에 돌배울(중학교) 배우기(6년제 교과서)를 몽땅 해치우기로 한 것이다. 그것을 나는 '세딱 싸움' 그랬다.

첫째, 닥치는 대로 외우고,

둘째, 닥치는 대로 읽고,

셋째, 닥치는 대로 먹는다, 그거였다.

무엇부터 외울까? 애들이 영어를 그렇게 많이들 배우니 나도 영어를 외우자.

보뒤(사전)가 없었다.

어떻게 한다지?

어떻게 하긴, 글묵집(책방)엘 가서 영어 보뒤를 빼들고는 한 때결(시간)씩 서서 외우자. 한 때결이 지나면 알범(주인)이 싫어한다. 그러므로 또 다른 글묵집으로 가는 것을 날마다 거듭했다.

낱말 외우는 것은 어렵진 않았다. 아무튼지 한 때결에 낱말 백을 외우기도 했으니까. 다만 혼자 외우다 보니 사과를 '애플' 그러질 못하고 '에이플'

그랬다. 애들한테 놀림을 받았다. 내질(발음)을 모른다고.

'그렇구나, 영어는 내질부터 알아야겠다' 싶어 어느 모배우내(대학생)한테 영어 내질을 좀 알으켜달라고 했다가 도리어 시꺼먹고 말았다.

"야 임마, 너 같은 애가 영어는 배워서 뭘 할 거가. 모배울(대학)을 갈 거냐, 미국엘 갈 거냐. 없는 새끼가 제 가름으로 살아, 임마."

이때 내 떠방(반응)은 어떠했을까. 쪼매난 새끼가 덩메 큰 모배우내하고 우지끈 맞짱을 떠버렸다. 하지만 팔부터 짧았으니 택이나 있었을까. 나만 피투성이가 될 수밖에 없었다. 많이 울었다.

그 다음은 닥치는 대로 읽기인데 글묵(책)이 있어야 읽질 않겠는가. 그래서 또다시 글묵집엘 가서 아무거나 빼 읽는데 그 집 알범이 날 잡아 끌어낸다. 쪼매난 새끼가 사랑 이야기나 읽는다고.

난 알 수가 없었다.

'사내계집의 사랑이 왜 나쁘냐.'

알다가도 모르겠다고 다시 빼들은 것은 《삼국지》. 골목 애들한테 나도 《삼국지》를 읽는다고 했다.

애들이 "그 글묵 콩콤(재미)있지" 그런다.

그런데 나는 달랐다. 그 이야기 속엔 나같이 딱한 애란 뒤져도 뒤져도 없는 것이었다. 사람이 사람을 다루는 꾀만 날뛸 뿐 죽어가는 나를 살려내던 우리 집안의 옛이야기 같은 것이 없는 것이 그렇게도 못마땅했다.

또 어떤 것이 사람 사는 마을이요, 어떤 것이 사람의 나라인가가 잘 잡히질 않았다. 그래서 나는 "콩콤이 없었다"고 하자, 애들이 마구 깔보며 어떤 애는 쥐어박는 것이었다.

저 넓은 널마(대륙)의 모진 삶에 거퍼 몰아치는 바람을 모르는 바보라고 쥐어박는 애는 똑뜨름(역시) 어느 돌배우내(중학생)였다. 내가 옳은지, 갸가 옳은지는 모르겠다. 다만 피 흘리는 건 나뿐이었다.

그러는 가운데 또 빼들고 읽은 것이 《장발장》. 그 이야기의 첫머리가 나는 그렇게도 좋았다. 배는 고픈데 떡은 길거리 가게의 얼른짝(유리) 속에 있어 먹을 수가 없다. 그게 말이나 되는가. 그래서 에라 모르겠다, 그대로 '쨍그당 쨍그당.'

그 소리는 사람 사는 벗나래(세상)에서 사람답지 못한 모든 틀거리를 단 한사위로 깨트리는 한 짓이라고 여겨져 그렇게 마음에 들 수가 없었다.

그러나 딴 애들은 달랐다.

"이야기는 그렇게 종집게(족집게)로 끄집어보는 게 아니야 임마. 긴 흐름을 제 삶과 엇대서(비교해서) 보아야 하는 거야, 임마. 그러니까 글묵 한둘을 읽었다고 까불지 말어" 그런다.

그 말도 괜찮은 것 같았다. 그러나 그렇다고 나는 닥치는 대로 읽는 것을 멈추진 않았다. 어차피 내가 일으킨 싸움이니까.

그 다음 내 싸움은 닥치는 대로 먹자는 건데 그거야말로 무엇보다도 어려웠다. 먹거리가 있어야 닥치는 대로 먹질 않는가 말이다. 이참도 떠올리기만 하면 가슴 찡한 이야기는 이러했다.

그 무렵 나하고 그렇게도 끈끈하던 복동이네 집에서 하룻밤 자고 나면 모두 아침 밥올리게(밥상)에 둘러앉는다. 나도 슬며시 끼기면 아무리 비윗살 좋은 나이지만 얼굴이 화끈했다. 내가 앉은 자리에 내 밥그릇과 내 숟갈, 젓가락이 없는 거라. 그러니 내 꼴이 어떻게 되었을까. 보나마나였다. 내 밥

그릇이 있거나 말거나 그대로 눌러앉아 있을 것이면 복동이가 엄살로 배가 아프다며 제 밥그릇을 나한테 밀어주고 저는 덜컹(공장)으로 간다. 그쯤 되었으면 아무렴 나도 물러났어야 한다. 그런데도 넉살 지긋지긋하게 앉질러 갖고는 쩝쩝.

보다 못한 복동이 엄마가 "애야, 밥이 모자라서 그랬구나. 그러니까 이 다음부터는 밥이 많은 집엘 가면 안 되겠니."

내가 일으킨 '세딱 싸움'은 마디마디 죄 깨지는 짝수였다. 그러니까 마냥 졌다, 이 말이다. 하지만 그냥 진 게 아니었다. 아주 뻔뻔치로 진꼴(실패)이었다.

모진 바람 앞에 눌러 섰으면 그래도 주머니에 먼지는 남는다고, 내가 거둔 것도 없진 않았다. 몇 해 만에 영어 보뒤를 거의 다 외워버린 것이다. 누룸쪼알(자연과학) 낱말만 빼고.

어쨌든 내 머릿속에 영어 낱말이 가득 차자 어라, 내 목덜미에도 놀랄 만큼 힘이 가는 것이었다. 이 때문에 배울(학교)에 가는 애들이 벅적이는 아침이 그렇게도 싫던 내가 보라는 듯 아침부터 거리에 나섰지만 애들은 배울에만 가는 게 아니었다. 어둑어둑해질 것이면 잘 차려입은 애들이 떡집을 들락이는 걸 보게 되었다. 내 속이 갑자기 텅 비는 것 같았다. 가슴도 비고, 영어 낱말이 가득 찼을 머리는 더욱더 텅 비는 것 같고. 땅불쑥하니(특히) 안 그런 척 끼를 부리고저 안달할수록 배는 더 고프고, 후둘대는 눈망울 따위로는 모기새끼도 못 헤아릴 만치 아리까리했다.

글묵을 파고들 적마다 환히 터오던 내 하제(희망), 거침없던 내 꿈의 알짜(실체)라는 게 몽땅 엎으러진 물동이처럼 쥐구멍을 찾아가는 것 같았다.

나는 하염없었다.

　에라 모르겠다. 모든 걸 접어버리고 말까.
　안 되지, 그리하면 밤새 기다리고 계실 라비(고향) 어머니를 내버려두고 나만 먼저 가는 꼴이니 안 되지.
　그러면 어쩐다지. 저렇게 널려 있는 떡집이란 떡집들, 그것들을 보는 대로 몽땅 짓모아버릴까.
　그것도 안 되지. 내가 못 먹는다고 남도 못 먹게 해선 안 되지.
　그럼 어쩐다지. 진꼴난(실패한) 세딱 싸움일망정 또 일으키자. 암, 또 일으켜야 하고 말고.

　그러면서 허벅지가 시퍼렇게 멍이 들도록 꼬집으며 몸부림치던 아, 내 어릴 적.
　그때와 요즈음은 무엇이 다를까. 이 무지무지한 늙은이에게 가분재기(갑자기) 어린애 같은 두려움이 서린다.

릴케를 찾아 헤맨 한 해

"갈배우내(여학생)란 도통 만나질 말아야 한다. 만나고 나면 적어도 한 열 해쯤은 더 빨리 늙기 때문이다."

내가 어릴 적 뒷골목에서 떠돌던 애들의 말따구다. 하지만 나는 그 말뜻의 꼬리도 못 잡을 만치 모자라도 되게 모자랐었다.

그런데 어쩌다가 갈배우내를 짜배기로(실지로) 한술 만나보니 열 해가 아니라 한 스무 해쯤 미리 늙는 것 같았다. 나보다 한 두어 살 위일 것 같은 돌배울(중학교) 갈배우내였다. 요즈음으로 치면 선배울(고등학교) 1학년.

"너, 멀쩡하게 돼먹은 애가 어째서 그 못난 깡패 짓을 하니?"

첫마디부터가 나를 갖다가 날 선 송곳으로 밑창에서부터 후벼대는 말투였다. 나는 풀이 죽어 겨우 맞대(대답)를 한 것뿐이었다.

"알지도 못하면서 무슨 말을 그렇게 해."

이때 그 갈배우내는 벌써 챙겼던(준비했던) 말을 넘치는 둑처럼 철철 흘린다.

"너, 내 애루(동생) 글묵두툼(책가방)은 왜 뺏었어. 글묵두툼을 뺏는 도둑놈도 있어? 내놔."

아침엔 그의 아버지가 와서 내 속을 후벼놓았었다.

"어서 내놔. 이놈아, 남의 글묵두툼을 뺏었다고 배우내(학생)가 되는 줄 알아" 그러면서 귀싸대기를 여럿 먹이고 갔었다.

그런데 이 갈배우내는 훨씬이 아니라 아주 더 못 돼 보였다. 그 글묵두툼으로 말을 하면 내가 뺏은 것이 아니다. 밑도 끝도 없이 "왜 째려보느냐"며 먼저 후려쳐, "이 새끼, 죽여버리겠다"고 하자 질겁을 하며 글묵두툼을 놓고 달아났던 것이다.

그런데 날더러 뺏었다니…….

나는 그 글묵두툼을 돌려주려고 그 녀석이 배울(학교)에 가는 때결(시간)이다 싶을 때 일부러 남산에 올라 기다리기를 사흘째, 그러면서 그 녀석과 가차워지는 것을 꿈처럼 그리는 것이 그리 느긋하기까지 했다. 그런데도 그 녀석이 안 온 것뿐이다. 흐름이 이랬거늘 갸의 애비도 갸의 누나도 모두 엉뚱한 딴죽을 걸고 있다.

"너, 주먹을 빼드는 애들이 어떤 애들인 줄 알아. 골이 빈 애들만 그러는 거야."

이에 나도 내 마음의 송곳을 들이대긴 했다.

"나도 내 골속엔 영어 보뒤(사전)의 낱말이 가득 들어 있다구. 그따위 개나발 말어."

"야, 사람의 머릿속엔 무엇으로 채워야 하는 줄 알아. 영어 낱말? 아니야, 한쪽은 살냄(정서)을 키우는 끼발(감수성)이고, 또 한쪽은 마음을 키우는 핏침(철학)이야. 너, '릴케' 알아? 이게 릴케의 찰묵(시집)이야. 이거 줄 테니까 내 애루 글묵두툼은 내놔."

나는 주기가 싫었다. 다시 한 짱 붙어본 다음에야 주고 싶었다. 하지만 더는 어쩌는 길이 없어 나무그늘에 두었던 것을 갖다 주었다.
 얼핏 열어보다가 "퍽, 이게 무슨 냄새야. 너, 도시락 빼대기(강도)라고 하던데 왜 안 먹었어, 다 쉬었는데."
 "이봐, 나는 뺏어는 먹어도 놔두고 간 건 안 먹어."
 '녀석, 꼴값하네.'
 "야, 무슨 꼴값을 한다는 거냐."
 "도둑놈 꼴값이지."
 '뭐, 도둑놈 꼴값?'
 그러나 차마 갈배우내를 쥐어박을 수는 없어, 갸가 주는 찰묵을 땅바닥에 냅다 집어던졌다. 그리고는 그 길로 글묵집(책방)으로 달렸다. 그때 충무로길 저랑(양쪽)엔 글묵집 여러 백이 쭈악하니 늘어서 있었다.
 "아저씨, '리~릴케' 찰묵 있어요?"
 나를 힐끗 쳐다보니 "야 임마, 빌뱅이 새끼가 '릴케'는 왜 찾어."
 '뭐, 날더러 빌뱅이 새끼라고? 옳거니, 아침에 얼굴을 못 닦았었지' 하고는 그 길로 덤(산) 뒷자락 물가엘 갔다. 그때만 해도 남산엔 샘물이 많이 흘렀다. 거기서 얼굴만 닦자는 게 아니었다. 홀랑 벗고선 사타구니부터 박박 닦은 다음 다시 글묵집엘 가서 '리~릴케'의 찰묵을 찾았더니 아저씨 말씀이었다.
 "저기 저 묵사림(도서관)이나 가봐" 그런다.
 나라묵사림(국립도서관. 요즈음 롯데여관)엘 갔다. 하지만 어떤 글묵을 어떻게 찾는지를 몰라 허덕일 수밖에 없었다. 여기서 묻고 저기서 물어 겨우 찾았으나 우리말이 아니라 읽을 수가 없고, 읽어도 무슨 말인지를 모르겠었다. 밥 먹는 데를 내려가서 모배우내(대학생) 언니한테 말을 했더니 읽어준다.

나는 한참을 감은 채 눈을 굴렸다.

'아까 그 갈배우내는 가랑닢 이야기를 했었는데……'

"가랑닢이 파르르 구르면 그저 가을만 느끼는 사람도 있지만 그 소리에서 아련한 살넴을 살찌우도록 해야 그게 사람이다. 너처럼 주먹이나 휘두르고 도시락이나 뺏어먹는 것도 사람이냐, 돼지보다도 못한 짐승이지."

그럴 때 나는 언뜻 라비(고향)의 우리 할머니, 어머니를 떠올렸다.

일을 해도 해도 우리 할머니, 우리 어머니는 자시질 못해 가랑닢처럼 말랐었다. 하지만 바람이 분다고 파르르 떠는 가랑닢과는 전혀 달랐다. 일을 할수록 빈손에 남는 뿔따구를 떨었거늘, '릴케'라는 사람은 쌍이로구(도대체) 어떤 사람이기에 우리 할머니, 어머니와는 전혀 다른 것일까?

아마도 내가 잘 몰라서 그럴지도 모른다고, '릴케'에 마주한(대한) 글이나 글묵을 찾아 헤매길 거의 한 해. 내 쩔은 눈길로는 알 수가 없는 코배기 찰니(시인)를 어거지로 재보자는 건 아니었다. 아무리 뒤적이고 요리 보고 저리 보아도 내 눈길로는 참말로 건질 게 아무것도 없었다.

나는 속이 뒤집혔다. 문득 '릴케를 알아야 사람이 된다고 하던 그 이름 모를 갈배우내의 말은 나한테 씌운 굴레였구나' 그렇게 생각되자 나는 묵사림 마룻바닥에 누우런 가래침을 힘껏 뱉어버렸다.

'에이 퉤!'

이를 본 어느 모배우내가 내 어깨를 툭툭 치며 "가래침은 왜 뱉느냐"고 한다.

나는 '릴케' 이야기를 했다.

그랬더니 한참을 어적이다가 입을 열어주었다.

"너 바닷가엘 가봤어? 자갈돌이 그렇게 많지. 그 자갈돌 하나가 바로 '릴케' 야. 임마, 물살에 그냥 쏠리기만 하는 자갈돌."

나는 갑자기 부끄러움이 쏠리며 내 눈깔을 딴 데로 숨기고 싶었다. 그러나 숨길 데가 없는 것이 그리 서글펐다.

'아, 나에게도, 배울(학교)엘 못가는 나에게도 딱 하니 스승이 한 분 계셨으면 자그마치 한 해씩이나 아무것도 아닌 자갈돌을 찾아 코에 땀이 마르도록 헤매고 다니진 않았을 텐데. 나의 홀로 배우기는 또다시 쌔코라졌구나(망했구나).'

나는 밑도 끝도 없이 38금으로 하여 만날 길 없는 저 노녘(북쪽) 엄마이를 불렀다.

"야 엄마이, 나 기완이야. 갑자기 엄마이가 보고 싶어서 그래. 나 이참 울고 있어, 엄마이."

나에게 한숨을 가르쳐준 어린 알맥이(노동자)

우리 집안은 한숨이라는 걸 도통 안 쉬는 것으로 땅불쑥(특징)하다.

우리 어머니는 한숨이 늘 눈자위까지 차올라 있었다. 하지만 한숨이 나올 라치면 덧기침을 더욱 밭게 쿨럭거리실 뿐 한숨이라는 걸 쉬시는 걸 나는 한술도 본 적이 없었다.

우리 아버지도 마찬가지였다. 한숨이 나올라치면 아예 '불림'을 해댔다.
"소나무 땔감은 왜 땔감~."

쓸 만한 소나무는 몽땅 왜놈검뿔빼꼴(일본제국주의)이 다 베어가고 남은 것이 소나무 땔감이라, 그것만 보면 왜검뿔의 사갈짓(범죄)이 떠올라 그냥 도끼를 들어 패버리자는 한 소리로 그런 '불림'을 부는 거라고 하셨다. 그 '불림'으로 하여 우리 아버지는 여러 술 왜놈 오랏집(경찰서)에 붙들려 가시곤 했다.

그래서 그랬을까. '나'라는 애도 제아무리 배가 고프고 괴로워도 한숨 같은 건 아예 알지도 못하며 자라왔다고 할 만했다.

그런데 그 한숨을 가르쳐준 사람이 하나 있었으니 어떤 스승이었을까. 다 가들어 갈수록 더욱 깊은 데를 헤아리는 배데(학자)였을까? 아니다. 쇠를 깎는 어린 알맥이(노동자) 돌쇠였다. 내가 청파동 쇠덜컹(철공장)에서 궂은일을 할 적이다. 돌쇠는 바로 내 윗길이었다. 나는 갸가 시키는 대로 하는 갸의 똘인데 그 녀석이 하도 한숨이 깊기에 하루는 물었다.

"야, 이 덜컹의 빈홀(공기)은 몽땅 쇳가루야 임마. 왜 그렇게 깊게 숨을 쉬냐?"

물어도 맞대(대답)가 없더니 어느 날 그런다.

"궂은일을 모질게 하다 보면 숨을 몰아쉬고 싶을 때가 있어 임마. 그때 가슴을 펴는 조리(방법), 그게 바로 한숨이라는 거야, 이걸 보라구."

그러면서 뒤춤에서 빈묵(공책)을 꺼내 보인다.

"이게 뭐야?"

"그림이지. 먹통인 네가 알기나 하겠어. 나처럼 멋쟁이나 알지."

보아하니 따붓(연필)으로 그린 사람의 '손'이다. 얼근(다 터지고 까진) 손도 있고, 예쁜 가시나 손도 있다.

나는 그 뜻을 알 수가 없어 "야, 왜 손만 그리냐, 사람은 안 그리고" 그랬더니,

"똑뜨름(역시) 너야말로 먹통이구나. 이 손은 바로 내 어머니 손, 곧 사람이야, 인석아."

"뭐, 손이 사람이라고? 사람이라면 얼굴이 있어야지, 임마."

"너는 먹통 같은 새끼도 못 되구, 바로 먹통이구나. 손이 얼굴이야 임마."

내가 놀란 것은 또 있었다.

"너는 어떻게 하든지 배울(학교)엘 다니고 싶어 안달이지? 하지만 난 그런 안달은 안 해. 다만 일이 끝나면 그림만 그릴 수 있었으면 좋겠어. 왜 그

런 줄 알아. 배울엘 가고 싶다는 것은 높은 사람, 으스대는 사람이 되겠다는 거 아니가. 그지? 하지만 난 그런 뚱속(욕심)은 없어. 난 그림이야. 그림을 그린다는 것은 내 꿈을 빚는 거야 임마."

나는 "그 꿈이 무언데?" 그렇게 물으려다가 입을 다물고 말았다. "그래서 일을 하다 말고 그렇게도 한숨을 쉬는 거냐?" 그렇게 물으려다가 그것도 집어치우고 말았다. 가가 노는 꼴이 콩콤(재미)이 있어 그랬다.

어느 날이다. 덜컹엘 갔더니 멋쟁이 돌쇠가 안 보였다. 다른 덜컹으로 옮겼다고 한다. 일을 끝내고 찾아가니 또 딴 데로 갔다고 한다. 곧바로 다시 찾아갔으나 그 돌쇠는 거기에도 없었다.

어딜 갔을까? 돌쇠는 언젠가 나에게 제 어머니가 계신 데가 용인이다, 한 술 찾아오라, 그리하면 네가 먹고 싶어 하는 쌀밥쯤은 실컷 먹여준다고 한 적이 있었다. 그땐 온 하루 내내 일을 해도 품삯은 없고 한참(점심)으로 국수 한 그릇뿐이었다. 그래서 왜놈들은 죄 때려 쫓아내고 날래(해방)를 일구어냈다는 서울살이인데도 쌀밥이 그렇게 먹고 싶었다. 그리고 쌀도 한 되 얼을까 해서 철뚱철뚱 용인을 찾아가는데 눈보라가 몹시 거세다.

하루 내내 걸어도 마냥 거기서 거기, 다음날도 저녁 무렵이 되어서야 물어물어 찾아 들어가니, 아뿔싸 그 멋쟁이넨 집도 없었다. 어머니는 남의 집 머슴이고. 그래도 돌쇠를 찾아왔노라니 지불(화로)에 고구마 두어 톨을 구워주며 돌쇠가 자라던 이야기를 하신다. 나는 이야기를 들으면서 입때껏 모르던 한숨을 짓고 또 짓다간 멍청히 고개를 들곤 했다.

돌쇠는 일곱 살 적부터 남의 집을 살았다고 했다. 한배울(초등학교)에도 못 들어가보았을 뿐더러 엄마와 함께 논둑길 한술 못 걸어보았다고 하신다.

언젠가는 어린 돌쇠가 잡은 엄마의 손이 다 나간 갈퀴 같애 질겁했던가 보았다. 그 눈길에서 그냥 놓는 바람에 도랑으로 굴러 허리를 못 쓰게 되었다고도 하신다.

이에 한숨만 쉬던 돌쇠가 머슴 살던 집을 뛰쳐나갔다. 그리고는 서울의 어느 쇠덜컹에 있다고 들었는데 입때껏 새뜸(소식)이 없으니 좀 찾아달라고 하신다. 죽기 앞서 손이나 한술 만져보셨다고 목이 메이신다.

나는 알겠다고 하고 일어섰다.

따라 일어서시지도 못하고 미적이면서도 굳이 고구마 두 톨은 갖고 가라고 찔러주신다. 주린 배에선 어서 집어넣으라고 하지만 언뜻 나를 기다리고 있을 애루(동생) 인순이가 떠올라 거퍼 나오는 단침을 꾹 눌러 참고 군고구마 두 톨을 주머니에 넣은 채 그 쇠 깎는 알맥이 멋쟁이의 어머니와 헤어졌다. 멋쟁이의 어머니는 툇마루까지 쫓아 나와 더는 못 내려오시고 한숨만 쉬신다.

문득 우리 어머니 생각이 났다. '아, 이참 우리 어머니는 날 얼마나 기다리고 계실까. 내가 서울의 어느 배울 놀마(운동장)를 힘차게 뛰어다닐 거라고 여기고 계실지도 모르는 게 아닌가.'

갑자기 트릿해지는 하늘에 눈보라가 온통 하얀 용인 길, 나는 그 덤뻬알(산자락)에 돌쇠의 손을 어려보았다. 돌쇠의 얼굴도 어려보았다.

"큰 종이에다 붓으로 그림을 한술 실컷 그려보았으면 좋겠는데……."

그러던 돌쇠에게 저 뻬알을 종이처럼 내줄 순 없을까? 환히 웃으시는 돌쇠 어머니, 그 손을 실컷 그려보라고. 그러는데 쉬~ 하고 하얀 곰 같은 한숨이 절로 나왔다.

내가 뵌 백범 선생

1948해이던가, 49해던가. 아무튼 나의 서울살이는 앞이 안 보이는 게 아니었다. 아예 앞이라는 게 없었다.

아버지가 어쩌다 어쩌다 관악덤(관악산)에 돌덤(채석장)을 차려 구들장을 많이 만드셨다. 그것을 노량진 홀떼(강) 기슭에 쌓아놓고 날더러 지켜보라고 하신다. 누가 가져가겠다고 하면 값은 어쨌든지 팔라고도 하셨다. 아침도 못 먹었는데, 관악덤에서 두 때결(시간)을 꼬박껏 걸어 노량진 홀떼까지 나와 앉아 있으라고 했다. 아무리 앉았어도 그때 구들장을 사겠다고 하는 사람은 하루 내내 딱 한 사람도 없었다. 돌덩이만 쌓아놓고 있으니 파리 새끼도 안 꼈다.

'아, 참말로 서울이라는 데는 마음마저 붙일 데가 없구나.'

아무튼 어쩔 수 없이 앉았는데 관악덤 승방뜰(사당동) 애들이 지게에 지고 왔던 땔감을 팔았다며 주먹떡 하나를 준다.

막 먹으려고 하는데 아버지가 어딜 좀 가잔다.

서울에 따라온 것도 잘못이었는데 어딜 또 따라가느냐, 싫다고 했다.

그러는데도 마구잡이로 가자고 해 노량진에서부터 한참을 걸어가니 서대문 어디쯤 큰집으로 들어가신다. 백범 선생님의 집이라고 한다.

큰 꾸벙(절)을 넙죽, 눈을 들다가 나는 눈살을 멈추고 말았다. 일찍이 할머니로부터 들은 바 있긴 했어도 처음으로 마주보니 꼭 까끔(조각)에 맞닥뜨린 것 같으면서도 그렇게 푸근할 수가 없는 할아버지다.

"눈이 빛나는구나, 누구지?" 하고 물었다.

아버지가 "네, 저 황해도 구월산 밑 백태주 어르신네의 축고(손자)요, 제 막내입니다"라고 하니 깜짝 놀라는 모습으로 내 손을 잡으며 눈자위가 몹시 언짢은 모습을 지으신다.

"그래 내가 잊었었구나. 그때 내가 그 어르신네한테 쇠대접을 받았었지, 쇠대접."

왜놈 따꾼(병정)을 맨주먹으로 때려눕히고 때(감옥)엘 갔다가 마곡사, 거기서 얼마 동안 계시다가 우리 집엘 오셨다.

우리 할아버지는 "왜놈 때려잡은 울거(영웅)가 오셨다"며 기르던 소를 잡았다. 그리고는 아침저녁으로 구워드리고 끓여드려도 한술도 물리시질 않고 보름을 자셨다는 말을 나는 일찍이 할머니로부터 듣고 자랐다.

그 이야기는 부엌에서도 수군대고 밭머리에서도 수군대고. 우리 고을에서는 잇줄(전설)처럼 내려오던 것이 바로 눈앞에서 다시 이는, 그런 벅찬 때박(순간)이었다.

그래 그런지 선생님께서는 눈길을 아득히 주시는 듯 낯빛이 서려지신다. 어린 나는 그게 도리어 그렇게도 마땅칠 않았다. 왠지 배가 더 고팠다.

'그놈의 떡 한 조박이나마 꿀꺽하고 올 걸. 아니다. 주머니에 넣어두었다가 내 애루(동생) 인순이한테 주고나 올 걸.'

이때 국수가 들어왔다. 나도 한 그릇 얻어먹었다.

'그런데 왜, 한 그릇 더 먹으라는 말은 안 하는 걸까.'

기껏 그따위 생각이나 개개고(어지럽히고) 있는데 백범 할아버지는 옛일을 더듬으시느라 아련해지는 듯 그것이 나에겐 더 더겁게(무겁게) 느껴졌다. 더구나 그때 백범 선생은 '남북정치협상'에 다녀오신 곧 뒤라, 잘은 모르지만 말들이 잘못 날뛰고 있어 우리 아버지가 묻는 것이었다.

"선생님, 이참에 거둔 알맹이는 무엇이겠습니까? 누구는 선생님께서 김일성 빼난이(장군)한테 속았다고 하기도 하고, 또 누구는 선생님을 미국의 앞잡이라고 헐뜯어서……" 그랬는데 백범 선생은 갑자기 가슴을 앞으로 쁙 내시더니 딱 부러지게 말씀을 하신다.

그것은 고구려 열두 준뺨(자)의 취타 소리보다 더 가파르게 재를 넘는 소리였다. 아니 떠나간 님을 목메어 부르는 장산곶 마루의 북소리보다 더 우람 소슬하게(우람하면서도 정답게) 하늘땅을 가르는 소리였다고나 할까.

"쓸데없는 소리, 우리의 한나(통일)는 네가 이기고 내가 지는 그런 싸움이 아니래두. 왜놈검뿔빼꼴(일본제국주의)과 싸워온 곧맴(양심)이 하나가 돼서 쪼개진 땅덩이, 찢겨진 겨레를 하나로 하고, 그래서 참다운 한나홀섰나라(통일독립국가)를 만드는 것이야."

그렇게 말씀을 하시고는 한참을 눈도 깜박이질 않고 꼭 붙박이 까끔(조형물)처럼 무달(침묵)을 재우는 것 같으시다가 다시 입을 여신다.

"네 이름이 뭐지?"

"백기완이요."

"옳아, 기완아. 너 그때 서울 놀마(운동장)에서 씩씩하게 말을 한 적이 있었지. 그래그래, 이제 우리 같은 사람들은 다 가고 너희들이 크면 한나는 네가 이기고 내가 지는 그런 싸움이 아니라는 거, 한나는 검뿔빼꼴과 싸우는 곧맴이 하나 되는 것이라는 뜻을 그대로 이어주었으면 하는구나" 그러신다.

아버지가 "알겠습니다, 선생님" 하고 일어서려는데 선생님이 손을 저으셨다.

"저렇게 쏘는 눈을 가진 애한테는 무언가를 물려주어야지, 그냥 보내면 되나" 하고 선생님의 글묵(책) 《백범일지》에 붓으로 찰(시)을 하나 적어주신다.

눈이 허옇게 내린
들판을 가드래도
발걸음을 흐트러뜨리지 말거라
왜냐 오늘 내가 가는 이 길은
뒤에 올 사람들의 길라잡이가 되느니라

'서산대사'의 찰이라고 하신다. 나는 그 찰이 적혀 있는 《백범일지》를 그 뒤 터져버린 우당(전쟁)으로 하여 잃었다가 몇 해 만에 겨우 찾았다.

그 글씨를 '통일마당집(이참의 통일문제연구소)'을 짓는 데 보태고자 했다. 그래서 그 글씨를 갖고자 하는 사람을 찾노라고 했다.(중앙일보, 1988) 그랬더니 미국 사는 이만영 선생이 중앙새뜸(중앙일보사)으로 엄청난 돈을 보내주고, 나는 그 글씨를 미국으로 보내 이참 내 손엔 없다. 하지만 언젠가는 다시 돌려주겠다고 했었는데 어디서 살아나 있는지, 생각만 하면 너무나 고마워 눈물이 난다.

"한나(통일)는 네가 이기고 내가 지는 싸움이 아니다. 곤맴이 하나되는 것이라"는 백범 선생의 말씀을 널리 알리면서(조선일보, 1972) 나는 생각했다.

그 곧맴이란 무엇일까. 그냥 착한 마음일까. 다시 말해 아무려나(물론) 티 하나 없는 곧맴일 터이지만 거친 땅을 뚫고 나아가는 흘떼(강물)처럼 맑고 밝은 갈마(역사)의 꺾심(의지)이 아니겠는가. 그렇다. 곧맴이란 남을 짓밟고 남의 것을 뺏고자 사람을 속이고 죽이고 불 지르고 갈라놓고 짓이기는 잘못된 틀거리(체제), 잘못된 검뿔빼꼴 갈마를 갈아엎겠다는 마음이다. 그렇다면 그런 곧맴은 착한 사람이 이끄는 갈마와 함께 끝없이 한없이 앞으로 앞으로 나아가는 아주마루(영원한) 불쌈꾼(혁명가)을 뜻하는 것은 아닐까.

나는 그렇게 되씹으며 살아왔다고 여겨지지만…….

짜배기로는(사실은) 아무것도 못한 내 때도 벌써 다 지나가고 있다. 옛일을 더듬는 것도 부끄러워 오늘밤엔 팍 하고 엎으러져 나를 한없이 물어뜯고 싶으다.

"네 이놈, 네놈은 이제 무엇을 할 거냐, 이놈."

"백기완이 너도 젊은 날이 있었드냐"고 물으면 나는 서슴없이 맞대한다.
"그렇다. 나도 내 뼈를 갉아 애나무로 삼고, 내 피땀을 뽑아 거름으로 삼으며 온통 불을 지른 젊은 한때가 있었다. 그렇다, 나는 그런 젊은 날에 마주해 요만큼도 뉘우침 따위는 안 한다. 도리어 모이면 으르고 뽑아대고 뜨거운 것이 빛나던 그런 젊은 날의 눈물이 있었다. 이 새끼들아"라고 맞대하기를 머뭇대질 않는다.

3

너도 젊은 한때가 있었던가

내가 겪은 6.25 우당(전쟁)

내 나이 열일곱이 되던 해 여름, 우리가 관악덤(관악산) 밑에 살 적이었다. 싸움이 터졌다고 벅적였다.(1950. 6) 밤이 내렸는데도 과천으로 넘어가는 자갈길엔 불떨구(불벼락)를 비키려는 사람들로 빼곡히 차, 가는 게 아니라 그냥 떠밀려 흘렀다.

아버지, 언니(형), 애루(동생) 인순이, 나 이렇게 넷도 어딘가로 가긴 가야만 했다. 하지만 그 살갗은(따슨) 승방뜰(사당동. 그때만 해도 승방뜰은 아주 시골 이응집 마을이었다)에서 우리만이 저녁을 못 해먹어 배가 고파 떠날 수가 없었다.

하는 길 없어 내가 봉자네 집엘 가서 돼지나 주는 톨감자 한 말을 꾸어다 냇가에서 벅벅 씻었다. 시커멓게 그을린 솥에 붓고 막소금을 뿌린 다음 보리 짚으로 삶아 김치도 고추장도 없이 솥째 먹고 넘어가는 깊은 밤 남태령 고개.

꽝! 한홀떼(한강) 다리가 깨지는 소리라는 말이 들리자 뛰는 사람들이 많았다. 수원, 평택, 천안을 거쳐 성환쯤 갔을까.

"점례야, 옥희야"를 다투어 부르고 "아버지, 어머니"를 찾고 외치고 부대끼는 북적, 그것을 한사위로 가르는 더 큰소리가 들려왔다.

"야, 홍렬(아버지 이름)아 이 새끼야. 넌 어째서 비껏(피난)을 가면서 빈손으로 가냐? 남들은 죄 메고 끌고 가는데."

강원도 철원 어디에 사시는 우리 아버지의 끈끈한 벗 풍언 아저씨였다.

어쨌든 이때 우리 아버지의 맞대(대답)는 내 한살매의 어림빨(상상력), 그 나래가 되지 않았나 여겨진다.

"야, 온 땅덩이에 불이 붙었을 적엔 목숨만 챙겨가면 되는 거야 인석아. 제 것이나 꽁쳐가려고 하면 어떻게 되는 줄 알아. 제 속에서 이는 싸움 땜에 먼저 죽어 인석아."

온 땅덩이에 불이 붙었을 땐 목숨만 챙겨가면 된다. 제 것이나 꽁쳐 갈려고 들면 제 속에서 싸움이 붙어 먼저 죽는다고?

나는 그 말을 또 생각하고 또 생각하다가 우리 밥네(식구)들을 놓치고 말았다. 얼마쯤 가는데 '쌕쌕쌕', 처음 보는 날틀(비행기), 이른바 '제트날틀'이라는 게 날아간다. '쌕쌕쌕' 듣는 것만으로도 스산했다. 그런데 이를 보던 웬 뗑뗑한 아저씨가 하늘에 대고 도리어 신이 나 소릴 지른다.

"미따꾼(미군) 아저씨들, 저 노녘(북쪽)에 개금불떨(원자탄)을 떨구려고 가는 거죠. 한 방 갖고는 안 됩니다. 노녘 놈들 씨를 말리라구요."

얼마 있다가 쌕쌕이가 또 날아가자 또 그런다. 나는 갑자기 핏대가 울컥했다.

'개금불떨을 떨어뜨릴 것이면 노녘에 계시는 우리 엄마이가 죽는다. 그런데 저 새끼가?'

그래서 말 한마디 한 것뿐이다.

"아저씨, 그러질 말아요. 개금불떨을 떨어뜨리면 우리 겨레가 다 죽는 거라구요."

"뭐? 너 임마, 이자 너 뭐라구 했어 엉? 너 임마 빨갱이지."

그러면서 나를 따꾼오랏(헌병대)에 끌고 가 "이 새끼, 이거 빨갱이 새끼니까 해치워달라" 그런다.

나는 한참을 쭈그리고 있었다.

따꾼오랏이 묻는다.

"넌, 왜 잡혀왔어?"

"네, 노녘엔 우리 엄마이가 계신데 웬 사람이 개금불떨을 떨구자고 해서 집어치우라고 한 것뿐인데 그 아저씨가 날 여기까지 끌고 온 겁니다."

얼굴이 핼쑥한 따꾼오랏이 날 찬찬히 쳐다보다가 "아새끼, 죽이긴 아깝구나. 너 임마, 골게(취미)가 뭐야. 골똘히 좋아하는 거 있잖아. 골게, 그게 뭐냐고."

"내 골게요? 퉁차기(축구)요."

"뭐, 퉁차기가 골게라고? 그래그래. 퉁차기 좋아하는 놈은 거짓말은 안 해, 나가" 그런다.

한참을 걸어 나와 막 사람들 틈에 끼기려는데 아까 그 아저씨가 "야 임마, 넌 아직 덜 끝났어 임마" 그러는 때박(순간) 나는 더는 참을 수가 없었다. 제깍 받아버리고 말았다. '벌러덩' 하는 것을 마저 밟으려다가 사람들에 밀려 서둘러 가는데 이참엔 따꾼(군인)들이 그 많은 사람들을 몽땅 불러 세운다. 그 자리에서 따꾼을 뽑는다며 날 보고도 수레(차)에 타란다. 나 같은 애들도 있고 어른들도 있다. 붕~ 한참을 달리다 빗길에 곤두박히던 생각은 난다. 깨어보니 캄캄한 밤, 나 혼자 논바닥에 널부라져 있다. 나는 "사람 살리라"고 소릴 질렀다.

그런데 맞대는 없고 어디서 노랫소리만 가냘프게 들려 벌벌 기어갔다가 나는 끔찔 하고 말았다. 따콩(총)을 맞은 젊은이가 따콩을 맞고 죽은 아내를 안고 울면서 노래를 부르고 있다. 까닭이매, 어디서 갑자기 나타난 코큰 따꾼(미군) 애들이 아내를 건드리려고 했단다. 그러자 그 착한 아내인들 가만히 있을 손가. 돌멩이를 집어 들고 냅다 까다가 따콩에 맞고 쓰러졌다. 이를 본 그 사내는 태어나고 나서 처음으로 눈깔이 뒤집혔다. 뒤집힌 눈에 보이는 건 딱 그 따콩 하나뿐이라. 그대로 돌멩이를 들어 까고선 따콩을 뺏어 그냥 '따다당' 갈기다가 이렇게 됐다며 흥얼댄다. 서울서 온 나도 처음 듣는 노래다.

어머니의 손을 놓고 돌아설 적에
부엉새도 울었다오 나도 울었~소
가랑잎이 휘날리는 산마루턱을
넘어오던 그날 밤이 그리웁구나

그 노래만 부르고 또 부르다가 잦아들고 있다. 그 소름 끼치는 일렁(사태)을 보고 매쩍(원래) 딱선이인 내가 어쩌겠는가. 나도 모르게 따라 흥얼대는 수밖에 없었다. 그런데 따름따름(점점) 아저씨 노랫소리가 땅속으로 가라앉으며 죽어가고 있다. 그 덤뻬알(산자락)에 사람이라곤 아무도 없지, 해는 뉘엿뉘엿하지, 그렇다고 모르는 체 갈 수도 없고, 아저씨를 깨우는 길밖에 없었다.

"아저씨, 넋살(정신) 차려요. 아저씨 집은 어딘데요?" 소릴 지르는데 덜썩 하고 고개를 떨군다.

나는 갑자기 무서웠다. 내빼버릴까. 그러자니 젊은 팍내(부부)가 불쌍하고. 하는 수 없이 머뭇거리고 있었다.

이때 그 아저씨의 벗이라는 이가 나타나 하는 말이었다. 보길 처음 보는 코큰 애들이 제 동무의 아내를 죽였다는 것이다. 나이는 열아홉 살, 시집온 지 한 해도 채 안 된 아주머니의 몸엔 애도 하나 있었는데 마구잡이로 못된 짓을 하려고 해 한사코 돌멩이를 들어 골통을 깠다는 것이다.

이에 코배기 놈들이 따콩을 거대고 이를 본 사내가 그 따콩을 뺏어 갈기는데 그건 따콩 소리가 아니었다고 했다. 모닥불에 콩알 튀는 소리였단다. '콩콩콩', '호드득 호드득', 다른 코배기 놈들이 제 동무를 다시 쏘아대는 것을 보자 무서워 숨었다가 나온 것이라며 날더러 좀 도와달란다.

밤이 깊어가는 덤골짝(산골짝), 우리들은 그 두 젊은이를 땅에 묻었다. 이름도 모르는 두 젊은이, 그리고 누구인지도 모르는 그네들의 동무와 설무덤(모르는 무덤)을 만들며 아, 나는 얼마나 몸서리쳤던가.

이게 바로 내가 처음 겪은 6.25 우당(전쟁)이었다. 아니, 내가 처음 겪은 죽음과 삶이었다.

누가 떵이(천재)일까

우당(전쟁)이 그야말로 우당탕, 한창일 적 이야기다. 깨진 한배울(초등학교) 똥뚝, 그 낡은 먹개(벽)엔 따콩(총)알 구멍만 듬성듬성한 게 아니었다. 누군가가 숯덩이로 직직 그린 그림 하나가 있었다. 하지만 바로 그 그림 때문에 그 배울은 우당보다 더 시끄럽게 발칵 뒤집히고 말았다.

그림이라는 건 딴 거이 아니었다. 늦장마에 늘어진 오이처럼 아무렇게나 기다란 몽뎅이를 삐죽이 그리고, 그 위에 어린 꼬마 하나가 올라타 그 몽뎅이를 톱으로 석석 자르는 모습이었다.

다만 그 몽뎅이에 올라타고 있는 꼴이 금세 떨어질 것 같아 그런지 그 어린 것의 씰그러진 입의 됨됨이가 '새뚝이'라면 '새뚝이'일까. 그저 그런 그림이었다.

'새뚝이'라니 무슨 말일까. 아무리 이름 있는 이가 그린 그림이라고 하드래도 한 두어 달 걸어놓고 마주보게 되면 눈에 멍이 박히듯 지겨워지는 것이 있다. 그것을 '바림' 그런다. 박힌 그림이다, 그 말이다. 하지만 보면 볼수록 새로워지는 구석이 있는 데를 '새뚝이' 그런다. 그러니까 '새뚝이'란 무달(침묵)까지 삼킨 썩은 늪이라고 하드래도 퐁당 하고 던지는 돌멩이 하나에 깨지는 그 어떤 감칠(아름다움, 미적구조)의 매돌림(전환), 그 때참(계기)

일 터이다. 아니 지루(권태)를 짓뚫고 솟아오르는 알목(생명), 곧 '새뚝이' 일 터이다.

아무렇게 직직 그린 것 같은 그 먹개 그림(벽화)엔 바로 그런 '새뚝이' 가 있었다. 그것이 무엇이더냐. 기다란 코, 그 위에 올라탄 어린이의 일그러진 입이다.

적어도 한배울의 끼고(교장) 선생님이라고 하면 그 쟁말(분위기)을 보고 "야, 참으로 오늘의 그림이구나" 그랬어야만 했다. 그런데 끼고 선생님은 도리어 그것을 "빨갱이 그림이다. 긴 몽뎅이는 바로 미국 따꾼(군인)의 큰 코요. 그것을 자르는 애는 빨갱이다. 그러니 그 몹쓸 놈을 찾으라" 그랬다.

한참 우당탕거리는 우당으로 하여 불길이 여기저기 번질 때라, 배울에 나오는 선생도 없고 애들도 없는데 어떻게 찾으려고 들었을까. 마침 한 선생이 놀러오는 애의 빈묵(공책)에서 비슷한 그림이 나오자 닦달을 했다.

"너, 저 똥뚝 먹개(벽) 그림도 네가 그렸지?"

"네."

"왜 그따위 그림을 그렸어. 누가 그리라고 했느냐"고 웅쿠르자(위협하자) 그 애가 고개 숙인 채 눈물을 떨구며 하는 말이었다.

불길을 비켜 한없이 가다가 너무나 추워 남의 집 외양에서 엄마, 아빠, 애루(동생), 나 이렇게 넷이서 자고 있었다. 이때 코 큰 따꾼이 우리 엄마와 싸움이 붙었다.

가자, 못 간다.

거기서 힘에 밀린 엄마가 끌려간 뒤 영 돌아오시질 않으셨다. 이에 아버지는 엄마를 찾다가 돌아가시고 어린 애루는 엄마만 부르며 어제도 울고, 오늘도 울고. 이에 약이 올라 그런 그림을 그리게 되었다.

몹쓸 등빼기(반역자)라도 잡은 듯 눈썹까지 치켜세우며 웅크르던 선생은 그 어린 것의 말을 듣곤 어찌했을까. 거짓말이라고 또 때렸을까. 아니다. 그 어린 것을 껴안고 함께 울었다. 옆에 있던 애들도 울고, 끼고 선생님도 울고 끝내는 울음바다가 되고 말았다. 그리고 난 뒤 그 똥뚝이 불방(폭격)에 무너지면서 거기에 그려졌던 숯덩이 그림도 없어지고 말았다.

나는 그 무렵 부산으로 내려가 부산 부둣가에 있던 '제5육군병원'에서 몇몇 그림꾼들과 같이 한따꾼(졸병)으로 일을 하게 되었다. 안의섭(만화가), 김창환(서예가), 이항성(그림꾼), 그 가운데서도 이항성 선생은 나와 한 두어 술 광복동 어느 찻집이나 남포동 어느 찻집엘 가곤 했었다.
거기에는 도상봉, 이봉상, 이중섭 씨도 이따금 보이던 것으로 더듬어진다. 아무튼 찻값은 늘 이항성 선생이 내곤 해 나는 허물없이 그 어느 한배울 똥뚝의 그림 이야기를 하게 되었다. 눈물이 나더라고.
하지만 내 이야기를 듣고 있던 누군가가 갑자기 꽥, 소리를 지른다.
"집어치워 임마, 그따위는 그림도 아니야. 놀투(장난)도 못 되고, 빨갱이 그림이나 다름없는데 그따위를 나불대는 네놈은 치발(침략자) 아니냐. 나가라"고 소리소리 지르는 것이었다.
나는 너무나 놀랐다.
빠데(군대)로 돌아온 나는 잠이 안 왔다. 입술만 깨물다가 뻘떡 일어났다. 그 찻집엘 다시 가지 않고선 베길 수가 없었기 때문이다. 하지만 가는 길도 잘 모르고 더구나 돈이 없으니 혼자 갈 수도 없고, 이항성 선생한테 나를 다시 그 찻집엘 좀 데려다 달라고 했으나 안 가겠다고 한다.

나는 휙 하고 땔감개비(장작)를 하나 빼들고 뚜벅뚜벅 광복동엘 물어물어 갔다. 그리고는 꽝! 그림꾼들이 둘러앉은 찻집 올리게(상)를 내리쳐버렸다.

"꼼짝 마, 이 던적(사람 몸에 들어와야 살아가는 몹쓸 병균)들아. 일어나면 없애버려, 이 새끼들아. 날보고 뭐 치발이라고? 이 땅이 온통 불바다가 돼 죽어나는데 따슨 데서 차나 홀짝이는 가시나 그리고, 그도 아니면 꽃송이, 게딱지나 그리고, 그따위가 오늘의 우릴 울린 적이 있어? 우리를 울린 건 그 어린애의 먹개 그림(벽화)이었어. 이 새끼들아. 또 그 그림이 없어진 줄 알아? 아니야, 이 새끼들아. 굽이치는 갈마(역사)와 함께 우리들을 앞질러 가고 있어. 이 얼치기들아. 밖은 꽁꽁 얼어붙는데 따슨 찻집 구석에서 엉뚱한 그림이나 그리는 너네들이 뭐, 굴랑이(예술가)라고? 어림 한 푼어치도 없는 개나발(개수작). 너네들은 이 새끼야, 껍데기야. 이 새끼들아. 나가, 안 나가?"

매서운 추위가 욱실대는 밖으로 모두를 내쫓고 빠데(군대)로 돌아오니 이항성 선생이 뻐겼다. "그들은 모두 그림에 한 가락 있는 떵이(천재)들이다. 그러면 안 된다"고 나무란다.

나는 "뭐라고?" 소리 높여 맞대(대답)하고 싶었다. 하지만 나도 너무나 뻐지고 밤도 깊어 이 선생의 옆자리에 있던 내 눌비(침대)만 구석진 데로 옮겨버렸다. 그리고는 혼자 꼬불쳐 늦도록 중얼댔다.

'참말로 그림의 떵이란 누구드냐. 여러 백만이 죽어나는 슬픔, 그것을 갈라치는 이름 모를 한 숨결, 그것을 빚어내는 그림꾼 아니겠어, 이 새끼들아. 그렇다고 하면 참짜 떵이는 그 어린 그림꾼이야 이 새끼들아.'

거퍼 웅얼거리자 누군가가 내 이불을 덮어준다.

누구였을까. 나하고 한바탕 붙은 바 있는 내 윗길 공 중사던가.
아니다. 이항성 선생이었다.
이 선생은 나보다 더 잠을 못 이루는 것 같았다.

내가 처음으로 해치운 못된 미따꾼

우당(전쟁), 그 죽음의 불길을 다투어 비키는 그 북새에도 따콩(총)을 들이대고 그것도 속옷을 뺏는 어처구니가 있다는 걸 아는 사람이 있을까.

마녘(남쪽)에선 미국 빠떼(군대), 노녘(북쪽)에선 중국 빠떼가 서로 밀고 밀리고 그럴 적이다. 그때를 아마도 '1.4 물러서기' 그러기도 했었다.

아무튼 불길을 비키는 비껏(피난민)들은 눈 위로 엉금엉금 기어가는 개미떼나 다름없었다. 가봤자 얼어 죽을 수밖에 없는 것도 모르고 기어가는 개미떼.

경기도 어디쯤을 좀 지나서였을 게다. 나는 갈 데를 몰라 어느 멎데(정거장) 뒷켠에서 서성거리고 있었다. 누가 손짓을 한다. 오라고. 다가가보니 따콩을 들이대며 내가 입고 있던 위 속옷을 벗으란다.

눈보라와 함께 밤은 내리지, 쌩쌩 춥지, 목도리도 없고, 덮개도 없는데 속옷까지 벗으라고 하면 날 보고 얼어 죽으라는 거 아니냐고 해도, 둘러메고 있던 따콩을 바싹 '앞으로 따콩' 한다.

하는 수 없어 벗었더니 피 흘리며 쓰러져 있는 어느 갈배우내(여학생)의 윗도리를 벗기고 내 속옷을 입힌 다음, 날더러 고맙다고 꺼떡 하고 간다.

제 속옷은 따꾼(군인) 것이라, 갈배우내한테 입히기엔 마냥 멋쩍었나 보았다.
 거기서 나는 용케도 따꾼수레(군용차)를 얻어 타고(그땐 어딜 가나 따꾼수레밖에 없었다) 충청도 보은 쪽으로 빠지게 되었다. 멀리서 거둘(대포) 소리, 몰아따콩(기관총) 소리 '꾸릉꾸릉 따따땅', 그럴수록 디리 밟는데 앞을 가던 미따꾼(미군) 수레 하나가 틀거져(고장 나) 서버린다.
 길은 외길이라 앞뒤로는 수레들이 금세 까마득히 늘어섰다. 달릴 때는 그래도 찬바람이 볼따구만 때렸다. 하지만 멈춰 서니 맵고 찬 것이 뱃속까지 짱짱 얼쿠었다. 그래 그런지 함께 타고 있던 따꾼 몇은 아예 고개를 밑으로 숙이고는 꿈쩍도 않고 있다.

 이때였다. 틀거진 앞 수레에서 미따꾼 몇이 뛰어내리고, 이어서 길가 이웅집(초가집)에 불을 지르고선 좋다고 낄낄대며 불을 쬐고 있다. 홰에 앉았던 닭들이 놀라 '꼬꼬댁 꼬꼬댁' 잦은 불떨구(벼락)를 치고, 집에 있던 꼬부랑 할머니가 지팡이를 짚고 나와 "어떤 놈이 우리 집에 불을 지르느냐" 소리소리 질러도 모르는 체 불만 쬐고 있는 미국의 따꾼들.
 울컥 치미는 것을 참을 수가 없어 나는 펄쩍 뛰어내리며 그대로 받아버리고 말았다. 그런데 미따꾼의 키가 워낙 커서 그런지 등때기도 못 받고 엉덩이쯤 받았나 보았다. 비칠 했다가 돌다서며 따콩(총)을 제까닥, "불떨구를 맞을 놈의 새끼" 쏘겠다고 웅쿠른다.
 내가 "뭐, 이 새끼야" 그러려는데 내 뒤에서 누군가가 또 "손들어, 이 새끼들아" 그런다.
 겨냥은 내가 아니라 미따꾼들이었다. 이 느닷없는 놀음에 미따꾼들이 어벙벙하자, 따콩부리를 더욱 앞으로 쿡쿡 대면서 "손들어, 안 들어?" 그러니

그때서야 따콩을 놓고선 저희들 수레로 올라간다.

이어서 나한테도 손들고 수레에 타라고 한다.

나는 대뜸 "못 탄다, 불을 끄고 가겠다"고 하자,

"안 타? 쏜다. 우당은 따콩을 갈기고 나서 말을 하는 것도 몰라? 어서 타, 이 새끼야. 안 타?" 그런다.

하는 길 없이 올라타는데 틀거졌던 미따꾼들의 수레가 고쳐졌는지 마구 달리고, 내가 탄 수레도 달린다. 멀어져가는 그 집 할머니의 목멘 소리는 더욱 가슴 아프게 들려오고, 불길은 더욱 훨훨 이어 붙고. 나 보고 수레에 타라고 하던 그 젊은이는 내가 타고 가는 수레를 모는 한따꾼(일등병), 그가 휘파람을 불고 있다. 눈보라를 막느라 검은 눈결게(안경)를 쓰고 그 밑으로는 무언가를 줄줄 흘리며 나한테 말을 거는 것이었다.

"너 임마, 그 뚤커(용기)는 좋아, 하지만 좀 두었다 써 임마. 이참 이 땅은 온통 불바다야, 저 집만 타는 줄 알아? 잘못하면 죽을 뻔했잖아. 아무튼 살아남아 이 새끼야, 남아서 하고 싶은 이야기가 있으면 이 다음 글락(소설)으로 꾸리면 되잖아."

다시 휘파람을 불지만 왠지 눈물범벅이다. 그 휘파람은 이런 노래인 것 같았다.

    달도 하나 해도 하나 사랑도 하나
    이 나라에 바친 목숨 그도 하나이련만
    하물며 조국이야 둘이 있을까 보냐
    모두야 이 나라에 단군의 자손

밤새 그 노래 하나만 가지고 그도 부르고 나도 따라 부르다가 부산에서 헤어져야만 했다.

달구름(세월)은 흐르고 또 흘러 1985해 겨울이던가. 보은을 거쳐 대구 어느 모배울(대학)에 말을 해주러 갔을 적이다. 배우내(학생)들이 물어왔다.
"선생님, 우리 겨레가 참말로 한 핏줄입니까?"
"아니지, 어떤 겨레이든 피가 하나라고 하면 그건 모자라는 말이고, 다만 검뿔빼꼴(제국주의) 치발(침략)에 맞서 싸우는 사람, 그 랭이(민중)가 알기(주체)인 그 겨레는 하나다, 그렇게 말을 할 수는 있지"
그러다가 문득 내가 열여덟 살 적 어느 한따꾼한테 익힌 노래 '달도 하나 해도 하나' 가 떠올라 물었다.
"여러분! '달도 하나 해도 하나' 라는 날노래(유행가)를 아시오?"
모른다고 한다.
"그러면 얼추(혹) 여러분들의 아버지가 6.25 우당 때 남의 집에 불을 지르고선 낄낄대는 미따꾼들을 들이받다가 죽게 된 어느 애를 살려냈다고 하는 말을 들은 적 있소? 있다고 하면 그분이 요즈음 있는 데를 좀 알으켜주실라오."
그래 말을 해놓고선 나도 모르게 설움에 겨웠든지 비칠하자 배우내들이 부추겨준다. 나는 겨우 일어나며 혼자 웅얼거렸다.
그때 나를 살려내던 그 젊은이가 입때까지 어딘가에 살아는 있을까. 살아있다고 하면 그대로 달려가 따끔한 한 모금을 같이 하고 싶은 생각이 울컥하면서 자꾸만 그때 배운 노래가 떠올랐다.

달도 하나 해도 하나 사랑도 하나……
하물며 조국이야 둘이 있을까 보냐
모두야 이 나라에 단군의 자손

찢어진 집안, 찢어진 살덩이

"가뭄에 논바닥처럼 속이 쩍쩍 갈라져도 기완아, 눈물은 흘리질 말고 삼키거라. 그리하면 조금은 덜 쓰릴 거다."

그러시던 어머니 말씀을 듣고 자란 나이건만, 우당(전쟁) 때 한따꾼(일등병)으로 돌아가신 내 바로 위 언니(형)를 떠올리니 자꾸만 펑펑 쏟아졌다. 들이마셔도 마셔도 끝이 없었다.

1951해로 들어서던 겨울이던가. 저 강원도 '철의 삼각지대' 라는 싸움터에서 나한테 글월이 왔다.

기완아, 여기는 그저 죽이지 않으면 죽어야 하는 맨마루(절정), 마구 갈기지 않으면 내가 죽을 길밖에 없는 막판이다. 하지만 너희 언니 이 백기현이는 저 노녘(북쪽) 어머니를 겨냥해서는 단 한 방도 쏠 수가 없구나. 그래서 하늘에 대고만 빵빵 쏘는구나.

밤이 내린다. 이제 조금 있으면 또 죽고 죽어야 하는 것이 무섭다고 누가 내 무릎에 고개를 박고 몸부림을 친다. 내가 할 수 있는 게 뭐이 있겠니. 아무것도 없어 '고향설' 이란 노래를 흥얼대니 모두가 우는 이 착한 젊은이들. 하지만 아무리 착해도 우리는 곧 죽이고 죽어야 한단다.

열나(만약)에 네가 살아남거들랑 기완아, 우리 어머니한테 말해주겠니?

너희 언니, 이 백기현이는 어머니가 계시는 저 노녘에 대고는 따콩(총)을 단 한 방도 쏠 수가 없어 하늘에 대고만 팡팡 쏘았다고 말을 해다오…….

그런 글월을 보내더니 미따꾼(미군)의 쇠벙거지(철모)와 미따꾼의 따콩을 든 채 중국 따꾼의 방망이 손탕탕(수류탄)을 맞고 돌아가시고 말았다.

"기완아, 우리 세 언애(형제)도 언젠가는 짜장면 한술쯤은 같이 먹어보자"고 하시더니 그 싸구려 짜장면 한 그릇 못 먹어보시고.

그 무렵 노녘에 계시던 우리 어머니께서는 어떻게 살고 계셨을까. 그 뒤 마녘(남쪽)으로 온 이들의 말을 들으면 이러하셨다.

마녘 따꾼들이 와서 따콩을 들이대며 "태극기를 왜 안다느냐?" 그럴 적에 우리 어머니께서는 "이봐 젊은이들, 나는 서울에 사는 내 아들딸과 내 애비를 기다리지, 자네들 따꾼들을 기다리진 않어" 그러셨다.

얼마 있다가 또 와서 "아직도 안 달았어, 쏘겠다"고 해서 3.1만세 때 우리 할아버지의 피 묻은 태극기를 달으셨다.

그런데 이참엔 노녘 따꾼들이 와서 "저 깃발 떼, 안 떼면 쏠 거야."

아, 그때 늙으신 우리 어머니께서는 어떻게 하셨을까?

깃대는 놔둔 채 그 꼭지만 똑, 대롱대롱.

이를 본 마녘 따꾼들이 또 와서 "왜, 태극기를 저 따위로 달았느냐. 쏘겠다"고 하자 우리 어머니가 하신 말씀은 이참도 내 마음을 울리고 있다.

"바람에 꺾인 걸 난들 어쩌겠나."

그러시는 도막에도 서울서 살고 있던 나와 우리 아버지는 어머니한테 달려가질 못했으니 아, 우리 어머니께선 그 우당을 겪으시며 얼마나 안타까우셨을까. 떠올리기만 해도 온몸의 물줄기가 홀랑 빠지는 것 같았다.

그때 우리 어머니께선 가만히 있질 않으셨다. 낮에는 얼음을 깨 피새우를 잡아다 끓여놓고 마녘에서 돌아올 우리들을 기다리셨다. 그뿐이던가. 눈보라치는 밤에는 홀로 언덕에 올라 얼추(혹) 우리가 모진 눈보라 때문에 길을 잃을세라 물끄러미 서 계시곤 해 이웃들이 '눈보라 속의 솔불' 이라고 했다던 아, 우리 어머니.

바로 그 무렵 마녘에선 육군 한따꾼 백기현 언니가 돌아가시고 말았다. 처음엔 손탕탕에 쓰러지고, 이어서 당탕(포탄)에 살과 뼈가 모두 가루가 돼 버리고 말았다. 그 뒤 거의 예순 해가 되어가는 이적지 그 뼛조각 하나 찾질 못하고 있다. 이런 걸 두고 참을 길 없는 서러움, 그러는 것인가.

육군 한따꾼 내 언니는 내가 한배울(초등학교)에 들어가기 앞서 한배울 5학년 맞글묵(교과서)까지를 몽땅 떼게 했다. 그래서 1학년에서부터 홀곧(반장)이 되게 했지만 "왜말은 꼴찌를 해라, 그게 참짜 으뜸이라"고 해 2학년부터는 왜말을 못한다고 홀곧에서 떨어지게 하시던 분이다.

내가 홀곧에서 떨어지던 바로 그 무렵 우리 어머니께서는 무엇을 하셨을까. 왜놈의 발굽에 시달리시느라 우리 어머니께서는 밥도 넉넉히 못 해주셨지만 우리들에게 널마(대륙)를 알으켜주셨다. '장산곶매 이야기'가 그것이다.

기완아,

장산곶매는 말이다.

꿀백술 죽을 고비를 넘나들었지만 소갈머리가 좁고 사납기만 한 것들 있잖아. 그런 쩨쩨한 것들은 아주 부셔(적)처럼 싫어했구나. 그래서 그 못 된 것들만 깨트리려고 봄과 가을, 이렇게 한 해에 딱 두술(두 번)만 먹치 기(사냥)를 떠나는 날 밤, 어떻게 했는지 알아?

딱딱, 제 둥지를 몽창 부셔버렸어.

왜?

제 둥지, 제 집에 메일 것이면 온몸으로 싸울 수가 없다고.

그리고는 딱 하나만 거머쥐었는데 그게 무언 줄 알아?

끝없이 너른 땅에 한없이 넓은 마음, 널마지 뭐.

그러니 기완아, 이 다음에 아무리 어려워도 쩨쩨하게 굴면 안 돼.

제 이웃이나 짓밟고 뺏고 죽이는 잔챙이가 되면 안 돼.

어머니의 그 말씀에 우리들은 늘 널마를 꿈꾸며 자라왔다. 그런데 그렇게 자란 우리 언니 백기현이가 미국서 만든 따꽁을 들고 있다가 중국의 손탕탕 을 맞고 돌아가셨다. 그렇지만 이적지 그 뼈다귀도 못 찾고 있다. 양키들은 죽으면 머리카락까지 찾아간다던데…….

나는 부산에서 갯뚝(부두) 일로 보름 만에 짜장면 딱 세 그릇 값을 벌자, 강원도 금화 땅 싸움터로 언니의 지릇(유해)을 찾아 떠났다. 강원도 그 높은 덤(산)에 오르는 길은 불바다 싸움터로 가는 그 길보다 더 끔찍했다. 아무튼 죽을 고비를 밥 먹듯 삼키며 강원도 어데까지 가긴 갔다.

그런데 그럴 수가……, 깊은 밤 어느 골짜구니에서 무슨 까닭인지 몰아쏘기(집중사격)를 받게 되었다. 따따당 쿵쿵, 나는 죽기 살기로 냅다 뛰면서 울부짖는 것이 고작이었다.

"야 이 새끼들아, 돌아가신 우리 언니 뼈다구하고 나하고 짜장면 한 그릇 같이 먹으려고 찾아왔어, 이 새끼들아. 왜들 그래, 그만 쏴 임마, 그만."

하지만 미념(소용)이 있으랴, 또다시 따따당 쿵쿵…….

내 나이 열아홉이던 1952해 겨울이었다.

달동네라는 말 한마디 썼다고 매다는 나라

돌아가신 언니의 뼛조각이라도 찾겠다고 강원도까지 갔다가 몰아쏘기(집중사격)의 과녁이 되어 거의 죽다 살아온 뒤, 나는 이 땅, 이 나라에 마주한(대한) 꼴눈(증오)이 내 밑두리를 부글부글 쑤시게 되었다.

그때는 거리의 느닷없는 부랄(조사)도 매우 성가셨다. 그래서 길 가는 사람한테 무턱대고 "딱지(신분증) 내놔" 그러면 나의 맞섬(대항)이라는 것은 거의 불붙는 꼴눈이었다.

나는 다짜고짜로 "그래, 난 죽일 놈이다, 이 새끼야, 쏴라"고 고래고래 소리 지르곤 했다. 마냥 그 꼴이니 부대끼는 건 내 말이 아니었다. 헐벗은 내 몸뚱이었다.

보기 싫은 건 또 있었다. 그즈음 부산 거리는 서로 죽이고 죽는 싸움터와는 영 달리 돈이 좀 있다고, 힘이 좀 있다고, 다투어 으스대는 꼬락서니는 그대로가 썰통(난장)이라. 보아 넘길 수도 없고 참아 넘긴다는 것은 거의 뼈깡치를 깎는 쓰라림이었다. 그 어지러움 속에서도 이승만과 그 한 떼거지, 이른바 막심(폭력)을 제멋대로 쓸 수 있는 것들은 몽땅 미국으로 내빼려고만 들고 그야말로 개판, 막판, 싸판이었다.

그 북새에 국회의원을 지낸 김상돈 선생은 늘 목숨을 걸고 곧소리를 하셨고 "개새끼들의 내빼기는 안 된다, 사람을 길러야 한다"며 '해외유학장려회'를 만든 첫꺼리로 날더러 미국유학을 가라고 했다.

1951해 이른 가을, 나는 그때 그분의 아들한테 이레에 한술씩 영어를 가르치고 있었다. 애썼다고 주는 건 글을 가르치는 날 저녁 한 끼였다. 그러니까 그때 내게 가장 쭐이타는(급한) 건 아침 끼니를 때우는 것이었다. 힌참(점심)은 굶으면 되고, 저녁은 웅크리면 되니까. 그런 날더러 '미국으로 글파(공부)를 하러 가라고?' 나로선 꿈도 못 꾸는 것이었다. 또 어찌 보면 때활(기회)이 온 것이었다.

그러나 나는 대뜸 "싫다"고 했다.

"어허, 너 같은 애가 따콩(총알)받이가 되는 걸 막아야 해. 또 너 같은 애가 미국유학 첫술이 되는 것이 이 썩은 바투(현실)를 찌르는 송곳이 될 터이매 가라"고 한다.

나는 "선생님, 이참 이 땅은 온통 불구덩이입니다. 이렇게 불구덩이를 만든 놈들을 몽땅 몰아낼 생각을 해야지, 나만 내빼서야 되겠습니까?"

"야 기완아, 할 일은 오늘의 바투에만 있는 게 아니래두. 내 어떻게 해볼 터이니 내 말 듣거라"는 그 손길을 뿌리치고 나는 서울로 왔다. 부산에서 대구까지만 긴수레(기차)를 타고 그 다음부터는 걷고, 뛰고, 타고, 엎어지고, 일어나고.

우당(전쟁)이 한창일 적이라 한홀떼(한강)를 넘기가 쉽질 않았다. 하지만 난 생각이 있었다. 나는 영등포에 내려 다 쓰러져가는 집에서 짜장면 한 그릇을 샀다. 그것을 낡은 냄비에 담아갖고(그땐 비닐이 없었다) 어떻게 어떻게 한흘떼를 넘어 남산에 올라 펴놓았다.

"언니, 돈이 모자라 한 그릇밖에 못 샀습니다. 같이 드시지요" 하고 막 꾸벙(절)을 올리려는데 햇빛 바른 곳에 옹기종기 모여 있던 너댓의 꼬마들이 "야, 냄새 좋은데" 그런다.

"너희들 먹고 싶으냐? 그러면 같이 꾸벙을 하자" 그러는데 애들이 꾸벙은 않고 그 비싼(?) 짜장면을 맨손으로 마구 집어먹는다. 터지는 웃음을 겨우 가라앉히며 물으니 모두가 우당 때문에 집과 아버지, 어머니를 잃고 배울도 잃은 애들이다.

나는 그들을 가르치리라 했다. 그리고는 어떻게 어떻게 찢어진 채알(천막)을 하나 얻어 덤(산)기슭에 처놓고 '채알 배움터' 그랬다. '채알 배움터' 들락(문)을 연 지 얼마 안 돼 저녁마다 오는 애들이 늘었다. 우리들의 노랫소리도 더욱 커져갔다.

'비바람이 불어온다. 삼천리에 넓은 들~' 어쩌고…….

일찍이 관악덤 승방뜰 구장(이장)네 머슴한테 주워들은 노래를 겨우겨우 더듬어 함께 부르던 어느 날, 그 깨진 덤뻬알(산자락)에 눈이 오다가 달이 뜨니 그렇게 아름다울 수가 없었다. 그래서 배움터 이름을 '달동네 배울'로 바꿨다. 그런 다음 애들한테 돌려주는 종이도 '달동네 새뜸(소식)' 그래 보냈는데, 몇 날 있다가 오랏꾼(경찰) 몇이 날 잡아다 첫술부터 매단다. 그리고는 발길로 내 배시때기를 뻥뻥 내지르며 대란다.

"달동네란 말이 무슨 뜻이냐?"

나는 "비록 다 타버린 잿더미이지만 그 위에 눈이 하얗게 쌓이고 마침 달이 뜨니 그렇게 아름다울 수가 없어 '달동네' 그래 불렀다"고 했다.

"뭐야 이 새끼야, 그렇다고 하면 '하꼬방' 그래야지, 너 그 말투 누가 지어쳤어? 대라'고 한다.

"아저씨, '하꼬방'이란 왜말 아닙니까? 이참이 어느 때인데 왜말을 쓰라고 합니까?"

"뭐야, 너 일본말 싫어하는 것을 보면 네 뒤에 빨갱이가 있는 것이 틀림없다. 그 뒤를 대라'고 거퍼 배를 지른다.

하지만 내 뱃속에선 고추장에 비벼먹은 깡보리밥만 쏟아졌고 그것은 금세 흙바닥에 얼어붙었다. 그땐 사람 잡아다 패는 데도 바닥은 맨흙이었다. 바로 그 흙바닥에 얼붙은 고추장 비빔 깡보리밥처럼 되어 몇 날 만에 나와 보니 내가 쳐놓았던 채알과 애들은 오간 데가 없다. 다만 마루턱에서 웬 사람들이 나를 몰래 흘기다간 사라진다.

나는 다시 이 나라 이 땅이 참말로 보기 싫어졌다. 꼴눈이 사나워지며 몽땅 불이라도 지르고 싶었다. 우당보다 더 커단 불. 그래서 간지럽지도 않는 목을 왜꽥, 맨 가래침을 하늘에 대고 "에~이~퉤~, 에이 퉤~" 그러는데 하늘을 날던 날틀(비행기)에서 나풀나풀 종이들이 떨어진다.

'저게 무엇이든고.'

《성웅 이순신》이라는 쪼매난 글묵(책)이었다.

'이순신이 누구더라.' (나는 그때만 해도 이름만 어렴풋이 알았지 이순신이 뭘 했는지는 잘 몰랐다.)

아무튼 그 속엔 그분의 찰(시)도 하나 있는데 그게 그렇게 내 마음에 들었다.

　　한 바다에 가을빛 저물었는데

찬바람에 놀란 기럭 높이 떴고나
괴로운 나라근심 잠 못 드는 밤
새벽달 창에 들어 칼을 비추네

'새벽달 창에 들어 칼을 비추네' 그 글귀가 너무 좋아 그 자리에서 외워버렸다. 그 글묵엔 선조대왕의 찰도 하나 있었다.

국경이라 달 아래 목 놓아 울고
압록강 바람결에 애가 그치네
조정의 신하들아 이러한 오늘
또다시 서니 동이니 싸우려느냐

그것도 그 자리에서 외우는 눈길 위에 '달동네'라는 우리말을 썼다고 때리던 오랏꾼(경찰)들이 어려 혼자서 웅질댔다(웅얼거렸다).
'아저씨, 사람들을 여러 백만이나 죽이는 끔찍한 우당까지 해가면서 지키고자 하는 게 무엇입니까? 달동네라는 우리말을 하나 빚어 썼다고 잡아다 족치는 그 막심(폭력)입니까?

우리가 반드시 읽어야 할 바발(작품)이란

　이 땅에서 터진 우당(전쟁)이 막바지에 몰리던 무렵이던가. 따콩(총) 소리가 막 멎고 나서던가. 아무튼 그때 나는 딱 한마디가 그렇게도 그리웠다. "야 이놈아, 그리 가질 말고 이리로 가거라"라는 한마디, 아니 "네가 할 일은 바로 이거다"라고 딱 부러지게 이르는 한 소리는 어디 없을까.
　사람도 만나고 글묵(책)도 뒤지고 거의 미친 듯 헤매일 적이다. 누가 함석헌 선생을 만나러 가자고 한다. 나는 그때만 해도 함 선생이 어떤 분이신지를 전혀 몰랐다.
　종로 뒷골목 어디쯤 한 댓이 앉아 있었다. 첫눈에도 찬 서리를 맞고서야 얼굴을 펴는 들국화처럼 맑고 빼어난 분이 묻는 것이었다.
　"얼추(혹) 토마스 하디의 《테스》라는 글락(소설)을 읽어본 분이 있소? 있으면 일어나 그 느낌을 한술 말해보실라요. 내가 보기엔 오늘의 젊은이들이 꼭 한술 읽어야 할 거라고 생각돼서 그러는 겁니다."
　다른 사람들이 어물어물 하기에 내가 일어나 "사랑한다는 것은 꽃밭으로 들어가는 게 아니다. 가시밭과 수렁을 헤쳐 마침내 제 가슴의 꽃밭을 일구는 눈물이다. 그런 이야기였다고 여겨지는데요."
　내 말을 듣고 있던 함 선생이 풀이까지 해주신다.

"첫눈에 반한 사랑이라고 하드래도 그것이 곧 사랑의 매듭이 아니라 막 틔워야 할 씨앗이라는 그 이야기는 오늘 이 땅의 어지러움을 갈라칠 길잡이가 될 거다" 그러신다.

바로 여기서였다.

조금만 삐끗해도 입에 거품을 물곤 하던 나는 "선생님, 오늘 이 땅의 이 어지러움, 그 잿빛을 갈라치려고 하면 《테스》가 아니라 바로 이 땅의 피눈물을 알아야 하질 않겠습니까.

선생님, 미국빠데(미군부대) 그러면 오죽 으스스합니까. 그런데 그 으스스한 빠데(부대)의 쇠그물(철조망)을 붙들고 '이 개새끼들 나오라' 고 울부짖는 열댓 살쯤 된 갈배우내(여중생)가 하나 있었습니다. 아무튼지 헌날(만날) 와서 울부짖는 것이었습니다. 그건 누가 보아도 울음이 아니라 거의 깍치(고발)였습니다.

그렇다고 하면 갸가 왜 그러는지 그 까닭을 알아보아야만 했습니다. 하지만 미따꾼(미군)들은 무턱대고 그 어린 가시나의 머리를 숭덩숭덩 잘라버리고서는 질질 끌어다가 눈구덩이에 내던지는 것이었습니다. 다시 오기만 하면 죽인다, 그거였지요.

그런데도 다음날 또 와서 '개새끼들 나오라' 고 울부짖자, 이참엔 그 갈배우내의 젖가슴을 찢어 내팽개쳤습니다. 사람이라고 하면 그럴 수가 없는 끔찍한 짓이었지요. 그런데도 목숨을 걸고, 아니 그 몸부림이 곧 목숨이라는 듯 또 와서 아각대는(아우성치는) 겁니다.

왜 그랬을까요. 갑자기 목이 마르네요. 왜 그랬을까요.

어느 날 미따꾼 여러 놈들이 그 어린 것을 몰아 짓밟은 겁니다. 이에 뿔따구가 머리끝까지 차 그러는 건데 미따꾼 놈들은 제 잘못은 모르는 채 엉뚱하게도 갸를 빨갱이라고 우리 따꾼오랏(헌병대)에 넘겼고 따꾼오랏은 다시 오랏(경찰)에, 그 오랏은 다시 미빠데 둘레의 양아치들한테 넘기며 마음대로 짓밟게 했습니다.

'저년, 저건 빨갱이라 죽여도 된다' 고.

사람이라면 그럴 수가 없었습니다. 더군다나 그 끔찍한 일을 놓고 이 땅에 참말로 새뜸(신문)이 있고 걷대꾼(정치인)이 있다고 하면 피눈물 나는 한마디쯤은 있어야만 했습니다. 예수가 있고 부처가 있다고 하면 한마디는 했어야지요. 그러나 한마디 하는 사람은 하나도 없었습니다. 그 많은 새뜸이라는 것들, 저마다 잘났다고 뻐기는 걷대꾼들, 말네(변호사), 선생, 그 많은 깡패들도 입을 다물고 있었습니다.

그런데 딱 하나가 있었습니다. 누구냐, 스물도 안 돼 보이는 한 헬쑥한 사내애가 엉뚱하게도 그 미빠데에다 맞짱을 걸었습니다.

'너네 빠데에서 가장 센 놈이 누구냐. 나와라, 나하고 맞짱을 뜨자. 뜨되 내가 지면 날 죽여도 좋다. 하지만 내가 이기면 저 어린 갈배우내한테 무릎을 꿇고 잘못했다고 빌어야 한다.'

이렇게 매기고(정하고) 붙었는데 택이나 있었겠어요.

그 애는 코끼리 같은 미따꾼의 한 방에 그만 나가떨어지고 말았습니다.

이때였습니다. 쓰러져 죽어가면서도 스스로를 더듬었습니다. '내가 이래 뵈두 퉁차기뽀덜(축구선수)이 되겠다고 맨발로 서울엘 온 놈이다. 돈이 없어 퉁차기뽀덜은 못 되었지만 저 고얀 놈은 한술 차보고 나서 죽어도 죽어야 하질 않겠는가' 라고 더듬어지자 비실비실 일어났습니다.

이때입니다. 그 사내애를 아주 죽이고자 덤터기처럼 달겨드는 그 코끼리만 한 놈을 '퉁' 하고 내질렀습니다. 그러나 키가 작아 옹금(급소)을 차니 어찌되었겠어요. 그대로 꽈다당……, 그 어린 것은 외쳐댔습니다.

'마침내 이 땅의 애가 썩어문드러진 양키 놈을 꺾어 팡개쳤구나.'

선생님, 그 어린 갈배우내의 몸과 마음은 끔찍하게 짓밟혔지만 끝내 그 못된 것들을 이긴 건 누구였겠어요. 그 어린 사내였을까요. 아닙니다. 바로 그 어린 갈배우내의 맑은 피눈물 아니었겠습니까. 이참 우리 바투(현실)는 바로 그 피눈물의 큰 흘떼(강물)입니다. 선생님께서 《테스》를 읽자는 것도 좋습니다. 하지만 이 땅의 글쟁이들한테 그 어린 갈배우내의 피눈물을 한술 그려보라고 하면 안 되겠습니까."

그때로부터 달구름(세월)은 흘러 서른 해. 1981해 여름, 강원도 양양 바닷가에서 전두환 양아치들한테 맞은 헌디(생채기)를 달래고 있다가 돈이 떨어져 보따리를 싸려고 했을 적이다. 모래밭 너머 멀리서 하얀 두루마기가 가물가물. '야, 저것 보시게, 꼭 함 선생님 같으네' 그러는데 참말로 함 선생이 거기까지 오셔서 돈 십육만 원을 놓고 가신다.

나는 냄을 내면서(배웅하면서) "선생님, 옛날 저희들한테 《테스》를 읽어보라고 하신 적이 있었지요. 그때 아무렴 《테스》도 읽어야지만 오늘의 우리 바투를 읽어야 한다고 울부짖던 그 애숭이(애송이) 사내놈 생각나십니까. 그때 그 애숭이가 바로 오늘의 이 백기완이었습니다. 선생님."

"그래, 그때 그 이야긴 아직 글로 꾸리진 못했지? 요즈음 읽혀야 할 터인데……."

바람도 비껴가고 먼지도 비껴가고 구름도 비껴가고 오로지 하늘과 바다만이 맞닿은 강원도 양양 오산리 외로운 바닷가, 나는 그때 함 선생님의 그 말씀을 나한테 겨냥하는 날슨(날 선) 송곳이라고 받아들였다.

'옛날 그 갈배우내처럼 너도 그만치 짓밟혔으면 다시 목숨을 걸고 나가 싸워야지. 뭐, 잔돈푼이나 걱정하고 있다고?'

그러는 것 같아 그날 밤 외로운 바닷가, 모기는 들이 물지, 물살은 거퍼 출렁이지, 잠은 껌뻑껌뻑 대면서도 오진 아니하지, 나는 그저 혼자서 중얼거리는 길밖에 없었다.

오냐, 가주마
노를 잃고 삿대는 부러져
남은 것이라곤 뒤틀리는 네 다리에
마음의 등불뿐일지라도
스스로 묶은 사슬은 이미 끊어졌노라……

'태풍'이라는 찰(시)을 지어 모기가 왱왱거리는 가난한 고기잡이 집 먹개(벽)에 붙여놓고 "선생님, 오래 사시라"고 했었는데. 또다시 잡혀가느라 선생님의 역울(빈소)에도 못 가보았구나.

백기완이, 너도 젊은 한때가 있었던가

"선생님, 선생님의 끼꺽(기질)으로 보아 젊은 날엔 무엇 좀 하셨을 것 같은데요?"
"나? 딴 건 못하고 그저 나무나 몇 뿌리 심었지 뭐."
"나무를 심다니요. 그건 땅 가진 놈들이나 하는 짓 아닙니까?"
"내 마음에 심었다니까."

언젠가 잡혀가 닦달을 받을 적이다.
"야 임마, 넌 쌍이로구(도대체) 무얼 하던 놈이가?"
"나 말이요? 나도 한때 사랑을 해본 놈 아니오."
"뭐야 이 새끼야, 사랑 한술 안 해본 놈이 어디 있어. 어쨌거나 넌 무슨 사랑을 해보았다는 거냐?"
"까닭 없이 잡혀가 밟히고 찢겨죽는 불쌍한 사람도 사랑해보았고, 우리 집사람하고도 사랑을 해보았다 그 말이오."
"이 새끼야, 그따위 말을 묻는 줄 알아. 너, 빨갱이 새끼와 사랑하고 있지. 말해, 이 새끼야, 말 안 해?"
주어맞던 생각이 난다. 내가 막 젊은이로 발돋움할 무렵 우당(전쟁)이 몇

으면서 남긴 잿더미, 그 까랑한 바투(현실) 속에서 내가 한 일은, 참말로 내가 한 일은? 나무심기밖에 없었다.

그것이 아마도 1953해 봄이었을 게다. 그땐 한흘떼(한강)를 건너가고자 해도 나룻배라는 게 없었다. 다리는 끊기고, 그래서 서빙고 앞 모래밭을 넘어 헤엄을 쳐 관악덤으로 가려는데 툭 하고 시커먼 덩커리에 걸렸다. 보아하니 타다 남은 사람의 시커먼 팔뚝이다. 가슴이 섬뜩해 모래로 덮어주면, 바람에 날리는 그 꼴이 마치 하늘을 할퀴려는 까끔(조형) 같았다.

나는 '이 숯덩이는 무턱대고 사람을 죽이고 죽어야만 하는 오늘의 거짓됨을 뚫고 일어서는 참 알목(생명)이다. 그것을 살려야 한다. 아니 그것이야말로 갈마(역사)의 굴랑(예술)이라, 그 뜻은 여러 글묵(책)에서 건네받을 것도 없다. 이 피눈물 나는 바투에서 끄집어내 살리자'는 '나무심기꺼리(운동)'에 따라나섰다. 고인한, 정종관, 김광일, 김희로, 윤충석, 김민회, 김신근, 오영환, 김인봉, 민창기, 이동우, 안승건, 이강혁, 조남현, 김덕창, 안문기, 한태호, 박장생, 강흥식, 허경록, 이동주, 고병묵, 정몽필, 박가경, 장승렬, 김희보, 김현산, 한기찬, 김성래, 이세만, 박희성, 조종희, 백인준, 최두걸, 방배추…… 그 밖의 이름들이 더 많은데 내가 늙었는가. 아물아물 더듬어지질 않는다. 아무튼지 이들보다 더 피 끓는 젊은이들이 앞장을 서 '자진녹화대'를 만든 것이다.

우리는 일곱 해 동안 나무를 백만 그루도 더 심었다. '자진'이라는 말 그대로, 모든 돈은 우리 주머니를 털고, 때둘(시계), 멋가락(반지), 배울(학교)에 낼 돈(등록금)을 털어 바치기도 하고, 또 어떤 벗은 집에서 쌀과 찝쩝(반찬)을 퍼오기도 하고, 그리고 노래도 꾸몄다.

바라보라 붉은 산 햇빛에 탄다
저 산을 푸르게 마음도 푸르게
저 산을 푸르게 조국도 푸르게
영치기 영치기 영차차 영치기 영차차
영치기 영치기 영차차 영치기 영차차
우리는 이물(선봉)이다 자진녹화대

(노래: 김광일/ 노랫말: 백기완)

노랫말에 담고 있듯이 우리 '자진녹화대'는 부러진 땅덩이로 하여 짓이겨진 사람의 씨앗을 살린다. 우당으로 하여 부셔(원수)가 아닌데도 부셔가 된 겨레의 넋을 바로 살린다. 썩어문드러진 맑티(문화)로 하여 탈(병)이 깊어가는 사람의 마음에 하제(희망)를 심고, 우당 뒤에 다그친(몰려온) 텅박(허무)을 불 지르는 불씨가 되자는 나름의 땅불쑥한(특별한) 듬직(사상)이 있었다고 여겨진다.

1956해 봄이었을 게다. 메마른 한홀떼 모래밭에 여러 만이나 바그그 모였다. 한손엔 호미와 삽, 또 한손엔 애나무(묘목). 미루나무를 심는데 한참(점심)꺼리가 없자 날더러 나서라고 한다.
"무엇 때문에 나서라는 거냐."
"한참꺼리를 모으란다."
나는 쭈빗쭈빗 하다가 마지못해 나서 이렇게 말을 했다.
"여러분! 이 바그그 모래 알갱이들은 무엇인 줄 아십니까. 이것들은 모두 덧없이 바사진 돌멩이가 아닙니다. 모두 우리네의 뼈가 바사지고 피눈물이

뭉개진 죽음이요, 한입니다. 여기에 목숨을 넣어 목숨을 일으키자는 그 한 올갱이(씨앗) 알목(목숨)이 바로 나무심기입니다. 멈출 수가 있겠어요. 멈출 것이면 땅이 죽고 갈마가 죽고 사람이 죽고 굴랑이 죽는 것이므로 어떤 일이 있어도 목숨인 나무를 심어야지요. 그런데 말입니다. 여러분! 배가 고프니 어떡합니까. 있는 대로 돈도 좋고, 때둘, 멋가락, 무어든 좋습니다. 좀 내놓으시오."

한참 거품을 물었더니 누리끼리(귀금속)가 자그마치 뚝(반) 가마나 모였다. 그것으로 밥을 지어먹으며 노랫소리를 높였었는데, 그러나 뒤따르는 어려움도 만만칠 않았다.

먼저 나 한 사람으로 말을 하면, 그때 우리 아버지가 타고 가던 짐수레가 한홀떼로 곤두박질, 팔과 어깨가 부러져 죽다가 살아나셨다. 그런데 또다시 '급성맹장'이 터져 '복막염'이 됐을 적이다. 고칠데(병원)에서 하는 말이었다. "설렁탕 댓 그릇 값인 피 값 몇 푼만 내면 어쨌든 째는 주겠다." 그러나 그 피 값을 못 만들어 눈이 펄펄 날리는 백병원 앞 전봇대에 뉘어놓고도 그저 나무심기. 지나는 사람, 빌뱅이를 붙들고도 그저 나무심기. 여러 벗들의 배울에 낼 돈(등록금)을 뺏어 배우기를 마치질(졸업) 못하게 하고서도 그저 나무심기.

다른 애들은 글파(공부)를 달뜨게(열심히) 해 누구는 페찬이(박사)가 되고 또 누구는 높은 자리에 앉기도 하는데 우리들은 밤나닥(밤낮) 호미와 괭이만 잡자는 나무심기, 그것은 스스로를 버리는 짓이라고 비아냥을 그렇게 많이 받을 수가 없었다.

"넌 인석아, 너희들의 그 짓은 인석아, 지나치게 하기빼꼴(실천주의)이야."
어느 날 부산 가는 긴수레(기차)에서 만난 어느 젊은이 벌써 아낙이 되었다며 꼬집는 말이었다.

"언니(형)들이 앞장섰던 나무심기는 텅박빼꼴(허무주의)이었다. 그래서 진꼴(실패)했단다. 왜 남의 땅 아무데나 나무를 심었드냐, 제 땅 제 울에 심었어야지. 그로써 남은 게 무엇이냐, 그야말로 텅박빼꼴 아니었더냐"고 비웃기도 하고.

하지만 난 요즈음도 젊은 날의 내 하기(실천)를 요만큼도 뉘우치질 않고 있다. 그때 우리들의 나무심기란 무엇이던가 말이다.

우당으로 하여 오백만도 더 죽고 다치고, 살림살이는 몽땅 잿더미가 되고, 사람들은 제젓끔(서로) 저만 잘살고 저만 으스대고자 하는 그 잿빛 언저리에 내던져진 우리들 젊은 날의 가물가물 섯빨(기상)이었던 걸 어떡허랴.

그렇다. 아득한 날부터 우리들에겐 '저치' 가는 이야기가 있어온다. 요 쪼매난 땅을 박차고 아득한 널마(대륙)로 '저치' 가던 계집사내 육만의 젊은이들도 그 바람과 모래와 굶주림밖에 없던 널마로 달려가 거기다가 진달래와 밤나무, 은행나무를 심었다고 하질 않았는가 말이다.

진달래란 무엇이드냐. 덤(산)자락에 널린 한낱 풀나무드냐. 아니다. 그것은 우리에게 사랑의 패박(상징) 나무다. 있는 대로 다 내주는 사랑, 그래서 마냥 타오르는 사랑의 불길이라 하질 않았던가 말이다.

또 밤나무는? 그것은 한낱 열매나무가 아니라 사람도 먹고 짐승도 먹고 모두가 나누어 먹는 '노나메기' 나무다. 모든 걸 내 거다, 내가 차지하겠다, 하고 남을 죽이고 헐뜯고 제 핏줄한테만 물려주겠다는 나무가 아니라 노나메기 나무란 말이다.

그리고 은행나무는? 그건 천해를 사는 나무다. 천해란 무엇인가. 우리네

셈으로 치면 그것은 아주마루(영원히)다. 그렇다. 그 아주마루를 산다는 그 나무를 심으면서 이 땅별(지구)을 손바닥에 올려놓을 때까지 가고 또 가는 것이 '저치'라 했거늘, 그래 남이 뿐질러놓아 부아가 치밀 대로 치미는 이 안타까운 땅에서 우리끼리 싸우다가 우리끼리 죽은, 썩은 텀더미(산더미) 그 창피한 한구석에 나무 몇 그루 심었기로서니…….

누구든 와라, 이 말이다. 와서 "백기완이 너도 젊은 날이 있었드냐"고 물으면 나는 서슴없이 맞대(대답)한다.

"그렇다. 나도 내 뼈를 갉아 애나무로 삼고, 내 피땀을 뽑아 거름으로 삼으며 온통 불을 지른, 젊은 한때가 있었다. 그렇다, 나는 그런 젊은 날에 마주해 요만큼도 뉘우침 따위는 안 한다. 도리어 모이면 으르고 뽑아대고 뜨거운 것이 빛나던, 그런 젊은 날의 눈물이 있었다. 이 새끼들아"라고 맞대하기를 머뭇대질 않는다.

젊어 한때 내가 치켜든 말씀

땅이 젖으면 썩버섯(독버섯)이 먼저 번진다고, 우당(전쟁)으로 다 찢겨진 1950해께 눈물과 한숨에 젖은 서울 명동거리는 그야말로 썩버섯으로 아글아글 했다.

술장사, 사랑장사, 옷장사, 신발장사, 사람 패는 망나니, 술망나니, 거짓말쟁이, 넋살(정신) 나간 굴랑이(예술가)들, 갈데없는 나그네, 불쌍한 빌뱅이들까지 그야말로 그때 명동은 던적(사람 몸에 들어와야 살아가는 몹쓸 병균)이 다스리는 따구니(악마)였다.

거기서 돈과 주먹과 막틀준심(독재권력)이 뒤엉켜 서로 속고 속이는 바라대(야바위)가 아니면 살 수가 없는 데가 바로 서울, 그 가운데서도 명동. 그것은 바라대 가운데서도 아주 앗싸한(치사한) 바라대가 아니면 살 수가 없었다.

아무튼지 컹대(정부)를 끼든가, 막심(폭력)을 끼든가, 아니면 하다못해 치사하고 더러운 굴텅(타락)에서라도 맨 앞장을 서야지, 그렇게라도 못할 것이면 차마 죽지도 못하고 질질 끌려가는 곳이 명동이라는 데였다.

나는 거기에 땡닢 하나 없이, 아니 주먹 하나 없이 떡하니 나타났는데 어떻게 나타났더냐. 딱하니 말씀(화두) 하나만 들고 나타났다.

'용의 군빛(환상), 용에 마주한(대한) 바램(기대)을 깨자' 는 말씀이었다.

한다 하는 젊은이들이 모이는 찻집에서,

"이봐, 용이 죽어라 하고 썩은 또랑에 엎드리는 까닭을 알아? 어떡하든 구슬을 하나 얻어 하늘로 올라가자는 거라고. 하늘에선 또 무엇을 하자는 건지 알아? 아무것도 해온 것이 없으니 돈장사, 땅장사, 사람장사, 사랑장사, 거짓장사, 뒷싸게는(심지어는) 미국 놈 앞잡이 해먹기, 그것으로 거저먹자는 것이다. 그러니 용에 마주한 사랑 따위는 때려치우고 우리 지렁이 사랑을 하자구. 지렁이는 땅을 기고 사는 것 같애도 말이야, 힘이 있어 임마. 무슨 힘인 줄 알아. 온몸으로 땅을 갈아엎어 땅을 살리는 사랑의 힘이 있거든."

이야기가 모처럼 달아오르는데 늘 아침부터 술에 맴치고(취하고) 그것도 모자라 굴텅에 맴쳐 있던 한 녀석이 게걸댄다.

"이봐 백기완이, 사랑은 용의 사랑 따로 있고, 지렁이 사랑이 따로 있는 게 아니야. 돈 몇 푼만 주면 실컷 빨다가 몸도 마음도 '휑' 그 텅박(허무)에 곤두박혀보아야 그때 사랑이 무엇인 줄을 아는 거야 임마. 자, 오늘은 아침부터 나하고 같이 가서 사랑이 무엇인지 너도 한술 몸으로 느껴보질 않을래?"

그럴 때 나는 빙그레 뜻 모를 웃음이나 던지는 미쟁이(덧칠하는) 짓은 아니 했다. 대뜸 '알라라라' 엎어치기를 해버렸다. 살려달라고 해도 세면바닥에다 쿵, 또 쿵.

"이 새끼야, 갸네들이 누구의 딸이가. 이 메마른 땅을 피땀으로 갈다가 불떨(폭탄)에 짓밟히고 거짓에 짓밟히고 마침내는 막심(폭력)이라는 가래(쟁기)에 찢긴 지렁이의 딸들 아니가. 그들을 누가 그렇게 만들었어. 이승만이가 앞장서 짓밟은 거 아니가. 그래서 갸네들은 그야말로 피눈물이라고. 그런 애들을 네놈이 또 짓밟으면서 뭐, 그것도 사랑이다 그거가."

앙짱 메다치면서도 내 나름으로 퍼뜩 하는 것이 따로 있었다. '이게 모두 용꿈에 속고 있어서 그런 거다. 그렇다, 용꿈의 굴레부터 깨자. 그러고자 해서는 젊은이들에게 바투(현실)를 올바로 깨우치게 하는 것이 무엇보다 바구(필요)하다' 고 생각했다.

그래서 1954해 여름부터 나는 김광일, 이동주, 윤충석, 김동철이 꾸리는 '자진농촌계몽대' 에 낑겨들었다. 그것은 '자진녹화대' 와 두 다리 같은 것이었다. 우리는 노래도 꾸몄다.

> 푸른 정 굽이굽이 넘쳐흐르던
> 농촌이 잠들다니 이게 웬 말이냐
> 수천 년 주림에 시달린 농촌
> 민족의 맥박이 끊어졌느냐
> 젊은이여 횃불 들어 암흑을 깨치라
> 영광스러운 내일을 바라보며
> 싸워나가는 우리는 하제(희망)에 찬
> 자진농촌계몽대
>
> (노래: 김광일/ 노랫말: 백기완)

모여라, 그거였다. 저 피눈물의 바투에 뛰어들자, 그거였다. 보름 동안 제가 먹을 것으로 쌀 한 말과 돈 오백 원만 내면 씨갈이마을(농촌)로 가되, 면사무소 둘레에 오매 댓집밖에 없는 가장 처진 곳, 경기도 여주, 삼척군 원동면, 경남 하동군으로 가자 그거였다. 하지만 함께수레(버스)가 어데 있고 긴 수레(기차)가 어데 있으랴. 알지도 못하는 곳으로 달리는 남의 짐수레(트럭)

에 덮어놓고 펄쩍 뛰어 올라타야만 가게 되어 있었다. 그렇게라도 가자 그 거였다. 조마조마했다. 하지만 수레에서 떨어지는 애들은 하나도 없었다.

우리는 가자마자 소나무 그늘에 채알(천막)을 쳤다. 거기서 자고 먹으며 마을 사람들의 일을 거들 것이면, 마을 사람들은 이내 집으로 들라고 보두었다(성화였다).

1956해이던가. 삼척군 원동면 깊은 골에서 있었던 일은 이참도 콧날이 시큰해진다. 덤(산)마루로 날아가는 날틀(비행기)은 본 적이 있다. 하지만 한살매(한평생) 수레(자동차)라는 건 보질 못했다. 아니 짐수레라는 것도 한술 보질 못했다는 할아버지가 열여섯쯤 된 촉네(손녀)와 사는데 그 어린 촉네의 등에 난 헌디(생채기) 때문에 죽어가고 있었다. 된장 바른 호박잎을 떼내보니 아이구야, 그럴 수가. 이따만 한 구더기가 아글아글. 우리들은 쓸풀(약)을 부었다. 구더기들이 대뜸 죽었다.

이어서 딴 쓸풀을 바르니 금세 나아, 고맙다고 이고 온 강냉이 막걸리를 퍼마시며 아, 우리들은 얼마나 울었던가. 나는 한살매를 저 가난과 싸우리라 하고, 또 누구는 저 랭이(민중)한테 장가를 들 거라고 하고.

우리들은 그 깊은 강원도 덤골(산골)의 밤을 얼마나 울었는지 모른다.

1954해부터 1961해까지 이어진 우리들의 몸부림은 그야말로 뿔따구(분노)의 홀떼(강), 썩은 물길에 한줄기 샘 같았다는 꼭짓(점)이 여럿 드러났다.

1956해 가을이던가.

'수도여자사범모배울(대학) 학장이 어느 돈 많은 사람과 함께 날 찾아와 "미국서 뭔 글파(공부)를 하고 왔느냐. 자네를 사위로 삼고 싶어서 하는 말"

이라고 한다.

"저는 미국은 안 갔다 왔는데요."

"어허, 다 알고 왔어. 뭔 글파를 했어요?"

가만히 웃고만 있었어도 나는 그때 얼낌에(얼떨결에) 돈 많은 집에 장가를 들 뻔했다. 그런데 딱 부러지게 "미국은 안 갔었다"고 하자,

벌떡 일어서며 "빛은 나지만 미국서 걸러진 눈빛이 아니다. 한살매를 사람으로 더듬어가고자 하는 눈빛이 아니라니까. 마냥 거슬러 올라가고자 하는 눈빛이라. 그래갖곤 안 되지" 그런다.

'뭐라고? 어떤 것이 미국서 걸러진 눈빛이란 말인가? 눈빛이 썩은 동태 뉘희꾸멍(눈)처럼 메탱탱(흐리멍텅)해야, 그게 사람의 눈빛이란 말이드냐.'

어쨌든 나는 그때 내 눈빛은 어쨌든지 미국을 아니 갔다 왔다는 말을 딱 부러지게 함으로 해서 돈 많은 집에 장가는 들지 못하게 되고 말았다. 하지만 저 풋풋한 사랑이 넘치는 씨갈이꾼(농민)들한테서 참사람이 되는 길을 온몸으로 헤집고 다니느라 나는 거의 미쳤었다.

어느 날 새시까맣게 끄실린 몸으로 명동으로 들어가는데,

"야 기완아 이 새끼야, 네 말 듣고 나 술 끊었어. 사람 좀 돼볼라고."

"몸을 파는 가시나의 혀를 빨다가 천 길 구렁으로 굴러 떨어져보아야 참짜 불쌈(혁명)이 무엇인 줄을 알 거"라고 조잘대다가 '알라라라' 내 엎어치기를 받은 다음에야 살려만 달라고 살살 빌던 바로 그 녀석이다.

나는 입을 열었다.

"이봐 술을 끊다니, 너 배가 안 고픈 게로구나. 술은 이 새끼야, 참짜로 배가 고플 때 먹는 것인데 끊다니, 좀 사려 먹기만 하면 돼, 임마."

그러면서 밤이 새도록,

"야 이 새끼야, 우리 오늘부터는 술 끊는다는 이야기는 입에 올리지도 말고 그 용꿈이라는 거 있잖아. 그거나 때려엎자고. 허구한 날 썩은 수챗구멍에 누웠다가 구슬을 하나 얻게 되면 하늘로 가겠다는 치들의 그 얼치기 꿈 말이야."

아, 그 가시나 어딘가 살아만 있다면

제아무리 굶더라도, 제아무리 됫쌘 매를 맞는다고 하더라도 그 모진 고비를 어영차 버텨내고 살아남기만 하면 사람은 더없이 착하고 어진 사람들도 만나게 된다. 이 벗나래(세상)엔 나쁜 치들만 사는 게 아니기 때문이다. 그러는 도막에 한술 닿은 끈매(인연)는 달구름(세월)이 가고 또 가도 끊기질 않는 것이 사람의 삶이라는 게 아닐까.

이런 꼭짓(점)으로 보아 아주마루(영원)라는 거, 그건 사람이 함부로 이러구 저러구 할 한갓된 더듬(관념)이 아닐 터이다. 바로 사람 사는 여러 끈매가 바로 아주마루라는 게 아닐까, 그렇게 생각되어질 때가 있다. 그렇다. 아주마루란 한낱 더듬도 아니요, 그렇다고 누룸(자연)의 한 가닥 바걸(현상)도 아니라고 여겨진다. 그럼 아주마루란 무엇이드냐. 다시 말하거니와 사람이라는 것의 맨바닥, 거기서 치솟는 피눈물의 샘, 그 갈마(역사)일 터이다, 라는 것을 나는 눈물겹게 겪은 바 있는 사람이다.

아마 지난 20세기, 50해름(년대) 허리께쯤이었을 게다.
래빛(진달래 빛) 쪽지 하나가 내가 빌붙어 사는 남의 집 마당에 날아들었다.

나야.
하제(내일) 낮 열한 때결(시), 창경궁 앞으로 나와.
만나야 할 일이 있어.
안 나와도 난 기다릴 거야.
알아서 해, 꾸정(비겁)하다는 말 안 들으려면…….

'알록'

나는 그 글월에 저절로 붙박이는 눈길을 억지로 떼면서 그 녀석일 게 틀림없다고 마음에 매겼다. 울렁거리는 마음을 애써 삭이며 신발 끈을 깡치게(단단히) 조이고선 쪽지에 적힌 때결에 꼭 떨어지게 나갔다.

그런데 어라? 뜻밖에도 그 녀석이 아니다.

'목이 길어 슬픈 사슴처럼 늘씬한 선배울(고등학교) 갈배우내(여학생)', 갸가 아닌가 말이다.

"웬 일이야?"

"그냥 할 말이 있어서."

'떡집에라도 들어갈 턱이 없구먼' 하고 어적일 짬도 없었다. 알록이가 앞장을 서고 나는 그저 따라가는 수밖에 없었다. 종로 창경궁 앞에서부터 돈암동을 거쳐 고려대를 지나 터덜터덜 더 넘어가니 한창 익은 보리밭이 쭈욱 뻗어 있다. 그 사잇길로 앞서 가는 알록이의 하얀 살갗이 맑은 하늘에 눈부셨다.

그래서 메마른 목을 맨 침으로 따욱따욱 적시며 묻지 않을 수가 없었다.

"야, 어디까지 가는 거야?"

그래도 아무 말 없이 보리밭 속으로 앞서 가다가 제격 선다. 그러더니 마치 칼을 빼들고자 벼르는 뚝쇠(우두머리)처럼 윗도리를 벗는 게 아닌가 말이다. 그때만 해도 젖가리개가 드물 적이었다. 때문에 윗도리를 벗자 어깨에 걸친 속치마 걸개 속에서 불쑥 나오는 싱싱한 앞가슴, 차마 눈여길 수가 없어 돌다서니 떨구(벼락)가 파르르 구른다.

"언니, 나 글파(공부)고 뭐고 다 때려치우고 언니한테 엥길 거야. 죽을 때까지 한손엔 호미를 들고 또 한손엔 우리네 애를 안고, 언니와 함께 널마(대륙)를 일으키러 갈 거야" 그런다.

이른 여름 풀빛은 물여울처럼 빛나고 가시나의 말따구는 굽이처럼 휘감아 돌고. 배짱깨나 있다는 나도 갑자기 덩커리에 채인 망아지처럼 띵해왔다. 눈까지 풀려 그저 퀭하니 미적이는데 무언가가 픽 하고 와 닿았다.

'사람은 가던 길을 잃더라도 발길을 돌리질 말거라. 그렇다고 무턱대고 앞만 보고 가지도 말거라. 천 길 땅속을 맨손으로 파서라도 가야 할 길을 내 거라(만들라)'는 내 새김말이 아니 떠오르는 건 아니었건만 그저 아득하기만 했다.

이때다.

'모두가 까막눈이 되더래도, 그래도 갈 길을 일러주는 건 사람이 아니라 누룸(자연)뿐이라'고, 바로 내 앞에 까만 보리 하나가 바람이 부는 대로 나부끼고 있다.

그래서 말낚시를 걸었겠다.

"야, 너 이게 무엇인 줄 알아?"

"몰라."

"이게 바로 깜부기야. 바람이 불면 맨 먼저 고개부터 숙이고 또 바람이 잦아들면 맨 먼저 고개를 들어 돋보이는 것 같아도 속이 썩어 싹을 못 틔우는 깜부기. 다만 먹으면 맛은 있지." 그러면서 앞서 가니 꽥 하고 소릴 지른다.

"언니, 내가 깜부기인 줄 알아."

돌다서니 이참엔 어깨에 걸쳤던 속치마 떨방(어깨에 매는 끈)까지 내리면서 "난 한살매(일생)를 언니한테 매겼단 말이야" 그러고선 마치 소낙비를 머금은 도지(먹구름)처럼 다가온다. 이게 꿈이 아니라 바로 내 눈앞에 닥친 또 다른 바투(현실)이니 뒷골목의 잽싸게(빠른 이)인들 어쩌겠는가. 나는 그저 앞장을 서는 수밖에 없었다. 그것도 멋쩍어 혼자 흥얼대는 길밖에 없었다.

'보리밭 사잇길로 걸어가면 뉘 부르는 소리 있어 발을 멈춘다' 어쩌고 주절대면서 가 "언니, 언니" 거퍼 그래도 뒤도 안 돌아보고 곧장 앞으로 걸어 다시 창경궁까지 왔다. 다리가 아프고 배도 고팠다. 하지만 떡집도 못 들어가고 손을 들어 "알록아, 잘잘. 또 보자구."

나는 그 뒤 그의 글월을 여럿 받았다. 다만 집데(주소)가 없어 어떤 때는 술집, 어떤 때는 찻집, 또 어떤 때는 남의 손을 거쳐 받았다.

> 언니,
> 내가 가만히 있을 줄 알아.
> 나, 오늘부터 바다의 횃불이 될 거야.
> 아니다, 아니야, 깊은 덤(산) 언덕의 우등불로 타오를 거야.
> 길 잃은 언니더러 찾아오라고.
> 언니,
> 혼자라는 게 무언 줄 알아.
> 눈물? 아니야, 때(감옥)야 때.
> 내가 나를 가둔 때속의 나그네.

가도 가도 멎을 데 없는 나그네.
얼마나 안타까운 줄 알아.

언니,
눈물 뒤엔 무엇이 남는 줄 알아.
빈 껍줄? 아니야, 불덩어리야.
몰아치는 찬비 따위는 도리어
쏘시개로 타오르는 불덩어리.

언니,
난 어제 언니가 저 먼 강원도 삼척 원동면에서 씨갈이꾼(농민)이 준 막걸리를 마시며, 나는 한살매를 저 가난과 싸우리라고 다졌다는 글을 읽었어.
언니의 하기(실천) 그것이 바로 글이라는 것을 보고 깨우쳤어.
언니는 가난한 이들의 날래(해방)를 이루고자 싸우는 것이 하기이지만, 나의 하기는 무엇인 줄 알아.
언니를 사랑하는 거, 그거라는 걸 나는 깨달았어.
내가 언니를 사랑하는 게 곧 하기라는 걸…….
어쨌든 난 언니를 기다리진 않아.
언니를 뺏으러 갈 거야, 알겠어.
난 언니가 날 기다리질 않아도 요매큼도 마음 안 써.
그걸 알아야 돼, 언니.

언니,

오늘은 날씨가 몹시 추워.

낙지볶음 좋아하지?

한 접시 시켰지만 하나도 안 먹고 울었어.

언니,

밖엔 눈보라가 쳐.

그래도 오늘은 이 한데에서 발가벗고 언니한테 종아리를 실컷 맞고 싶어.

피가 철철 흐르도록 때려주고도 싶고.

그러더니 내 집데가 시원칠 않아 그의 글월을 더는 못 받았다. 이제 갸도 일흔이 넘었을 테지.

요즈음 젊은이들이 '사랑이 무어냐'고 물어오면 나는 이렇게 주접을 떨곤 한다.

"사랑이란 찬비를 맞을수록 도리어 쏘시개로 타오르는 불덩어리, 그게 사랑이다. 따라서 그 불덩어리는 마냥 타올라 한줌 재가 되자는 게 아니라 한목숨 한살매(일생)를 한결같이 틔우고 또 틔우자는 아주마루(영원)의 불씨가 아니면 안 된다.

그러니까 사랑이란 한때 딱 한술에 남김없이 몽땅 타올라 목숨보다 더 어먹한(위대한) 사랑을 빚는 굴량(예술)이지, 한때 한술에 목메인 놀이라든가 팔락(흥분)이 아니다. 그리 된다면 그건 사랑이라는 이름으로 사랑의 불씨를 꺼버리는 댄알목(반생명) 댄(반) 사랑이 될 터이다.

이런 뜻에서 젊은이들이 반드시 차려야 할 게 있다.

아무리 가차워도 계집사내는 한 뼘의 틈을 두고 사귀어야 한다. 다만 목숨보다 더 찐한 사랑이 솟구칠 적에는, 그래서 딱 한술에 한살매를 이룩코저 했을 적엔 단 한 눈금의 틈도 두어선 안 된다. 메척(원래) 사람의 알목(생명)과 사랑한다는 건 한 결의 틈도 없으니까. 그러니까 사랑이란 무엇이드냐. 뽀드득 소리가 나야 한다. 아그그 소리가 나야 한다 이 말이다."

그러면서도 돌아설 것이면 나는 늘 내 눈앞이 아질아질, 내 안팎이 몽땅 새시까만해지곤 한다.

사랑에 마주해(대해) 내가 지껄인 말따구들의 알맹이는 어쨌든지 그 알떼기(형상)마저 보이질 않기 때문이다. 그래서 요즈음 나는 그때 그 알록이를 만나서 물어보고 싶으다.

"얘야, 너 나름으로 사랑을 해보니 그 사랑이라는 게 쌍이로구(도대체) 무엇이었니?"

그렇게 한술 물어보고 싶은데 아, 그 애는 이참 어디에 살아나 있을까. 살아 있다고 하면 어떻게 살아 있을까. 산다는 것의 모진 비바람을 도리어 쏘시개로 사랑의 불씨를 아직도 안 꺼뜨리고 마냥 지피고 있을까.

이제 갸가 어딘가에 살아 있다고만 하면 나는 하루도 빼질 않고 그에게 글월을 띄우고 싶으다. 하지만 그가 내 글월을 받아주기나 할까 하고 머뭇대어지는 걸 보니 '기완이 너는 늙을 줄도 모르는 속떼기(속없는 멍충이)였구나.' 그런 맺말(결론)이 자꾸만 배어나온다.

이 강산 봄 새뜸(소식)을 글월(편지)로 쓰자

오늘이 서양 달매(달력)로 2008해 겨울이던가. 그렇다고 하면 아득한 옛 이야기일 터이다. 나는 요즈음도 이따금 대학로 '학림찻집' 엘 간다. 거기서 딴 자리는 안 앉는다. 쉰다섯 해 앞서부터 내가 앉던 바로 그 자리에만 앉아 고개를 삐끄득 빼 밖을 내다볼 것이면 '이 강산 봄 새뜸(소식)을 글월(편지)로 쓰자' 는 노랫소리가 절로 들려오는 듯, 나는 가분재기(갑자기) 하염없는 뉘우침에 소스라치곤 한다.

'그때 그 새끼, 그건 내가 죽였어, 내가. 그때 그 새끼도 내가 죽였고, 또 그때 그 새끼도 내가 잘못해 죽었고.'

1980해 때속(감옥)에서 다 죽게 되었을 적 이야기다. 나와 끈매(인연)를 맺었던 옛 동무들 얼굴이 별똥처럼 스쳐갔다.

1950해 6.25가 터지던 날 이른 아침이었다.

"기완아, 나 오늘은 밀린 품삯을 받아낼 거그든. 그리 되면 네 돌배울(중학교)에 낼돈(입학금)은 내가 낼 테니까 그리 알고 있어" 그러면서 신발 끈을 야물게 동여매고 나가던 그 쇠 깎는 애, '복동이' 는 그해 열여덟 살 어린 나이에 낙동강 싸움터에서 죽고 말았다.

아, 쪼매난 무덤이라도 하나 만들어주었어야 하는 건데 아무것도 못하고 나도 죽는구나.

또 관악덤 승방뜰 구장네 머슴 '구럭'이도 "내 어떤 일이 있어도 네 새끼한테 돼지기름데이 그거 하나만은 한술 실컷 먹여주겠다"고 하더니 6.25가 터지자 앞장서 싸우러 갔다든가. 아무튼 돌아오질 않았다. 그 녀석한테 그 부셔(원수) 같은 돼지기름데이는 내가 사려고 했었는데 아무것도 못하고 아, 기어이 나도 가는구나.

또 있다. '이' 때문에 나하고 늘 알각대던(막 소리지르던) '살구'라는 녀석도 빠데(군대)에 끌려가면서 "엄마, 이 우당(전쟁)의 불길 속에서 얼추(혹) 기완이가 살아오거든 내 글묵(책) 그거 세나 있잖아, 그것을 모두 갸한테 줘. 비에 젖어 엉망이긴 하지만 갸가 그렇게도 갖고 싶어 했었거든" 그러면서 싸움터엘 나갔는데 돌아오지 않았다.

나는 다 떨어진 그 글묵 《고향》(이기영 지음), 《임꺽정》(홍명희 지음) 한묵(한 권), 《청춘극장》(김래성 지음)을 갸하고 뛰어놀던 남산 삐알(자락)에 무덤처럼 묻어주며 "살구야, 그때 그 '이' 말이다. 그건 몽땅 내 몸에서 나온 게 아니라고 한 건 모두 내 잘못이었어. 그렇게 말을 하고 싶었는데 네가 먼저 가다니, 네놈은 내가 죽였구나 살구야" 그러면서 운 적이 있질 않았던가. 그런데 이제는 내가 가는구나.

또 한 애가 있다. '달록'이란 애다. 갸도 꼭 내가 죽인 것 같아 나는 때속에서 그렇게도 괴로울 수가 없었다. 달록이는 1951해 부산 바닷가 갯뚝(부두)에서 막일을 할 때 사귄 동무였다. 얼굴은 꼭 가시나처럼 예쁘고 눈이 맑고 글파(공부)가 으뜸이었지만 굿(연극)을 하고 싶어했다. 하지만 그의 홀어머니는 입버릇처럼 "애야, 다른 집 애들은 가름네(재판장)가 돼 돈을 잘 번다고 하더라, 너도 그리 되거라"고 해서 늘 괴로워하곤 했었다.

그러던 애가 서울로 온 뒤 거의 한 해쯤 보이질 않아 '옳거니, 녀석은 그 가름네 글파(판사공부)를 하나 보다' 그랬었다. 그런데 어느 날 느닷없이 내가 앉았던 명동찻집엘 나타났다.

"야 이게 누구야."

우리는 먼저 더듬한(어눌한) 뒷골목에서 술 몇 모금부터 걸치고 대학로 '학림찻집' 엘 올라 늘 하던 버릇대로 커단 소리로 모쁘리(합창)를 했다.

"이 강산 봄 새뜸(소식)을 글월(편지)로 쓰자."

딱 그 노래말귀밖에 몰라 부르고 또 부르는데 달록이가 갑자기 찻집 마룻바닥에 누런 가래를 게운다. 울컥울컥.

그러자 아주머니가 "여기는 노래를 하는 데도 아니고, 가래를 게우는 데도 아니니 나가 달라"고 한다. 더구나 둘레에 앉았던 젊은이들이 도시락을 먹다 말고 "뭐야 저 새끼들, 에이 밥맛 떨어져" 그러면서 나간다.

나는 냅다 불러 세웠다.

"야 이 새끼야, 이참 뭐라고 그랬어. 뭣 땜에 밥맛 떨어진다는 거야. 우리는 아직 아침도 못 먹었어 이 새끼들아."

우당탕 벅적이 나는데도 달록이는 거의 숨이 넘어가는 듯 누런 가래를 쏟아놓는다. 나는 다투는 것도 집어치우고 달록이를 부추겨주지 않을 수가 없었다.

"너, 왜 그래?"

"아니야, 아무것도 아니야" 그러면서 떠나간 지 얼마 안 되어서다.

다시금 달록이가 나타났다. 그런데 얼굴은 앞서보다 더 누렇게 떴고 가래도 엔간히 뱉는 게 아니다.

"야, 너 왜 그래?"

"괜찮아, 나 무엇 좀 먹고 싶은데······."

"좋아" 하고 주전부리(안주) 없는 깡술 몇 모금을 또 들이켰다. 붐비는 거리, 쌩쌩 부는 바람을 비키려다가 비칠, 달록이 주머니에서 뭔가가 떨어진다. 종이뭉치였다.

　기다리지 말아다오.
　이참은 갈마(역사), 그 나아감하고 사랑을 할 때요.

꼬불친 종이를 들추니 또 있었다.

　우리 꼭 만나야만 되겠니?
　서로 달뜨게(열심히) 사는 거,
　그게 만나는 거, 그게 사는 거 아니겠니. 내 사랑하는 사람아.

나는 놀라 "너 이참 어디서 뭘 하는 거가?"

"나? 사람 사는 데서 참굿(실극)을 하고 있지."

"그게 어딘데?"

"내 가래침에 써 있을 걸. 그러나저러나 한 모금만 더 했으면" 그러구선 떠나간 강원도 어느 씩돌캐기(탄광) 막장에서 그는 끝내 슴앓이(진폐증)로 죽고 말았다.
 그때 그의 나이 오매 스물둘, 그렇게도 눈이 맑고 글파도 잘하더니 한 이름 없는 씩돌캐기 알맥이(노동자)로 죽은 것이다.

 1980해 겨울, 내가 있는 때속은 꼭 그가 죽은 씩돌캐기 막장 같았다. 춥기도 했지만 멍청(천정) 위에선 시커먼 씩돌(식단) 같은 것이 때도 결도 없이 와그르 떨어지고, 온몸은 들쑤시고, 견딜 수가 없었다. 너무나 들쑤셔 잠이 쏟아져도 한숨도 들 수가 없었다. 아침저녁으로 죽음이 나를 들이대고 있는 꼴이었다. 비끼려고 해도 비낄 수가 없는 죽음이 슬며시 일어나 나를 끌고 앞장을 선다. 나는 한마디 걸지 않을 수가 없었다.
 "야 이 새끼야, 어차피 죽일 건데 뭘 그렇게 질질 끌고 가냐. 어서 빨리 해치워 임마" 그러는데 어디선가 노랫소리가 들려왔다.
 "이~ 강산 봄 새뜸을 글월로 쓰자."
 달록이 녀석이었다.
 "야, 달록아" 그러는데 꿈이었다.
 그래서 나는 요즈음도 마음이 답답하면 대학로 '학림찻집'엘 올라 혼자서 노래를 부르는 버릇을 저버리지 못하고 있다.

 '이 강산 봄 새뜸을 글월로 쓰자.'

달거지

젊은 날, 나는 나무심기도 하고 씨갈이꺼리(농민운동)도 하고 그랬지만 나 혼자 남몰래 더듬는 게 또 하나 있었다.

찬굿(영화) 글파(공부)였다. 이른바 허리우드 찬굿 따위는 아예 깔아뭉개고 그때만 해도 아무도 뒤지려 들질 않는 '부도부킨'과 '에이젠슈타인' 따위의 글묵(책)을 달뜨게(열심히) 더듬고 다녔다.

왜 그랬을까. 먼저 나부터 찬굿지기(영화감독)가 되자, 그거였다. 그것은 나 한 사람의 골게(취미)가 아니라고 생각됐기 때문이다. 찬굿지기, 그것은 오늘을 온몸으로 살고자 하는 사람이라면 한낱 멋떨(인기)에 머무는 글파가 아니다. 떨쳐버릴 수 없는 갈마(역사)의 떨짐(책임)이라고 여겨졌던 것이다.

그 맨 처음의 우길(동기)은 이러했다.

내 나이 열일곱이던 1950해, 우당(전쟁)이 쿵쾅대는 늦여름, 미아리 너머 어디쯤이었다. 열아홉쯤 된 어린 아주머니가 배추밭머리에서 마을 젊은이들한테 몽뎅이를 맞고 있었다. 몽뎅이 치는 소리가 '퍽' 하면 '푹' 하고 쓰러졌다간 일어서고, 또 '퍽' 하고 쳐도 쓰러질 듯 쓰러질 듯 하다가도 비칠비칠 일어서는 것을 본 사람들은 누구나가 그랬다.

'이제쯤은 그만 때렸으면 좋겠다. 죽음을 지고 일어서는 저 어린 아주머니를 어찌 더 칠 수가 있단 말인가.' 그 끔찍하기는, 그 아주머니의 입에서 나오는 말만으로도 소름이 끼쳤다.

"내 사내가 밖에서 빨갱이가 되었는지, 내가 어찌 안단 말인가. 또 내 사내가 빨갱이라고 치자, 사람을 이렇게 때려죽이는 할(법)도 있느냐, 이 짐승보다도 못한 놈들아."

그 말 한마디 한 것뿐인데 마치 무슨 사갈티(범죄단서)라도 잡은 것처럼 몽뎅이를 더욱 높이 치켜들었다가 또다시 '퍽', 끝내 못 일어났.

젊은이들이 쓰러진 그 아낙을 발로 '툭', 죽은 것을 맷쌈(확인)하고 난 다음이다. 흙이라도 덮어주는 게 아니었다. 낡은 가마니를 아무렇게나 덮고 가버리는 것을 본 나는 내 어릴 적 '하루거리'를 앓던 때보다도 더 떨렸다. 사람이 사람을 어찌 저렇게 죽일 수가 있단 말인가.

더구나 이때 웬 할머니가 와서 가마니를 들쳐 들여다보니 놀라지 않을 수가 없었다. 죽은 것은 틀림없는데도 마치 고실(명주)빛처럼 새하얀 얼굴로 비스듬히 웃고 있질 않는가 말이다.

'너희들이 나를 이렇게 때려죽였지만 나는 죽지 않았다 이놈들아. 내 참 삶은 죽음을 넘어 저기 저만치에 있다' 는 것을 새기기라도 하려는 듯한 그 웃음을 보면서 나는 나도 모르게 먼 하늘로 고개를 들었다. 저 웃음을 찍게(사진기)로 잡아 삶의 거울로 삼아야 하질 않을까.

또 1954해 여름, 여주에 씨갈이꺼리를 갔을 적이다. 서른댓쯤 된 아주머니와 열여섯쯤 된 딸애가 맞절구질을 하고 있다. '쿵', 출렁, '쿵', 출렁, 그렇게 출렁거리는 가슴을 보고는 바로 저게 백만 따꾼(병사)의 어기어차, 그

멋춤(기본사위)이 아니겠는가.
 그렇다. 이제 씨갈이꾼들과 함께 어울리는 것도 쓸턱(중요)하지만 저 씨갈이꾼들의 쟁기들, 절구, 절구갱이, 낫, 삽, 도리깨, 도끼, 지게, 짝대기, 작두, 연자방아, 그 밖에 삼백도 더 되는 쟁기들의 움직임과 함께 사람의 몸짓을 몽땅 찍게로 찍어두자. 그리하여 그것들을 찬굿으로 잘 꾸리기만 하면 오늘의 이 썩벌(퇴폐), 그것 때문에 번지는 깜떼(절망)를 앗싹 짓찧을 살냄(정서)으로 삼을 수가 있질 않을까.

 그러다가 우당(전쟁)이 멎은 뒤, 안팎이 다투어 썩어문드러지는 꼴을 보면서 나는 아주 됫찬(강한) 댄욱(반발)을 느꼈다. 모두가 제젓끔(서로) 나부터 그럴 하자(편하자)는 게 참짜로 아름다운 건가. 아니다. 뒤집힌 아맹(가치)이다. 사람들은 너도 나도 모두 그 잘못된 아맹에 미쳐 돌아가고 있는 거나 다름없다. 때문에 참짜 아름다움을 빚어내야 하는데 그것을 무엇으로 할 수가 있을까. 찍게다. 그렇다. 찍게의 눈으로 일그러진 아름다움을 깡그리 드러내야 한다. 그와 함께 참짜 아름다움을 빚어내자. 그 조리(방법)로 찬굿을 하나 만들자. 어떤 찬굿이어야 할까.
 '달거지'라는 찬굿을 만들자.
 '달거지'라니 무슨 말일까.

 옛날 저 마녘(남도) 섬에 새로 온 뺑손(원)은 사람들의 피땀을 덮어놓고 뺏어댔다. 이에 따라 사람들이 수군대는 것이 그리 무서웠다. 그래서 섬 사람들에게 둘만 모여도 모이는 건 안 된다고 했다. 됫싸게는(심지어는) 사랑하는 계집사내가 만나도 할대(법)를 어겼다고 잡아다 패는 바람에 사랑에 불타는 젊은이들이 만나고자 해도 만날 데가 없었다. 골목도 안 된다 하고, 연자방아 틀에서도 안 된다 하고, 빨래터도 안 된다 하고.

하는 길 있는가. 어느 달 밝은 밤, 사랑하는 두 젊은이는 아무도 없는 높은 바위 위에서 풍덩실 바다에 뛰어들었겠다. 바다 속에서라도 만나자고. 하지만 바다 속은 나름으로 가만히 있질 않았다. 철썩 척, 거센 물살에 옷가지들이 홀랑 벗겨진다. 이에 누룸스레(자연스레) 뜨겁게 껴안게 되었다. 못된 뺑손은 그랬다고 잡아다 패는 것이었다.

"네 이놈들 듣거라. 어따 대고 사람의 할대를 그처럼 어기고 홀랑 벗은 채 껴안았더란 말이드냐. 죽어라 이놈들" 하고 거퍼 친다.

어이가 없는 두 젊은이는 대들지 않을 수 없었다.

"우리는 '달거지'를 한 것뿐인데 왜 때리느냐."

"뭐라고, '달거지'가 뭔데?"

"그것도 모르십니까. '달거지'란 바다에 가라앉은 달을 건진다, 그 뜻입니다."

"뭐야, 어따 대고 그따위 거짓말을 하느냐"고 또 때리자, 보다 못한 마을 젊은이들이 그 뺑손을 바다에 처넣어버렸다. "너도 한술 '달거지'를 해보거라. 그리하여 달을 잡을 것이면 건져주리라"고 했다.

바다에 빠진 뺑손은 아무리 휘저어도 벗겨지는 옷을 잡으랴, 달은 잡을 수가 없었다. 요리 잡으면 저리 가고, 저리 잡으면 요리 가고, 그러다가 마침내 '꼴깍', 사람 살리라고 했겠다. 하지만 마을 사람들은 달을 잡아 갖고 나와야지 그냥은 안 된다고 했다.

이 말을 들은 임금님은 어찌했을까. 한바탕 벅적이 나지 않을 수가 없었다. "대뜸 벼슬 앉은 사람을 죽인 놈들을 잡아들이라"고 말을 달렸겠다.

하지만 사람들은 "그 뺑손은 죽질 않았소이다, 이적지 바다에 뜬 달을 잡느라 못 나오고 있을 뿐이외다"라고 했다는 '달거지.'

아름다운 우리 땅에서 일어난 우당은 6.25에서부터 차름(시작)된 것이 아니다. 8.15 뒤 우리네 땅을 저네들 마음대로 뚝하고 자르는 치발(침략)에서부터 우당은 차름했다. 그 싸움에서 우리는 오백만이나 죽어났다. 그렇다고 하면 그 엄청난 사람 죽이기에 마주한(대한) 떨짐(책임)을 물어야만 했다. 하지만 우리 땅을 뚝 자른 놈들한테 그 떨짐을 묻기는커녕 도리어 갈라진 땅을 지키라고만 할 뿐 뉘우치는 사람 하나 없이 저마다 잘났다고 뻐기지 않으면, 저마다 서로 찢고, 물어뜯고, 할퀴고, 죽이고, 깔아뭉개고, 그러고들 있다. 여기서부터 썩음도, 썩벌(퇴폐)도, 사갈짓(범죄)도, 모두 차름된 것이니 어찌 해야 할까?

나는 생각했다. 여러 말을 할 게 아니다. 그 못된 것들을 몽땅 바다에 처넣고 달을 건져오라는 '달거지'를 해야 한다 그거였다.

하지만 누가 있어 그 많은 못된 것들을 바다에 처넣겠는가. 그러니까 그런 '달거지'에 앞서 그 '달거지'를 찬굿으로 꾸려 널리 깨우치게 하는 게 먼저다.

그렇게 생각한 나는 찍게(촬영기) 둘, 돛대 높은 배 열 물통(척), 그리고 집덩어리만 한 북 두나만 있으면 '달거지 찬굿'을 하나 만들 수 있다고 거품을 물고 다녔다.

배 열 물통에는 이 땅의 허리를 뚝 자른 놈들과 그 앞잡이 놈들을 몽땅 싣고 두 북은 그 두 배에다 하나씩 나누어 실은 다음, 돛대 높은 곳엔 이르는 사람 하나를 태우고선 달 밝은 밤 새녘(동해)바다 한복판으로 노 저어 나간다.
 거기서 '얼러라 떵!' 하고 북을 칠 것이면 모두 옷을 입은 채 바다에 뛰어들어야 한다. 그리하여 달을 건진 치들만 배에 오를 수 있게 한다 그거였다.
 누가 달을 건졌을까?
 달을 잡느라 입었던 옷이 홀랑 벗겨진 치들, 다시 말해 입때껏 내 것은 내 것이라고 챙겼던 것을 홀랑 저버린 사람들? 아니다, 입때껏 갖은 사갈짓과 갖은 거짓말과 땅불쑥자리(특권)라는 것들은 그야말로 낡은 껍줄이었다고 참말로 뉘우치는 놈들만 달을 잡은 것으로 치는 '달거지.'

 그렇다. 이제 우리가 해야 할 것은 딴 게 아니다. 못된 것들은 한술쯤 몽땅 바다에 처넣는 '달거지' 찬굿이라도 먼저 만들어야 한다고 을러대던 내 젊은 날.
 어떤 녀석은 이런 나의 생각을 일러 갈마(역사)의 사갈을 가름(심판)하려는 뜻이 매우 어리석다고 했다. 또 어떤 녀석은 "야 임마, 그런 개띤(개 같은) 꿈은 개도 안 꾸어 임마" 그러기도 했다.
 이때 나는 주먹을 빼들었다.
 "그게 바로 굴랑(예술)이야 인석들아!"

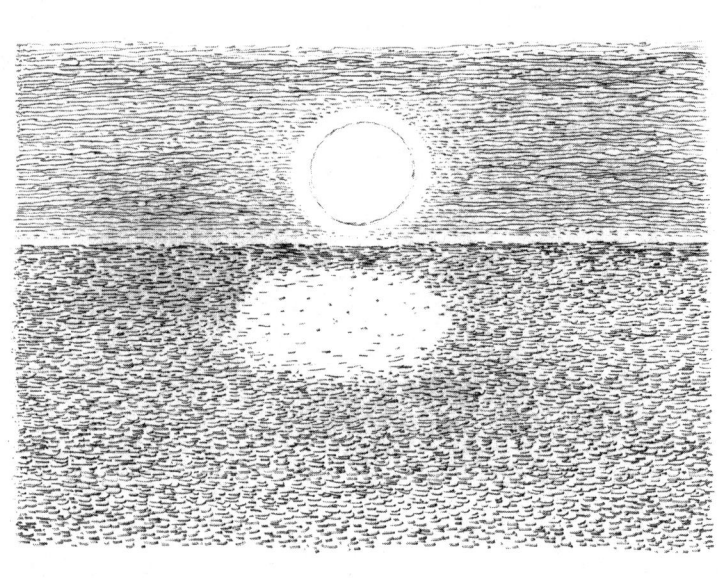

4달 불쌈(4월 혁명).

그것은 이 땅 오천 해 갈마(역사)에서 처음 있는 일이요, 이 땅별(지구)에서 가장 힘이 센 미겁뿔빼꿀(미제국주의)이 틀어쥔 이 땅 쪼개놓기, 이른바 냉전 물코(체제)를 낼판(결정적)으로 뒤흔들어놓은 맨 처음의 부림(변혁). 온골(세계) 갈마의 빼돌(전환점)을 이 땅의 랭이(민중)들이 일군 엄청난 불쌈(혁명)이 아니고 그 무엇이랴.

4
저 들녘의 이름 없는 풀잎으로

내가 저치(장가) 가던 이야기

나는 1956해 여름, 그때 서울 광화문 뒷켠에 있던 경기여자선배울(경기여고) 누골(강당)에서 박동묘 재름(서울상대 교수. 그때 강사료를 못 드렸다)와 '씨갈이바루(농촌현장)를 깨우치자' 는 말을 한 적이 있었다. 나름으로 팟대 좀 세웠던 것으로 더듬어진다.

그것이 때참(계기)이 되어 그 다음해(1957) 김정숙이라는 덕성가시나모배울(덕성여대) 3학년 배우내(학생)를 만난 지 다섯 오큼(5분)이 채 안 돼서다.

"이봐, 나하고 한살매(한평생)를 맺자우" 그랬더니 어이가 없었든지 냅다 달아난다.

얼마 뒤 어떻게 어떻게 또 만나게 되자 또 그랬다. 또 달아나려는 것을 나는 가로막으며 입을 열었다.

"이봐요, 사람이 만났으면 사람의 알목도 만나고 나서 헤어져야지, 안 그래."

"알목이라니요."

"사람의 참짜 알목(목숨)도 모르세요, 바로 이거요" 하고선 내 속맴을 한꺼술에 털어놓았다.

하나, 내 눈엔 그대의 마음과 몸이 그렇게 욱끈(건강)해 보일 수가 없다. 그래서 그냥 으스러뜨리고 싶으다.

둘, 내 눈에 비낀 그대의 얼굴은 속이 몽땅 들여다보이는 샘이지 딴 거이 아니다. 아니 샘보다 더 맑아 그냥 들이키질 않고선 배길 수가 없다.

셋, 그대의 손이 너무 예뻐 내 손과 꽁꽁 묶으고 싶으다. 그리하여 두 손, 두 마음이 하나가 되어 한없이 열린 널마(대륙), '저치'를 가고 싶다.

하니, 그 찰랑이던 샘이 찰찰 넘치는 게 아니냐 말이다. 어떻게 넘치더냐. "그게 정말이냐, 좋다. 하지만 그럴려고 하면 댓님(당신)은 먼저 부러진 땅덩이를 하나로 하고, 나는 흩어진 집안을 삶터로 일으키겠다"고 한다.

이야기가 그쯤 되었으니 딴 조리(방법)가 무엇에 쓰겠는가. 우리들은 대뜸 뜨거운 눈물 속에 우당(전쟁)을 터뜨리고 말았다. 우당탕 우당탕 터졌으니 미룰 까닭이 없었다. 바로 그 자리에서 잔칫날을 잡고 알림(청첩)을 띄웠다. 버럭없이 빠른 게 아니었다. 불덩이 같은 사랑이라는 게 메척(원래) 그런 것이라는 걸 거침없이 내보인 것이었다.

그러나 내 둘레에선 뜻밖의 알짱(시비)도 만만칠 않았다.

"너 같은 털털이한테 누가 오겠느냐, 거짓말이다."

나는 대뜸 "이봐, 가시나는 오는 게 아니야 임마. 찾아가는 거"라고 물리쳤다.

또 어떤 녀석은 "집도 없고 숟갈 셋밖에 없는 너한테 누가 시집을 오겠느냐"고 한다.

"뭐라고, 가시나가 왜 사내네로 시집을 온다느냐. 우리는 손을 잡고 한없이 열린 널마로 '저치'를 갈 거다. 다시 말해 이 땅별(지구)을 손바닥에 올려놓을 때까지 사랑을 심으로 갈 거라'고 떵떵 쳐버렸다.

하지만 사람 사는 이 벗나래(세상)엔 '아뿔싸'라는 게 있는가 보았다. 참말로 글러지는 일이 일어나고 말았다. 새뜸(신문)과 굴대(방송)가 떴다 고는 것이었다. "따콩멎데(휴전선)를 넘어오던 살네(간첩) 백기성이가 잡혔다"고.
'어라? 백기성이라면 내 맨 큰언니(형) 이름과 같은데……'
아니나 다를까. 바로 내 맨 큰언니라, 하는 길(수) 있는가. 잔치를 내세운 알림을 거두고 다니자, 나를 빗대놓고 그 새찰대던(까불던) 그 알짱(이죽)들이 갑자기 시퍼런 톱살(욕)이 되어 내 가슴에 와 꽂혔다.
색시는 무슨 색시, 백기완이 새끼 거짓말 부렸다고 떴다 고았다(마구 소리질렀다). 더구나 가시나네 집에서는 알림까지 돌려놓고 그럴 수가 없다고 벽적이 나고.
우리는 어찌질 못해 다시 날을 잡아 알림을 돌리게 되었다. 그런데 그날이 바로 우리 언니 가름날(재판날)이라고 돈 안 받고 언니를 돕는 박한상 말네(변호사)가 말해 또 거둬들이게 되자, 나는 얼굴을 들고 다닐 수가 없었다. 오로지 발가락만 썽이 나 덕수궁 돌담길 빈 깡통을 뻥뻥 차며 걸었다.
뻥, 쨍그랑.
그런데 뒤에서 누가 툭툭 친다.
"누구야?"
막 내지르려는데 뜻밖에도 인천 사시는 허섭 언니다.
"기완이 너, 왜 그러구 다녀?"
"아무튼 오늘은 그만 헤어집시다."
"차라도 한 모금 걸쳐야지, 모처럼 만났는데……"

그래서 광화문 네거리 국제굿집(국제극장) 두걸(2층) 찻집에서 마주앉게 되자 좀 멋쩍긴 했지만서도 나는 눈 딱 감고 내 딱함을 털어놓게 되었다.

"좋은 색시가 하나 있어 잔치한다고 알림까지 돌렸수다. 그런데 노녘(북쪽)에서 큰언니가 오시는 바람에 알림을 두술(두 번)씩이나 거두게 되어 말이 아닙니다"라고 하자, 허섭 언니의 말씀이었다.

"그래도 잔치는 잔치야. 밀고 나가라구, 왠줄 알아. 가만히 있으면 그게 바로 수렁이 되는 거라구."

"뭘 갖고 밀고 나갑니까. 잔치가 되어야 돈을 좀 거두어 눌데(방)라도 하나 얻으려고 했는데 거짓말을 한 꼴이 되었으니."

"사내새끼가 뭘 그까짓 걸 갖고 그래. 아무튼 하제(내일) 아침 열한 때결(시)에 여길 나와."

"안 나올랍니다. 모든 게 싫은 걸요."

"아무튼 나와, 내 기다릴 테니."

망설이다가 그래도, 하고 나갔더니 대뜸 두툼한 보따리를 밀어주며 가보라고 한다.

"이게 뭔데요."

"글쎄 가보라니까."

매우 어정해 찻집 걸돌(층계)을 내려서며 슬며시 보자기를 풀어보았다. 놀랄 일이다. 돈 십오만 원이 아닌가 말이다. 그즈음 모배울(대학)에 내는 한 배길(학기) 돈이 만오천 원쯤이었으니 열 사람 한 배길 값, 엄청난 돈인 셈이다. 더구나 그건 내 한살매로 보아 처음 만져보는 어마어마한 돈이라, 입을 쩍 하고 벌린 채 그럴싸한 눌데도 하나 얻고, 잔치도 치르고, 그리하여 여태껏 살고 있다.

허섭 언니, 나에게 그분은 누구였을까?

그즈음 그분은 그때 준심(정권)을 쥐고 있던 이승만의 자유당이 못살게 굴어 손수 일군 인천 '성광고아원'과 '성광상업선배울(고등학교)'을 빼앗기고선 서울 마포 구석에서 남의 집을 빌려 살고 있는 터라, 가진 걸 다 털어도 나한테 십오만 원이라는 큰돈을 줄 수가 없었다. 그런데 그 어려운 사리(처지)에서도 나를 살린 것은 무엇일까.

한마디로 내 한살매 처음 만난 울거(영웅), 섬지기였기 때문이다. 섬지기라니? 중국에서는 매우 뜨거운 남내(우정)의 사나이로 '관중포숙'을 친다고 한다. 하지만 우리는 옛부터 섬지기를 친다.

섬지기에겐 너도 일하고 나도 일하고 그리하여 너도 나도 다함께 잘살되 올바로 잘사는 벗나래(세상), 노나메기를 같이 만들자고 하던 벗이 하나 있었다. 그런데 노나메기는 바로 등빼기(역적)라고 컹대(정부)에 헐뜯어 섬지기를 때(감옥)에 처넣어버렸다. 이어서 섬지기의 아내를 빼앗고 땅도 빼앗은 못된 녀석이 있었다.

몇 해 만에 때에서 나오긴 했으나 섬지기는 몸도 안 좋고 마음도 안 좋고 살 턱도 없어 거의 죽느니 살고 있었다.

그 맵찬 어느 날이다. 섬지기를 헐뜯어 때에까지 처넣었던 그 못된 녀석이 홀랑 쌔코라져(망해)갖고는 섬지기를 찾아와 쌀 한 되만 달라고 한다. 주릿대를 엥겨야 할 것이로되, 모르는 체 박박 긁으니 겨우 쌀 뚝(반) 되다. 하지만 사내 녀석이 어떻게 쌀이 떨어져 찾아온 옛 벗한테 쌀 뚝 되를 달랑 내주랴. 그래서 쌀이 떨어졌을 때 먹곤 하던 쌀겨 한 섬을 꺼내 거기다가 쌀 뚝 되를 쑤셔 넣어 보냈다.

그 등빼기(배신자)를 그렇게 보낸 다음 섬지기는 아무렴 한 해 내내 쌀겨도 못 먹고 쫄딱 굶었다는 눈물겨운 사나이 섬지기.

그러니까 섬지기란 어떤 사람을 말하는 것일까. 비록 등빼기일망정 그런 건 가리질 않고 사람의 알목(목숨)도 눈물도 뿔대(노여움)마저도 다 내주는, 사람 가운데 사람일 터이다.

나는 허섭 언니를 이 땅에서 가장 빼어난 이, 섬지기라고 부르고 싶다. 울거보다도 한 길 위요, 하늘땅을 쥐었다 펴는 쇠뿔이보다 더 센 패박(상징)이라. 그분을 떠올리기만 해도 치솟는 눈물, '어랑 어람, 어람마' 섬지기라고 부른다.

언니,
이참은 어디서 어떻게 살고 계십니까.
이 못난 기완이가 이렇게 두 무릎을 꿇었습니다, 언니!

저치도 못 가보고 죽을 뻔했던 이야기

'저치(장가)' 간다고 우쭐대던 1957해, 나는 저치도 못 가보고 죽을 뻔했다. 그것도 세술씩이나 그랬다.

바로 그해 여름이었다. 강원도 양양군 손양면으로 씨갈이꺼리(농민운동)를 가 있던 보름 동안 우리들은 그야말로 있는 대로 남김없이 다 쏟아부었다. 새벽부터 일어나 미친 듯 밭일을 돕고, 우물도 치고, 마당도 쓸고, 밤에는 시골 분들과 애들까지 모두 모아놓고 이야기도 나누고, 굿(연극)도 보여주고.

아무튼 그때 나를 보고 미치지 않았다고 할 수가 없었다. 마침내 몰라보게 새시까매진 채 보름 동안의 일을 마치고 서울로 올라올 차림을 하던 늦은 한낮, 백이 넘던 우리 떼거리는 넘실대는 양양 바닷가 모래언덕에 모였다. 그때 그 싱그러운 쪽빛바다, 젊은이들이 그 바다를 그대로 두고는 견디기가 힘들었던가 보았다. 어떤 녀석은 옷을 입은 채로 '아리아리'라는 뜬소리(맨 앞에서 지르는 소리)와 함께 풍덩실 뛰어들고, 여기에 술만 하나 더하면 세 떵딱(장단)이 딱 맞아떨어질 터였다.

그런데 우리네 바다는 그런 것만은 아니었다. 새시파란 바다가 어줍지 않게 뜨저구니(심술)를 부리고 있는 것이 보였다. 하나가 아니었다. 하얗게 바랜 여러 백 사람의 뼈가 몰개(파도)에 어지럽게 부대끼고 있다. 델거덕 델거덕, 놀라 이장한테 달려가 어쩐 까닭으로 저렇게 되었느냐고 물으니 6.25 우당(전쟁) 때 이쪽저쪽에서 죽은 사람들이라고 했다. 하지만 사람이 사람의 뼈를 치워도 잡혀가 닦달을 받아, 차라리 그냥 내버려둔다고 한다.

'왔다, 사람 사는 데서 이럴 수가 있는가.'

우리들은 모래로 올리게(상)를 만들었다. 그 위에 뼈다귀를 높이높이 쌓은 다음 두 무릎을 꿇고 막술을 올렸다. 울컥하는 것을 겨우 삼키며 그 뼈다귀들을 다시 바다에 던졌다. 바다를 무덤으로 고이 누우시라고.

그 때박(순간) 나는 온몸이 울음덩어리가 되는 느낌이었다. 앗차 하기만 하면 왕창 터져버릴 것 같은 뜨거운 응어리. 그래서 그 안타까운 뼈다귀들을 다시 찾는다며 그 거센 바다에 뛰어들었다가 그만 넋살(정신)을 잃고 말았다. 꼭 죽는 건데 애들이 살려냈다. 그런데도 또다시 "나도 저 푸른 바다에 묻힐 거라"며 아리아리 뛰어들었다가 깜박 깨어보니 캄캄한 밤, 별빛 아래 살아 있는 내가 그렇게도 뻔뻔스럽게 느껴졌다.

'살아 있다고 사는 거냐?'

서울로 올라오자마자 나는 명동 뒷골목에서 미친 듯 울부짖고 다녔다.

"모든 찰(시), 모든 글락(소설), 모든 그림, 모든 춤, 모든 굿, 모든 노래, 모든 찬굿(영화)은 모두 바다에 처넣어야 한다. 이어서 사람이라는 것들도 몽땅 바다에 처넣어 스스로를 건지게 해야 한다. 그에 앞서 '달거지' 찬굿을 하나 꾸미자"고 아무리 외친들 미념(소용)이 있으랴.

술집 골목, 비 나리는 무교동의 밤이었다. 외톨이가 돼 와글와글 술집 앞을 서성이는데 뭐가 그리 바쁜지 냅다 달리던 죽씬한 수레(차)가 휙 하고 나에게 빗물을 들쐬운다. 약이 오른 나는 내빼는 수레를 온힘으로 뒤쫓으며 소릴 질렀다.

"서, 이 새끼야, 안 서?"

그러다가 갑자기 멎는 바람에 그 수레 뒷자락에 부딪쳐 쓰러진 것 같은데 누가 내 옆구리를 쿡쿡 내지른다. 비스듬히 눈을 떠보니 그 수레를 모는 녀석이 죽어라고 나를 걷어차며 웅쿠른다.

"나는 이 새끼야, 경무대(청와대) 이승만 대통령 지킴이(경호원)야 이 새끼야. 하지만 너 같은 개새끼는 낯통 안 가리고 죽이는 지킴이."

나는 매우 가라앉은 목소리로 "야, 그러질 말고 나하고 한술 붙는 게 어때?" 그러자, "좋지" 그러면서 달겨드는 것을 그대로 제각 받으니 어더렇게 되었을까.

어더렇게 되긴.

'퍽', 그냥 널부라진 녀석이 달리는 수레한테 치어 아주 죽을세라, 사람 다니는 길에 끌어다놓고 웅얼댔다.

'올해는 두술씩이나 죽을 뻔했구나.'

세술째로는 빼대기(강도)를 만나 죽을 뻔한 이야기다. 그때 우리는 원효로4가 흙구덩이보다도 더 못한 우수룩에서 아버지, 애루(동생 인순이), 나, 이렇게 셋이 살고 있었다. 때문에 그 집엔 어느 누구인들 데려올 데가 못 되었다. 데려와보았자 들락(문)도 없고 앉을 데도 없으니 말이다. 하지만 으스렁(으스름) 가을 달밤, 광화문에서부터 터덕터덕 걸어 원효로로 들어서면서부터는 길가에 쭈악 하니 높이 솟아 스물대는 나무가 그리 좋았다. 나도 모르게 주접이 차올라 소롯이 쏟아져 나왔다.

가을은

가을한테 주고

나에겐 그대 그 앙가슴의

그 술 한 주걱만 주시라

누구도 안 보는 데서

나 혼자 쓰러지고 싶으나니

달이여, 트릿한 달이여! 저만치 물러나

고얀 것들이나 비추고, 난난

홀로 내버려두어 주게나

홍얼거리며 가는데 골목에서 누군가가 불쑥, 내놓으란다.
"뭘?"
"이 새끼야, 있는 대로 내놔."
"야, 이 새끼야, 빼대기짓(강도짓)을 해 처먹더라도 빼대기 나라의 어르신네는 알아 모셔야지, 안 그래. 돈에 눈이 멀어 새시까만 빼대기 나라의 큰어르신네도 못 알아보는구나. 따라와 임마, 많은 돈은 없지만 몇 푼은 줄 터이니."
내 말이 워낙 그럴싸했던지 녀석이 따라온다. 들락이랍시고 가마니때기를 들치며 들어오라고 했다. 팔뚝에 힘을 주며 따라오다가 너무나 으리으리한 잿집(궁궐)이라, 놀라 쭈볏댄다.
'바로 이때다' 하고 녀석의 칼보다 더 큰 것을 들이댔다.
"손들어 임마" 그러자 입을 열 것도 없다는 걸 지레 아는지 두 손을 버쩍 든다.

"손만 들면 되냐, 있는 대로 다 내놓고 가 임마, 어서."

얌전히 따라한다.

나는 빙그레 도루 다 내주며 "올해 끝가서(말) 내가 저치를 가거든, 장가 말이야 임마, 거기나 와" 그러면서 등을 미는데 녀석이 쭉박(접)도 없이 홱 하고 칼을 다부 들이댄다.

"어? 마지막 꾸벙(인사)을 하고서야 가겠다 그 말이가?" 그랬더니 칼을 접더니 뒤도 안 돌아보고 간다.

그 해가 끝나갈 무렵이다. 그 빼대기 녀석이 어떻게 알았는지 내 잔치엘 왔기로, 나는 놈의 귀에 대고 속살댔다.

"오늘도 칼을 갖고 왔냐?"

빙그레 웃기에 나는 좀 크게 말했다.

"이 다음 네가 저치 가려고 할 적엔 말이다. 그땐 네 색시한테는 칼을 대지마 임마. 그러면 어떻게 되는 줄 알가서? 색시란 누구든 달아나는 거야 임마. 그러면 무엇을 대느냐. 온몸과 마음을 한꺼술에 그대로 들이대는 거야 임마. 알겠어? 뺄 생각일랑은 아예 하지도 말고. 아무튼 날 살려 저치를 가게 해주어 고마워."

모처럼 나도 웃고 그 빼대기도 웃었었는데 그때 그 젊은이는 요즈음 무엇을 하고 있을까? 나 같은 손이나 만나곤 했으면 굶어죽었을 텐데……

첫딸

1958해 여름, 경남 하동군 쌍계사 앞을 흐르는 개울물께로 씨갈이꺼리(농민운동)하러 내려갔을 적이다. 한여름인데도 나뭇잎 하나 펄럭이는 것 같질 않고 여러 마을이 일부러 입을 다물고 있었다. 웬일일까. 기웃기웃 해보니 가분재기(갑자기) 온몸에 뜨겅(열)이 솟고 물찌(설사)를 싸다가 거의 쓰러지는 돌림탈(전염병)이 돌고 있었던 것이다.

고칠데(병원)가 없었다. 하는 수 없이 우리 고칠배우내(의대생) 몇이 고치게(의사) 노릇을 하게 되었다. 무엇보다 먼저 '클로로마이신'을 사 대야만 했다. 그 때문에 서울로 다시 올라갈 수레(차) 값뿐이랴. 떼거리 백마흔이 차고 있던 때둘(시계), 멋가락(반지)까지 다 내놓으라고 한 다음 그것을 사천에 내다 팔은 돈으로 몽땅 쓸풀(약)을 사왔다. 그것으로 많이 살리긴 했다. 그러나 서울로 올라갈 돈까지 다 써버렸으니 어떻게 한다? 딴 길이 없었다. 나는 떼거리 백마흔한테 말떨(명령) 아닌 말떨을 내렸다.

"여기서 걸어서 한참을 가면 서울 가는 천수레(완행열차)가 있을 거다. 그것을 눈치껏 올라타라."

젊은 놈들이라 잽싸게 올라탄다. 꼬지(표) 챔(검사)이 오면 우리들은 스물스물 이 통(칸)에서 저 통으로 옮기고, 그 통에 다시 오면 맨 끝통으로 옮기고, 그래도 안 되면 내렸다 다시 타고.

어쨌든지 영등포쯤까지 왔다. 나는 다시 일렀다.

"서울역은 어렵다. 좀 어수룩한 용산역에서 몽땅 뛰어라. 한 사람이라도 잡히면 안 돼……."

그리고는 나도 용산역에서 냅다 달아났다.

"저놈 잡으라"는 소리를 따돌리고(한국일보, 1958) 헐레벌떡. 집이랍시고 왔으나 배가 띵띵해갖고 누워 있던 아내가 그리 반가워하는 눈치가 아니다.

"댓님(당신) 콧구멍은 왜 그렇게 시꺼메?"

"응, 그거 긴수레(기차)에서 나오는 씩돌(석탄) 내(연기)에 끄실린 거야."

더구나 내 빈손을 보고는 사뭇 삐쭉한다.

멋쩍은 것보다도 목이 더 말라 부엌의 물독을 열어보았다. 물을 떠다놓은 지가 오래돼 장구벌레가 듬실듬실. 독을 엎어버리고는 백 발자국도 더 되는 함께물쫄(공동수도)가에서 물지게로 한 댓술 날라다 부으니 배도 고프고 눈도 감겼다. 에라 모르겠다, 벌렁 누웠다.

이때다.

아내가 "여보?"

"응."

"나, 군만두."

"뭐, 군만두?"

나는 아무리 눈이 고파도 개미에 물린 고추처럼 알딸딸해 눈을 붙일 수가 없었다. 돈이라곤 땡닢 한 닢 없는데 군만두라……. 나는 그 길로 원효로를 달려 무턱대고 서울시청 앞 중국 만두집이 즐비한 골목까지 왔다. 서성였다. 얼추(혹) 아는 놈은 없을까 하고 기웃대기를 한 때결(시간). 마침 딱 한술 만난 적이 있을 뿐 이름도 모르는 녀석이 비틀비틀 나온다.

"야 임마, 너만 비칠대면 어떻게 해 임마."

"그렇지? 아무데나 들어가자우."

그래서 따라 들어가 군만두를 시켰다. '빼갈'도 하나 시키고. 하지만 차마 젓가락이 안 가 빼갈만 거퍼 마신 뒤 "이건 내가 먹던 것이니 싸갖고 간다" 하고는 냅다 뛰는데 녀석이 소릴 지른다.

"야 임마, 네 이름이 뭐니?"

"나? 입때껏 내 이름도 몰랐어. 나 거저(공짜)야. 거저."

"뭐, 거저? 잘 가, 거저야."

한숨에 시청 앞에서 원효로까지 달려와 군만두를 아내 앞에 내놓으니 "댓님도 하나 들라"는 말 한마디 없이 낼름 한다.

그러고 나서 얼마 뒤였다. 아내가 버럭없이(뜬금없이) '울컥' 또 '울컥' 그러더니 이참엔 사과를 먹고 싶다고 한다. 사과가 없을 턱이 없건만 괜한 말로 "요즈음은 아직 일러 사과가 없을 텐데……" 그러면서 가겟집을 기웃거렸다. 도들한(잘 익지 않아 맛이 없어 보이는) 사과인들 있긴 있다.

'한 알을 집어 들고 그냥 뛸까? 아니다. 그럴 순 없지' 하고 원효로에서부터 그 번쩍이는 명동까지 뛰어와 아는 찻집엘 올랐다. 두리번두리번, 돈이 있을 만한 녀석이 하나도 없다. 찻집 알범(주인)이 내 꼴이 안 됐던지 차를 거저 주지만 입에 대지도 않고 담뱃내 뽀얀 당구장엘 가 죽치고 앉았는데 아새끼 하나가 이죽인다.

"너, 왜 그래 임마. 눈깔은 왜 그렇게 싸납게 굴려."

"군소리 마, 이 새끼야" 그러고 앉아 있기를 한 두어 때결, 한 녀석이 귀엣말로 그런다.

"저거 몇 푼 주어서 어서 보내. 아무래도 당구공이 날아올 것 같애" 그러자, "야, 너 먼저 들어가" 그러면서 돈 백 원을 준다.

'얼씨구, 벌써 그랬어야지. 이 새끼야.'

얼핏 사과 두 톨을 사가지고 노래와 함께 휘휘 저으며 원효료로 꺾어들다가 아차, 사과가 든 종이 톨(봉지)이 찢어지며 사과 한 톨은 돌팔매처럼 쏭 하고 날아간다. 또 한 톨은 왜 그런지 비껴 날아가다가 때굴때굴 썩은 도랑에 빠진다. 어쩐지, 하고 머뭇댈 것도 없었다. 저벅저벅 들어가 겨우 꺼냈다. 하지만 냄새가 그렇게 고약할 수가 없다. 길가 물쭐을 찾았지만 물이 잠겼다. 뱃길(발길)로 여러 술 쾅쾅 내지르니 그제서야 물이 콸콸. 건솔건솔(대충) 닦아낸 다음 아내를 갖다주니 아침도 굶고 한참(점심)도 굶고 저녁도 못 먹은 날 보고 먹어보란 말 한마디 없이 저만 맛있게 와작와작.

그렇게 해서 태어난 애가 바로 내 첫딸, 그렇게 예쁠 수가 없었다.

'아해들 울음소리는 왜 이리 못 견디게 하는가' 라는 내 찰(시)이 있듯이 나는 뉘 집 어린애가 됐든 애라고 하면 가리질 않고 꼼짝을 못하리 만치 예뻐한다. 그러나 안아주는 것만은 아니 한다.

첫딸이 태어나고 나서 곧 첫아들과 둘째딸이 마다해(연년생)로 줄을 이었으나 나는 그 예쁜 애들을 한술도 안아주질 않았다. 아침마다 애들이 깨어나 에미가 선생질 가는 것이 두려워 똥 묻은 기저귀를 찬 채 칭얼대고 벅적여도 나는 도통 안아주질 않았다.

왜냐, 애들은 예뻐하되 안아주고 업어주고 그러면 매인네틸(소시민적) 굴텅(타락)에 빠진다는 나름의 할대(원칙)를 매겨놓고선 그것을 지키느라 진땀, 박땀, 비지땀까지 벅벅 흘리면서도 아니 안아주던 아, 내 젊은 날.

1986해이던가. 그 첫딸이 커갓고 모배울(대학) 선생을 하다가 알맥꺼리

(노동운동)에 뛰어들고 그로 말미암아 전두환이 놈이 "잡으라"고 해서 냅다 달아나게 되었다.

마침 나도 '권양성고문진상폭로대회'를 이끌었다고 날 잡으러 왔다. '어림없지' 하고 냅다 달아나 떠돌던 어느 날, 강원도 어느 바닷가에 이르렀을 적이다. 깃줄대(전봇대)에 우리 첫딸애의 곧울(사진)이 붙어 있질 않는가. '백원담이 보는 대로 잡아들이라'는 으름장과 함께.

나는 북 하고 찢어 몰개(파도) 치는 바다에 던져버리며 갸의 어릴 적을 떠올렸다. 아침마다 엄마 따라가겠다고 아무리 울어도 아니 안아주던 내가 이제는 갸의 곧울마저 바다에 던지다니, 갑자기 눈시울이 써물댔다(근질댔다).

얼핏 바닷가 어느 더듬한 술집에 들어가 한 땅지(병)를 들고 꿀꺽꿀꺽, 또 한 땅지를 마시면서는 그냥 땅만 볼 수밖에 없었다. 고개를 들면 내 얼굴에 흐르는 가을 빗물이 고약하게 어줍질 않아서였다.

이를 본 그 집 아주머니가 "장사가 안 돼서 그러지요, 그만하세요. 바람이 몹시 불잖아요."

"그러지요" 하고선 고개를 돌리면서 거퍼 마셨다.

'나는 왜 애들을 그렇게도 예뻐하면서도 젊은 날부터 입때껏 안아주는 것만은 아니했을까. 한 애비의 애뜻(사랑스러운 뜻) 치곤 한갓되질 않았을까. 못난 애비 같으니라구.'

줄줄 흘리다가 끝내는 펑펑 쏟아지는 눈물을 가눌 수가 없어 슬며시 그 집을 나와버렸다.

'잡혀도 좋다, 이 새끼들아.'

그렇게 혼자 주절대는 발길은 왜 그리 무겁던지.

그 뒤 달구름(세월)은 머뭇대질 않고 이어 흘러 그 첫딸애가 첫딸을 낳았다고 한다. 달려갔다. 얼굴이 바알간 것이 혀를 내밀어 '낼미적 낼미적' 입술을 빨고 있다. 너무나 예뻐 꾸시렁대니(입속말로 웅얼대니) 늙은 아내의 나를 쳐다보는 눈길이 엔간칠 않다.

"왜, 안아주고 싶어서 그러우."

나는 무언가 울컥하는 게 있어 집엘 오자마자 '첫딸'이라는 찰(시)을 하나 지었다.

그렇게 예뻐하면서도 한술 안아주질 않고 기른 첫딸이 첫딸을 낳았다.
그렇게 뿌듯할 수가 없다.
하지만 걱정이 앞선다. 갸가 얼추(혹) 제가 낳은 첫딸이 너무나 예쁘다고 에미 노릇이나 하다가 주저앉으면 어떡하지……

이를 본 찰니(시인) 김정환이 술 생각이 난다고 했었는데, 요즈음은 그 찰니도 말통(전화)이 뜸하다. 얼추 술 탈(병)이 났는가, 아니면 좋은 찰을 짓느라 바쁜 건가.

우리 세 언애(형제)

요즘 벗나래(세상), 그 돌아가는 꼴을 찬찬히 보고 있노라면 '이것도 사람 사는 벗나래든가?' 그런 횟딱(착각)이 들 때가 있다. 대통령이라는 이명박 이가 앞장서 뻔한 거짓을 참으로 바꾸고, 또 참짜 참은 아예 죽이고 있음을 보게 된다.

그 가운데서도 땅불쑥하니(특히) 갈마(역사)라는 걸 갈기갈기 찢어버리고는 저희들 마음대로 갈마를 거짓꾸리고 있음을 본다. 보기를 여럿 들 것도 없다.

이승만에 마주한(대한) 이야기 하나면 된다. 이승만 그는 누구인가 말이다. 이 땅의 맨 처음 대통령? 아니다. 맨 처음으로 제 마음대로 거짓말을 할 수 있는 자리에 오른 사람이지 대통령이 아니다. 또 그를 일러 나라를 만든 아버지 대통령이라고? 어림 개나발도 없고, 그런 뜻이란 택도 없고, 속도 겉도 없는 개거품이다.

이승만은 미국의 이 땅 쪼개놓기 따꾼(군사) 38금(38분계선)을 빼발(국경)로 만든 미국의 앞잡이이지, 한 나라를 일군 대통령이 아니다. 이 나라가 비롯된 뒤 여러 천해 동안 우리가 우리 손으로 우리 땅을 가른 적이 있었던가. 한술도 없었다.

8.15 때 미국이 가른 것이다. 그렇다면 그 쪼개기는 무엇이드냐. 바로 치발(침략)이다. 그것도 우리가 우리 힘으로 싸워 깨트려야 할 치발. 그런데 그것을 빼발로 굳혔다고 하면 그 사람은 누구이겠는가 이 말이다. 우리나라 사람인가. 아니다. 미국의 나발이요, 따라서 그야말로 갈마의 뒤꺾(반동)이지, 딴 거이 아니다. 거듭 말하면 이승만은 티 없이 맑은 샘물을 죽여 썩물을 만든 막틀(독재)이지 딴 거이 아니었다.

보길 들면 이승만 준심(정권) 끝물께(1959)엔 참을 수 없는 썩은 물을 우리들에게 마구 덮어씌웠다. 무슨 말이냐. 이승만은 이른바 '국가보안법'을 더욱 뒷세게 꾸려 미국의 우리 땅 쪼개놓기(분단), 그 사갈짓(범죄)을 아예 오할(합법)로 매기고 만 것이다. 이 땅의 한 틔알(한 사람)이라고 하면 우리가 갈라져는 있으되 그 38금은 아무럼 우리 빼발은 아니다. 그랬어야만 했다. 하지만 이승만의 입에서는 우리 겨레의 뜻을 이르는 그런 투의 말은 단 한마디도 없었으니 그가 어찌 우리나라 대통령이요, 우리 겨레의 한 사람이드냐, 이 말이다.

또 하나는 미국의 쓸새맑티(소비문화)만이 따라야 할 보기일 뿐 이 땅의 맑티(문화) 그 잇대(전통)는 모두 쓰잘 데도 없고, 따라서 없애 마땅하다는 겨레맑티(민족문화) 몰아죽이기 짓불(정책)을 뻔뻔스럽게 윽박질러왔다.

젊은 나는 이런 꼬라지들을 몸으로 부대끼며 "이승만이, 이건 아니다" 그랬다.

무엇을 내세워 그랬을까.

모든 맑티, 다시 말해 터감(학문)이든, 굴랑(예술)이든, 모두 엇차(사람 씨)를 빚어내는 것이래야 하고, 그 사람의 씨알갱이(사람다운 모습)로 이승만에 들이대야 한다, 그랬다.

그 사람의 씨알갱이는 또 어떻게 빚는 것일까. '을러대기(힘이 빠진 사람에게 힘내라고 돋구워주는 말)' 와 '달구질(스스로가 제 뜻을 뜨겁게 달구는 것)' 을 뼈대로 하는 '비나리' 라고 했다.

그렇다. 이승만이 제아무리 설쳐대도 우리는 힘이 없는 게 아니다. 가라앉은 힘을 을러대고 달구어 썩은 물살을 갈라치는 비나리의 잇대가 있다. 그것으로 모든 맑티꾸럼(문화창작)을 하자고 외치느라 대전을 가던 어느 날이다.

막 긴수레(기차)에 올라타려고 하는데 때(옥)에서 몰래 알림이 왔다. 때속의 언니(백기성)가 죽게 됐으니 어서 가보라고.

그때 내 주머니엔 때에 갈 달구지 값도 없었다. 그래도 맨발 맨주먹으로 헐레벌떡 달려가니 참말로 언니가 업혀서 나오신다. 헬쑥한 얼굴에 눈은 퀭하고, 남은 건 알찐한(앙상한) 뼈대와 허물 같은 껍질뿐이다.

"언니, 왜 이렇게 되셨습니까?"

"어 괜찮아, 아버지는 잘 계시네."

"네."

"그리고 기현이는 왜 한술도 안 오네. 뭐가 어떻게 된?"

나는 가슴이 철렁했다.

기현이 언니가 육군 한따꾼(일등병)으로 죽었다고 하기도 그렇고, 그래서 "먹고살기가 힘들어서 그렇다"고 둘러댔다. "그리고 아버지는 때속의 언니가 보기 싫으시다는 거야. 언니를 흰두루(백두산) 덤마루(산등)를 한숨에 쓸어안는 범처럼 길렀는데 때속에 묶여 있는 꼴이 보기 싫으시다는 거야."

그렇게 말을 한 것뿐인데 도리어 "기완아, 우리 힘을 내자우" 그러면서도 가래기침을 더욱 깊게 쿨럭쿨럭, 끝내는 말을 못 이으시고 업혀 들어가신다.

나는 눈시울이 시큰했다. 어거지로 눈을 비비며 때속 의무과에 알아보았다. 통 삭이질 못하고 오금을 못 쓰지만 '국가보안법'의 살네(간첩)는 딴 길이 없다고 했다.

"딴 길이 없다고 하면 고칠데(병원)도 못 가보고 죽어야 한단 말이요?"

그렇게 말을 한 것뿐인데 대뜸 거칠게 나온다.

"야 이 새끼야, 여기가 살네나 살리는 덴 줄 알아. 살네 짓을 한 놈을 잡아 없애는 데지. 그만 나가, 안 나가면 너도 처넣을 거야, 이 새끼야." 꽝!

'우리 언니가 살네요, 그래서 죽일 놈이라구?'

주먹만 떨면서 나는 우리 언니를 더듬었다. 우리 언니는 여덟이나 되는 우리 밥네(식구)들이 한 밥올리게(밥상)에 마주앉아도 제 숟갈을 먼저 드는 적이 한술도 없을 만치 착하고 어질었다.

그런 우리 언니가 제 뚱속(욕심)을 부린 적이 딱 한술 있긴 있었다.

언니가 한배울(초등학교)을 마치던 날이다. 집에서 기르던 닭 세 마리가 없어졌다. 어디로 갔을까. 우리 언니가 몰래 훔쳐갖고 우리 마을에서 한참 떨어진 진남포라는 뱃멀(항구)로 달아난 것이다. 거기서 어느 벌짝(회사)의 심부름꾼을 얼마 동안 하다가 서울의 무슨 돌배울(중학교)에 다닌다며 이따금 나한테 매우 그럴싸한 말을 해주곤 했다.

"일본은 따꾼이 다스리는 나라, 다시 말해 남의 나라 사람들은 마구 죽이는 나라다. 하지만 우리나라는 사람이 사람과 어울리는 나라다."

어린 나는 깜짝 놀랐다.

'일본이야말로 어먹한(위대한) 임금(천황폐하)이 다스리는 나라라고 선생님이 말씀하셨드랬는데 그럴 수가……'

또 어느 날이었다. 겨우 한배울 1학년인 나한테 오매 열다섯 살인 백기성 언니는 곧 중국을 갈 거라고 했다.

"사람은 키만 커서 사람이 아니다. 빼앗긴 나라를 찾고자 나서는 거, 그것이 참짜 사람이 되는 길"이라고 하셨다.

그러던 언니가 함께하던 무슨 글묶읽기모임(독서회)이 들통 났다고 숨어 지내는 것 같았다.

어린 내가 "언니, 왜 그래?" 그러면,

"이게 바로 짓밟히는 겨레의 사나이 모습이야" 그러셨다.

"일본 검뿔빼꼴(제국주의)은 지켜야 할 나라가 아니라 깨트려야 할 부서(적)다. 따라서 그 왜놈들한테 짓밟히는 우리나라를 찾고자 싸우는 사나이가 참짜 사나이 모습이다"라고도 하고.

어린 내가 갸우뚱하는 동안 8.15가 오고 그 뒤 이 땅에선 우당(전쟁)이 우당탕 터져 마녘(남쪽) 빠데(군대)와 노녘(북쪽) 빠데가 밀리고 밀고 그럴 적이다.

저 황해도 구석에서 노녘 빠데들이 물러서며 마녘으로 간 집안사람들을 쌀두덤(창고)에 가두고선 내놓질 않고 있었다. 노녘에서 어머니를 모시고 있는 꼭짓(점)으로 미루어 함부로 나설 수가 없었을 터인데도 우리 언니는 "가둘 테면 나를 가두거라" 하고 온몸을 들이대 그 많은 사람들을 기어코 그 쌀두덤에서 빼내고야 말았다.

이어서 마녘 빠데들이 노녘으로 올라갔다가 물러나면서 한다 하는 노녘 집안사람들을 쌀두덤에 잔뜩 가두고는 그 둘레에다 기름을 뿌렸다. 그리고는 어떻게 하려고 바빠 돌아갈 적에 우리 언니가 그 쌀두덤을 가로막고선

"쏠 테면 나부터 쏘라"고 옥신각신.

끝내 살려내자, 우리 어머니 말씀이었다.

"우리 기성이가 목숨을 걸고 토막난 언애(형제)들을 하나로 했구나. 갈라진 에미, 애비도 하나로 했다니까" 그러면서 우셨다고 한다.

기성이 언니는 정말 착했다. 누구하고 다투는 것을 나는 한술도 보질 못했다. 더구나 지긋한 소들(효자)이었다. 그때만 해도 우리 저녘(서쪽) 바닷가엔 민어가 그렇게도 흔했다. 아무튼지 한 해에 십만 톤을 잡았으니까. 그렇게도 흔한 그 민어국을 끓여도 어머니의 덧이듬(별명)이 '갈매기' 이신데도 영 안 자셔 우리 기세이(백기성) 언니는 일부러 민어국에다 밥을 잔뜩 말고는 "아이고 배야" 하며 숟갈을 놓는 것이었다.

왜 그랬을까. 아들딸들더러 많이 먹으라고 숟갈도 아니 대시는 어머니를 자시게 하느라고 그러시던 분이다.

그런 분이 제 나라 제 땅(38선)을 넘어오더랬다고 살네(간첩)로 잡아간 것이다. 큰아들로서 아버지가 계시는 마녘을 찾아왔는데 그럴 수가 있는가. 그때 우리 언니의 나이 서른둘, 한창 나이에 잡혀 들어가 열 해 만에 때에서 나오시던 날, 몸에 기름끼란 한 방울도 없어 보이고 아래윗니가 몽땅 빠져 호물때기(오무래미)가 되었는데도 "야 기완아, 난 끄떡없어" 그러시더니, 돌아가시기 앞서다.

"기완아, 내가 죽더라도 눈과 간은 다시 쓸 수가 있다고 한다. 그러니 고칠모배울(의과대학)에 주도록 하고, 무덤도 쓰지 말거라. 애루(동생) 기현이도 무덤이 없지 않니?" 그러시면서 눈을 감으신 아, 내 맨 큰언니 백기성.

사람들은 우리 언애를 두고 작은 언니는 마녘의 후덤(애국자)이라고 하고,

또 맨 큰언니는 노녀의 후덤으로 치고 있다. 택도 없는 나발이다. 우리 두 언애는 마녀, 노녀이라는 쪼각(분단)으로 따질 바래(실존)가 아니다.

 그냥 하나요, 한 언애다. 굳이 둘로 쪼개놓으려고 하면 그건 그야말로 등빼기(반역)지, 딴 거이 아니다. 따라서 우리 언애는 우리 땅 우리 겨레를 갈라놓으려는 저 검뿔빼꼴(제국주의) 그 시퍼런 도끼에 맞서 싸우는 하나이지, 쪼개지고 바사지고 깨어진 두 조박이 아니라니까.

 그렇다. 우리 언애는 서로 부셔(적)가 아니거늘, 더구나 갈라선 적도 없거늘 무슨 놈의 마녀, 노녀이 있고, 서로 부셔란 말인가.

 우리 땅덩이를 저희들 마음대로 쪼개놓고, 우리 언애도 저희들 마음대로 쪼개놓고, 서로 부셔가 되라고 윽박지르는 미국 놈들의 치발, 그 사갈(범죄)이 도리어 떵떵 치고 있는데도 꼼짝도 못하고 있는 나, 이 백기완이는 그럼 무어란 말인가.

 땅속의 어머니 말씀이 들려온다.

 "기완아 이 새끼야, 왜 꼼짝도 못하고 있어. 난 굶으면서도 널 그렇겐 안 길렀어. 목숨을 걸고 네가 나서 너네들 언애의 부셔부터 깨트려, 이놈아."

내가 겪은 4달 불쌈

1960해, 마침내 4달 불쌈(4월 혁명)이 터졌다. 거리의 이름 모를 구두닦이들도 앞장을 서다가 따콩(총)에 쓰러진 불쌈, 그 소용돌이 속에서 때(감옥)에 갔다 온 한 벗이 하는 말,

"기완이, 너만은 따콩에 맞어 죽었을 줄 알았는데 네가 다 살아 있었다니……."

그 한마디에 나는 그만 풀이 팍 꺾이고 말았다.

따콩이 됐든 거둘(대포)이 됐든 앞을 가로막는 걸기작(장애)이라면 맨몸으로라도 뚫어야 한다는 것이 내 폇침(철학)이다. 어찌 보면 그 폇침보다 더 맵싸게 살아온 것이 '나'라는 사람이라고 나는 믿고 있다.

그런데 마산의 한 선배울(고등학교) 배우내(학생) 김주열 열사는, 따콩에 맞아 죽은 그의 눈에 감자만 한 매콤알(최루탄)을 또 쑤셔 박아 두술(두 번)이나 죽이는 끔찍한 일이 벌어졌다. 또 서울의 어린 한배울(초등학교) 배우내도 따콩에 맞아 죽었고. 그때 종로 세거리라면 어떤 곳이냐. 술에 맴친(취한) 밤에 코질(아편)을 먹이던 곳이다. 그런 곳의 그 밤의 꽃들도 그 하늘하늘한 치맛자락에 돌맹이를 달뜨게(열심히) 주워 나르고, 오랏집(파출소)에 불을 지른 거리의 새뜸(신문)팔이들은 드디어 떨어진 신발에 불을 붙여 불

팔매로 이승만 앞잡이 새뜸(신문사)을 홀랑 불태우고는 마침내는 경무대(청와대)로 알각(뜨거운 불길처럼) 몰려가 이승만 막틀(독재)을 마저 꼬꾸라뜨려 버린 것이 4달 불쌈이었다. 그냥 입만 벌릴 일이 아니었다.

그것은 이 땅 오천 해 갈마(역사)에서 처음 있는 일이요, 이 땅별(지구)에서 가장 힘이 센 미검뿔빼꼴(미제국주의)이 틀어쥔 이 땅 쪼개놓기, 이른바 냉전 물코(체제)를 낼판(결정적)으로 뒤흔들어놓은 맨 처음의 부림(변혁), 온 골(세계) 갈마의 빼돌(전환점)을 이 땅의 랭이(민중)들이 일군 엄청난 불쌈이 아니고 그 무엇이랴.

그 놀라운 소용돌이 속에서 나는 죽지만 못한 것이 아니었다. 그 굽이치는 물살에 한 방울 이슬로 깨지지도 못하고 기껏 소리나 지르며 따라다닌 맹추요, 꾸려지지도 않은(비조직) 랭이들이 그렇게 큰일을 해내리라고는 어림도 못한 땡추요, 그 거센 물살 위에 따라 흐르는 거품도 못 되는 깽추였다고 스스로 매를 치지 않을 수가 없었다.

나는 그 뉘우침으로 이것저것 뒤져보았다. 그러다가 이 멀턱 눈(보아야 할 건 안 보이는 눈)에도 언뜻 그 매캐한 잿더미뿐인 거리에 트릿한 뉘우침의 불티 하나가 반짝 하는 것을 보게 되었다.

'4달 불쌈, 어디로 갈 것인가' 라는 불티.

그렇다. 서양 맑걸(문명)엔 사람이 아니고 하늘을 높떵(찬양)하는 '할렐루야'가 있다고 한다. 하지만 우리는 우리 스스로를 일깨워 달구치는 불림 '아리아리'가 있질 않는가. 길이 없으면 길을 찾아가고 그래도 길이 없을 것이면 길을 내자(만들자)는 불림 '아리아리', 그것을 일으켜야 한다고 주먹을 떨었다.

나는 대뜸 여러 벗들과 손수레를 끌고 4달 불쌈 뒤의 새벽길에 나섰다.

"여러분! 우리 모두 비를 들고 길을 찾아 나섭시다. 그래도 길이 없을 것이면 우리 주저앉질 말고 길을 내자는 소리, '아리아리'를 외칩시다."

그러고 다니자 나에게 감도는 알짱(시비)도 만만칠 않았다.

"백기완이의 저 거품은 못난 떡잎, 푸르러보지도 못하고 떨어지는 개죽이다, 개죽."

그때로 보면 참으로 얏싸한(아주 못마땅한) 할큄이었다. 하지만 우리들은 한손으로는 4달 불쌈의 거리에서 손수레를 끌고, 또 한손으로는 맑티(문화)자맥(정화)을 하기로 했다.

글 쓰는 이로는 서정주, 박두진, 소리 하는 이로는 이홍열, 그림꾼으로는 이항성, 그 밖에 여러 맑티네(문화인) 백 사람을 묶어 '생활정화연맹'을 만들었다. 그들을 앞세운 까닭이 있었다. 왜놈검뿔뻬꼴(일제) 때부터 썩은 이름이나 날리던 맑티네들, 그네들의 아낙(내부)에서도 4달 불쌈을 다시금 일으키자 그거였다.

처음엔 그렇게 어기찰 수가 없었다. 어떤 이는 글썽거리기까지 했다. 8.15 때도 못 내보이던 스스로의 거딜(다 떨어진 자락)이 이제야 벗겨지는 것 같으다고.

아닌 게 아니라 우리들이 들고 나온 '아리아리'라는 불림은 그 번지는 낌새가 너무나 벅차려고 했다. 조금만 있었으면 일을 낼 거라고 하기도 했다.

하지만 4달 불쌈으로 이승만이는 꼬꾸라뜨렸으나 이승만 물코(체제), 다시 말해 쪼각물코(분단체제)는 그대로요, 또 그 아낙(내부)의 갈라짐, 있는 이와 없는 이가 갈기갈기 찢어진 물코를 마저 무너뜨린 것은 아니었다.

이 때문에 거꾸로 쪼각물코는 더 굳어가는 듯했다. 그것은 먼저 쪼각물코를 틀어쥐고 있는 미국이 끔찔(위험)을 느껴 모든 먹떼(보수반동)들을 다시 일으키려 드는 꿍셈(음모)으로 드러났다.

그 갓대(증거)로 준심(정권) 때문에 이승만에 맞섰던 댄떼(반대당, 야당)들로 하여금 치사하고 뻔뻔스러운 준심 다툼에 빠지게 하였다.

"모든 흐름은 불쌈이 아니라 쪼각물코 굳히기로 매듭지어야 한다(안정과 질서)"라는 말따구가 그래서 먹떼들의 입에서 나왔다.

그것은 펄펄뛰는 날치(생선), 4달 불쌈을 굴비로 만들려는 안팎의 끔찍한 꿍셈이라고 깨우친 나는 '4달의 껏지(노여움)들이여! 돌아와 그대들을 떠받드는 섬김발(제삿상)을 부시라'는 찰(시)을 지어 내놓았다.

> 그대들은 이승만을 꼬꾸라뜨렸을 뿐
> 이승만 물코는 다시 칼을 들었거늘,
> 그대들을 기리기나 하자는 건 속임수다.
> 아니 그대들의 불쌈을 타다 남은 끌덩이(숯)로 만들자는 등빼기(반역)라.
> 아, 오천 해 갈마,
> 그동안에 가장 등빼기털(반역적) 물코를 처음으로 뒤집어엎은 껏지(노여움)들이여!
> 돌아와 그대들을 떠받드는 저 섬김발, 저 돌가리(석탑)를 부시라!

손수레를 끌며 외치고 다녔다.

갈매기 바다 위에 날지 말아요

'길이 없으면 길을 찾아가고 그래도 길이 없을 것이면 새길을 내자'는 말뜸(화두) '아리아리'를 들고 새벽을 누비고 다닐 적이다.

따꾼(군인)들이 따콩(총)을 들고 민주당 준심(정권)을 빼앗고 말았다. '따당땅', 겨우 따콩 몇 발을 가지고 4달 불쌈(혁명)을 거꾸로 뒤집고 만 것이다.(1961. 5. 16) 4달 불쌈이 있고 나서 겨우 한 해가 지나서였다.

나왔다 안 나왔다 하는 우리 집 소리통(라디오)에서 새벽부터 떠드는 따꾼들의 굴대(방송)가 지겨워 일찌감치 광화문으로 걸어가는데 따콩을 든 따꾼들이 비켜가란다.

"내 집엘 가는데 왜 이래라 저래라냐."

여러술 소릴 치고서야 겨우 일매기(생활정화연맹. 그 사무실은 광화문의 큰 뜻, 은 선생이 거저 빌려준 집이었다) 세결(3층)엘 오르니 정종관, 고인한, 김희로, 신기선, 방배추, 민창기…… 쩡쩡한 벗들이 묻는다.

"따꾼들이 반공을 국시의 제일로 삼는다니, 그게 무슨 말이냐?"

뻔하지 않는가. 랭이(민중)들이 이승만에 맞서 피를 흘릴 때 그 물살이 무서워 저만치 쭈그리고 있었고 그것마저 못 미더워 몸을 사리되 밴댕이처럼 사리던 치들이 바로 따꾼들이다. 그 치사한 것들이 따콩을 든 것을 보면 그것은 미국이 뒤에서 시킨 등빼기(반란)일 것이 틀림없다.

그것은 첫째, 4달 불쌈을 죽이자는 것이다.

둘째, 4달 불쌈으로 하여 뿌리까지 흔들린 미국의 한반도 쪼각(분단) 거머쥐기를 다시 굳히자는 것이다.

셋째, 그 응큼(흉칙한 음모)에 따라 이 땅의 곧맴(양심), 날래한나(해방통일)를 일구려는 뚝찬이(세력)들과 또다시 우당(전쟁)을 하자는 것이다.

이때 우리는 어떻게 해야 하는가? 우리가 가진 것이라는 게 손수레 하나밖에 더 있느냐. 그것이라도 앞세워 쇠수레(전차)처럼 나아가 싸워야 할 거다. 다만 그렇게 대놓고 싸우고자 해서는 얼마 동안은 '개구리의 슬기'를 배워야 할 것 같다고 했다.

'개구리의 슬기'라니?

개구리는 멀리 뛰고자 할 적엔 전혀 팔딱대질 않는다. 다리에 힘을 모은 다음 펄떡 뛴다. 이 말에 모두 눈을 빛내며 그 '개구리의 슬기'가 바로 '랭이의 슬기'라고 저마다 한마디씩 하고 헤어졌다.

곧 추운 겨울이 닥쳤다. 광화문 일매기엘 다시 나가니 돈을 못 내 벌써 끊겼던 말통(전화기)들이 없어진 것이 보였다.

"어떻게 된 거야."

"배가 고파 잡혀먹었다"고 한다. 낡은 피불(난로)은 엿 사먹고, 찌그덕대던 올리게(상)는 넝마장수가 가져가고, 그로부터 얼마 안 있어 우리들의 일매기 들락(문)은 아주 닫히고 말았다.

그때 서울의 한낮은 저무는 것보다 더 어둡고 우중충했다. 거기다가 펑펑 눈까지 내린다. 온몸 마디마디가 쑤셨다. 자꾸만 꼬불쳐지는 허리를 겨우

추스르며 광화문으로 꺾어 도는데 뽀얀 눈발 속에 하얀 곰 두 마리가 다가오다가 컹, 놀라 멈칫하니 늘 주린 배를 깡술로 채워주던 술꾼 널마(대륙)와 배추다.

"따라와."

"어델 임마."

"너, 갈 데 있어? 임마, 없잖아. 그러니까 잠자코 따라나 와 임마."

아니 따라가고 어떻게 배기랴. 요즈음의 세종문화회관 뒤 기다란 개고기집에서 개고기 가운데서도 가장 맛있는 배받이부터 해서 다리, 목두가지(목)까지 아무튼지 실컷 먹었다. 술도 자잘한 옴박(잔) 따위는 때려치우고 사발로 마시고.

그런데 가분재기 널마가 눈을 모로 뜨며 하는 말이었다.

"내가 오줌을 싸는 척하고 들락 밖 깃줄대(전봇대)에 서자마자 배추 너는 잘 뛰니까 알겠어? 곧장 앞으로, 그리고 기완이 너는 어둑한 데로 알았지?"

하라는 대로 냅다 뛰었다. 눈길에 엎어지며 일으키며, 쫓아오던 알범(주인)이 "저놈 잡아라, 개고기 거저 먹고 달아나는 저놈 잡아라!"는 소리가 광화문을 쩌렁쩌렁.

웃음이 나왔다. 하늘땅에 더 없을 돌림쇠(사기꾼) 따꾼 놈들은 '따다당' 따콩 몇 발로 준심(정권)을 먹었다. 그런데 나는 겨우 개고기나 거저 먹고저 하는 술꾼들의 뒤나 따라다니는 못난이인들 어쩌랴.

그해 겨울은 언짢은 일도 많았다. 그 괴로움을 새기느라 나는 술이 거나해지기만 하면 걸어가면서 노래를 부르곤 했다.

'갈매기 바다 위에 날지 말~아~요.'

꼭 그 귓줄만 부르고 또 부르고 그랬다. 남이 있거나 말거나 그것도 소리 백백. 그러면 꼬박껏 지나던 이들의 떠방(반응)이 왔다.

"야 이 새끼야, 갈매기더러 바다 위엘 날지 말라고 하면 어딜 나냐?"

"어허, 모르는 소리. 이건 임마, 개구리 노래야, 개구리. 갸들 노래를 내가 꾸어다 부르는 거라고."

"미친놈. 야 임마, 개구리는 '개골개골' 그래. 너, 그것도 모르는 걸 보면 한배울(초등학교) 들어가기 다룸(시험)에서 그나마 미끄러졌구나."

"야 임마, 난 한배울도 못 다닌 게 아니고 배울(학교)이라면 어떤 것이든 몽땅 다 이고 다녀. 안 보여, 내 머리 위에 있는 한배울, 돌배울(중학교), 선배울(고등학교), 모배울(대학교), 그 하래비들. 이것도 안 보이는 걸 보면 네 놈은 눈이 있어도 앞을 못 보는 판수로구나 판수."

그러면서 우리 집이 가차워지면 내 노래는 더 커지고, 그리되면 우리 집사람이 찌끄득 고개를 내밀게 되어 있었다.

그런데 우리 집사람이 안 보여 "야, 담아" 하고 첫딸을 부르는데 "야, 이 새끼야, 시끄러" 그런다. 아침까진 틀림없이 우리가 살던 눌데(방)다. 그런데 어느새 딴 사람들이 들어와 있다. 눈은 펑펑 내리는데 내 뉘희깔은 더욱 휘둥굴해지고, 우리 집사람이 시집올 적에 해갖고 온 이불과 걸통(장농), 그리고 몇 안 되는 내 글묵(책)이 처마 밑에서 눈에 덮이고 있다.

이럴 수가, 마냥 소스라쳐 나는 거퍼 불러댔다.

"여보, 이게 어떻게 된 거요. 우리 애들하고 다 어디로 간 거요?"

다음날도 밤만 되면 그 집엘 또 찾아가 "여보, 이거 어떻게 된 거요?" 그러기를 한 보름쯤 지나서였다. 그 집 먹개(벽) 틈에 꼬실꼬실한 종이가 끼어 있다. 얼추나(혹시나) 해서 펴보니 아니나 다를까. 아내의 글귀가 트릿한 밤,

내 멀턱 눈에도 어렴풋이 어린다.

"여보, 이제야 하나 얻었구려. 댓님(당신)이 좋아하는 마을, 달동네이긴 하지만 집데(주소)가 없어 꼬불꼬불을 그렸으니 물어물어 찾아오구려."

문득 메인 목에 '갈매기 바다 위에 날지 말아요' 라는 노래를 얹히다가 퍼뜩 넋살(정신)이 들었다.

'갈매기더러는 바다 위에 날지 말라고 하면서 너는 왜 집데도 없는 집을 찾아 헤매느냐. 이 못난 새끼. 야 임마, 너도 사람이가. 너도 서른이 다 된 젊은 놈이냐구. 무엇 때문에 장가는 들었으며 장가를 들었으면 아새끼들은 왜 줄줄이 퍼질러갖구. 못난 놈, 뒈져 임마.'

그렇게 투덜대다가 얼핏 그 허연 눈발 속에 집을 찾아갈 쪽지를 잃어버리고 말았다. 어떡한다? 하염없이 헤매며 불러댔다.

"담이야, 일이야!" 그러다가 엎으러져 눈덩이 속에서 뒹구는데 멀리서 아내의 목소리가 들려왔다.

"여보, 여기요 여기."

널마(대륙)의 술꾼 이야기

젊은 날 나는 알다가도 모를 버릇이 하나 있었다. 아무리 마셔도 비칠대질 않는 것이었다. '사내새끼가 까짓 거 술 몇 모금에 맴쳐서야(취해서야)' 그거였다. 이 때문에 술보다는 주전부리(안주)를 더 많이 먹는 턱이었다.

국수 한 그릇을 놓고 너댓이 쐬주를 먹을 적이다. 침을 탁, 설설 비벼 그릇째 후다닥 하자, 저건 술이 무엇인지도 모르는 먹취라고 쥐어박아도 나는 그저 씁씁이 맞는 길밖에 없었다. 그런 내가 주전부리보다는 술을 더 바삐 처넣게 된 때참(계기)은 1961해, 꾸정한(비겁한) 따꾼(군인)들이 모든 대로(자유)를 빼앗아가면서부터였다.

앞서도 말했지만, 나는 그때 4달 불쌈(혁명)을 앞으로 나아가게 하는 데는 '아리아리' 다 그랬다. 그런데 따꾼들은 '반공'을 내세우며 우리가 끌던 손수레마저 빼앗고 '아리아리'의 숨통을 죄는 것이니 얼마나 부아가 나는가.

그 꺽지(저항정신)를 다스린답시고 덮어놓고 마시다가 떨어지는 놈이 내기로 하고 하루는 좀 넘치게 되었다. 둘이서 주전부리는 딱하니 짜장면 한 그릇, 하지만 술만은 따로따로였다. 내 앞으로 뽈대 같은 빼갈 일곱 땅지(병), 눈물 같은 쐬주 두 땅지, 거기다가 한숨 같은 막걸리 한 되를 또 마시고 반도젖골(요즈음 롯데여관) 앞을 지나는데 코큰 애들이 들락이느라 발부리에 밟힌다.

쭈빗해진 나는 마침 옆에 쌓여 있는 벽돌 하나를 집어 올렸다 내렸다 하며 "너 이 새끼, 이 벽돌 맛 좀 볼래?"

"싫다"고 진저리까지 친다.

"그러면 꿇어앉아 임마, 안 그러면 간다"고 해 여남은 놈을 꿇어앉게 했다. 일어서려고만 하면 냅다 벽돌을 들이댈 것이면 발발 떨면서 때둘(시계)을 가리킨다.

바쁘다고.

이때 내 뉘희깔(눈)을 희번덕이며 참짜로 까려고 하면 고개를 푹 숙이던 그 으스대던 흰둥이들의 꾸정물 자락, 나는 그게 그렇게 신이 날 수가 없어 빙글빙글 도는 것이었다. 춤을 추었다 이 말이다. 이를 본 지나던 사람들이 깔깔 웃는 것도 나는 그냥 놔두질 않았다. 웃는 놈도 까겠다고 하면 냅다 달아나는 것을 보고 있노라니 먼 데서 '웽~' 더는 버틸 까닭이 없었다. 오랏꾼(경찰)들이 나를 잡자고 오는 것이니 내 어찌 쩨쩨하게시리 그들과 다툴 수 있겠는가. 그래서 풀쩍(해결)은 손출(간단)했다. 떨 것도 없었다 이 말이다. 달려가는 함께수레(버스)에 벽돌을 보이니 찍~, 멎는다. 올라탔다. 그래서 원효로 썩은물 냇가 옆까진 어찌어찌 갔다. 그런데 누군가로부터 뻑, 한대 맞게 되었다.

"누구야" 하고는 들이받았는데 깨어보니 깃줄대(전봇대)를 들이받고 물쫄(수도)을 고치느라 판 구덩이에 눈을 하얗게 맞고 누워 있다. 일어나며 혼자 웅질댔다.

'술에 맴친 놈에게 보이는 건 박정희가 아니라 깃줄대뿐이구나.'

뻑하면 잡혀가던 박정희 때다. 잡혀가 된통 겪고 나온 어느 날, 명동 '팻손'이라는 찻집에서 한참(점심)도 못 먹고, 맹물만 홀짝이자니 속이 훑이는데다 입술이 찰찰, 어쨌든 죽어라 하고 죽치고 있는데도 한참을 살 녀석은 아무도 아니 나타난다. 겪어본 이는 안다. 빈속으로 찻집에 마냥 앉았는 것은 괴로운 게 아니라 하염없었다.

이때다. 날이 저물면 가난뱅이 집에도 불은 켜진다고, 널마 녀석이 불쑥. 가잖다.

"어딜?"

"따라오기나 해 임마."

명동에서 구로동까지 걸어갔다. 아마도 석 십 리가 더 되지. 거기서도 꼬불꼬불, 어느 구멍가게한테 "야, 쐬주 한 궤짝."

"그 많은 것을 어디로요."

"아무튼 메고 와 임마."

"돈은요?"

"술값은 먹은 뒤에나 주는 거 아니야. 얼쩍한(얼빠진) 녀석 말이 많어."

그리하여 들어간 집은 부엌도 없는 딱 눌데(방) 하나, 살림살이라곤 먹개(벽)에 걸린 어느 아낙의 통바지 하나, 그런데 놓인 것이 하나 더 있다.

윗목이라고 할 것도 없는 윗목에 김이 무럭무럭 나는 소쿠리가 있어 들쳤다. 어? 갓 삶은 달걀 한 소쿠리다. 거기서 막소금 종기를 꺼내며 자, 들잔다. 쐬주 한 궤짝이면 마흔넷 땅지(병), 삶은 달걀은 삼백이나 되니 실컷 먹잔다. 무어든 잘 먹는 배추는 벌써 달걀 여남은 알을 꿀꺽, 나도 한 댓을 넘기는 것까지는 마냥 즐거웠다.

하지만 트림을 할 적마다 막술 냄새보다도 닭똥 냄새가 더 버거워 어릿어릿하는데 어디선가 웬 아낙의 가냘픈 울음소리가 들린다. 눈을 바로 뜨고는 볼 수가 없었다. 그래서 요렇게 들락(문) 틈으로 쌔벼(훔쳐)보니 한 아낙이 그 추운 한데에서 쭈그리고 울고 있다.

'누구일까?'

물어서 무엇하랴. 나는 볼일을 본다며 슬며시 기어 나오면서 생각했다.

'저 녀석, 저건 술꾼일까 아니면 모진 사내일까? 아무튼 구로동 역에 나가 팔려고 삶아놓은 달걀을 설레설레 다 내놓고 마시자는 것은 무슨 배짱이란 말인가.'

더듬다가 매듭을 지었다.

'나 같은 좀팽이는 알려고 해선 안 되는, 널마의 술꾼만이 가질 수 있는 섯빨(기상), 그건 한다 하는 불쌈꾼(혁명가)도 못 가지는 배포다.'

어느 날이다. 사내들이 모여 앉으면 덮개(외투)가 없는 것은 그 널마 녀석뿐이라. 어느 누가 남대문 맛돌(시장)엘 데리고 가 거리에서 파는 더듬한 덮개 하나를 걸쳐주었다.

"마침 눈이 오는데 잘됐구먼!"

그러고 나서 몇 날 뒤다. 찻집엘 앉았는데 구두닦이가 "저기 술집에서 누가 아저씨더러 오라고 해요" 그런다.

가보니 아뿔싸, 그 널마 녀석이 저분한(착하고 어리숙한) 애들 한가운데에 떡하니 앉아갖고 마시잖다.

나는 온몸이 뱃뱃하던 참이라 거퍼 마셨더니 그 맛이 눈물겨웠다.

'녀석, 마들마들(판판이) 고맙단 말이야.'

그런데 일어나 나오던 그 널마 녀석이 바로 몇 날 앞서 얻어 입은 그 덮개를 술값으로 벗어놓고 앞서 간다.

'왔다, 저것도 사람일까.'

그 뒤 달구름(세월)은 잠 안 자고 흘러 서른 해도 더 지나서였다. 바로 그 널마 녀석을 눈이 허옇게 쌓인 우이동 새벽길 덤삐알(산자락)에서 만났는데 콩비지에 쐬주 세 땅지를 앉은자리에서 꿀깍 하기에 그만하라고 하니 나를 물끄러미 쳐다보다가 하는 말이었다.

"야 임마, 막틀(독재)을 거머쥔 놈들, 그래서 때려잡아야 할 놈들만 보이지. 나 같은 널마는 안 보여? 나, 오늘 예순한 해 되는 날이야, 회갑이란 말이야 임마. 새벽부터 콩비지 한 사발 놓고 예순잔치 하는 건데, 왜 그래 임마."

눈물이 왈칵 했었다. 그러던 그 널마의 술꾼이 갑자기 아프다고 해 찾아갔다.

"어디가 아픈데?"

배알쫄(췌장암) 끝머리(말기)에 간쫄(간암), 허파쫄(폐암), 속쫄(위암), 목인줄쫄(편도선암), 아무튼지 온몸이 몽땅 쫄 끝머리라는 패림(진단)을 받은 날, "야 배추야, 이제야말로 술을 삼갈 게 없잖아. 그러니 실컷 마시자우" 그래갖고 코가 왜들어졌다는(삐뚤어졌다는) 말을 들은 적이 엊그제다.

그런데 오늘은 목덜미 얇기가 마치 젓가락처럼 가래(말라) 있다. 하지만 수염만큼은 말끔히 깎고서 나를 맞아준다. 그런데 앉았는 제깐(품)이 엔간칠 않다. 그래서 말을 걸었다.

"야 널마야, 좀 눕지 그래?"

"괜찮아."

한참 있다가 또 그랬을 적이다.

"야 기완아, 나 이제 몇 날 안에 아주 누워. 너도 왔고 또 아직은 살아 있으니 좀 앉아 있자구."

그러더니 사흘 있다가 참말로 죽고 말았다.

나는 '널마(대륙)의 술꾼 기리는 밤'을 강민, 김승환, 김도현, 임진택, 방배추, 김용태, 유초하, 신경림, 구중서, 이행자, 신학철, 주재환과 함께 대학로 쐬주집에서 열었다. 한마디도 했다.

"우리 널마는 다른 건 몰라도 살티(인생관) 하나만큼은 뚜렷하게 있던 녀석이다. 쭐 끝머리에서도 고칠데(병원)엘 눕질 않고 '이제 때는 왔다, 거칠게 없으니 술이나 실컷 먹자'고 퍼먹다 죽은 널마야 이 새끼야, 삶이 그대로가 널마인 너를 부르면서도 나만 오래 살겠다고 술을 끊은 이 초랭이나 후려치고 갈 것이지, 왜 그냥 갔냐. 이 새끼 널마야!"

얼마나 눈물 바닥을 바싹 더 말려야

'사갈(죄) 많은 내 젊음(청춘)', '아, 얼마나 눈물 바닥을 바싹 더 말려야 네가 올 거냐', 이런 말귀들은 그 어떤 서글픈 날노래(유행가) 자락만은 아니다. 패대기(칠성판) 위에 나를 엎어놓고 눈깔을 부라리며 치던 바로 그 쇠꼬리 채찍일 때가 있다.

'갯가의 눈물'이라던 아주머니의 입버릇 같은 푸념이래서 그랬다. 그 아주머니는 나보다는 예닐곱쯤 더 들었으나 얼굴은 마치 눈 위에 핀 박꽃처럼 주름 하나 없고 땅불쑥하니(특히) 그 앉은 제간(인품)만큼은 깊은 골 맑은 냇물가 외로운 강냉이대(옥수숫대)처럼 하늘댄다고나 할까.

어쨌든 나보다도 내가 하는 일이 쏙 든다고 술값만 안 받는 게 아니었다. 아예 주머니에 손도 못 가게 했다. 그래서 자주 갈 수가 없었다.

1964해? 아무튼 그때쯤 어느 날이다. 박정희가 밀어붙이던 이른바 '한일협정'은 일본과 마녁(남쪽)이 서로 내줄(외교)로 트자는 게 아니었다. 8.15로 하여 꼬꾸라졌던 일본 검뿔빼꼴(제국주의)이 겉모습만 바꿔 다시 일어섰으나 그 아낙(내부)의 갈구(모순)가 엄청 삐져 나오고 있었다. 그래서 검뿔빼꼴 제갈구(자체모순)에 따라 우당(전쟁)을 일으키지 아니 하고서는 풀 수가 없었다. 바로 그 제갈구를 우리 땅에서 풀고자 다시 쳐들어오는 꼴이라, 우리 겨레 아낙에서는 엄청난 꺽지(항쟁)가 일어났다. 나도 그 틈에 낑겨 아우내(아우성)를 치다가 오랏꾼(경찰)들과 곧바로 맞붙게 되었다. 종로에선 '영치기 영차', 을지로에선 '와라와라' 그러다가 을지로 네거리 뒷골목까지 밀려 막 잡히게 되었다.

나는 잽싸게 어느 썰렁한 집 들락(문)을 열며, "선생님, 빨리요" 그러자마자 들락을 홱 닫아버렸다. 함석헌 선생, 계훈제 선생, 이두수 목사가 얼껌에 따라 들어오며 놀란다.

"여기가 어디요."

내가 말을 않는 까닭은 어느새 그 집 아주머니가 불을 탁탁, 끄더니만 술올리게(술상)를 들고 와 사그리 풀리고 말았다. 쫓아오던 오랏꾼들이 들락을 탕탕탕, 미념(소용)이 있으랴, 불이 꺼져 있다고 하면 집이 비었는데. 그 빈집에 밤이 덮이자 거나해진 내가 누가 시키지도 않았는데도 '두만강 푸른 물에~'를 불렀다.

그러자 얼씨구 그 아주머니가 '으악새'를 부르더니 푸념 같은 추임새까지 넣는다.

"아, 사갈(죄) 많은 내 젊음, 아, 얼마나 눈물 바닥을 바싹 더 말려야 네가 올 거냐."

또 그러고 또 그러고.

컴컴한 마루가 그렇게 어정을 띄우며(서글픈 넋두리를 띄우며) 돌아가자 함 선생이 멋쩍으신지 일어나시려고 한다.

아주머니가 "선생님, 높뗑소리(찬송가)가 아니어서 그러십니까? 우리 무지랭이들의 높뗑은 바로 이거거든요."

그러면서 '애수의 소야곡'을 거퍼 부르다가 밤이 깊어지자 함 선생은 허리춤에 꽁쳐두었던 몇 푼을 내놓으며 일어서신다. 따라 일어서는데 아주머니가 함 선생이 내놓으신 돈을 도루 쥐어드린다. 수레(차)를 타고 가시라고.

 함 선생은 뭔 까닭인지를 몰라 어리둥절하시고, 나는 "선생님, 조선의 아줌(여인) 하면 '황진이'다, '허난설헌'이다 그러질 않습니까. 하지만 요즈음은 '갯가의 눈물'입니다."

 "뭐, '갯가의 눈물'이라니, 그게 누군데."

 내가 웃는데도 선생님은 그게 누구인지를 잘 모르시는 것 같았다.

 아무튼지 그 '갯가의 눈물'은 겨락(시대)의 비당(예술적으로 빼어난 이)이었다. 슬픔도 한숨도 그는 몰라서 냇물에 띄우는 외로운 이, 맑티듬(문화재)이었다 이 말이다. 엔간해선 만날 수도 없고 또 함부로 만나주지도 않는 맑티듬.

 그 '갯가의 눈물'이 하루는 명동 '송옥' 찻집으로 나를 찾아와 쌀 한 가마니만 만들어달란다. 그리 해주기만 하면 다시 술집을 열겠다고 한다.

 그 도막에 그 술집 들락이 닫힌 줄도 모르고 있던 나는 너무나 안쓰러워 "알겠다"고 했지만 매긴 때결(시간)엔 나가질 못하고 말았다. 쌀 한 가마니? 쌀 한 가마니는커녕 쌀 한 됫박도 못 만드는 것이 '나'라는 답답이었으니 어찌 가느냔 말이다. '나'라는 놈이 그래도 사내새끼라고 하면은 남의 집 먹개(담)를 넘어서라도 그 쌀 한 가마니를 만들었어야 하는데도 말이다.

 그로부터 몇 해가 지났다. 나는 무슨 일로 또다시 집엘 못 들어가고 있었다.

 '어디를 갈꼬.'

 벙거지를 눌러쓰고 어느 막국수 집엘 갔더니 어라, 이럴 수가 있는가. 바로 그 아주머니가 있는 게 아닌가 말이다. 나는 모르는 체 고개를 떨구고 국수 한 그릇을 시켰다. 국수를 가져오자마자 그냥 뚝딱 하고 나오는데 뒤에서 누군가가 손을 잡아 무언가를 쥐어준다. 오랏꾼인 줄 알고 놀라 뿌리치려다가 곁눈으로 보니 그 아주머니가 주는 돈 이천 원이다.
"얼마 안 되지만 잘 가, 잡히지 말고. 언젠가 다시 와도 난 여기 없을 거야."
그런 눈짓이더니 "왜요?" 하고 물을 짬도 안 주고 밀어낸다.

그러고 나서 또 몇 해가 지났다. 뒷골목을 비실대는데 어느 집에서 '으악새'가 들려온다. 사뭇 그 아주머니일 게 틀림없었다. 속살은 놔두고 겉만 떠는 구성진 목소리 하며, 딱하니 맞아떨어지는 떵딱(장단) 하며가 어김없는 그 아주머니라. 삐끄덕 들여다보니 아니다.
그래도 조금만 더 있어보자, 얼추(혹시) '얼마나 눈물 바닥을 바싹 더 말려야 네가 올 거냐'라는 추임새가 나올지도 모르질 않는가. 그러는데 아니다.
"아름다운 서울에서, 서울에서 살렵니다" 그런 소리가 나온다.
나는 마치 젓님(연인)을 빼앗기되 말 도둑한테 빼앗긴 것 같애 '에이 퉤!' 마른가래를 뱉고선 골목을 돌아서다 덜컥 잡히고 말았다.
나를 잡은 녀석이 신이 나는지 수레를 몰면서 '으악새' 노래를 휘파람으로 분다. 나는 나를 잡았다고 들떠 있는 녀석의 마음에 기름이나 부어볼까 하고 말낚시(말거리)를 걸었다.
"이봐, 이참 때속(감옥)으로 가는 거야, 아니면 막술집으로 가는 거야?"
"그건 알아 뭘 해."
"막술집으로 안 갈 거면 그 '으악새' 노래는 좀 집어치우라 그거다 왜."

또 몇 해가 지났다. 다른 일로 잡혀가 뒷싸게 닦달을 받는 바람에 오늘이냐, 하제(내일)냐 하던 때속 어디선가에서 '으악새' 노래가 들려온다. 나는 귀를 돋우며 '얼추 그 아주머니가 이 때속에 들어와 있나?'

얼핏 뼈저린 뉘우침이 나를 죽여주었다.

'아, 그때 나는 왜 칼을 들고 돈놀(은행)을 털어서라도 그 아주머니한테 쌀 한 가마니를 못 해드렸을까? 그러면서도 사나이를 말하고 널마(대륙)를 쳐들고 불쌈(혁명)을 주접떠는 너는 이 새끼야, 개불(낙오자)도 못 돼 이 새끼야, 맞아죽어 싸, 이 새끼야. 갈려고 하면 한술쯤은 제대로 뉘우치기라도 하고 가, 이 못난 새끼야' 그랬었다.

그런데 달구름(세월)은 또 흘러 마흔 해, 이제 내 몸은 술이란 마주보기도 힘이 들 만치 되어버렸다. 그런데도 어디선가 '으악새' 소리가 들려올 것이면 귀가 쏠깃, 그때 그 아주머니한테 냅다 달려가고 싶으다. 이참엔 어떤 일이 있어도 쌀 한 가마니만큼은 꼭 메고 가고, 그리하여 실컷 맴도 치고(취하고) 싶은데 아, 이미 때가 늦었는가. 돌아눕기도 힘이 들구나…….

흘떼(강물)는 뛰어드는 데가 아니라 저어가는 데라니까

그게 그러니까 1964해 봄이던가, 1965해던가. 나는 박정희가 밀어붙이는 '한일협정이란 무엇인가?'라는 도틈(제목)으로 이른바 들랑이(재야)라는 분들에게 말을 하게 되었다.

그때만 해도 나는 젊고 또 들랑이의 알기(중심)도 아닌데 그런 자리에 서게 된 것은 장준하 선생 때문이었다.

하루는 장 선생이 날 찾아와 "이범석 빼난이(장군)를 만나러 가는데 같이 좀 가자"고 한다.

나는 대뜸 싫다고 했다. "내가 왜 이범석 빼난이를 찾아가는가" 그랬더니, 바싹 다가앉으며 "백기완이가 가야 이범석 빼난이를 한일협정 깨트리기 싸움에 나서게 할 수가 있으니" 가잔다.

나는 가기도 싫었지만 "그럴 힘이 없는데……."

"아니다. 다 알고 왔다"고 우겨 따라갔더니 겉보기로는 똑뜨름(역시) 한때 빼난이답다는 생각이 들었다. 하지만 눌데(방)의 꾸림새가 날 그 집에서 자꾸 밀어내는 것 같았다. 먹개(벽)에 즐비하게 걸려 있는 여러 짐승들의 머리들이 처음 보는 나에겐 못내 꼴사나웠다 이 말이다.

그래서 "빼난님(장군님), 저 짐승들은 모두 왜놈들을 꼬꾸라뜨리던 따콩

(총) 솜씨로 잡은 거 아닙니까."

"그렇다"고 껄껄 웃으실 때 나는 그대로 내뱉어버렸다.

"빼난님, 이참은 왜놈들이 또다시 쳐들어오고 있습니다. 저 애꿎은 짐승들을 꼬꾸라뜨리던 저 따콩부리는 이제 거두시고 왜놈들에게 따콩부리를 돌리셔야 합니다. 왜놈들이 박정희의 냄(안내)을 받아 다시 쳐들어오는 소리가 왁자하게 들려오고 있으니 어떻게 합니까. 빼난님께서 앞장을 서십시오. 그러면 저희들도 따라나서겠습니다."

내 말에 '움찔' 하시는 것 같았다. 그래서 나는 거퍼 "빼난님, 빼난님의 옛 솜씨가 어딜 갔겠습니까. 믿고 일어나겠습니다."

장충동 어디쯤을 돌아드는데 장 선생이 "백선생 놀랬어, 아무튼 갑시다" 해서 따라가 실컷 마신 것이 끈매(인연)가 돼 들랑이들에게 말을 하게 된 것이다. 하지만 이범석 빼난이는 끝내 안 나서고 함석헌, 김홍일, 김성식, 장준하, 계훈제, 양일동, 김재광, 모두 여남은쯤 되는 사람들이 매우 으슥한 곳에서 불도 끄고 몰래 모였다. 들키는 날엔 죽어도 내가 먼저 죽으니까 목숨으로 내뱉은 말은 이러했다.

첫째, 한일협정, 그것은 말이 한일협정이지 알로는(실지로는) 일본의 우리 땅 다시 거머쥐기에 길을 터주려는 미국의 꿍셈(음모)이다.

둘째, 한일협정은 미국이 박정희를 시켜 왜놈검뿔빼꼴(일본제국주의)의 어발(위기)을 풀어주자는 것이지 내줄통길(외교관계)을 다시 맺자는 게 아니다. 다시 말해 5.16 따꾼등빼기(군사반란)를 일으킨 것도 미국이요, 이제부터도 박정희를 앞세워 이 땅의 쪼각 거머쥐기(분단지배)를 더욱 조이겠다는 것도 미국이다. 그러니까 한일협정은 우리 겨레에 마주한(대한) 미국의 또 한술 우당내댐(선전포고)이다.
 셋째, 한일협정이 맺어지면 이참보다 더욱 또렷해지는 게 있다. 마녘(남쪽)은 미국과 일본 모랏돈빼꼴(독점자본주의)에 매이는 더부땅(식민지)이 된다. 이어서 일본 돈을 밑짱(물질적 기초)으로 박정희 따꾼막틀(군사독재)은 더욱 거세지고, 더구나 왜놈검뿔빼꼴이 꼬꾸라지지 않는 한 박정희 막틀(독재), 이를테면 있는 것들의 거머쥐기는 물러날 길 없는 아주마루(영구) 막틀을 꾸리려 들 것이다. 따라서 이제부터 우리들의 대로(자유)다 뭐다 하는 것들은 깡그리 죽게 되는 것이니 한일협정 깨부수기는 새로운 날개꺼리(해방운동), 새로운 한나꺼리(통일운동)라. 어떡하든 일구어야 한다고 매듭지었다.

 내 말에 마주한 떠방(반응)은 세 갈래로 나왔다.
 재름(교수) 몇은 "찔러야 할 꼭짓(점)은 다 찔렀다. 하지만 재름들은 그런 투의 한일협정 깨부수기 싸움엔 앞장설 수가 없다."
 또 몇몇은 "백기완이의 말따구는 너무 무섭다."
 또 몇몇은 "아니다, 백기완의 이야기는 오늘 우리 겨레의 나아갈 길을 뚜렷이 보여주었다"(장준하, 계훈제, 김성식, 함석헌) 그리고.
 어쨌든 오늘 모임은 저녁만 먹었던 것으로 치자 하고 자리를 떴다.
 나는 그런 어수선을 보고 단박에 매겨버렸다.
 '이제부터 한일협정 깨트리기 싸움의 알기(주체)는 들랑이들에게 맡길 수는 없겠다' 고.
 그래서 그해 여름, 광나루 흘떼(강) 한가운데 뒷마(돛 없는 작은 배) 하나를 띄우고 나는 젊은이들을 만났다.(하루 배 삯이 칠백 원으로 국수 세 그릇 값이었다) 밤이 깊으면 한동학, 이두수 목사, 장준하, 계훈제 선생이 번갈아가며

배 삯을 가져다주었다.

해가 바뀌어 1965해 6달 어느 날이다. 을지로 '흥사단 누골(강당)'에서 함석헌, 변영태, 그리고 나 백기완이, 이렇게 셋이서 "한일협정 깨부수자"고 외치고 나아가다가 붙들려갔다.

홀랑 벗겨졌다. 함 선생의 주머니에선 그래도 돈 삼만 원이 나왔다. 그런데 내 주머니에서는 땡돈 한 푼이 안 나오자 막대(검사)가 다그친다.

"땡돈 한 닢 없이 어떻게 한일협정을 깨트리고자 했는가? 너는 홍길동이 아닌가?"

"이봐요, 겨레 나아감, 그 갈마(역사)를 바로 세우자는 뜻을 왜 돈으로 셈하는 거요. 나에겐 돈은 없어도 저 거리를 메운 랭이(민중)가 있고, 갈마가 있으니 돈 이야기는 집어치우라"고 했다. 내 배짱으로 보아서 나는 이 길로 왜놈검뿔빼꼴 때려 부수기의 뚝샘(영웅)이 되어 때(감옥)엘 가는 줄 알았다. 그런데 "너는 배울(학교)이라는 뒤도 없고, 또 떼(무리)도 없다고 나가"라고 하질 않는가.

"이런 굳센 나를 때엘 안 처넣고 나가라고? 안 된다. 왜놈검뿔빼꼴 깨부수기 싸움에선 나는 아무렴 물러설 수가 없으니 잡아넣으라"고 해도,

"너는 임마, 혼자가 아닌가. 혼자가 무슨 힘이 있다고 까부냐"며 내놓는다.

그때만 해도 젊을 때라 나는 마음이 몹시 뒤틀렸다. 속절없이 광나루엘 다시 가 배를 띄웠다. 달이 밝았다.

김홍일 빼난님, 양일동 선생이 찾아와 잘 싸웠다고 나를 높이 샀지만 난 도리어 마음이 스산했다.

'목숨으로 한일협정을 깨트리고자 했었는데 이게 뭔가, 저 달이여 말해다오!' 하고 홀떼(강)에 풍덩실 뛰어들었던 것 같은데 깨어보니 뱃사람의

집이다.

　아저씨가,

　"이봐 젊은이, 홀떼는 뛰어드는 데가 아니야, 저어가는 데지. 내 손을 좀 봐봐, 한살매를 터지도록 저어보아야 겨우 밥이나 먹는 나 같은 뱃놈도 있는데 젊은이가 왜 그래. 뚤커(용기)를 내, 뚤커. 홀떼는 뛰어드는 데가 아니라 저어가야 한다니까."

찬굿(영화)으로 꾸미려던 어린 엿장수 이야기

나는 젊은 날 일본의 다시 쳐오기(1965), 이른바 한일협정 꿍셈(음모)을 깨트리는 싸움이야말로 박정희 따꾼막틀(군사독재)을 앙짱 내는 고비요, 쪼각난 겨레를 하나로 하는 매우 쓸턱한(중요한) 때참(계기)을 틀어쥐는 것이라고 생각했다.

따라서 그 뜻은 반드시 일구어지리라고 나는 굳게굳게 다짐하고 있었다. 왜놈검뿔빼꼴(일제)의 짓밟기를 깨트려온 피눈물의 갈마(역사)가 우리들을 이기도록 할 것이라고 믿었기 때문이다. 더구나 박정희와 일본의 끔찍스러운 뒷놀음(유착)이 온 겨레의 불끈(노여움)을 사고 있어 우리는 이기게 되어 있다, 질 턱이 없는 싸움이다, 그래 생각했다.

하지만 열나(만약)에 지게 될 것이면 일본 모랏돈(독점자본)을 밑짱(물질적 기초)으로 박정희 따꾼막틀(군사독재)은 더욱 날뛸 것이고 그것은 곧 쪼각막틀(분단독재)이 되어 한나(통일) 바램을 아주 죽이려 들 것이니 반드시 이겨야 한다. 그렇다. 이참은 그 어떤 걷대털(정치적) 대로(자유)나 얻고자 하는 싸움만은 아니다. 한일협정을 까부셔 쪼개진 겨레를 하나로 할 먹줄(경제)의 골터(자주성)를 닦되, 어영차 닦아야 한다.

때문에 여기서 한 꼬물인들 물러선다는 것은 다시 한술(한 번) 쪼각(분단)

의 구렁으로 내몰리는 꼴이라. 그 어떤 일이 있어도 깨트려야 할 것이다. 따라서 나는 그 싸움에 내 젊음을 떳떳이 바치리라 다짐했다.

하지만 우리는 반드시 이겨야 할 싸움에서 이기질 못하고 말았다. 그것은 미국의 놀투(장난)로 하여 힘의 고름(균형)이 삐끗한 탓도 있지만 앞장섰던 우리들에게도 뜸꺼리(문제)가 있었다고 여겼다.

그것이 무엇이드냐. 호들테기(기회주의자)들의 거짓부리기를 깨트리지 못한 것이다. 좀 더 알아듣기 쉽게 꿉을 것이면, 그때 이른바 박정희와 맞서던 걷대꾼(정치꾼) 한켠에선 겉으로는 박정희와 맞서 있는 것처럼 거짓부리면서 뒷구멍으로는 일본을 이 땅에 몰고 오려는 미국의 꿍셈(음모)을 돕고, 그리하여 썩어빠진 준심(정권)이나 잡고자 하는 뻔뻔스러운 얀사이(사기꾼)들이 아주 까놓고 득실대고 있었다. 거듭 말해 박정희와 똑같은 생각을 가진 뻔뻔치들이 겉으로는 일본의 다시 쳐오기를 거짓 댄척(반대)한 것이었다. 우리들은 그 뻔뻔치들을 먼저 깨트리지 못한 것이었다.

또 하나는 왜놈검뿔빼꼴의 다시 쳐오기, 그것을 때려부수는 일은 한낱 겨레사랑이라는 살냄(정서)에만 기댔을 뿐 그것이 한 사람 한 사람에게 어떤 보람이 되고 또 어떤 썩풀(독)이 되는가를 우리네 갈마의 깨우침에서 불붙여오질 못했다고 여겼다.

그 갈마의 깨우침이란 어떤 것이었을까? 나는 '꼴머 이야기'가 그 하나라고 여겼다.

꼴머란 겨우 열다섯 살 먹은 머슴이다. 어린 머슴에겐 안타까운 바램이 하나 있었다. 똑뜨름(역시) 머슴인 어머니에게 어떻게 하면 마음대로 부쳐 먹을 땅 한 뙈기를 만들어드리느냐 그거였다. 하지만 그게 그렇게 어려워 괴로워하던 어느 날이다.

  황해도 곡산 깊은 골을 지나다가 쓰러져 죽어가는 덤터기(다 해진 누더기) 같은 아저씨를 돕게 되었다. 이에 그 아저씨가 고마워서 하는 말이었다.

  "애야, 네 바램이 한 뼘의 땅이라면서?"

  "네."

  "그걸 어떻게 만들려고 하는데."

  "이 엿장수를 해서요."

  "엿장수? 그것으론 안 될 걸. 왠 줄 알아. 이참은 왜놈들이 우리나라를 몽땅 빼앗으려고 하고 있어. 그러니까 땅뙈기를 한 조박 사보았자 그것도 왜놈들 것이라, 사도 내 것이 아니요, 그냥 놔두어도 내 것이 아니야. 몽땅 왜놈들 것이지.

  그럼 어떻게 해야겠어. 뻔하지. 왜놈들과 싸워야지, 그리하여 이겨야만 되고, 그때야 비로소 이 나라 이 땅들은 모두 왜놈들과 싸워 이긴 사람들의 것이 되는 거라. 어떻게 해야겠어. 엿장수를 해야겠어, 아니면 왜놈들과 싸워야 되겠어."

  그 말을 듣자 어린 꼴머는 '그렇구나' 하고 무릎을 쳤다.

  '옳거니, 엿장수는 하는 척만 하고 왜놈들과 싸우리라' 하고는 엿메기(엿판)를 들쳐 메고, 아울러 주먹도 쥐었다. 그리고는 나라를 건지고자 싸우는 사람들을 뒤주(안내)하는 일을 맡게 되었다.

  "왜놈들을 때려부수기만 하면……."

  그 말에 신이나 오로지 그 말만 되뇌면서 내달리는 꼴머의 눈부신 한매(활동)는 그때 왜놈들에겐 죽음으로 돌아왔다. 왜냐. 꼴머 녀석은 비록 어렸지만 깊은 덤(산) 그 덤뼈알(산자락)과 덤골을 샅샅이 아는 지라, 홀셨꾼(독립군)들한테 이르는 것이었다.

"이리 가시오. 아니, 저리 가시오."

이에 따라 싸움이 붙었다고만 하면 왜놈들은 골짝에 몰려 깨지는 것이었다. 이에 왜놈들은 꼴머를 잡는 것을 일로 하다가 마침내 잡아갖곤 꼴머를 달구치는 것이었다.

"너네들, 홀셨꾼들은 어디 있느냐?"

굳게 다문 꼴머의 입이 열리질 않자 꼬셨다.

"네가 우리들 말만 들으면 네가 바라는 땅뙈기 있잖아. 그것을 주겠다."

이때 비록 꼴머는 어렸지만 그의 입에서 나오는 말만큼은 한 내댐(선언)을 넘어 그야말로 한 찰(시)이라고 할 만했다. 뭐라고 했느냐.

"이 땅은 우리나라 땅이다 이놈들아. 따라서 이 땅은 이 땅에 사는 우리 랭이(민중)들의 것이다. 그런데 어찌 네놈들 마음대로 두부 모 자르드키 한단 말이드냐. 네놈들을 때려부술 것이면 나라도 우리들 나라요, 이 땅 구석구석의 한 뼘인들 모두 우리 마음대로다 이놈, 집어치워라. 이놈!"

이 말을 듣고 왜놈들은 어찌 했을까. 놀라기만 한 것이 아니었다.

"야, 저 어린 조선 놈이 저만치이니" 하고 아예 나가 자빠지는 것이었다. 그러더니 헷가닥 돌아갖곤 꼴머의 어머니를 잡아오는 것이었다. 젠장할 놈들 같으니라구, 꼴머의 어머니를 글쎄 홀랑 발가벗기는 것이었다.

"꼴머 놈, 네 이놈, 우리 말을 안 들으면 어떻게 하는 줄 알아. 네 에미를 발가벗긴 채 죽여버리겠다 이놈."

이 말에 그렇게도 밝고 씩씩한 어린 꼴머였지만 눈앞이 아득했다. 하지만 꼴머는 속까지 흔들리진 않고 의젓하게 말을 했겠다. 뭐라고 했느냐.

"고얀 놈들, 어서 우리 어머니 옷을 갖다드리거라. 그리하면 내 말을 하겠노라."

왜놈들은 "그러면 그렇지" 하고 옷을 갖다드리자 꼴머는 어떻게 했을까.

들락(문) 터거리에 턱을 탁하고 짓쪄 혀를 끊고 말았다. 입은 있어도 말은 않겠다 그 말이다.

부아가 난 왜놈들이 꼴머를 쏴 죽이려고 끌고 나가는데 꼴머가 손짓으로 말을 하는 것이었다.

"날 쏘려고 하면 저 보리밭에서 쏘아라. 내 피 한 방울인들 모두 거름으로 삼겠다"고 했다. 그러나 그 밴댕이 소갈머리보다 더 좁은 앙똥한 왜놈 따꾼(병정)들에게 그 어엿한 말이 어디에 미념(소용)이 있으랴. 그대로 '꽝꽝', 어린 꼴머의 피는 온 누리에 튀고 이로 말미암아 우리 홀셨꾼(독립군)들의 섯빨(기상)은 하늘을 찔렀다는 바로 그 꼴머의 이야기다.

"나라를 찾으면 이 나라는 그것을 찾고자 싸운 사람들의 것이라"는 새 나라의 바램을 릿금(영상)으로 빚어내자 그거였다. 어떻게 빚느냐. 나는 먼저 그 어린 머슴이 쏟아내는 그 핏발에 아롱지는 아홉 가지 꿈을 찬굿글묵(영화대본)으로 꾸렸다.

도틈(제목)을 '어린 엿장수의 꿈' 그랬다. 나는 그 찬굿글묵을 가슴에 품고선 그때 나하고 가차이 지내던 '동성영화사'의 정병준을 찾아가 내밀었다.

"어때? 핏방울에 맺혀지는 아홉 빛깔 꼴머의 꿈을 릿금(영상)으로 꾸며야 하질 않겠어?"

"좋아, 꼭 그랬으면 좋겠어. 그런데 어쩌지. 이미 우리 찬굿벌짝(영화사)은 들락(문)을 닫게 되었으니 어쩌지."

그러면서 씁쓸히 입술을 구긴다.

그 때박(순간), 내 눈깔엔 한 마리 벌레가 들어간 것 같았다. 쓰리고 아프고 거추장스럽고. 하지만 그냥 돌아올 수가 없었다. 그때 동성영화사엔 이 땅에 셋밖에 없는 열여섯 꼽(16미리) 찍게(촬영기)가 하나 있다는 걸 알고 있었기 때문이다.

컹대(정부)에 하나, 신상옥 찬굿벌짝(영화사)에 하나, 동성 찬굿벌짝에 하나. 그것을 뺏어오면서 나는 큰소리 땅땅 쳤다. 이것 하나만 있으면 이 나라 이 랭이(민중)들의 '아홉 빛깔의 꿈'을 릿금으로 꾸밀 수가 있다. 한일협정이라는 속 가린 탈을 쓰고 밀어붙이고 있는 미국과 일본의 다시 쳐오기, 그것을 때려부술 꺾심(의지)을 아름다운 살넴(정서)으로 꾸릴 수가 있다.

보란 말이다.

비록 얼굴은 핼쑥하지만 떠오르는 햇살을 기다리는 이슬 같은 그 어린 꼴머의 눈빛은 어떻게 그릴까.

옳거니, 캄캄한 밤 흰두루뼈알(백두산자락) 한 귀퉁이에 타다 남은 불덩커리, 나라를 찾고저 싸우는 홀셨꾼들이 지폈던 통나무 불빛에 어리는 이름 모를 풀잎의 새벽이슬을 그리자. 그 새벽이슬에 겹치는 꼴머의 눈매를 따름따름(점점) 바투 잡고……, 이어서 꼴머가 엿메기를 멘 채 높은 뫼를 한숨에 뛰어넘는 여러 모습들도 잡는데 어떻게 잡느냐, 덤마루를 겨냥해 다그쳐 올라가는 멧돼지의 뒷다리를 겹쳐 잡는다. 숨 한숨을 쉴 적마다 펄쩍펄쩍 뛰는 가슴의 퉁탕 소리, 거기에 굽이치는 거센 바다, 엄청난 몰개(파도)를 꼴머의 그 착한 눈과 바꾸고.

또 갑작스런 왜놈들의 닦달을 꿈으로 버티는 모습들, 배시짝 마른 조선의 어머니, 그 메마른 뼈깡치로 어절씨구 휘젓는 춤사위 위에, 스스로 혀를 자른 뒤 왜놈들의 따콩(총)에 맞아 죽긴 죽지만 그 핏방울에 어리는 꽃 같은 꿈과 그의 어머니의 꿈을 겹치면 그것이 우리들의 꿈이 되어 되살아날 것이라고 땅땅 쳤다.

그런데 아, 그런데 그럴 수가 있는가. 어느 녀석이 그 열여섯 꼽 찍게를 몰래 가져가 술집에 잡혀먹고 말았으니, 그것도 한술만 잡혀먹은 것이 아니었다. 먹고 또 먹고, 그러다가 없어지고 말았으니…….

나는 그때 꼭 내 한살매가 무너지는 것처럼 울부짖었다.

누가 없는가? 나에게 그 찍게를 다시 가져다 줄 쇠뿔이(우리네 영웅)는 없는가?

여보게 젊은이들!
이 썩어문드러진 모랏돈빼꿀(독점자본주의)에 살고는 있다고 하더라도
그 속에 껑길 생각일랑은 아예 하질 말게.
아니, 모랏돈빼꿀을 믿고 따르고 함께 살 생각일랑은 아예 가짓(시늉)도 말게.
그보다는 이 썩어문드러진 모랏돈빼꿀을 왕창 부림(변혁)하려는 어기찬 물살에
한 방울 맑은 이슬로 뛰어들어야 하질 않겠는가.

5

앞서서 나가니, 산 자여 따르라

통일문제연구소의 맨 처음 집데(주소)

 살던 집을 옮긴 지 꼭 석 달 만에 또다시 한데에 나서게 되던 날 새벽, 나는 엉뚱하게도 기지개를 쭈악하니 켜면서 중얼댔다.
 '나도 사내라고 하면 오늘은 새벽부터 나서자. 그리고 저녁에도 늦게 들어와야겠구나. 내 힘으로는 눌데(방) 하나인들 얻을 수가 없으니 딴 길은 없질 않는가.'
 그런데 불쑥 아내가 하는 말이었다.(1963)
 "오늘만큼은 그렇겐 안 될 거외다. 거 왜 회현동 은행나무 골목 있잖소. 거기 언마(장모)네 똥뚝을 헐어 비둘기 집이라도 하나 지으려고 합니다. 한 해에 두세술씩 집을 옮겨 다니면서야 어떻게 애들을 기르겠어요. 그러니까 오늘만큼은 사람 한술 돼보시우."
 "어떻게 하는 것이 사람 노릇하는 건데."
 돈 삼만 원을 주면서, 세면과 세면벽돌을 좀 사다놓으라고 한다.
 "그러지 뭐" 하고 나서는데 배자로(우연히) 지나던 벗 두 녀석이 딴죽을 건다.
 "야 기완아 임마, 너, 갈 데도 없는 새끼가 아침부터 어딜 가."
 "나? 세면벽돌을 사러 가는데."

"벽돌은 왜?"

"응, 우리 집사람이 저희 엄마네 집 똥뚝을 헐고 거기다가 살 집을 짓는데."

"허허, 백기완이도 이제 썩어가는구나."

"썩다니……."

"야, 집은 벽돌로만 짓는 줄 알아. 씨원한 막걸리로도 싯는 거야 임마. 알 만한 새끼가 그걸 모른다면 그게 썩는 거지 딴 거야. 이봐 백기완이, 썩고 싶진 않지? 그럼 따라와 임마."

도지(시커먼 비구름)처럼 다그치는 그 으름장에 낸들 어쩌겠는가. 아침부터 그냥 홀까닥.

저녁이 다가오자 나는 갈 데가 없었다. 명동찻집, 그 좁은 걸치게(걸상)에서 자고 보내고 한 열흘을 죽치고 있는데 구두닦이 꼬마가 "아저씨, 밖에서 누가 찾아요."

너무나 끔찔해 바로도 못 보고 요렇게 내려다보니 아뿔씨구 아내다. 뛰어내려가 차나 한 모금 하자고 해도 눈만 가로 쏜다.

"손바닥만 한 집의 파리채만 한 똥뚝이 헐린 그 자리가 어떻게 된 줄 알아. 모진 장마에 웅덩이가 됐으니 어떡할 거야, 그러고도 사내냐."

"아무튼 올라가 이야기나 하자"고 해도 그냥 가는 아내의 뒤를 보니 처진 고무신을 철럭인다. 그 들썩한 명동에서 고무신을 신은 아낙네, 그나마 떨어진 고무신을 신은 한배울(초등학교) 선생은 아내뿐이라 생각하니 가분재기 내 눈깔에선 묵은 도끼일망정 날이 서는 것이었다. 펄펄 날이 서갖고 파르르 떨기까지 한다. 무언가를 꼭 저지르질 않고선 베길 수가 없었다.

'따꾼(군사) 양아치가 됐든 코배기의 개금불떨(핵폭탄)이 됐든 걸리기만 해라. 내 그냥 앙짱(박살)을 내리라' 며 온 명동을 휘젓고 다녔다. 부딪칠 것 같지도 않은데도 "비켜 이 새끼야, 안 비켜……."

그런데 뜻밖에도 김성래가 지나간다.

"야 성래야, 내가 이렇게 돼서. 집 좀 지어달라우. 돈은 다 까먹었으니 어떡허니."

이래 말을 했는데 더도 덜도 안 묻고 "그러지 뭐."

성래로 말하면 글파(공부) 잘 하는 배울(학교), 경기선배울(경기고등학교)을 나왔는데도 당구가 자그마치 오백, 그뿐이 아니다. 나와 함께 씨갈이꺼리(농민운동)도 같이할 만치 한마디로 씨원한 벗이었다.

아무튼지 정종관과 함께 한참(점심)도 굶어가며 집을 짓느라 무지 땀을 흘리는데도 나는 괜히 바쁜 체, 한 보름 동안 코빼기도 안 내밀었다. 그런데도 이럭저럭 삐까집(똥뚝집)을 다 지어놓았다.

어련히 술 한 모금은 받아주어야만 했다. 하지만 어쩌랴. 갈 일이 없는데도 일부러 명동에서 광나루 건너 천호동까지 걸어갔다가 밤 열두 때결(시)이 다 돼서야 "여보, 나왔어" 하고 들어갔으니, '나'라는 놈은 쌍이로구(도대체가) 무엇 하는 놈이었을까. 고얀 것은 다 모둔(모은) 땅지(사람 아닌 사람)가 아닐 수가 없었다. 바로 그 땅지라는 것을 뻐기기라도 할 것처럼 나는 엉뚱한 뚱속(욕심)도 부리고 있었다.

이참 박정희의 등빼기(반역성)라고 할까. 박정희의 그 헷술(약점) 치고도 그 복다니(중심, 한가운데) 헷술은 무엇이더냐. 그건 첫째, 댄한나(반통일)다. 댄잔잘(반평화), 댄고루(반균등), 댄대로(반자유), 댄맑티(반문화), 댄굴랑(반예술), 댄갈마(반역사), 댄불림(반진보)이라. 따라서 박정희한테는 딴 것을 갖다 댈 게 아니다. 바로 한나(통일)를 갖다 대기만 하면 박정희는 이내 와르르 한다.

그러면 어떻게 한나라는 뜸꺼리(문제)를 들이댈까. 먼저 한나뜸꺼리(통일문제)를 캐는 모임(통일문제연구소)을 만들자. 그런데 그 겉통(간판)은 어디다 달까. 딴 덴 없다. 바로 우리 삐까집(똥뚝집) 앞에 종이로 써서 '통일문제연구소 꾸림모임(발기위원회)' 그렇게 걸게 된 것이 아마도 우리 연구소의 맨 처음 첫발일 터이다.(1967)

하지만 미념(소용)이 없었다. 아닌 밤에 누군가가 와서 그 종이 겉통을 북북 찢어 불까지 지르고 간다. 내 불끈(노여움)은 마치 샛바람에 덤불(산불)처럼 알각 올라붙어 또 갖다 달면 또 불을 지르고, 나무때기로 달면 아예 도끼로 쪼개서 불을 지르고, 겉통인들 붙일 데가 없었다.

'영화약품'이라는 쪼매난 벌짝(회사) 일매기(사무실)에 '통일문제연구소 꾸림모임'이란 겉통을 달았다. 그랬더니 박정희가 그 벗(고인한)을 잡아다가 모질게 욱질러 내보낸다.

"너 이 새끼, 백기완이한테 우리 컹대(정부)를 때려부술 돈을 댔지."

치고 또 치고, 이로 말미암아 그 벗은 쏘탈(당뇨병)에 걸리고 말았다.

멋쩍긴 했지만 딴 데는 달 곳이 없고, 이 때문에 출출할 때 밥 한 그릇도 못 얻어먹게 되자, 나는 우리 연구소를 내 등 뒤에 지고 다닌다고 우겼다. 그런 꼴을 두고 계훈제 선생은 내 이름을 '백한나(백통일)'로 고쳤다고 껄껄 웃기도 했다.

이러니 내 속이 고를 턱이 있는가. 내 속이 발칵 뒤틀리던 어느 날이다. 명동 어느 더듬한 술집에서 몇 모금 마실 적이다. 얼룩무늬를 입은 따꾼(군인) 몇하고 그냥 푸른 옷을 입은 따꾼 몇이 싸움이 붙었다.

월남에서 왔다는 매걸(장교) 하나가 까분다며 무턱대고 따콩(총)을 '빵빵', 구석에 앉았던 나는 술을 넘길 수가 없었다.

견디다 못한 내가 "이봐 젊은이, 따콩을 쏘려고 하면 과녁을 쏴야지, 죽일 놈들 많잖아."

"뭐 이 새끼야, 죽일 놈은 바로 너"라고 대드는 걸 살짝 비켰다. 그런데 벌러덩. 나는 잽싸게 떨어진 따콩을 밟고선 "이봐 따콩이 없으니 어떡할래? 같이 따콩을 잡을래, 아니면 주먹으로 할래."

"네, 어르신네 잘못했습니다."

"그럼, 술이나 한 모금 부어 임마."

"네, 오늘 이 술값은 어르신네의 것까지 몽땅 제가 내겠습니다."

"그 돈, 그거 어디서 난 건데? 월남에서 훔쳐온 거 아니야."

"아닙니다. 제 품삯인뎁쇼."

"사람 죽인 품삯이지?"

"그래서 술을 먹는 거 아닙니까."

"그럼 많이 들어, 이 땅에서 살려고 하면 제 뜻과는 딴판 다르게 사람 죽이는 따콩잡이로 몰릴 수도 있어. 그러니까 더더욱 아무데서나 빵빵 쏘아대면 안 되는 거야. 또 그 사람 죽인 사갈짓(범죄)이 술이나 처먹는다고 잃어버려지는 것도 아니고. 그러니까 입때껏 살아온 길을 홀라당 까뒤집어놓고 더듬어보는 거, 다시 말해 한술쯤은 눈물로 뉘우쳐보는 거, 그게 바로 젊은이야 임마, 알겠어……."

그리고 나오는데 따라 나오며, "어르신네께서는 무얼 하시는 분이신지?" 하고 묻는다.

녀석의 눈자위로만 보면 입때까지의 마음을 휘까닥 돌려 따콩을 다시 빼들지도 모르게 되어먹었다. 하지만 나는 매우 의젓하게 마치 기다렸다는 듯이 입을 열었다.

"이봐, 거 왜 박정희라는 사람 알아."

"네, 우리들의 대통령인뎁쇼."

"바로 그 사람 말이야, 그 사람은 자네들을 시켜 '눈물 나게 쪼개진 이 땅덩이건만 그것만 지키자' 그러질 않어. 하지만 나는 아니라구. 이 쪼개진 땅을 하나로 하자는 한나(통일), 그 한나를 일구는 일을 하지. 보라고, 내 얼굴이 한나 아니야. 내 등에도 한나가 걸렸고."

"그러네요. 그러면 배포가 크시겠네요."

"암, 내 배포야 요 쪼매난 땅덩이만 한나로 하자는 게 아니지. 이 땅별(지구) 있잖아. 그것을 몽땅 하나로 하자는 거지."

"뭐라고요? 그 배포에 저도 낑겨주시면……."

"좋아 좋아, 하지만 말이다. 따콩은 안 차고 와야 할 거야. 펄펄 타오르는 젊음 있잖아. 그것 하나만 가지고 와야 할 거야."

"알겠습니다."

이것이 아마도 통일문제연구소의 겉통을 거리의 술집에 붙이고 나서 처음으로 혓차(칭찬)를 받은 짜통(사건), 우리 연구소의 갈마(역사)였다.

마흔다섯 해 앞서와 똑같은 목소리로

요새도 서울 명동에 그 집이 있는지 몰라? '두아짐집(쌍과부집)', 거기서 이른 저녁부터 밥 없는 술국으로 배를 채우고 있는데 뜻밖이다.

한다 하는 집마름꾼(건축가)들이 찾아왔다.(1966) 김중업, 김희춘, 김재철, 강명구, 나상진(나보다 열 살 위).

"어연 일이십니까?"

"나라에서 짓고자 하는 컹대집(정부종합청사) 짓나(설계)를 널리 모았어요. 거기서 나 선생 것이 뽑혀 짓나돈(설계비) 천육백만 원까지 받았다 아니오. 그런데 컹대(정부)에선 뒷구멍으로 미국 집마름꾼(건축가)의 짓나를 또 받고, 그 짓나돈은 나 선생 것보다 열 곱도 더 주고, 이 나라 컹대집을 짓겠다고 하니 말이나 됩니까? 또 그 미국 집마름꾼이라는 치는 누구냐 그거요. 베트남 우당(전쟁)터에서 똥뚝이나 그리는 그런 미국 쓰레기란 말이요. 또 그 쓰레기가 그린 짓나라는 것도 두술째 우당(제2차 세계대전) 뒤, 러시아에서 집들을 빨리 짓고자 하는 '케이슨' 적투(공법)로 꾸민 것입니다. '케이슨' 적투로 말하면 아무리 크고 탄탄히 지어도 거둘(대포) 한 알에도 와르르 하는 것이라, 그렇게 지어선 안 된단 말이오."

이를 어떻게 했으면 좋겠느냐 해서 찾아왔다고 한다.

나는 빙그레 웃으며 "박정희 막틀(독재)의 조국근대화 짓불(정책)과 맞싸움이 일겠군요" 했다.

"뭐요? 조국근대화 짓불하고 맞붙는다고요. 이게 그렇게 커단 뜸꺼리(문제)입니까. 어떻게 해야겠어요."

"글쎄" 그러면서 나는 얼마 앞서 나 선생과 주고받았던 댓거리를 더듬어 보았다.

"나 선생, 거 집 짓는 거 말이요. 서른 평, 삼백 평, 삼천 평, 가진 사람들이 서로 제 땅위에 집을 올려 지으면 땅 없는 사람들은 살 수가 없습디다. 땅도 하늘도 골목도 땅 가진 사람들 제 나름으로 차지하니 땅 없는 사람들은 고약할 뿐더러 여러 사람들에겐 쓸모도 없고 볼품도 없고. 제 땅에다 집을 짓는다는 것이 함께 사는 벗나래(세상)를 못 쓰게 만드는 것이던데요."

"바로 그겁니다. 집이란 네 땅 내 땅이라고 해서 그 땅위에 제 마음대로 지어선 안 됩니다. 마주(도시)로 지어야지요. 그리하여 마주란 온 마주 사람들의 것이래야 되고, 또 그래야 집마름꾼이 참짜 굴랑이(예술가)가 될 수 있는 거지요."

이런저런 이야기를 주고받다가 허물없이 지내게 된 사이라, 나는 이렇게 물었다.

"얼추(혹) 다른 집마름꾼들은 어떻게 생각하고 있는지요."

"여러 말을 할 나위가 없습니다. 모두가 뿔이 돋쳐 있습니다."

"그럼 됐는데요. 곧바로 다 모여 저녁이나 한술 같이 하시지요. 저도 낑겨 주면 나가겠습니다."

그리하여 여럿이 둘러앉은 자리에서 나는 주는 술은 딱 한 모금도 안 넘겼다.

사람들이 "왜 그러냐"고 했다. 나는 빙그레 웃으면서 말만 한마디 했다.

"여러분은 다 굴랑이(예술가)들입니다. 따라서 이참에 컹대(정부)에서 하는 꼴을 보니까, 이 땅 집마름꾼들의 나척(권리)만 짓밟고 있는 것이 아닙니다. 이 땅 굴랑이의 목숨인 뻗대(자존심)까지 짓이기자는 것이니까, 어떻게 했으면 좋겠는지요. 제 생각 같아서는 모든 집마름꾼들의 리킴(궐기) 모임을 한술 가져보시는 게 어떻겠습니까?"

그랬더니 '주발(공청회)'이라고 했었던가. 아무튼 '신문회관(이참도 그 자리) 누골(강당)'에 가득 모이게 되었다. 거기서 김중업, 김수근, 김희춘, 김재철 선생이 다투어 짓밟히는 집마름꾼의 나척(권리)을 살리자고 외쳤고, 나도 랭이(시민)의 굴낯(대표)이랍시고 나서 이렇게 말을 했다.(한국일보·동아일보, 1966)

"박정희는 말하되, 우리나라 집마름꾼(건축가)들의 짓나는 그 다락(수준)이 얕아 못 쓰겠다고 합니다. 하지만 그건 말짱 개나발입니다. 미국은 이백해 앞서까지 기껏 해보았자 채알(천막) 속에서 살던 뒷깡(야만인)이었습니다. 하지만 우리는 벌써 여러 천해 앞서부터 푸근한 이웅집(초가집)과 쓸모 많은 잿집(기와집), 그 집짓기의 잇대(전통)를 여러 천해 솟굿(발전)시켜온 맑티(문화)가 있습니다.

그런데 컹대집 짓나를 미국 사람한테, 그것도 내놓고 뽑은 것이 아니라 몰래 뒷구멍으로 맡겼다고 하면 그건 조국근대화라는 게 잘못이요, 조국근대화의 팻침(철학)이라는 것이 말짱 거짓이라는 갓대(증거)입니다. 따라서 여러분들은 이제 조국근대화와 단 한 치인들 물러설 수 없는 싸움에 나선 것입니다. 때문에 오늘의 이 싸움은 이 땅의 빛나는 굴랑이(예술가)들과 미국의 엉터리 굴랑이가 맞붙는 싸움만이 아니라 새로운 맑결(문명) 빛톨(창조) 싸움이라, 이기지 못하면 다 죽는 것입니다. 나가 싸워야 합니다. 그게 참짜 짓나요, 그게 참짜 굴랑(예술)이라, 싸우면 반드시 이기게 되어 있습니다.

하지만 여러분, 조국근대화 어쩌고 하는 사람들은 틀림없이 뻔뻔스러운 꼼손(꼼수)을 쓰려 들 겁니다. 여러분들의 매인네털(소시민적) 헷숡(약점)을 들쑤시려 들 겁니다. 이를테면 앞으로 여러분들에겐 짓나 꺼리를 하나도 안 준다, 또는 일자리에서 다 내쫓는다는 투의 마구말(공갈), 마구대기(협박)와 함께 여러분들을 잡아가겠다고도 할 겁니다.

여러분! 참된 굴랑이라고 하면 그따위 마구말, 마구대기 따위에 꺾이는 것이 아닙니다. 나아가 싸우세요. 내가 밑깔(보장)합니다. 나아가 싸우기만 하면 반드시 이길 겁니다. 이참 여러분들의 참짜 짓나는 엉터리 짓나와 싸우는 것이오, 댄굴랑(반예술)과 싸우는 것이라니까요. 여러분들의 아름다운 뚤커(용기)를 믿겠습니다."

그 뒤 이 땅 집마름꾼들의 싸움은 온 고을 곧맴(양심)과 함께 모든 맑티네(문화인)들의 핏대를 하늘에 찌르게 했건만, 박정희 막틀(독재)은 끝내 미국사람의 짓나로 컹대집을 짓고 이름만 '나상진 짓나' 그랬다. 그야말로 터무니없는 거짓 꾸리기였다. 이제라도 그 컹대집의 밑돌을 캐보면 그 갓대(증거)가 나오게 돼 있다.

달구름(세월)은 흘러 마흔다섯 해, 나는 오늘(2008. 11. 17) 지난 날 내가 '거짓말하는 박정희 막틀 때려엎자' 고 했던 바로 그 컹대집(정부종합청사)

앞에서 벌어진 '890만 맨품(비정규직) 알맥이(노동자) 나척(권리) 살리기 적네만남(기자회견)'에서 말했다.

날이 차도 힘있게 말했다.

"이참 우리들이 섰는 이 자리는 마흔다섯 해 앞서 '미국 놈의 엉터리 짓나(설계)로 지은 것입니다. 나는 그때도 그렇게 지어선 안 된다. 그건 우리 겨레의 맑티(문화)와 뻗대(자존심)까지 죽이는 것이니 깨부셔야 합니다'라고 외치던 바로 그 집 앞입니다. 어쩌면 그때와 똑같을까요.

이참도 우리는 이명박 준심(정권)의 짓밟기로 시들어가는 맨품을 살리자고 모였습니다. 하지만 맨품을 살리는 길은 딴 데 있는 게 아닙니다. 바로 똘뱅이먹줄(시장경제), 모랏돈빼꼴(독점자본주의)의 앞잡이 이명박 준심을 앙짱 꺾어 팡개치는 데 있습니다.

그러니 적네(기자)들이여! 마흔다섯 해 앞서와 똑같은 이 늙은이의 이 말을 반드시 이명박이한테 알려주시라."

젊은이들이여!
어디선가 그대들 부르는 소리 안 들리는가

1968해 가을이었다. 대학로에 있던 서울모배울(서울대학)의 한 배우내(학생)가 찾아왔다.

"이름이 뭐지?"

"네, 유홍준이라고 합니다."

"왜 왔지?"

"우리 모배울에서 '일본, 우리에게 무엇인가' 라는 도틈(제목)으로 말씀을 해주셨으면 해서요."

"내 말을 듣고자 하는 애들이 누군데?"

"선생님 말씀마따나 이 갈마틀(역사적) 바투(현실)에서 뜸꺼리(문제)를 받아 몸부림치는 젊은이들이지요."

"그래? 한술 가볼까."

몇 날 뒤 모배울 들락(문)을 막 들어서려는데 한 떼거리의 젊은이들이 반갑게 맞아준다. 서중석, 조학송, 유인태, 김덕현, 안양노, 유초하, 유영표 말고도 많았는데 잘 떠오르질 않는다.

가을 모배울은 그런대로 볼 만했다. 노오랗기도 하고 또 붉으스레하기도 한 가랑잎들이 하늘을 자못지게(멋지게) 뒤흔들어 한 조박 그림 같구나, 하며 고개를 들다가 나는 그만 삐끗해버렸다. 굿(연극) 〈날개〉를 보인다는 걸 개가 나부끼는 게 아닌가.

"여보게, 저게 뭐지?"

"네, 저런 걸 좋아하는 배우내도 있고, 그렇지요 뭐."

나는 '잘못 왔구나' 라는 생각이 퍼뜩 들었다. '썩물들, 어떻게 해야 하는가?' 그렇게 도틈을 달았어야 하는 건데 하는 생각이 들쑤셨기 때문이다.

이 땅에는 이 땅별(지구) 어디에도 없는 낱말이 하나 있다. '썩물'이다. 썩물은 사람의 몸에 들어와 사람만 썩히는 던적(병균)이다. 하지만 사람만 썩히고 죽는 던적이 아니라는 데 뜸꺼리가 있는 놈이다. 사람을 말짱 썩히고서는 이웃도 썩히고 끝내는 벗나래(세상)까지 썩히는데 그것은 그 어떤 쓸풀(약)로도 못 잡는다. 사람의 욱끈(건강)만으로도 안 된다. 사람의 몸과 마음으로도 안 된다. 사람 마음의 욱끈과 함께 올바른 갈마깨달(역사의식)이 하나되어 맞짱을 거쳐서야 마침내 죽일 수 있는 던적이 바로 썩물이다.

그렇다면 그 썩물은 어떻게 되어먹었을까? 한마디로 쭐쿠면 검뿔빼꼴(제국주의)이다. 검뿔빼꼴, 그거야말로 빼난털(전형적) 썩물일 터이다. 왜냐, 검뿔빼꼴은 남을 짓밟아 죽이는 것만이 아니다. 피를 빨고 살을 빨고 끝내 넋살(정신)까지 빨아죽이지 않고서는 살 수가 없이 된 물코(체제)이니 어김없는 썩물이라. 그런 썩물하고는 같이 살 수도 없고, 한 자리에 앉아 있을 수도 없다. 오로지 깨트려야만 하는 것이다.

그러면 그런 검뿔빼꼴만 썩물이드냐? 아니다. 검뿔빼꼴의 앞잡이가 더 끔찍한 썩물이다. 보길 들면 최남선, 이광수, 모윤숙, 박정희가 바로 그 끔찍한 썩물들이다. 모윤숙의 〈소남도의 처녀야〉라는 찰(시)을 보면 왜놈검뿔빼꼴(일제)에 짓밟힌 저 마녀(남쪽) 소남도의 가시나를 마치 날래(해방)된 것처럼 꾸려 함께 썩물을 만들고자 하고 있다.

이런 썩물을 '갯땅지 썩물' 그런다. 사람이 그대로 썩물이 되어버린 사람 말이다.

이와는 또 다른 썩물이 있다. 왜놈검뿔빼꼴과 싸우는 곧맴(양심)과, 올곧(정의)을 바꿔치기 하려는 얏싸한 호들테기(기회주의) 썩물도 있다. 〈날개〉라는 글이 바로 그것의 하나일 터이다. 〈날개〉의 끝머리를 보면 그 알범(주인)의 안눌데(안방)까지 웬 녀석이 쳐들어와 알범의 아내와 어쩌고 하고 있다. 이를테면 안눌데만 빼앗긴 것이 아니다. 그 알범의 얼과 가슴까지 빼앗긴 꼴인데도 알범은 그저 지붕 위에 올라 "날고 싶어라, 날고 싶다"고 외치고 있을 뿐이다.

이는 무엇일까. 왜놈검뿔빼꼴이 우리네 안눌데까지 짓밟아 이에 맞서 싸우다가 한 해에만 칠만 사람이 잡혀갈 만치 그야말로 어기 어차게 싸우고 있는데도 그 피눈물의 바투(현실)를 모르는 채 날고만 싶다고? 그건 날고 싶은 게 아니다.

쥐구멍에라도 비끼고(숨고) 싶은 호들테기 짓거리요, 그 호들테기로 하여 저만 죽이는 것이 아니라 제 아내, 제 이웃, 그리고 그들과 함께 사는 이 벗나래(세상)까지를 죽이자는 던적, 그대로가 썩물이 아닐 수가 없다.

어느 날 가진 것이라곤 제 알통밖에 없어 오로지 제 몸뚱이로만 먹고사는 알맥이(일꾼, 노동자)들한테 〈날개〉를 같이 읽은 다음 그 사릿(감상)을 말해 보라고 했다.

그랬더니 "〈날개〉를 쓴 이상이라는 사람은 왜 제 안눌데와 함께 아내까지 빼앗은 놈을 낫이라도 들어 치는 것으로 꾸리질 않았는가? 그건 이상이가 일제의 더부땅(식민지)에서만 살고 있는 것이 아니라 바로 왜놈검뿔빼꼴의 안눈데에서 살았다는 갓대(증거)라. 그렇다고 하면 〈날개〉라는 글은 한 이야기도 아니고, 꾸밈도 아니다. 대뜸 불을 질러야 할 탈(병)이라"고 주먹을 떠는 것을 보면서 나는 생각했었다.

그렇다. 이상의 〈날개〉는 바로 썩물에서 나온 썩물이다.

보잔 말이다. 그때 이 땅은 온통 왜놈검뿔빼꼴과 싸우는 새알목(새생명)이 싹터 어기어차 날개 치는 소리로 새벽이 열리고 있었다. 더구나 〈날개〉가 나오기 몇 해 앞서 이 땅엔 강경애의 글락(소설) 《인간문제》가 나왔고, 그보다 열다섯 해 앞서 중국에선 노신의 《아Q정전》이 나왔다. 더구나 일본 찰니(시인) '이시카와 다쿠보쿠'까지 조선의 홀셨(독립)을 외쳤거늘, 미국이 앞장서 일본의 다시 쳐오기가 차름(시작)되고 있는 바로 이 마당에 젊은이들이 이상의 〈날개〉를 한술 읽어보려는 것까지는 어쩌고 저쩌고 할 게 없다. 그러나 무엇 때문에 그것을 다시 굿(연극)으로까지 꾸미고 있단 말인가.

사람은 여러 가지이니 여러 눈길로 보는 거다 그 말일까. 이를테면 열모(다양성)라고 하면 무엇이든 감나(용납)해줄 수가 있다는 건데 그게 바로 썩물을 만드는 던적이라고 보아야 하질 않겠는가.

그날 내 이야기가 끝난 다음 나는 젊은 배우내들과 어느 집에서 목을 적시면서 말을 했었다.

"젊은이들이여! 썩은 바다에 한발이라도 발을 붙이려고 하면 안 될 걸세. 그리 되면 두 다리가 썩고 이어서 엉덩이만 썩는 게 아니라네. 얼추(혹) 온몸이 썩는 썩물이 될지도 모른다네.

온몸이 썩다 못해 넋살(정신)까지 썩어문드러지고, 그리하여 온통 썩물이 되어갖고는 둘레를 썩히고, 온 벗나래(세상), 온 맑티(문화), 온 맑걸(문명)까지 푹푹 썩히는 썩물이 될지도 모른다네."

그랬었는데 달구름(세월)은 흘러 어느덧 마흔 해, 요즈음 젊은이들은 어떠할까. 그때와는 달리 썩물을 짓부수며 모두가 맑아지고 있는 것일까.
그때는 그래도 모배울의 젊은이들을 만날 수는 있었다. 그리하여 함께 썩은 물살을 갈라치고자 엄청난 부림(변혁)의 물살을 일구며 피눈물을 함께 흘리기도 했었다. 하지만 요즈음은 모배울의 배우내란 도무지 볼 수조차 없으니 아, 이럴 수가 있는가. 모배울의 배우내만 볼 수가 없는 게 아니다. 모배울이라는 것도 함께 없어진 건 아닌가. 그래도 아직은 젊은이들이 있을 것 같아 한마디 해본다.

여보게, 젊은이들!
이 썩어문드러진 모랏돈빼꼴(독점자본주의)에 살고는 있다고 하더라도 그 속에 낑길 생각일랑은 아예 하질 말게. 아니 모랏돈빼꼴을 믿고 따르고 함께 살 생각일랑은 아예 가짓(시늉)도 말게. 그보다는 이 썩어문드러진 모랏돈빼꼴을 왕창 부림하려는 어기찬 물살에 한 방울 맑은 이슬로 뛰어들어야 하질 않겠는가.

쇳소리

내 나이 서른여섯이 되던 해였다.(1969) 나는 입에 거품을 물고 그 누구 앞에서건 '우리 배짱 좋게 쇳소리를 내자'는 말씀(화두)을 들고 다녔다. 아니 딱 그 말씀 하나만을 메고, 지고, 이고, 그러고 다녔다.

미국은 베트남 온 고을을 불바다로 만들며 이 땅별(지구)을 몰아죽이고 있고, 박정희는 대들할(헌법)을 또 바꿔 그의 막틀(독재)을 더욱 늘쿠고자 하는데도 모두 간소리(물간소리)만 내뱉고들 있으니 안 된다. 이때야말로 목숨을 걸고 목숨을 틔우는 소리, 쇳소리를 내자, 그렇게 으르고 다녔다.

누구든 만나 밥 한 끼를 같이 먹더라도 나는 나름으로 그 쇳소리만 내고자 했다. 헤어질 때도 꽉 붙들고 우리 쇳소리를 내자고 거품을 무는 바람에 나를 보자마자 손도 안 내놓고 냅다 사리는 녀석들도 없진 않았다. 백기완이 돌았다고 하는 치들도 있었다.

그게 아마 1969해 가을로 접어들 무렵이었을 게다. 장항에서 오는 천수레(완행열차) 안에서 뜻밖에도 채희완(이참은 부산대 교수)을 만났다.

"여보게, 이 땅은 이참 없는 게 없질 않나. 하지만 말일세, 딱 셋이 없는데 그게 무언 줄 아나. 첫째, 춤은 있으되 날래(해방) 사위는 없고, 둘째, 굿(연극)은 있으되 랭이(민중)들의 꿈은 없고, 셋째, 소리는 있으되 쇳소리가 없는 것이니 큰일 아니겠나. 그래서 이 긴수레(기차) 안에서 조용히 눌러앉아만 있어도 안 된다네. 같이 타고 가는 저 사람들한테라도 나서야 한다네. 나서서 자네들이 목숨을 걸고 해야 할 소리, 쇳소리를 내야 한다, 그 말일세."

달리는 수레 속이지만 많이 마셨다. 몇 날 있다가다. 나는 그때 늘 머리가 어지러웠다. 아마도 피가 모자란 것 같았다. 그래서 어딜 가서 좀 먹고 푹 자고 싶었다. 하지만 내가 갈 데가 어디에 있으랴. 안달이던 참에 거리에서 뜻밖에도 박재일과 김지하를 만났다.

"왜 그리 수척하십니까. 내 라비(고향)가 저 경상도 영덕 바닷가인데 거기라도 가서 한 이틀 젖으시고(쉬다) 오셔야 할 것 같습니다. 그래야 쇳소리를 내셔도 힘 있게 내시겠는데요."

'뭐, 날 보고 새녘(동쪽) 바닷가엘 가서 좀 젖고 와야 쇳소리를 내도 힘 있게 내겠다고?'

너무나 기다렸던 말이라 "좋지, 갈려고 하면 대뜸 가자우" 그러고선 우리 집에서 함께 잤다. 아침 일찍 매우 바쁜 듯이 막 떠나려는데 따르릉, 장준하 선생한테서 묻길(기별)이 왔다.

"넝감, 왜 그래요."

"응, 박정희가 밀어붙이는 오래 해먹기(장기집권) 꿍셈(음모. 삼선개헌)을 깨트리자고 가는 길이야. 그러니 백 선생도 다 때려치우고 오늘 늦은 한낮 서울역으로 나와요."

"오늘만은 안 되겠는데요. 다음에 보자구요" 그랬는데 양일동 선생(삼선개헌 반대투위 사무총장)에 이어 장 선생의 묻길이 또 왔다.

"나들이 돈은 있어요. 몸만 오면 돼요" 그런다.

나는 어쩌는 길이 없었다.

"여보게, 이거 안 됐구먼" 하고 박재일과 김지하와 헤어져 서울역에서 충청도 도고에 닿으니 벌써 김상돈 선생, 이민우 선생이 와 있다. 우리들은 이마를 맞댔다.

"하제(내일) 낮, 이곳에서 한축(일단) 한마디씩 하고, 이어서 박정희 라비 선산에서 목숨을 건 한바탕 '유세'를 해야 한다. 아무튼 우리 서로 비슷한 이야기가 겹치지 않도록 하자"고 이런저런 말이 오갔다.

나보다는 서른 살이나 윗분들이라 어렵긴 했지만 "여러분, '유세'라는 말보다는 아름다운 우리 말 '텀불'이라고 하는 게 어떻겠습니까. 여기저기 덤덤이(듬성듬성) 떴다 고고 다닌다(말하고 다닌다)는 '텀불'."

젊은이가 꼭값스럽다고(아주 기특하게 재미있다고) 한참 웃다가 "젊은 백기완이는 그럼 그 '텀불'을 할 때 어떤 이야기를 담겠느냐"고 한다.

"저는 쇳소리를 내고 싶습니다."

"쇳소리라니?"

"네, 박연 물떨기(폭포)의 떴다고는 소리와 몇 해 동안 피눈물로 맞짱을 떠 소리를 얻은 사람이 으스대고 내려오질 않겠습니까. 하지만 밭에서 김을 매던 씨갈이꾼(농사꾼)들은 '녀석, 너는 임마, 소리는 얻었어도 네 소리엔 쇳소리가 빠졌어 임마' 그럽니다. 무슨 말이냐, 뜨거운 밭고랑에서 진땀, 박땀, 무지땀, 빼땀까지 흘려가며 밭을 매다 보면 지쳐 죽을 것만 같습니다. 그래서 저도 모르게 그 막된 고비를 넘어가는 소리가 절로 나오는데 그걸 쇳소리라고 하지요.

또 죽어라 하고 일을 해보았자, 그 땀의 열매는 몽땅 땅 알범(주인)이 다 가져가고 나면 온몸이 칼날이 되어 부들부들 떨게 됩니다. 그렇게 떨질 않으면 자지러질 것 같아 저도 모르게 그 죽을 고비를 이겨내는 소리를 윙윙

내게 됩니다. 그게 쇳소리라니까요.

또 사람은 살다 보면 엄청 슬픔에 빠질 적이 있습니다. 하지만 거기서도 제 힘으로 헤쳐 나와야 하는데 힘이 있어야지요. 그렇다고 주저앉을 수가 있나요. 스스로를 달구고 울러대질 않으면 그 슬픔에 빠져 죽게 되니, 그러면 어떻게 해야 하느냐. 스스로를 쳐야 합니다. '딱딱', 피가 맺히게 치고 또 칠 것이면 그 떠방(반응)으로 '와라' 소리가 나옵니다. 또 때리면 또 '와라', 또 때리면 또 '와라와라', 스스로 일으키며 아울러 벗나래(세상)를 일으키는 소리가 납니다. 바로 그 소리엔 꿈이 배어 있습니다. 무슨 꿈이냐. 죽을 맛인 사람들이 거기서 헤어 나오고자 하는 마지막 꿈, 그것을 함께 내낼 때 나오는 안간 소리가 있게 마련입니다. 그게 바로 쇳소리다 그러지요.

이참 우리는 박정희가 파놓은 구렁텅이로 내몰리고 있습니다. 그래서 스스로를 달구기도 해야지만 아울러 우리들의 하제(희망)를 빚어야 합니다. 거짓부리는 소리에 맞서는 참소리, 사람 죽이는 개망나니들의 괴난(쓸데없는) 소리에 맞서는 눈물겨운 소리, 칼을 쥔 제 놈들만 잘살겠다고 아각거리는 소리에 맞서는 어영차 재를 넘는 소리, 밝고, 맑고, 하제에 찬 소리, 그게 바로 쇳소리라, 그 소릴 내고 싶습니다."

"어허, 젊은 백기완이의 그 쇳소리 한술 들어보아야겠는데……"

그래서 도고에서도 그러고, 박정희네 라비의 소 파는 마당에 내가 나섰을 땐 큰발(확성기) 깃불(전기)을 누가 끊어버렸는지 소리가 안 나왔다. 그러거나 말거나 나는 차분한 소릴 담아냈다.

여러분!

여러 해 동안 마을을 떠났던 사람이 비록 뜻은 이루질 못해 꾀죄죄한

빈손으로 돌아와도 '왔다, 돌쇠 아무개가 왔네 그려' 하고 우린 모두 반기게 되어 있습니다. 그런데 오랫동안 나가 있던 사람이 돌아왔는데 그냥 오질 않았습니다. 손에도 무언가를 들고 어깨에도 무언가를 메고 왔는데 손에 든 것은 무엇이드냐, 시퍼런 칼이요. 어깨에 멘 것은 무엇이드냐, 사람 죽이는 따콩(총)이요. 마을을 몽땅 앙짱내 죽이려는 거둘(대포)까지 끌고 왔다고 하면 여러분, 우리는 어떻게 해야 할까요.

딱 한마디 물을 수밖에 없는 게 아니겠어요.

"여보게, 웬 칼이요, 웬 거둘이야. 우리 마을에 무슨 싸움이 나서 거둘을 '쿵쿵' 쏘아야 할 일이라도 있다는 건가. 자네네 라비, 다시 말해 자네네 고향마을은 예나 이제나 씨갈이하는(농사짓는) 씨갈이꾼들밖에 없다네. 그러니 그 칼, 그 따콩, 그 거둘은 왜 갖고 왔나. 어서 가져가게. 가서 그 칼, 그 따콩, 그 거둘은 버리고 오게. 끓는 쇠불에 버리고 오게. 그 쇠붙이들을 몽땅 녹여 쟁기를 만들어야겠네, 어서. 그렇질 않으면 자네 말일세, 우리 마을에서 나가게. 우리 마을엔 못 들이겠네."

그렇게 말을 하는 게 이 땅을 사는 사람들의 할 짓 아니겠습니까. 그렇습니다. 이참 박정희는 몇 해 앞서 따콩과 칼로 빼앗은 준심(정권)을 다시 늘쿠고자 사람이 다루기 힘든 큰 칼과 불따콩까지 들고 눈을 부라리며 여러분들의 라비에 들어오고 있으니 여러분, 어찌해야 하겠습니까.

뭐라고요?

그렇습니다. 몰아내야 합니다. 아니면 씨갈이나 하는 착한 여러분들이 도리어 준심을 뺏는 빼대기(강도)와 한통이라고 못알(오해)받을 수도 있는 것이니 어찌 해야겠어요. 몰아내야 하는 것입니다. "빼대기는 나가, 나가, 나가라니까."

달구름(세월)은 또 흘러 1975해, 나는 '박정희의 유신 막틀(독재)을 깨부수자'는 말 한마디 한 것이 사갈(죄)이라며 때속(감옥)에서 열다섯 해를 살고 있었다. 춥고 배고팠다. 아무튼지 내가 누웠는 바로 코앞 먹개(벽)가 내 입김으로 하여 얼음이 어는데 주머구만 한 두께로 얼던 한데였으니까.

그런데 어느 날(1975. 2. 15 석방) 갑자기 나가라고 한다. 열다섯 해를 살다 말고 나가라고 한다. 그래서 안양노, 유홍준, 최민화, 김지하, 고영하, 박형규, 이규상, 김동한 목사 더러(등)는 저녁 일곱 때결(시)에 다 나갔다.

하지만 나 백기완이, 나만은 못 나간다고 했다. 나만은 돈 십만 원을 내야지 그러질 않으면 못 나간다고 한다.

무슨 말이냐. 1969해 가을 박정희의 삼선개헌 깨트리기 싸움 때 내가 한 이야기, 이를테면 그때 그 쇳소리가 사갈짓(범죄)이라 맞값(벌금) 십만 원을 내라는 가름(판결)이 난 게 있었다. 그것을 내고 나가라는 것이었다. 열나에(만약에) 그것을 안 내면 하루 천 원씩 쳐서 석 달 열흘, 백 날을 살라고 한다.

나는 영등포 때속 그 시커먼 눌데(방)에서 나가려고 쌌던 보따리를 베고 누워버렸다.

"그래 좋다, 이참에 받은 열다섯 해 때살이(감옥살이)하고, 또 그때 그 쇳소리를 내다가 가름 난 맞값 십만 원을 하루에 천 원씩 쳐서 백 날하고를 다 살겠다"라고 하고는 벌렁 누워버렸다.

돈도 없지만 있다고 한들 왜 내느냔 말이다. 그런데 어럽쇼! 눈발이 휘날리는 한밤 열두 때결(시)이었다. 이따위 때지기(간수, 정보원)들이 아예 깡패처럼 달겨들어 날 마구 끌어낸다.

글락이(소설가) 박경리 선생이 칠만 원, 박한상 말네(변호사)가 삼만 원,

모두어 십만 원을 냈다나…….

  그리하여 질질 끌려나갔더니 때에서 벌써 나온 사람들은 다 집으로 가고 박한상 말네와 꾸설(의리) 있는 젊은이 고영하만 그 추운 데 남아 날 기다리고 있다. 그 추운 바깥에 늦게까지 기다리던 〈한국일보〉 김훈 적네(기자), 그리고 동아일보 어느 적네가 묻는다.

  "때속에서 뭘 했느냐?"

  "나야 그저 쇳소리로 우리말 쓰기를 했지요."

굴대솔(방송인)이 될 뻔했던 이야기

'조국근대화'라는 달라(명제)를 마치 쇠몽뎅이처럼 휘두르던 박정희 막틀(독재)이 70해름(년대)에 들어서면서부터는 '대망의 70해름' 그랬다. 일자리가 없고 가진 게 없어도 누구나 70해름에는 벅찬 하제(내일)를 맞게 된다는 것이다.

그러나 그것은 약삭빠른 등빼기(반역자)의 놀투(장난)만은 아니었다. 나라(국가)라는 이름으로 거짓부리는 뻔뻔스러운 맑티꾸럭(문화조작)이었다.

구만 리 높이 떠가는 수리의 앞길은 쭈욱 뻗어 있는 것 같애도 알로(실지로) 보이는 건 구름뿐이다. 하지만 깊은 땅속, 한 치를 기는 데도 한낮이나 걸리는 지렁이의 앞길은 그야말로 새시까먼 것 같애도 어영차 일구어야 할 땅만 보인다고, 박정희가 70해름 어쩌고 할 때 나는 나름으로 보이는 게 있어 '곁돌글나(형식문학) 끝장의 밤'을 열자고 으르고 다녔다. 엉뚱한 이야기가 아니었다. 박정희 막틀의 꾸럭(조작)에 맞서려고 하면 '글나', 어려운 말로 '문학'부터 글로만 꾸릴 것이 아니다. 온몸으로 꾸리는 '말림(온몸으로 말함)'이어야 한다. 그러고저 해서는 나부터 이야기를 '말림'으로 꾸릴 터이니 누가 없는가. 소리도, 찰(시)도, 그림도, 찬굿(영화)도, 춤도 온몸으로 빚

어내자 그거였다.

　하지만 들어주는 놈 하나 없는 거리를 혼자 밀리는데 오랜만에 민창기를 만났다. 창기는 나보다는 좀 밑이라, 언애(형제)처럼 지내면서 나무심기꺼리, 씨갈이꺼리(농촌운동)를 여러 해 동안 같이 해온 벗이다.

　"난 말이오, 드락(무대) 위에서 말이오, 마음껏 뽑다가 죽는 게 바램이거든요."

　늘 그러던 불덩어리였다. 그 불덩어리가 날더러 "잘 만났소, 내가 동양굴대(동양티브이)에서 아침 때결(시간)을 맡고 있으니 나와서 말을 좀 해주시오" 그런다.

　굴대듬(방송국)? 그 둘레마저 가본 적이 없는 날더러 말을 해달라? 나는 그저 빙그레 웃는 것으로 치우려고 했다. 그런데 밧싹 달겨든다.

　"언니의 그 '말림'을 보여주기만 하면 된다"고 해 부스스한 꼴로 나갔으나 처음 들어간 굴대마루라는 게 나에겐 자못 엔간칠 않았다. 불빛이 뜨거웠다. 땀만 뻘뻘 흘리고 앉았는데 한 서넛이 마주앉아 오늘은 〈팔도식모〉라는 찬굿 이야기를 하자고 한다.

　'뭐, 찬굿 〈팔도식모〉?'
　나는 깜짝 놀랐다.
　더군다나 저희들끼리만 이러구 저러구 말들을 나눌 뿐 내가 입을 열 때활(기회)은 주질 않는다. 얼마쯤 있다가 내 먼개(차례)가 오기에 나는 첫 말투부터 거슬(저항)로 나갔다. 나는 그 찬굿의 도틈(제목)부터가 잘못됐다고 했다. 식모란 밥띠기와도 다르다. 일하는 이를 아주 깔보고 하는 말이다. 더구나 '팔도식모'라니, 식모라는 게 고장마다 다르다는 말인가. 찬굿이 그래선 안 된다는 뜻으로 말을 하고 일어서버렸다.

그런데 어쩔씨구 내 말의 떠방(반응)이 좋았다나.

창기가 또 알려왔다. 날더러 또 나와 '양담배 들여오기'에 마주해(대해) 말을 하자고 한다. 함께 했던 심련섭(신아일보)은 "미국 담배를 들여오고 안 들여오고는 담배를 돈 주고 사먹는 사람들 마음대로 하기로 하자, 그래야 담배 맛이 좋아진다"고 한다.

나는 대뜸 "안 된다, 그리 되면 우리 담배를 기르는 씨갈이꾼(농사꾼)들이 다 죽는다. 또 담배 맛을 좋게 하는 것도 그렇다. 담배 만드는 일꾼들의 하루 일때결(노동시간)은 자그마치 열넷 때결, 너무 고되다. 그렇게 일을 하는 때결을 왕창 쭐궈야 담배 맛을 좋게 할 거"라고 하고 일어서며 생각했다.

'이제부터는 어떤 일이 있어도 어떤 굴대든 다시는 아무데도 안 나가리라.'

그런데 이참엔 민창기가 아닌 다른 이가 "60해름은 갔으니 70해름 이야기를 하자"고 한다. '70해름 이야기'라, 나는 언뜻 때가 온 것처럼 생각되어 발길에 힘을 주며 나갔다.

그런데 뜻밖의 일이 벌어졌다. 굴대를 이끄는 이가 '대망의 70해름'이란 도틈에서만큼은 박정희 컹대(정부)의 뜻에 흠이 안 가도록 해주었으면 좋겠단다. 이를테면 '와우아파트 무너지던 이야기', '정인숙이 따콩(총) 맞던 이야기', 그리고 '전태일이가 몸에 불을 지르던 이야기' 그 세 가지만큼은 말도 꺼내지 말아달라고 한다.

'뭐라고?'

나는 꼭 물찌(물똥)에 떠밀려 앉은 것 같았다. 더구나 때결(시간)이 지날수록 누구 하나 할 말은 않고 진창을 비껴가듯 사름사름 어적이고 있을 뿐이다. 나는 속이 꼴렸다. 끝머리쯤 가서야 내 먼개가 오기에 '에라 모르겠다' 하고 거침없이 쏟아버리고 말았다.

날굴대(생방송)였다.

나에게 70해름 새 아침은 하제가 아니었다. 갑자기 와르르 소리에 놀라 깨어보니 '와우아파트'가 무너지더라. 또 타당탕 소리에 번쩍 눈을 뜨니 어여쁜 아가씨 '정인숙'이가 큰길에서 따콩에 맞아죽었다고 하고. 또 아그그 소리에 뛰쳐나갔더니 아직 피어보지도 못한 알맥이(노동자) '전태일'이 일을 하면 살 수가 있는 대로(자유), 알맥꺼리(노동운동)의 대로를 외치며 온몸에 불을 질렀다고 하드라. 돌아가는 꼴이 이 꼴인데 뭐가 어째서 '하제의 70해름'인지를 모르겠다.

그리고 밤 열두 때결쯤 막 집에 들어서는데 '따르릉', 창기가 바쁜 목소리로 알려준다.

"언니, 빨리 비키세요. 언니의 굴대를 박정희가 보고 펄쩍 뛰고 있답니다."
몇 날을 숨어 지냈다.

창기가 또 알려왔다. 다시는 날 못 나오게 하는 것으로 하고 매듭지었으니 좀 만나잔다. 어느 허름한 집에서였다. 창기가 자못 아쉬운 내빛(기색)으로 말을 한다.

"언니, 언니가 우리 굴대에 조금만 더 나와 말림을 하셨더라면 언니의 이름은 그야말로 조선팔도에 날렸을 겁니다. 굴대의 틀도 바뀌고……, 해야 할 말을 못하게 하는 것도 대망의 70해름입니까, 개새끼들."

하지만 나는 차라리 잘됐다고 생각했다.

그때 그 굴대에 자주 나갈 것이면 내 얼굴과 내 이름은 바람에 날리는 고 실빛(은빛) 종이처럼 높이높이 날렸을진 모른다. 하지만 백기완이의 참짜 알짜(실체)는 그 날리는 이름의 그늘에 짓쪄 파리하게 배틀어지질 않았을까…….

박정희의 염통을 건드려 굴대엔 다시 못 나가게 되었어도 나는 새벽마다 남산에 올라 '말림'을 했다.

사랑하는 풀나무 여러분!
돌먹짜구, 바윗돌 여러분!
사람들은 이따금 칼이나 곡괭이를 들어 여러분들의 목을 치지요.
하지만 여러분들의 뿌리는 못 칩니다. 아니 뿌리는 캐낼 수가 있어도 훨훨 날아다니는 여러분들의 하제, 그 씨앗은 어쩌지 못하나니.
이제 여러분들은 스스로가 바람이 되고 구름이 되고 비가 되어 누룸(자연)을 몰아쳐야 합니다.
온몸의 말림으로 말입니다.

나는 그때 어느 새뜸(신문)에 찰도 하나 지어냈다.

캄캄한 새벽
'아각'
남산을 일깨우는 저 소리는 누구던가
쩌렁쩌렁
잠 못 드는 바윗돌을 일으키는

저 소리

아무 알갱이도 없는 찰이었다. 그런데도 오랏꾼(경찰)이 찾아왔다.
"이봐, 새벽마다 남산엘 올라 무슨 소리를 그렇게 크게 내질러, 잡아넣을 거야."
나는 웃으면서 맞대를 했다.
"이봐, 그러면 박정희 컹대에서도 그 거짓 컹대 소리 좀 집어치우라고 그래."
"컹대라니, 정부라고 해야지."
"정부에서 한다는 소리가 뭐야. 컹컹 개 짖는 소리밖에 더 냈어. 그러니까 정부라고 하면 되겠어? 개 짖듯 컹컹 짖는 '컹대' 그래야지……."

꽁치통조림

"여보, 자꾸 들쑤셔 잠을 못 자겠어."
"또? 댓님(당신)도 참 불쌍하구려."
그게 그러니까 서른여덟 해 앞서 다친 딱 거기, 그 헌디(생채기) 때문일 터이다.

1971해, 그때 다른 사람들은 모두 무엇을 하고 있었을까. 나는 그저 울기만 했다. 울고 앉았는 사람을 잡아다가 때리다니, 그럴 수가 없었다. 《백범어록》이란 글묵(책)을 꾸린다고 묵사림(도서관)에서 '삼천만 동포에게 읍고함'이란 백범 선생의 글을 찾아낸 우리 연구소의 연구위원 허술이가 목이 차게 달려와 읽어준다.

한살매 왜놈검뿔빼꼴(일본제국주의)과 싸워온 날더러
누구는 미국검뿔빼꼴(미제)의 앞잡이라 하고,
또 누구는 소련의 앞잡이라 하고,
이럴 수가 있는가.
겨레여!
우리 다 같이 하나가 되어 한나홀셨(통일독립)을 이룩하자.

이렇게 안타까운 백범 선생의 글을 다시 읽게 되었으니 울먹이지 않는 사람이 어디 있겠는가. 눈시울이 붉어진 장준하 선생이 묻는 것이었다.

"백 두하(동지), 간들(운명)이란 무엇인 것 같수?"

"글쎄요, 바람 앞에 군불(촛불) 같은 거, 그걸 '간들' 그러질 않습니까. 하지만 그런 말은 있어도 사람이 살아가는 데는 간들이란 없다고 생각되는데요. 바람 앞에 선 군불, 그것은 바로 대들(도전) 아니겠어요. 거센 바람 앞에 온몸으로 들이대는 대들." 그래 말을 했더니 아무 맞대(대답)를 않고 내 손만 꼭 쥐던 생각이 난다.

그 무렵 젊은 최혜성, 김도현, 김정남, 유광언, 정성헌, 윤무한, 허술 더러(등)는 장준하, 김지하와 함께 배눌(교실) 없는 '민족학교'를 일으키고 있었다. 그 '민족학교' 한꺼리를 춘천 어느 마당에서 열려고 하다가 오랏꾼(경찰)들에 쫓겨 찻집으로, 거기에도 못 들어가게 해 아우내(아우성)를 칠 적에 나는 그저 속으로 울기만 했다. 그때 '민족학교'에선 《항일민족시집》도 꾸리고 있었다. 이를테면 나라 사랑의 피눈물들이었다.

그런데 나는 나대로 '태백덤(태백산)의 참만이 이야기'를 목메어 으르며 날뛰었다.

참만이라니, 누구일까?

왜놈들과 싸우느라 썰매를 타고 눈이 허옇게 쌓인 태백덤 줄기를 달리다가 앗차, 참만이의 넓적다리가 커단 나무 틈에 낑기게 되었다. 왜놈들은 쫓아오고. 하는 수없이 도끼로 제 다리를 탕탕 끊어 팡개치고선 또다시 내달리는 고실빛(은빛) 언덕의 울거(영웅) 아, 참만이.

그를, 울고 있는 나를 때릴 개망나니가 어디 있겠는가. 하지만 모를 일이었다. 나를 잡으라고 하는 바람에 냅다 달아났다. 여기저기 떠돌기를 한 달쯤 지났다. 갈 데도 없고 돈도 없었다. 나는 배추더러 한기찬을 불러 함께 달아나자고 했다. 나와 배추는 한 닢도 없었다. 하지만 그때 한기찬은 돈은 없어도 뜨거운 가슴과 값나가는 때둘(시계)을 차고 있었다. 쭐이타면(급하면) 그것을 잡혀먹을 수도 있겠다 싶었기 때문이었다.

배추, 그 힘꾼이 젊은 날 나한테 가르쳐준 것이 딱 하나 있다. 사랑이었다.

요즘 돈으로 수십억 나갈 집을 어느 아줌(여인)한테 몽땅 주고 저는 어느 빈집 닭장에 살기에 "야, 그렇게 다 주면 되냐?" 그랬을 적이다.

"사랑은 다 주는 거야, 한 꼬투리인들 꽁치는 게 아니래두."

그렇게 뜨매(감동)를 주던 벗들과 마곡사 둘레에서는 참말로 돈이라곤 땡닢 하나 안 남고 다 떨어졌다. 마침 바람이 불고 눈이 펄펄 날린다. 그러니 어쩌는가. 어떻게 어떻게 비비고 어느 이응집(초가집) 바깥채(사랑채)에 들어갔다. 거기서 김장하다 남은 무쪽 한 소쿠리를 훔쳐 와작와작 때우다가 새벽에 서울로 왔지만 갈 데가 없는 건 마찬가지였다.

'오늘밤은 또 어드메에서 이 쩔은 몸을 맡길꼬. 옳거니, 거기다' 하고 겨우 꽁치통조림 하나와 쐬주 몇 땅지(병)를 사들고 어느 가난한 벗을 찾았다.

깊은 밤 한 때결(시)쯤 이었을 게다. 빈속이 앙탈을 해 꽁치통조림을 막 먹으려고 하는데 댓살 된 그 집 꼬마가 자다 말고 일어나 "엄마, 웬 맛있는 냄새야?" 그러는 것을 보고 나는 뭉클해 젓가락을 떨구고 말았다.

애비가 눈을 부라린다. 멋쩍어진 그 꼬마는 낡은 소리통(라디오)만 이리저리 돌렸다. 그 한밤에 제멋대로 소리가 커졌다 작아졌다 하는 소리통. 그런데 어럽쇼, 노녘(북쪽) 굴대(방송)에서 멋쩍게도 내 글 이야기가 나온다.

"통일은 네가 이기고 내가 지는 승부의 세계가 아니다. 일제와 싸우던 곧맴

(양심)이 하나가 되는 것이라"는 글귀가 흐르거나 말거나 꼬마는 칭얼댄다.

애비가 소리통을 끄라고 해도 이리저리, 노랫소리가 들렸다가 앙칼진 아낙의 목소리가 들렸다가, 꽁치통조림을 밀어주어도 차마 못 먹고 소리통만 돌리고 있다. 애비가 거퍼 눈을 쏘니 그제서야 아랫목 이불을 뒤집어쓰고 훌쩍이던 그때 그 꼬마.

나는 갑자기 눈시울이 핑, '조잘머리 없는(재수 없는) 새끼, 왜 꽁치통조림을 사올려고 하면 하나밖에 못 샀더냐, 이눔아. 내 언젠가는 한 궤짝을 사다 주리라' 하고 그 집에서 나온 뒤 얼마 안 되어서다.

누가 묵직한 것으로 내 어깨박죽을 내리친다. 대뜸 쓰러진 나를 질질. 이따위 몽뎅이로 내 뒤꿈치를 갈긴다. 갈기고 또 갈겨 쓰러졌다 깨어나니 꽁꽁 묶인 채 거덜 난 날더러 "너, 이참 대통령 뽑기(선거)를 왜 앗딱수(속임수)라고 했어, 엉?"

"그걸 몰라서 묻는 거냐. 돈과 막심(폭력)과 앗딱수로 거짓부린 뽑기이니 다시 해야 한다, 그 말이다 왜?"(동아일보, 1971.4)

"뭐야, 너 김대중이한테 돈 받았지? 언제 어디서 얼마를 받았어? 말해 이 새끼야."

또 갈기고 또 쌔린다.

"이봐, 내가 김대중이한테 돈을 주었는데 얼마를 주었느냐, 그걸 캐자는 거지?"

"뭐야, 네가 받은 걸 말해 이 새끼야" 하고 아무리 닦달을 해도 먼지도 안 털리자, 놈이 먼저 지쳤는지 새벽녘에 제 집에다 말통(전화)을 건다.

"여보, 그 쇠고기 개한테 구워줬어? 그거 비싼 개야."

나는 깜짝 놀랐다.

'나는 꽁치통조림 때문에 울다가 잡혔다. 그런데 사람도 못 먹는 그 비싼 쇠고기를 개새끼한테 먹인다고?'

이를 갈았지만 미념(소용)이 어디 있으랴.

한 보름 만에 그때 중앙정보부라고 맨 사람 때려잡던 곳에서 한 두어 관이나 줄어 나오는데 어디선가 꽁치 냄새가 물씬 난다.

'아, 중앙정보부가 도사린 이 남산 자락엔 몽땅 꽁치구나. 그렇다. 언젠가는 바로 이 남산 자락에 꽁치통조림 덜컹(공장)을 만들어 주린 애들을 실컷 먹여야지' 그랬다.

그런데 어느 날 또 내빼 다니는데 새뜸(신문)에 났다.

'그때 그 걷대꾼(정치꾼)들은 한 사람 밥 한 끼에 자그마치 삼십만 원짜리도 물린다' 고.

삼십만 원이면 꽁치통조림 삼만 개. 꽁치통조림 삼만 개라……. 에이, 코를 땅에 박아도 시원치 않을 놈들, 그놈들 때문에 맞은 내 뒤꿈치만 아픈 게 아니다. 온몸을 들쑤시는 아픔이 잠을 못 들게시리 나를 괴롭히고 있는데 또 튀어야 할 일이 일어났다.

아, 꽁치통조림 덜컹을 만들긴 다 틀렸구나.

아, 참말로 사람이 없구나

아무리 잘 익은 감이라고 할지라도 입을 쩍 벌리고 입속으로 떨어지기를 기다려보았자 아니 떨어지는 것이 누룸(자연)의 흐름이라는 거다. 그런데 이럴 수가. 이 땅 갈마(역사)의 흐름 위엔 어절씨구 감이 하나 뚝 떨어졌다. 떫든 어쨌든 입속으로 똑 떨어졌다.

그거이 1972해 '7.4남북 함께불기(공동성명)' 였다.

누구의 젓낌(간섭)도 안 받고
우리끼리 싸우지도 않고
냇길(이념)과 짠까(제도)를 너머 우리 겨레끼리 하나 되자……

그렇게 된 '7.4남북 함께불기' 가 알려지던 날 나는 괜히 바빴다. 아무튼 걸었다. 휘이휘이 있는 건 털고, 없는 건 쓸어안으며 걸었다.

밤이 깊어가자 어느 찌그러진 술집에 들어가 밤새 푸고 새벽녘에야 나오면서 입을 씨부렸다. "이보시오, 내가 이제 곧 한나(통일)를 일굴 거그든요. 그때 와서 술값을 치루겠소" 하니 눈깔을 치켜뜨며 내 멱살을 잡는다.

"때려라, 죽여라, 죽여서 발가벗겨라. 그래도 나는 한나를 일궈내고야 말겠다"고 버티는데, "어? 이거 백기완 언니 아니십니까?"

"그렇다"고 하자,

"그러면 그렇지. 나도 돌배울(중학교) 때 언니와 나무심기를 하질 않았소. 돈은 생각 말고 한나나 지고 오소."

신이 나 집엘 오니 여러 곳에서 만나자고 알림이 와 있었다.

'그래 만나자, 만나서 이야기 좀 듣자' 하고 달려간 데가 들랑이(새야)들의 한자리.

나도 입을 열었다.

'7.4 불기(성명)'는 한 줄도 빼고 더하고 할 수가 없는 한나의 할대(원칙)를 엮은 것이다. 그러니까 우리는 가슴을 활짝 열고 받아들여야 한다. 다만 고개를 저어야 할 게 있다.

첫째, 박정희가 그런 '불기'를 해낼 제참(자격)이 있는가? 없다. 입때껏 박정희는 우리를 짓밟기만 한 것이 아니다. '한나'라는 '한(통)', 그 한 말도 못 쓰게시리 주리를 틀되, 맨살이 터지도록 쥐어틀려왔다. 그런 박정희가 한나라는 말 한마디를 했다고 해서 함부로 가슴을 내놓을 수가 있는가? 한나란 무언가 말이다. 검뿔빼꼴(제국주의)의 치발(침략)을 때려부수는 댄검(반제) 싸움의 이어 솟굿(발전)이다. 하지만 박정희는 왜놈검뿔빼꼴의 앞잡이 짓을 하면서도 매우 치사한 앞잡이 짓을 했었고, 요즈음은 미검뿔빼꼴의 끔찍한 앞잡이 짓을 하고 있는 것으로 보면 한나를 말할 제참이 없을 만치가 아니다. 전혀 없다.

둘째, 박정희는 8.15 뒤 빠데(군대) 안의 공산당 묶냄(조직)에 있다가 그것을 까밝힘으로써 여러 백 사람을 죽게 하고는 저만 살아나왔다고 한다. 이건 그의 속내, 그의 냇길(이념)은 어쨌든지 사람이 사람으로서 사람답질 못하다. 사람답지 못한 사람이 사람의 뜸꺼리(문제), 그 바닥까지를 풀자는 하나의 알기(중심)가 될 제참이 있는가. 전혀 없음은 두말할 나위도 없다.

셋째, 박정희는 '4달 불쌈(혁명)'을 깔아뭉갠 등빼기(배신), 이를테면 이 땅 불림(진보)의 부셔(적)다. 그러니 그 불림의 맨마루(최고형태), 하나를 말할 수가 있겠는가. 말을 해서도 안 되고 말을 할 수가 없다.

하지만 이참 '7.4 함께불기'는 그런 박정희를 한나라는 도마 위에 올려놓으면서 그에게 한나라는 달라(명제)를 쥐어준 꼴이다.

그게 바로 우리네가 살고 있는 오늘의 안타까운 바투(현실)다. 그러니 도마 위에 올려진 그를 어거지로 끌어내려야 하겠는가? 아니다. 도리어 그가 한나라는 도마 위에서 내려오질 못하게 해야 한다. 다시 말해 '7.4 함께불기'를 뒤로 물리질 못하게 하고 어쨌든지 앞으로 나아가게 해야 한다.

그게 무엇인가. 이제부터 우리가 퍼뜩 뉘우쳐 입때껏 이 땅을 짓밟아온 검뿔빼꼴은 그 어떤 뜻에서든지 이웃이 아니라 곧바로 부셔로 매기는 일이다. 또한 남의 빠데들이 쳐놓은 금을 우리의 빼발(국경)로 치고 있는 잘못된 물코(체제)와 그 억은 맑티(문화)를 없애는 일이다.

나아가 마녘(남)과 노녘(북)이 서로 죽이기로 매긴 '국가보안법'을 없애고, 갈라서기를 도리어 아름다운 것처럼 거짓꾸민 쪼각맑티(분단문화)도 몽땅 걷어내는 것이다.

이런 꼭짓(점)에서 '7.4'를 그냥 놔두자. 다만 그것을 미끼로 속임수를 쓸 수가 없게끔 하자.

그렇게 울부짖었다.

이때다.

어느 누가 "그러나 그게 그렇게는 안 될 걸" 그런다.

"어렵긴 하다. 그러나 쪼개진 땅에서 우리끼리 또 갈라서는 것은 어쨌든 죽음이다. 따라서 하나 되기는 우리네 목숨을 살리는 거라, 해야만 되고 또 하면 될 것이다" 그랬다.

그런 일이 있은 뒤다. 갈마란 곧 불림이라는 걸 믿고 있는 사람들과 마주 앉은 자리에서였다.

"열나(만약)에 백기완이가 만들어도 '7.4 함께불기'를 그렇게 했겠느냐?"

나는 "아니다" 그랬다. "어떤 일이 있어도 나는 한 꼭지는 더 붙였을 것이다. 이 땅은 마녘노녘으로만 갈라진 것이 아니다. 돈놀이, 돈지르기(투기)나 해 처먹는 모랏돈(독점자본)과 제 알통을 부려먹고 사는 어엿한 사람, 다시 말해 있는 이와 없는 이가 가파르게 갈라서 있다. 따라서 착한 사람과 거짓뿌렁이 갈라서 있다. 때문에 이제부턴 곧맴(양심)이 곧 하나의 알기가 되도록 하자는 말을 넣었을 것"이라고 했다.

내 말을 찬찬히 듣고 있던 어느 누가 거들었다.

"그건 '7.4 함께불기'를 다시 새롭게 하겠다는 것이군."

아니나 다를까. '7.4 함께불기'가 나온 지 석 달쯤 지나고 나자 박정희 한 사람이 아주마루로(영원히) 준심(정권)을 거머쥐겠다는 뚱속(욕심), 다시 말해 죽을 때까지 해먹겠다는 '유신 막틀(독재)'이 불쑥 나오고 말았다.

나는 내 몸의 온 물끼가 무지땀으로 솟구치는 것을 어이할 수가 없었다. 피눈물보다 더 뼈아픈 무지땀으로 울부짖었다.

'유신 막틀은 박정희의 네숱째 등빼기다. 일제 때 한술, 8.15 뒤에 한술,

4달 불쌈 뒤에 한숨, 그리고 이참의 등빼기. 하지만 이참 등빼기엔 땅불쑥하기(특징)가 있다. 박정희가 스스로에게 한 말, 거기까지 들이댄 등빼기다. 아니, 우리 겨레의 하제까지 마구 죽이는 등빼기라, 목숨을 걸고 깨트려야 한다'고 다지면서도 한숨이 절로 나왔다.

  아, 참말로 이 땅엔 사람이 없구나.
  뉘우칠 건 있어도 뉘우쳐야 할 사람은 없구나.
  한나를 팔아 또다시 등빼기 짓을 하다니, 오천 해 기나긴 갈마가 굽이쳐 오는 동안 그런 뻔뻔스러운 등빼기가 또 있었던가! 없었다.

그것은 강원도 어느 깊은 덤(산)골이었지
열여섯쯤 된 계집애의
등허리에 핀 부스럼에서
이따만 한 구더기를 파내주고
아, 우리들은 얼마나 울었던가
나는 한살매를 저 가난의 뿌리와 싸우리라 하고
또 누구는 그 민중한테 장가를 들거라 하고
그렇다
백술을 달구름(세월)에 깎여도 기완아
너는 늙을 수가 없구나

6

길을 잃더라도
발길을 돌리지 마라

목숨을 건 싸움, 유신 깨트리기

'유신 막틀(독재)'이라는 게 나온 날부터 어쩐 까닭인지 보는 사람마다 내 얼굴엔 무슨 새뜸(소식) 같은 밝빛이 서린다고 했다. 만나기만 하면 "좋은 일이 있느냐, 아니면 주머니가 두둑한가 보지, 왜 그렇게 훤해" 그랬다.

하지만 나는 "왜냐"는 내 말은 아니 했다. 속으로만 맞대(대답)를 했다.

'유신 막틀', 그것은 박정희의 마지막 타들(상여) '마주재비'다.

죽은 다음에 타는 타들에는 세 가지가 있다. 하나는 꽃으로 꾸민 꽃 타들(꽃 상여), 또 하나는 썩은 멍석에 둘둘 말아 덤골(산고랑)에 내다버리는 멍석마리 타들, 그리고 마주잡아 들고 나가는 들것, 이를테면 마주재비가 있다. 그것은 죽은 이만 들고 나가자는 게 아니다. 죽은 이의 삶까지 들고 나가 저 멀리 덤(산)골짜기에 버리자는 게 아니다. 아예 이 땅별(지구) 밖으로 내다버리자는 타들이, 곧 마주재비다.

내 눈엔 박정희의 '유신 막틀'에서 그 마주재비가 보인다는 것이요, 때문에 마주재비하고 싸움은 딱 한쨩만 붙어도 이긴다는 제밑(자신)이 내 얼굴에 어려, 그래서 훤해 보이는 것이었다.

하지만 그 마지막 싸움엔 반드시 피를 보아야 한다. 때문에 딴 델 쳐선 안 된다. 박정희의 헷술(약점)을 곧바로 들이쳐야 한다. 그 헷술이라면 무엇일까.

　박정희는 한 나라의 대들할(유신헌법)을 덮개로 쓰고 있어 으스스한 것 같애도, 그것은 검뿔빼꼴(제국주의)하고 싸워온 이백 해의 갈마(역사)를 거스르고 있다는 갓대(증거)일 뿐이다. 또 '유신 막틀'은 '4달 불쌈(혁명)'이 보여준 랭이검줄(민중승리), 그 빛나는 제밑(자신)과도 맞서 있다. 더구나 '유신 막틀'은 사맴(민심)을 잃고 있는 것이 그 낼판(결정적) 헷술이라. 그것을 치고 들어가야 한다 그거였다.

　그 조리(방법)는 무엇일까. '유신 대들할(헌법) 없애기 묶냄(조직)' 그렇게 짤까? 아니다. 그것은 입때껏 해온 조리(방법)에 지나지 않는다.

　그럼 어떻게 해야 할까. 랭이(민중) 하나하나가 알기(주체)가 되는 조리여야 한다. 그건 또 무엇일까. '개헌청원백만사람서명꺼리(운동)' 그래갖고 먼저 굴낯(대표) 서른 사람을 묶는다. 그런 다음 그네들이 모두 알기가 되어 랭이들의 새김(서명)을 받기로 한다는 짠틀(계획)을 꾸리자고 생각했다.

　나는 장준하 선생한테 수락덤(수락산)엘 가자고 했다. 그것이 1973해 7달쯤, 내 나이 마흔 살 때였다. 아무도 없는 덤속에서 우리는 한마디로 하나가 되었다.

　그런데 언제부터 서른 사람을 모을 것인가.

　슬슬, 또는 갑작스럽게, 그리고 누룸(자연)스럽게 사람들을 보고 만나고, 그러자고 했다. 술도 먹고 노래도 부르고. 그렇게 11달(월)로 접어들면서부터는 장 선생이 앞장서 사람들을 빼끗히(밝은 눈으로) 만나는 걸 차픔(시작)했다.

　'유신 깨트리기 뜻말(취지문)'은 신발 깔창 밑에 감추고 찾아가서 어떤 일이 있어도 속으로 읽어보라고 내밀 것이오, 고개를 끄떡하면 새김을 받는데 맨 처음은 함석헌, 법정, 김동길, 김재준, 유진오, 이희승, 김수환, 김관석, 안병무, 천관우, 지학순, 김지하, 문동환, 박두진, 백낙준, 김정준, 김찬국, 문상희, 이병린, 계훈제, 김홍일, 이 인, 이상은, 이호철, 이정규, 김윤수, 김숭경, 홍남순, 백기완은 맨 꼬래비, 서른을 모았다.

그 뒤 장 선생이 이어서 받은 이름은 아래와 같다.

이문영, 장용학, 강신명, 김성식, 조향록, 이해영, 정석해, 이영민, 장 원, 현영학, 이헌구, 김재호.

우리들의 뜻을 언제 내댈(발표할) 것인가.

1973해 12달 24날 아침 아홉 때결(시)이 좋겠다. 왜냐. 그날은 그릇된 흐름이긴 하지만 거의가 술을 먹는 날이다. 헬렐레한 그날이 도리어 좋다.

그럼 우리들의 내댐은 어디서 내댈까.

서울역? 아니다. 그럼 홍사단? 그러나 아는 사람이 없으니 안 된다. 그러면 조계사? 좋긴 한데 밀고 들어갈 수가 있을까. 그럼 어디냐. 기독교청년회관(YMCA)? 거기엔 장준하 선생이 아는 이가 한 분 있다. 전택부 선생. 됐다, 거기 두걸(2층)을 밀고 들어가기로 했다.

이렇게 내댈 곳이 매겨졌다고 하면 밀게(등사판) 따위를 살 돈은 어떻게 한다?

옳거니, 장 선생과 나는 양일동 선생을 찾아갔다.

"돈 좀 주소."

"무엇에 쓸 거냐."

"누구한테 돈을 빌렸는데 해가 다 가기 앞서 꼭 갚아야 하기에"라고 둘러대자 때둘(시계)을 빼주시려고 한다. 테두리가 누리끼리한 것으로 미루어 비싼 것이었다.

나는 "아니요, 됐습니다" 하고선 종로 진명출판사의 안광용에게 가서 술값이 좀 있어야겠다고 하고 돈 몇 푼을 얻어 밀게도 사고 종이도 산 다음 장 선생 집으로 갔다.

내가 쓴 '개헌청원불기(선언)'를 허술이가 발락 종이에 베끼고, 김희로와 장호건이 밀게에 밀고, 김윤수와 나는 거들고.

새벽에 한축(일단) 흩어졌다가 딱 여덟 때결에 '기독교청년회관' 들락(문)을 왈가닥 차고 들어갔다. 안맴(미안)하지만 어쩌랴. 그날이 바로 기독교의 갸운날(명절)이라, 도리어 막는 이가 없었다. 그 자리엔 함석헌, 계훈제, 천관우, 김동길이 오고, 놀래 달려온 적네(기자)들 앞에서 장 선생이 내댐(선언문)을 읽어 내려갔다.

적네 하나가 물었다.

"백만 사람한테 새김을 받는다니, 어떻게 하는 것이냐?"

장 선생이 맞대(대답)했다.

"우리 서른 사람이 모두 알기요. 그러니까 누구든 흰 종이에 이름과 집데(주소)와 새김을 써 서른 알기 누구에게나 갖다주면 됩니다. 다만, 나 장준하가 그 서른 알기들이 모은 것을 몰아 모두는 일을 할 겁니다."

"그럼 장 선생이 곧은알기(총본부)란 말입니까?"

"아무렇게나 생각하시오."

끝을 맺고 내려오는데 청년회관에서 일을 하는 더러(몇 분)는 손뼉을 치고, 놀랜 적네들은 따라오며 찍게(사진기)를 들이대고.

그때서야 맨 사람을 잡아다 패기로 이름난 중앙정보부 사람들이 들이닥치는 것을 재빨리 따돌리고 장준하, 함석헌, 계훈제, 그리고 나는 천안으로 달렸다. 거기서 김순경 꿰찬이(박사)가 사주는 밥을 얻어먹고 서울로 올라오다가 저녁 새뜸(신문)에 우리 이야기가 난 것을 보고 나는 입을 열었다.

"이제 '유신 막틀'은 냅판(결정적)으로 금이 갔습니다. 마치 무달(침묵)까지 삼키던 썩은 웅덩이가 쪼매난 돌멩이 하나에 풍당 하고 깨지드키. 가만 있자, 그 돌멩이 하나를 뭐라고 하지요. 옳거니, '새뚝이' 그러질 않습니까. 무달까지 삼키는 썩은 웅덩이를 딱 한사위로 깨트리는 감칠털(미적) 매돌리기(전환)의 때참(계기) '새뚝이.'

그렇습니다. 박정희, 그 싸나운 '유신 막틀', 그 유신은 이제 랭이(민중)라는 돌멩이 하나로 깨진 겁니다. 나아가 '유신 막틀'로 하여 탄탄하게 굳힌 것으로 알고 있던 미국의 이 땅 쪼개 거머쥐기(분할지배)가 깎아지른 벼랑으로 굴러 떨어지기 차름(시작)한 겁니다. 마침내 와당탕 할 겁니다.

다만 내 목숨은 가만두질 않을 겁니다. 죽일 겁니다. 좋습니다. 떳떳하게, 아니 보람차게 죽겠습니다. 죽음만이 새 몽우리를 맺게 하는 것이 이참 우리들이 살고 있는 바투(현실)라는 겁니다. 가슴 저밀 건 없습니다. 난 죽어서도 날래(해방)된 땅 위에 이름 모를 풀잎으로 돋아날 것이오니 여러분! 서글픈 맴쏨이 같은 것은 마시길……."

그래 말을 했는데, "어허, 백기완이 뚱속(욕심)이 많군, 함께 가야지"라고 해 모두가 달리는 들녘이 떠나가게 웃었다. 1973해 12달 24날, 저녁이었다.

항일민족 글나(문학)의 밤

우리는 '유신헌법개헌청원백만사람서명꺼리' (1973. 12. 24)와 '항일민족 글나(문학)의 밤' (1973. 12. 26)을 함께 꾸리고 있었다. 그 까닭은 걷대(정치) 싸움과 맑티(문화) 싸움을 하나로 아울러 일으켜야 한다는 오틀(논리)에 따른 것이기도 했지만 '유신 대들할(헌법) 깨트리기' 싸움을 때참(계기)으로 온 골갈마(세계역사)를 휘몰아칠 엄청난 홀떼(강)를 만들고자 하는 데 있었다.

하늘에서 내려다보면 그 홀떼가 이 땅별(지구)을 휘감는 것 같으게…….

8.15 뒤 이 땅에는 울커대는(강요하는) 쪼갬(분단)을 뿌리치려는 거슬(저항)이 엄청 드세왔다. 하지만 한켠으로는 모진 짓싸(탄압)와 아울러 얏싸한 헐뜯기에 시달리고, 또 한켠으로는 우리 아낙(내부)에서도 또 갈라짐으로 하여 쪼갬을 짓부수려는 힘을 몰아 쓰질 못해왔다. 그 뒤척이던 발길을 다시 밟아선 안 된다. 우리들이 흘려온 그 피눈물 한 방울 한 방울들이 모여 어떤 걸기작(장애)인들 그냥 쓸어버리는 엄청난 홀떼를 만들어야 한다, 그거였다.

때문에 '유신 깨트리기'는 어느 거짓말쟁이의 앙똥한 준심(정권) 잡기도 아니요, 그렇다고 한술 빠끔하다 마는 불나락(불티)이 되어서도 안 된다. 햇덩이보다 오백만 곱이나 더 밝다는 별 '에타카리나' 따위는 발가락에 거느려버리는 우리네의 횃불, 그것이 바로 '항일민족 글나의 밤'이다. 그러면서 꾸며가는데 낌낌한 꼭짓(점)도 없진 않았다.

'개헌청원백만사람서명꺼리'를 내대던 12달 24날, 그날은 바로 너도나도 어절씨구 술을 먹는 날이기도 하다. 그래서 그 술끼(취기)가 아직 가셔지지도 않았을 12달 26날 저녁에 열고자 하는 것이니(을지로 네거리의 흥사단 누골〔강당〕) 사람들이 올까? 못내 걱정이 됐다.

그러나 그것은 백주한(시시한) 설정(근심)이었다. 글나의 밤을 여는 때결(시간)이 다가오자 사람들이 밀려오는데 몰개(파도)처럼 우르릉 소리를 내면서 밀려온다. 할머니, 할아버지도 있다. 공덕귀(윤보선 선생의 부인), 김한림, 함석헌, 계훈제 선생만 오시는 게 아니다. 땅불쑥하니(특히) 지게꾼 할아버지, 왜놈검뿔빼꼴(일제)과 싸우시던 할아버지, 아무려나(물론) 젊은이들은 말할 것도 없었다. 배우내(학생), 알맥이(노동자), 씨갈이꾼(농민), 선생, 재름(교수), 청대(배우), 소리꾼, 그림꾼, 춤꾼, 굿쟁이, 도랫니(종교인), 글쟁이, 뒷싸게는(심지어는) 새뜸(신문)팔이, 구두닦이, 술집 아가씨들까지 빼곡히 찬다.

장준하 선생의 여는 말로 차름(시작)됐다. 그런데 여는 말이 아니었다. '개헌청원'을 새길 종이를 쭈악 나누어준다. 그러자 욱쩍욱쩍 소리가 났다. 차오름과 벅참, 거기에 솟구치는 쭈빗(긴장)이 뒤섞이는 소리였다고나 할까.

이어서 내가 나서 '항일민족 글나의 밤'이 갖는 뜻을 막 말하려고 할 적이다.

껌벅, 멀쩡하던 깃불(전기)이 나간다. 바로 그 때박(순간), 김종필(국무총리)이 날굴대(생방송)에 나와 '개헌청원꺼리'를 하는 우리들더러 "까불지들 말라"고 으름장을 놓고 있는 바로 그 때박, 불이 나간 것이다. 일부러 끈 것이다. 그렇질 않다면 김종필이가 떠드는 굴대(방송)도 꺼졌어야 할 게 아니냔 말이다.

그런데 우리 '항일민족 글나의 밤'만 불이 나간 것은 무슨 일이냔 말이다. 박정희가 끈 것이다. '다음은 내 목숨을 끄려고 들겠구나' 생각되자 마침내 내 타고난 끼가 솟구치며 도리어 내 말에 서리가 돋치게 되었다.

"여러분! 아마도 박정희가 있는 청와대도 불이 나간 것 같습니다. 하지만 설정(근심)할 건 없습니다. 모두 다 성냥은 갖고들 있지요? 또 손가락도 다들 갖고 있지요? 손가락이 없으면 염통(심장)들은 다들 갖고 있질 않겠습니까. 우리 그것을 꺼냅시다. 거기다가 불을 거대고선 청와대로 우리 불 밝히러 갑시다. 청와대도 불이 꺼져 앞을 못 볼 것이니 오죽하겠어요. 자, 일어들 나세요."

'와~' 하는 엄청난 소리에 놀랬는지 불이 다시 들어오고 항일 찰(시) 읽기가 차름됐다. 신경림, 염무웅, 이호철, 강민, 이문구, 박태순, 신기선……, 자꾸만 이어지고 김민기와 김영동이 "네뿐인 줄 알지 마라, 너희 동포 오천만을 보난대로 죽이리라!(우덕순)"를 해금에 실은 노래로 엮자, 함석헌 선생이 한없이 우신다.

누군가가 소릴 질렀다.

"참짜 항일 찰은 바로 이 '개헌청원꺼리 내댐(선언문)'입니다. 그러니 우리 다같이 '와~' 하고 소릴 칩시다."

"와~아 아."

어느 누가 또 한마디 한다.

"우리들 모두가 '개헌청원꺼리'의 알기(주체)요, 나도 알기란 말이요. 그러니 새김한 걸 모두 나한테 주시오."

"와~."

그야말로 뜨겁게 타올랐다. 유신 깨트리기뿐이랴. 우리네 허리를 뚝하고 뿐지른 미검뿔빼꼴(미제국주의)을 몽땅 사르고도 남게시리 활활 댔다.

그 추운데도 땀에 젖어 밖엘 나오니 가루눈이 소르르, 나는 함께 가던 김윤수 재름한테 말했다.

"김 재름, 박정희하고 싸움은 이제 끝난 거요. 다만 이제부터 맨몸으로 맞붙을 딱 한 짱만 남아 있구려."

아니나 다를까. 퇴계로5가에서 캄캄한 우리 집 골목으로 빠져들 적이다. 누가 뒤에서 "야 이 새끼야, 담배 한 대 주고 가" 그런다.

그래도 모르는 체 뚜벅뚜벅 가는데 바로 뒤에까지 바싹 다가와 "야 이 새끼야, 담배 한 대 달랬잖아, 안 들려?"

나는 벌써 차리고 있었다. 컴컴하지만 저 앞에 있는 길 한가운데에 손바닥 댓쯤 크기의 얼음구덩이가 있는 게 눈에 어린다. 거기까지 거의 가서 제 밑게(자신 있게) "없어, 임마" 하고 돌아서려는 때박, 홱 하고 발길이 들어온다. 잽싸게 비끼며 딴죽을 거니 그 손바닥 댓쯤 크기의 얼음 위에 '미약' 하고 나가떨어진다. 이때 내 놀림이라는 게 이러구 저러구가 있을 손가. 짧은 머리에 뼈근한 알통, 돌덩이 같은 주먹, 바늘도 안 들어가리만치 탱탱한 녀석의 대갈찌(머리)를 얼음장에 대고, 죽어라 하고 짓찧었다. 눈깔이 돌아가든 말든 끝장을 낼 참이었다.

그런데 누가 내 어깨를 툭툭, "점잖은 분이 애들한테 뭘 그러슈."

"뭐야, 점잖은 분한테 왜들 까불어."

서성거리고 있는 여남은 놈의 욱(기)을 꺾으며 집엘 들어오니 그 추운 날에도 김 재름의 등때기와 내 속옷엔 땀이 흠뻑, 옆에 누운 김 재름이 묻는 것이었다.

"거 백 선생, 그 날랜 솜씨 말이오. 그거 어떻게 된 겁니까. 무슨 닦기(도장)라도 다니신 겁니까?"

"그렇지요. 하지만 내 닦기는 딴 데가 아니었지요. 바람찬 길바닥, 허구한 날 그 맨바닥에 쭈그리고 있다 보면 뻘떡 일어날 줄도 알게 됩니다. 왜냐, 그렇질 않으면 굶어죽기 앞서 얼어 죽거든요."

찬굿(영화) 〈포도의 계절〉

'유신막틀깨트리기꺼리(유신독재개헌청원운동)'를 차름(시작)한 지 오매 엿새가 되던 1973해 12달 30날 저녁, 서울 충무로엔 하얀 눈이 펑펑 내렸다. 빈속은 더더욱 아실아실 하고.

이때 누가 우리 일매기(사무실. 백범사상연구소)로 새뜸딴글(신문호외)을 하나 들고 뛰어들었다.

"개헌꺼리 집어치우라, 안 그러면 일을 내겠다"는 박정희의 마구말(공갈)을 들락(문)짝 만 하게 박아 넣은 새뜸딴글.

나는 "우리 나가봅시다"라고 했다. 누군가가 맞대(대답)를 한다.

"안 됩니다. 눈발과 새뜸딴글이 다투어 뿌려지고 있고, 오랏꾼(경찰)들과 사람을 잡아다 패 죽이는 중앙정보부가 빼곡히 깔려 으스스합니다."

"그러니까 나가보자는 거지" 하고 벌떡 일어나자 장준하 선생, 최혜성, 김도현, 김정남, 허술, 김영길, 김희로 더러(등)가 따라나선다. 충무로는 지나는 사람들보다 더 많은 오랏꾼들과 개망나니들로 좌악 깔려 있다. 우리 둘을 노리는 말똥가리들 치고는 너무 많은 것 아닌가.

여기저기 굴대(방송)에선 "개헌꺼리 집어치우라. 그건 대할(불법)이다. 까불면 몽땅 잡아넣겠다"라는 박정희의 마구대기(협박) 소리가 제아무리 날뛰어도 왜 그리 잔망하게 들리던지, 지끈지끈 밟으며 찻집엘 들어가려고 하니 그 둘레도 찻집 안도 몽땅 중앙정보부라, 아주머니가 떤다.

"아주머니, 떨 거 없어요, 차나 줘요" 하고 영길이의 귀에 대고 속삭였다.

"눈길이지만 우리 집엘 가서 돈 삼만 원만 얻어오게, 오늘만큼은 거저먹을 수가 없지 않은가."

한참 만에 영길이가 눈을 하얗게 뒤집어쓴 채 돌아왔다.

찻값을 내고 나오는데 말뚱가리들이 우르르 따라붙는다. 골목으로 빠지는 척하면서 장호권이가 숨겨두었던 수레(차)에 잽싸게 올라탔다. 말뚱가리 깜치(정보원) 나부랭이들이 저네들 수레에 탈 짬도 안 주고 '왱~' 요리조리 그냥 받을 듯이 앞으로 몰아 명동을 빠져 나왔다. 을지로로 들어서자 더욱 빠르게 왕십리 으슥한 밥집까지 갔다. 거기서 밥값을 치루고 남은 돈에서 나 오천 원, 장 선생에게도 오천 원, "이제 다시 만날 때는 땅속일 거요, 이건 거기까지 갈 수레 값(저승 갈 돈)이고."

"땅속을 가는 데도 수레 값이 든다구?"

왁자하고 함께 웃었다.

이틀 뒤 하얀 눈 더미 속에 1974해 새날이 밝고, 새해랍시고 노는 날 닷새가 지나자 우리는 대뜸 박정희한테 내댐(선언문)을 띄웠다.

"개헌청원꺼리는 어떤 마구말, 그 어떤 마구대기에도 꺼떡 없이 앞으로 나아갈 것이다."

그 떠방(반응)으로 세 날 뒤(1달 8날), 박정희의 이른바 '대통령 긴급조치 1호'가 나왔다.

'유신 대들할(헌법)'을 고치자고 들고 나오기만 해도 때살이(감옥살이)

15해, 또 이 '긴급조치'를 너무하다, 또는 나쁘다고 말로만 어쩌구 저쩌구 해도 때살이 15해라는 '대통령 긴급조치 1호.'

> 1974년 1월을 죽음이라 부르자
> 오후의 거리, 방송을 듣고 사라지던
> 네 눈 속의 빛을 죽음이라 부르자
> (…)
>
> 온몸을 흔들어 거절하자
> 네 손과
> 내 손에 남은 마지막
> 따뜻한 땀방울의 기억이
> 식을 때까지

〈1974해 1달〉이라는 김지하의 찰(시)이 나오던 바로 그 뒤안이었다.

그런 '긴급조치'가 나오고 나서 닷새 뒤 아직 캄캄한 새벽이었다. 우리 집 안눌데(안방)는 구둣발에 마구 짓밟히고 아내는 소리소리 지르고, 애들은 울고. 나는 개처럼 끌려가 닦달을 받게 되었다. 모질게 털고 짜고 비틀어도 나한테서 나온 것은 장 선생과 저녁을 먹으면서 내뱉은 한마디뿐이었다.

"'긴급조치', 그것도 할(법)인가. 아니다. 날도둑 놈들의 수군대기보다도 못한 개나발이다. 아무리 그래도 네놈들은 언젠가는 갈마(역사)의 가름(심판)을 받으리라 어쩌고 하면 곧 15해 때살이라니, 백기완이는 늙은이가 돼서 나오겠구나!"

그 한마디가 죽어야 할 사갈짓(죄)이라고 했다.

나는 대들었다.

"이봐, 왜놈검뿔빼꼴(일제)의 앞잡이가 되어 우리 홀셨꾼(독립군)들을 죽인 놈이 사갈(죄인)놈이지, '대들할도 아닌 대들할(유신헌법)'을 바꾸자고 한 것이 어째 사갈짓이냐."

그냥 답쌔긴다(때린다). 공깃돌처럼 굴리다가 엿가락처럼 잡아 빼다가 꽈배기처럼 뒤틀고 개떡처럼 짓이기는 낮과 밤이 한 댓술 지난 듯싶었다.

가분재기(갑자기) 더욱 으스스해지더니 얼굴이 사뭇 커단 사람(문호철 검사. 수사국 부국장)이 모눈을 가로 뜨며 엉뚱한 소리를 한다.

"네가 떵이(천재)라는데 그게 무슨 말이냐?"

"날더러 떵이라고? 어허, 그것은 아마도 술 거저먹는 떵이란 말일 거요."

"허트게 굴질 말고, 네가 찬굿(영화)도 잘 안다면서? 얼추(혹) 〈포도의 계절〉이란 찬굿을 본 적 있어?"

"있수다."

"어디가 괜찮았나?"

"글쎄, 내 눈에 한술 스쳐간 그림이라서……. 옳아, 딱 한 군데가 더듬어지는군. 그 찬굿의 알기(주인공) 씨갈이꾼(농부)이요, 피땀으로 잘 익힌 포도밭에 밤비가 퍼붓자 포도가 뭉크러질세라, 안타까워하던 그 씨갈이꾼의 낯빛만 떠오르는데요."

그래 말을 한 것뿐이다.

벌떡 일어나더니 "너는 임마, 굴랑(예술)은 못 보고 그따위 땀방울만 들먹거리는 걸 보면 폭폭 썩어야 돼" 그러면서도 어딘가 켕겼든지 피던 담배와 성냥을 놓고 얼쨤(잠시) 나간다.

'내가 훔치면 어쩌려고……', 옆에 따콩(총)을 든 따꾼(군인) 댓이 지키고 있으니 그럴 수도 없긴 했지만…….

뒷날 알고 보니 장선생이 부랄(조사, 심문)을 받다가 딴죽을 걸었던가 보았다.

"백기완이는 그만 때리고 차라리 나를 쳐라. 왜냐, 백기완이는 겨레 맑티(문화)의 떵이다. 또 한술 매긴 뜻은 죽어도 꺾일 않는 사람이다. 아니, 죽어야 한다면 죽음으로 뜻을 세우는 사람이다. 그런 그를 댄이(반대자)를 잡는답시고 때려죽이면 겨레 맑티를 죽이는 사갈짓이라. 떵이를 때려죽이는 데선 더덩(더이상) 부랄을 못 받겠다. 나도 함께 때려죽여라"라고 해댔다.

그래서 문 국장이라는 사람이 묻는 것이었다.

"네가 무슨 놈의 떵이냐고."

웃을 데가 못 되는 데서도 웃질 않고서는 베길 수가 없는 짜통(사건)이었다. 어쨌든 나는 웃을 수가 없었다. 바로 그 바람에 나에겐 더욱 끔찍한 닦달이 다그쳐졌기 때문이다. 엉뚱한 것을 사갈짓으로 때려 모는가 하면, 잠도 안 재우고 사람으로선 그럴 수가 없는 짓과 고얀 말로 몇 날을 거퍼 들볶았다. 그래도 버티자 내 사갈짓이라는 게 우습기 짝이 없었다.

"'유신 대들할', 그것을 말로 건드리기만 해도 때살이 15해라, 그리 되면 나 백기완이는 살아 나와도 백기완 할아버지가 돼서 나오겠구나."

그 말 한마디였다.

몇 날 뒤 삼각지 육군본부에서 따꾼가름(군사재판)이 벌어졌다. 따꾼들이 따콩을 들고 섰는 가름. 한승헌, 이병용, 김태현 말네(변호사)가 목숨을 걸고

도왔어도 나에겐 15해 때살이가 때려지고 말았다.
　나는 빙그레 웃었다. 제아무리 따꾼들이 따콩을 들고 섰는 가름마당(재판정)이라고 하드래도 나의 맨 밑두리에서부터 치솟아 오르는 웃음을 참을 수가 없기 때문이었다.

장준하, 그는 누구던가

　1975해 2달 15날 한밤 영등포 때속(감옥), 갑자기 우리들더러 나가라고 했다. 이른바 '2.15 내놓기(석방)'라는 것이었다. 때속이 술렁댔다. 기쁨도 어리고, 한숨도 서리고, 저 멀리 밖에서는 마중 나온 사람들이 이겼노라고 떴다 고고.
　하지만 나는 못 나가겠다고 버텼다. "박정희가 '유신 대들할(유신헌법)'을 없애겠다고 온골(세계)에 다짐을 하지 않으면 난 못 나가겠다"고 벌렁 드러누웠다.
　그런데 어거지로 끌어낸다. 그때까지 밖에서 기다리던 적네(기자)가 물었다.
　"때속에서 나오는 느낌이 어떻소?"
　"조그마한 때속에서 큰 때속으로 나오게 돼 더욱 주먹이 쥐어질 뿐이오."
(동아일보, 1975. 2)
　"뭐? 조국근대화가 잘 돼가고 있는 이 땅을 때속이라니, 괘씸한 놈."
　국무회의에서 나한테 퍼붓는 톱살(욕)로 박정희한테 알라바치기(아첨) 겨룸을 했다는 소리가 들려올 때 나는 문득 개고기 생각이 났다. 그놈의 뜨시끈 뜨시끈한 마룩(국물)을 한술 쭉쭉 마셔나 보고 죽어도 죽어야겠는데, 그랬다. 하지만 한 모금은커녕 냄새도 못 맡고 있을 만치 안타까울 적이다.

새벽부터 들이닥치더니 또 잡아간다. 때에서 나온 지 두 달도 안 돼서다.(동아일보, 1975. 4)

캄캄한 밤 저 마녘(남쪽) 덤골(산골) 어딘가엔 왜 끌고 갔는지 속이 뒤틀리고 오금이 왜드라졌다(저렸다). 몸이 펄펄 뜨거워지며 꽥꽥, 있는 대로 게우며 가분재기(갑자기) 축 늘어지자 지나는 짐수레(짐차)를 멈추더니 나를 태우고 달린다. 얼마쯤 가다가 시키면 수레(차)로 옮긴 다음엔 눈과 입을 붙이게(테이프)로 가리고 고개도 못 들게 했다. 붕~ 소리만 들렸다. 가린 눈이지만 낮이 가고 또 밤이 내렸는데도 또 붕~.

어딘가에서 나를 끌고 올라간다. 살림집은 아닌 듯했다. 찔뚝찔뚝, 세걸(3층)쯤인가 싶었다. 내 눈에서 붙이게를 뗀다. 가분재기 환히 열리는 눈, 드나드는 들락(문)은 빠데(군대) 눌비(침대)로 가로막고, 바깥을 내려다볼 만한 들락은 이불로 꽝꽝 가린다. 그런데 어라? 눌비 옆에 붙이는 이름이 내가 아니라 조 아무개다.

'내가 백기완이가 아니라면 죽어도 딴 사람으로 죽는 게 아닌가.'
아침돌이(순회)를 온 탈돕네(간호사)의 손바닥에다 몰래 '백' 이라고 썼다. 힐끗 한다.

또 며칠이 지났다. 끌고 나간다. 무슨 찍게(사진기)로 나를 찍는 것 같은데 부르는 이름이 조 아무개다. 가만히 있었더니 소릴 지른다.

"제 이름을 부르는데 왜 맞대(대답)를 안 해."

"난 조 아무개가 아닌데."

"뭐야? 넌 이름까지 속이는 접시(사기꾼)냐."

배짱께나 있는 나도 소름이 끼쳤다.

보름쯤 지났을까. 나를 지키던 중앙정보부 사람이 새뜸(신문) 한 장을 내 얼굴에 던진다.

'인혁당 처단!'

들락짝만 한 글로 가득한 새뜸.

"봤어? 까불면 너도 이렇게 돼, 이 새끼야."

몇 날 있다가 눈이 가려진 채 또 끌려나갔다. 어디인지는 알 수가 없었다. 걸돌(층계)을 오르다가 삐꺽 잘못 디녀 얼굴이 깨졌다. 피가 철철, 그때서야 눈을 풀어줘 보아하니 우리 집 앞이다.

나는 대뜸 내 입술을 깨물었다.

이참부터는 죽기 살기가 아니구나. 죽어서도 반드시 이기는 싸움이어야 한다. 따라서 '유신대들할' 과 '긴급조치 9호' 따위나 깨트리고자 해선 안 된다. 박정희 막들(독재), 그것을 알로(실지로) 거머쥐고 있는 미, 일 검뿔빼꼴(제국주의)까지 몰아서 앙짱내리라 하고 일을 꾸리고 있었다. 아마도 내 한 살매 가운데 가장 잽싸고 목숨을 건 꾸림이었을 거다.

8달 17날 늦은 한낮이었다. 장 선생 맏딸한테 따릉(전화)이 왔다.

"아버지가 돌아가셨어요."

"뭐야? 그게 무슨 소리야?"

"포천 어디서……."

옆집 새재약국에서 돈 만 원을 빌리고 우학명, 최혜성이 보태 빌린거(택시)를 잡아탔다. 물어물어 달려가며 나는 속으로 '참말로 장 선생이 돌아가셨을까. 아니다, 넘어졌겠지.'

새벽 두 때결(시)쯤 포천 약사봉, 물이 철철 흐르는 골짜기 옆 바윗돌 위에 뉘어져 있는 장 선생의 머리를 들다가 오른쪽 귀 옆에 날카로운 도끼 자국을 보고 나는 온몸을 떨었다.

'네놈이 끝내 먹빼기(암살)를 했구나. 그것도 끔찍한 마구죽이기(학살)로.'
그때 장선생의 나이 오매 쉰일곱. 나는 여섯 달 동안을 내리 울었다.

강물도 달밤이면 목메어 우는데
님 잃은 이 사람도 한숨을 쉬니
추억에 목 메인 애달픈 하소
그리운 내 님이여, 그리운 내님이여……

부르다간 울고 울다간 또 부르고.
장준하는 어떤 분이었을까.
1976해 봄, 어느 모배울(대학) 누골(강당)에서다. 그게 아마도 김승호였을 게다. 알맥이(노동자)들을 모아놓고 날더러 힘이 될 이야기를 좀 해달라고 했다. 나는 거침없이 입을 열었다.
"여러분, 얼추(혹) 장준하 선생을 잊질 않으셨겠지요."
"장준하?"
알맥이들 모두가 장준하란 이름도 모르겠다고 한다.
나는 깜짝 놀라 "그러면 퉁(공) 잘 차는 차범근이는 아시오?" 그랬더니, 다 잘 안다고 했다.
'장준하로 말하면 일꾼들을 괴롭히는 이 땅별(지구)을 발로 차고 날래(해방)를 가져오자는 참짜 차기꾼인데, 차범근이는 알면서 장준하를 모른다고? 젠장, 내 목숨이 다하기 앞서 장준하에 마주해(대해) 꼭 남겨야 할 말이 있구나' 다짐했다.

참말로 장준하 선생은 어떤 분이었을까.

첫째, 통일이라는 말 가운데 '통'이라는 말 하나만을 써도 잡혀가 맞아죽던 그때, "모든 한나(통일)는 좋은가. 그렇다. 모든 한나는 좋다"고 잘라 말한 분이다.

무슨 말일까? 쪼개진 땅, 그것은 딴 거이 아니다. 바로 치발(침략)이다. 누가 치발을 했던가. 미국이다. 따라서 우리네 한나는 우리 땅을 치발해온 미국하고 싸움이지, 우리 겨레끼리는 부셔(적)가 아니라는 말이다.

이런 꼭짓(점)에서 장준하는 누구일까. 장준하야말로 한나의 제불(화신)이었으며 한나만이 나아감이라고 올바로 가르치신 스승이다.

둘째, 우리의 한나는 갈라진 겨레, 갈라진 땅덩이만 하나로 하자는 게 아니다. 온골(세계) 치발과 댄치발(반침략), 뺏는 놈과 빼앗기는 놈으로 딱하니 갈라놓고 있는 검뿔빼꼴(제국주의), 다시 말해 모랏돈빼꼴(독점자본주의), 그 틀거리를 발칵 뒤집는 첫걸음이 바로 한나라고 여기신 분이니 오죽 어먹(위대)한가.

셋째, 장준하는 바로 그 삶이 한나였다. 목숨도 바치고, 한살매(일생)도 바치고, 몸소 한나만을 돋고저(위해서) 싸워온 빼난꼴(전형상)이었다. 따라서 장준하는 우리 갈마(역사)가 빚은 분이요, 나아가 몸으로 그 갈마를 꾸린 분이다.

그런 장준하의 머리에 도끼를 댔다고? 그건 죽어 마땅한 사갈짓(범죄)이요, 따라서 이 땅에서 살 제참(자격)이 없는 등빼기(반역)다.

그렇다. 장준하를 죽였다는 것은 한나의 패박(상징)을 죽인 것이요, 한나

갈마(통일역사)의 줄기를 죽인 것이요, 한나틀(통일적) 삶을 죽인 것이라, 요만큼도 감나(용서)할 수 없는 사갈짓이었다.

그런 어먹(위대함)에 누가 손을 댔을까? 박정희다. 박정희가 죽였다. 그 소름끼치는 먹빼기를 박정희 혼자서 했을까? 아니다. 미국이 일러서 죽였다. 미국이 박정희를 앞세워 죽였다 이 말이다. 따라서 장준하의 목숨을 뺏은 것은 8.15 뒤 입때껏 그 숱한 먹빼기의 하나이면서 우리 겨레의 갈마, 그 불림(진보)에 마주한(대한) 먹빼기라고 나는 잘라 말한다.

그러나 참말로 장준하는 미국과 박정희가 꾸민 먹빼기로 하여 아주 쓰러진 것일까? 아니다.

1975해 끝머리쯤이었을 게다. 선생과 자주 가던 명동 어느 술집을 찾으니 딴 데로 가고 없었다. 물어물어 옮긴 데를 겨우 찾아 깽깽이와 손풍금을 키는 이들한테 장 선생과 늘 듣던 '대지의 항구'를 키라고 했다.

　버들잎 외로운 이정표 밑에
　말을 매는 나그네야 해가 졌느냐
　쉬지 말고 쉬지를 말고 달빛에 길을 물어
　꿈에 어리는 꿈에 어리는 항구 찾아가거라

키고 또 키고, 부르고 또 부르고, 마구 맴쳐(취하다) 올 때까지 안 보이던 그 술집 아줌네가 올라와 "듣던 노래인데, 누가 왔어, 이거" 그러더니 날 쳐다도 안 보고 술올리게(술상)를 와그르 밀어낸다. 술 땅지(병), 주전부리(안주) 따위가 쟈갈쟈갈(쟁강쟁강) 엎어지고 깨지고, 그 위에 새 접시, 새 술을 차려놓은 다음 혼자서 그 지끈한(독한) 술을 몇 옴박(잔) 마시더니 어느새 핏발 선 눈매로 그제서야 나를 쳐다보며 하는 말이었다.

"이봐 백기완이, 왜 혼자 왔어. 올라고 하면 밤나닥 둘이서 쑥덕이던 그 한나를 들쳐 메고 오던지, 아니면 장 선생과 함께 오던지 그래야지. 아무튼지 오늘로서 그대들이 일곱 해 동안 땡닢 한 푼 없이 마시는 바람에 쌓아둔 밀린 술값은 모두 거저다. 하지만 다시는 혼자 오질 말라"고 소리소리 치다가 '대지의 항구'를 부르며 울고 나도 울고.(이성주 〈동아일보〉 문화부장의 글, 1988)

아주 간 줄 알았던 아줌네가 넋살(정신) 번쩍 나게 소릴 지르는 것이었다.

"누가 장준하를 죽었다 하는가. 이 새끼들아, 개나발이다. 장준하는 이렇게 살아 있다니까, 이렇게……."

그러면서 거리의 불빛이 꺼질 때까지 흐느끼는 것이었다.

나와 문익환 목사

내가 문익환 목사를 처음 만난 곳은 1975해 8달 18날, 장준하 선생의 집 역울(빈소)이었다. 함석헌 선생이 역울로 들어오시며 "어쩌다가 떨어졌담" 그러신다.

나는 나도 모르게 소릴 질렀다.

"거, 떨어지는 거 봤어요."

내 말에 역울은 한참 동안 숨소리마저 잦아들고 있었다.

이때다.

"나, 문익환 목사요. 그 빛나는 눈에 왜 그리 물기가 뿌연 거요. 우리 나가서 목이나 적십시다" 그러면서 굳이 잡아끈다.

역울을 나서 골목을 돌아서자 곧바로 쉬파리가 웽웽 하는 순대집, 파리가 빨다 남은 순대라는 건 다 녹은 얼음덩이 위에서 막 미끄러지려 들고 있고, 알범(주인)이라는 이는 파리를 쫓는 건지 앉은 채 낮잠을 자는 건지 부채를 비스듬히 든 채 꺼떡꺼떡 하는 집, 거기서 한 땅지(병) 비우고 또 한 땅지를 낼름 비우고 나서 내가 먼저 말을 걸었다.

"목사님, 장 선생이 어떻게 죽은 줄 아시오."

"글쎄, 떨어졌다면서."

"아닙니다. 박정희의 멱빼기(암살)입니다. 아주 끔찍한 멱빼기."

"그래? 어쩌자고 그 짓을 했을까요."

"긴급조치 9호를 깨트리고자 앞장설 이는 장준하밖에 없다. 더구나 한나(통일)라는 두 글을 갖고 박정희를 몰아치는 것이 그리 무서워 아예 장준하를 죽인 것입니다. 죽일 놈들, 어쨌든 그 부셔(원수)를 갚아야 하질 않겠어요. 그러고자 해서는 장 선생이 앞장을 섰던 일을 누가 이어가야 하는데……."

"그야 백 선생이 나서면 되질 않소."

"내 발길엔 울이 처져 있어서. 난 기독교, 그쪽엔 손이 잘 안 닿아서 그런다니까요."

쐬주 한 땅지를 더 비운 다음 나는 마치 푸석 솜에 부싯돌을 대드키 거댔다(불을 붙였다).

"거, 문 목사가 좀 나서면 안 되겠소?"

이 말에 놀라 맞대(대답)를 한다.

"장준하, 백기완이의 거리싸움에 날보고 나서라고? 난 그런 일은 해본 적도 없고 성경 메베(번역)만 하느라 맞지도 않고."

나는 바싹 다가갔다.

"넝감, 넝감하고 가장 가까웠던 찰니(시인) 윤동주는 어떻게 죽었습니까. 왜놈검뿔빼꼴(일제)이, 그것도 때속(감옥)에 처박아놓고 멱빼기를 한 거 아닙니까. 또 그 뒤 넝감하고 가장 두터운 벗은 누구요, 장준하 아니요. 그 장준하는 누가 죽였어요. 왜놈검뿔빼꼴의 앞잡이 박정희이거늘 왜 못 나서겠다는 거요. 혼자만 오래 사시겠다 그 말씀이오?"

"아저씨, 거 4홉들이 쐬주 두 땅지하고 커단 사발 둘만 주시오" 하고 딸딸딸 따라준 다음 내 사발에도 딸딸딸, 나부터 쭈욱 마시고선 "안 하실랍니까?"

"더는 안 되겠는데······."

"술도 못하시겠다면 나서세요. 그리하면 장 선생을 땅에 묻을 때까지 나, 이 백기완이 울지 않으렵니다."

"날더러 나서라고? 나는 맞지를 않아서 말이야."

나는 대뜸 윤동주의 〈서시〉를 읊어댔다.

　　하늘을 우러러
　　한 점 부끄러움이 없기를
　　잎새에 이는 바람에도
　　나는 괴로워했다······

그러고선 다시 거댔다.

"목사님, 목사님한테 거대는 게 아닙니다. 찰(시) 쓰는 문익환이한테 거대는 겁니다. 찰 한 줄 쓰시라는 건데 뭘 그러세요."

그때까지 슬퍼만 하던 문 목사는 마치 언 땅에서 처음 나온 청개구리처럼 싱그럽게 빛났다고나 할까. 그 맑은 눈빛으로 "그래, 찰 한술 지어볼까" 그런다.

나는 대뜸 뚫어지게 쳐다보다가 술 두 땅지를 또 시켜 딸딸딸, "녕감, 참말로 고맙소. 그런데 말이오, 걸대(조건)가 하나 있수다. 뭐냐, 목숨을 걸어야 합니다."

"목숨? 그거라면 좋다"고 해서 장 선생을 땅에 묻은 다음 나는 아내더러 돈 삼만 원만 달라고 했다.

"뭔 돈을 그렇게 많이……, 삼천 원이라면 몰라도."

아무튼 달라고 해갖고 어느 개고기 집에서 문 목사를 두술째로 만났다. 거기서 몇 술 거나해진 다음 내 구두 깔창에 있던 글을 꺼내 보였다.

"낱말들이 무섭구먼."

"그야 좀 부드럽게 바꾸면 안 되겠습니까."

그래서 1976해 3달 첫날, 이른바 3.1짜퉁(궐기)으로 문 목사가 처음으로 때(감옥)엘 가게 된다. 그 뒤부터 문 목사와 나는 그야말로 언애(형제)처럼 지내게 됐다. 이를테면 문 목사와 나는 갈마의 바루(역사의 현장)에서만 만나는 것이 아니었다.

문 목사는 우리말 쓰기를 그리 좋아했다. '사거리'가 아니라 '네거리' 다 그러면 그리 좋아했다. '좌우'가 아니라 '왼쪽, 바른쪽'이라고 하면 어쩔씨구 들썩이고, '미인'이 아니라 '너울네 또는 나네'라고 하면 입만 벌리는 게 아니었다. 가슴을 벌려 활짝 웃고, '시'를 '찰'이라고 하면 갸우뚱하다가도 찰은 걸레를 짜듯 짜내는 게 아니라, 맑은 찬샘이 찰랑찰랑 넘치드키 찰찰 넘쳐야 한다. 그래서 시가 아니라 찰이라고 하니 무릎을 탁 치고.

그렇다. 문 목사는 목사가 아니었다. 찰니였다.

3.1짜퉁으로 때엘 가기 앞서 찰 다섯 발(편)을 나한테 주며 어디에 좀 실어달라고 한다.

나는 창비 염무웅 재름(교수)한테 주었다.

"문 찰니의 바발(작품)이니 창비에 좀 실어달라고."

하지만 문 찰니와 나는 찰을 보는 눈은 좀 달랐다. 긴수레(열차) 속, 불룩한 젖을 먹이는 젊은 아낙에게 드리운 노을을 그렇게 잘 그릴 수가 없는 찰

을 두고,

"문 찰니, 그 아낙은 말이요, 그렇게 노을에 비끼는 아름다운 젊은 아낙만은 아닙니다. 곧 긴수레에서 내려 애는 등에 업고 온몸에 비지땀을 흘리며 석 십 리를 걸어가야 합니다. 그리고는 늦은 밥을 짓고, 빨래를 하고, 자리에 누워보았자 사내의 성가심을 받다가 새벽보다 먼저 일어나야 하는 겁니다. 그 미어터지는 삶의 바투(현실)를 함께 그려야지, 누룸(자연)의 아름다움만 그린다는 건 차라리 미어터지는 삶의 바투를 눈 가리는 군빛(환상), 이를테면 겉보기 아닐까요?"

"똑뜨름(역시) 백기완인 나와 달라" 그랬지만 문 찰니의 때속 찰들을 우리 연구소에서 찰묵(시집) 《꿈을 비는 마음》으로 꾸렸고, 그 뒤 때속에서 쓴 것으로는 이런 찰도 있었다.

어머니 봄이야 오고 있는데
머리맡에선 물이 얼었습니다
얼마나 추우랴 걱정하지 마십시오
가슴은 이렇게 뜨겁습니다
이제 일어나 얼음을 깨고 두 손을 잠가
손에서 얼음을 빼겠습니다.

그 얼음은 무엇일까. 손에 박히고 이 땅에 박힌 그 얼음, 아무튼 때속에서 쓴 문 찰니의 그 찰은 이 땅 글나갈마(문학사) 백 해를 번쩍 드는 바발이 아닐까?

아, 문익환!

어머니, 이제 일어나 얼음을 깨고
두 손을 잠가 손에서 얼음을 빼겠습니다

이렇게 불쌈털(혁명적) 살냄(정서)을 가지고 그 추운 때속에서 한가위를 여덟 술(번)이나 보낸 문 찰니를 떠올리자니 갑자기 가슴이 울컥, 그때 그 쉬파리 날리던 순대집엘 다시 가고 싶으다.

쩨쩨한 짜나리가 거머쥔 나라

　사람이 살아가는 길엔 빗길도 있고 눈길도 있고 막길도 있고 골목길도 있다.
　빗길은 살펴서 가라고 한다. 눈길엔 창고(방향)를 잃지 말라 그리고, 또 막길은 함부로 발을 디딜 데가 아니니 손수 길을 내면서(만들며) 가라고 한다.
　하지만 골목길은 어떻게 가라고 해왔던가. 모름지기 골목길엔 아무런 덧침(군말)을 안 주게 돼 있다. 이를테면 착한 늦둥이가 오라는 데 없는 서울로 알통을 팔러 가던 날, 도토리묵도 못 싸준 에미의 안타까움을 붙들어 매두는 데가 바로 골목길이라. 마냥 한숨이 서리긴 하지만서도 그 골목길은 바람도 씨원하게 잘 빠지고 제비나 잠자리도 제멋대로 훨훨 날고, 그래서 우리네 골목길을 일러 '날물' 그랬다. '날래(해방) 물살'의 준말인 셈이다.
　따라서 그 쭉쭉 빠지면서도 마냥 짙은 한숨이 머무는 골목길을 떡하니 딱 선이처럼 가로막을 것이면 그런 치를 두고 뭐라고 해왔드냐. 쩨쩨한 '짜나리(멸치보다 못한)' 그랬다.
　아니다. 닭의 똥구멍이나 파먹는 가장 치사한 '쥐짜나리' 그러기도 했다. 그렇다. 우리네는 옛부터 쥐짜나리는 사람의 몸을 가졌으되 사람으로 치질 않았다. 그냥 쓸어버릴 쓰레기만도 못한 것으로 쳐왔다. 그냥 놔두고서는 살 수가 없다고 해왔다 이 말이다. 이런 잇대(전통)가 있는데도 우리네 골목길을 가로막는 아주 치사한 짜나리가 있었으니 그게 누구일까. 박정희였다.

하루는 우리 집 골목길을 나서는데 냉큼 채간다.
눈도 가리고, 입도 가리고, 어딘가로 끌고 가더니 "너 이 새끼, 오늘 배구 겨루기(경기)를 한답시고 한홀떼(한강) 모래밭에 모였다가 청와대로 쳐들어가기로 했었지" 하고 닦달을 한다.
그것도 밤이 가고 낮이 가고 또 가고 또 가고, 그제서야 거짓이라는 게 드러나 나왔다.
몇 날 있다 또 잡혀갔다.
내가 묶여 있는 시커먼 눌데(방)를 삐끄덕 열더니 웬 녀석이 "또 왔어?" 그런다.
나는 대뜸 "야, 너네들이 또 잡아왔지, 내 발로 내가 또 왔냐?"
어떤 때는 한 달에 두슴씩 그랬다. 그게 바로 내가 겪던 박정희 겨락(시대)이라는 것이었다.
그것만이 아니다. 모배울(대학)이나 알맥이(노동자) 모임, 그 밖에 가난한 이들의 바루(현장)에서 말을 해주기로 한 날은 새벽부터 많게는 한 중대쯤의 오랏꾼(경찰) 여든이 우리 집 골목을 둘러싸고 담배도 못 사러 가게 했다. 이른바 집안가두기(가택연금)였다. 이런 집안가두기가 길고 많기로는 아마도 내가 온골투난(세계기록)일 거다.

1976해이던가 77해던가. 전주 문정현 신부가 "한나(통일) 뜸꺼리(문제)를 말해달라"고 해 하루 앞서부터 몰래 우리 집을 빠져 나왔다.

일부러 하루 앞서 집을 빠져 나와 큐큐한 데서 자고 느린 긴수레(기차)를 타고 찌그득 찌그득 갔다. 신부, 목사, 수녀 여러 백이 모여 있었다. 그런데 그보다 더 많은 오랏꾼들이 이쪽저쪽 골목을 가득 메우고 있다.

'허허 짜나리 새끼들, 꼴좋다' 는 소리가 절로 나와 한나 뜸꺼리는 뒤로 미루고 러시아 어느 빼난이(장군) 이야기를 했다.

러시아의 한 빼난이가 말을 타고 얼지 않는 마녘(남쪽) 바다를 찾아 떠났다.

'타가닥 탁, 타가닥 탁' 달려가다가 괜찮다 싶은 데가 있으면 묻지도 않고 러시아의 깃발을 꽂았다. 대들면 죽이고. 그게 바로 오늘의 그 넓은 러시아의 땅이 됐다. 그 도막에 따꾼(병사)들이 지쳐 집엘 가고 싶다고 하면 그냥 보내주고선 또다시 '타가닥 탁, 타가닥 탁' 가다가 끝내 그 빼난이도 쓰러졌다.

얼마 뒤 피독임금(표트르대제)이 또 달려가 마침내 몰아 차지한 게 오늘의 러시아 마녘 바다 '블라디보스토크' 다. '사할린' 도 일본한테 범의 가죽 세 닢을 주고 사고. 그렇게 널마(대륙)를 차지할 적에 조선왕조 오백해, 이 땅 임금들은 썅이로구(도대체) 무엇을 했을까. 골목을 가다가 예쁜 가시나가 있으면 "이리 오너라" 하고 놀아나니 어떻게 되었겠느냔 말이다. 가시나는 너무나 통거워(원통해) 절구통에 탁, 혀를 자르고 죽고, 그렇지만 눈물 한 방울이 없던 임금들은 힘이 빠져 마흔 안팎에 다 죽었다. 어떻게 죽었느냐. 쌍화탕, 쌍금탕을 아무리 달여 먹어도 빠진 등꼴이 텅텅 비어 다 죽었다 이 말이다.

우리 갈마(역사)라는 게 무언 줄 아는가. 바로 그 짜나리 임금들이 가문 웅덩이의 올챙이처럼 우리네를 요 쪼매난 땅으로 내몰아 짜고, 배틀고, 조지고, 이 때문에 다 그르친 발자욱이다. 그리하여 무지랭이, 그 착한 이들의 눌데바닥엔 붉은 피눈물이 늦가을 웅덩이처럼 엄청났다. 하지만 달구름(세월)은 흐르고 또 흘러 그 붉은 피눈물도 어느새 다 바래버리고 마침내 하얀, 아주 새하얀 한숨이 바닥까지 뒤집고 있는 게 우리네의 지난 갈마라는 것이다.

그런데 요즈음은 좀 나아졌는가. 좀 달라졌는가 말이다. 아니다. 박정희는 더욱 치사한 짜나리가 되고 있다.

여러분, 저 골목길을 가득 메운 박정희를 좀 보시라.

이게 나라인가, 쩨쩨하기 이를 데 없는 짜나리의 개마들(개판)이지.

그 한마디를 하고선 서울 가는 긴수레에 몸을 실었다. 철커덩 철커덩, 서울역에 내리니 이따위들이 지켜 섰다가 "차나 한 모금 하시지요?"

"난, 너네들하고는 안 한다. 너네들이 마시자는 게 차냐. 쥐썩풀(쥐약)이지. 난 안 한다"고 했으나 미념(소용) 있으랴. 차나 마시자는 그 어진 맴은 가분재기 어딜 가고 이따위 묵직한 무언가로 내 복사뼈를 쿵……, 개처럼 끌려가 닭달을 받게 됐다.

"너 이 새끼, 우리 각하더러 쩨쩨한 짜나리 대통령이라고 했지?"

"그렇다."

"너 이 새끼, 건방지게 어떻게 그따위 막말을 해" 하고 패다가 날이 저물고 밤이 바뀌고 그러다가 갑자기 말을 돌린다.

"야 이 새끼야, 이건 내 생각이야. 왜 그냥 막틀네(독재자)가 아니고 쩨쩨한 짜나리 막틀네냐, 엉? 너, 죽을라고 기를 쓰는 거냐?"

"이봐, 쩨쩨한 짜나리라는 게 무언 줄 알기나 알아? 너네들의 우두머리가 막틀(독재)로 나라를 쥔 것으로 그쳤느냐, 아니지 않아. 이 골목 저 골목, 이 좁은 뒷골목 길모퉁이까지 몽땅 혼자 해 처먹고 있으니 그게 쩨쩨한 짜나리가 아니면 어떤 게 쩨쩨한 짜나리가?"

"이 새끼가."

몇 날 동안 실컷 조지고 지지고 볶으고, 마침내 낡은 흙 먹개(벽)에서 바람에 서걱이는 우거지보다도 더 매가지로(풀기 없게) 만들어놓고선 새벽에 나가란다.

나가라고 하는데도 걷질 못하겠다. 허리는 펄 수가 없고. 하지만 백기완이가 어찌 똥구덩이에 주저앉으랴. 새벽부터 쐬주집을 탕탕탕, 안 열어준다. 또 탕탕탕, 사람이 죽게 됐다고 하니 그제서야 열어준다.

나는 대뜸 쐬주 한 땅지(병)를 집어 들고 이빨로 땄다. '떵', 그리고는 맨으로 꿀떡꿀떡, 겨우 풋고추 하나를 얻어 주전부리(안주)로 또 한 땅지를 선 채로 꿀꺽꿀꺽, 또 한 땅지를 집어 들려고 하자 이제는 가라고 내민다.

하는 수 없이 퇴계로6가까지 걸어가며 나는 소리소리 질렀다.

"박 아무개 나와, 이 짜나리야. 나하고 깨끗이 맞짱 한술 뜨자우. 내 곧맴(양심)이 무거우냐, 너네들 것이 무거우냐, 한술 꼰아(달아)보자우. 나와, 이 개새끼들아."

집엘 오니 웬 녀석들이 벌써 우리 집 안눌데(안방)에 가득.

눈깔이 뒤집힌 나는 마당에 있던 빈 땅지를 집어던졌다. '쨍그렁', 또 '쨍그렁', 다 달아난 뒤 이틀을 내리 자고 일어나 아무도 없는 눌데에서 혼자 웅얼댔다.

'나 말이가? 난 아무것도 한 게 없다. 그저 답답하면 널마의 노래나 부르고 울고. 다만 딱 한마디는 했지. 쩨쩨한 짜나리, 앙뚱한 쥐짜나리 갖고는 안 돼, 이 새끼들아. 조선왕조 오백 해만 쌔코라뜨린 줄 알아. 요즈음은 더 끔찍하게 쌔코라뜨리고 있어. 이 쩨쩨한 짜나리, 쥐짜나리, 깜쥐 새끼야. 나와라 이 말이다.
 나하고 맞짱 한술 뜨자우. 요, 요, 요 쩨쩨한 짜나리 새끼들아!'

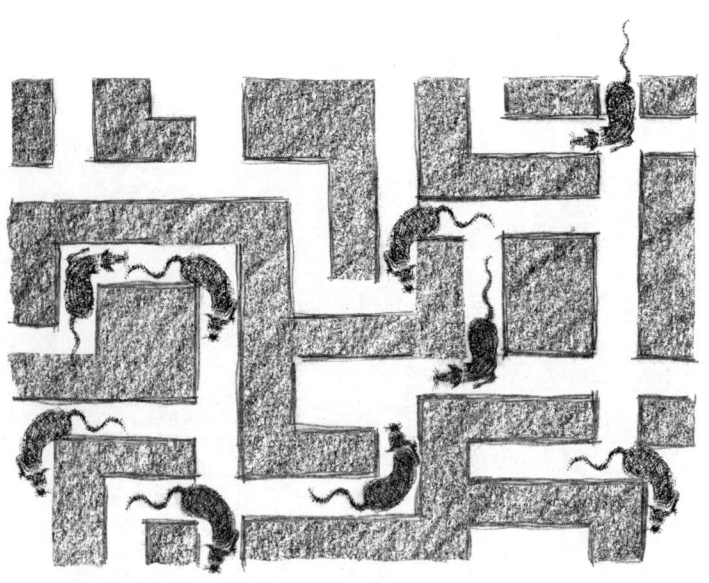

파리새끼한테 띄운 글월

1979해 10달 26날, 박정희가 숨을 거두었다고 벅적였다. 그런데 어라? 또다시 나를 잡아다가 종로 오랏집(경찰서) 가둘(유치장)에 철커덩.

"뭐야 이거, 박정희도 갔는데 날 또 잡아넣는 놈이 누구야……."

백낙청 재름(교수)이 오래 갇혔었다는 바로 그 눌데(방)에서 한 보름 소릴 질렀다.

어쨌든 저녁엔 나갈 참이다. 그런데 공덕귀, 김한림 아님(여사)이 와서 귀띔을 해준다. 오늘 저녁 명동 기독교여자청년회관에서 모임이 있을 거라고.

처음 듣는 말이지만 나는 가둘에서 나오자 근질근질한 속옷도 못 갈아입고 곧 명동으로 갔다. 박용길 아님, 백낙청 재름, 한동학, 이신범, 송재덕, 임정남, 이석표, 그 밖에 여럿이 함께 갔다. 이른바 지재(혼례)잔치를 거짓꾸민 맹잔치(기독교여자청년회관 위장결혼사건)라는 모임이었다.

나도 사람들 틈에 끼겨 앉았다.

앉자마자 이우회가 다가와, "선생님, 오늘 내댐(선언문)을 좀 읽어주셔야겠습니다."

"그래? 근데 가둘에서 나오는 길이라 돋보기가 없구먼."

이 때문에 내 달리(대신) 박종태 선생이 길눈이(주례)를 보려고 뚜벅뚜벅 걸어 들어오고, 이어서 맹(가짜) 새내기(신랑) 홍성엽이 손뻑 속에 들어와 막 섰다. 얼굴이 그렇게 마얄갈 수가 없었다.

'저렇게 빛나는 새내기의 아내가 될 맹 아씨는 누구일까?'

그러는데 가분재기(갑자기) 비알들락(유리창)이 와장창, 양아치 여러 백이 붕붕 날아든다.

이에 우리 젊은이들이 맞붙었다.

나도 "이놈들!" 하고 웃통을 벗으려다가 밀리고, 공덕귀 아님이 "백 선생님, 저놈들 저거 어떤 놈들입니까?"

"글쎄요."

이때부터 나한텐 세 가지 '까리'(알지 못할 일)가 다가왔다.

하나, 그 북새 속에서 "백기완이 저놈 잡으라"는 소리였다.

'왜 아무것도 한 일이 없는 날 잡으라는 걸까.'

아무튼지 싸움이 붙었으므로 "뭐야, 이 새끼야" 하고 소릴 질렀지만 나를 따라붙는 적네(기자)들과 사람 물살에 명동성당까지 밀렸다. 마침 빌린거(택시)가 있어 잡아타고 언애(동생)네 집에서 돈 오만 원을 얻은 다음 집에다 말통(전화)을 걸었다.

깜작 놀랐다.

박정희가 죽었는데도 "웬 따꾼(군인) 놈들이 구둣발로 우리 집 안눌데(안방)와 일매기(사무실)까지 마구 짓밟고 갔다"고 한다.

"그래?"

두술째로 알 수 없는 '까리'는 그때 고은 찰니(시인)가 때속(감옥)에 있어 차라리 낫지 싶어 그의 집엘 갔다가 중부 오랏집으로 끌려갔을 적이다. 정보과장이 나를 끌고 가려고 온 따꾼 놈들한테 "백기완이 이 새끼 이거, 악질입니다" 그리고, 낯익은 손 형사도 "백기완이 넌, 이제 죽었어" 그런다.

내가 "뭐, 이 새끼야" 그러자 웬 녀석이 몽뎅이로 내 무릎을 까고 이어서 쇠붙이로 내 뒤통수를 갈기는 것이었다. 넋살(정신)을 잃었다가 질질 끌려가며 생각했다.

'나는 중부 오랏집 둘레에 사는 사람, 그래서 입때껏 겉으로는 안 그랬는데 왜 오늘따라 죽일 놈이라고 하며 따꾼한테 넘기는 것일까.'

셋, 내가 끌려간 곳은 그때 말로 전두환의 서빙고 사람 빽빼(도살장), 들어서자마자 따꾼들이 디리 갈긴다. 옷 벗으라고 갈기고, 느리게 벗는다고 갈기고, 아랫도리 안 벗어도 갈기고, 벗었다고 갈기고. 홀랑 벗긴 다음 푸른 옷을 입히더니 컴컴한 데로 개 끌고 가듯 끌고 간다. 거기서부터 참짜로 치는데 어딜 어떻게 맞았는지를 모르겠다.

하지만서도 알 수 없는 '까리'는 뭘 묻고 캐는 게 없는 듯했다.

"눌렀어?" 퍽, 또 퍽 치는 것 같은데 내 넓적다리에선 손바닥만 한 살조박이 떨어져 나간다.

"내렸어?" 그러는 것 같은데 구둣발로 내질러(차) 내 배알이 불부등으로 빠지는 소리, 우적우적.

밤인가 싶었다. 어디서 사람 패는 소리, 아그그 자지러지는 소리가 내 몸의 아픔보다 더 쌔껌하게(진저리나게) 들려 눈을 붙일 수가 없었다. 누굴 죽이는 소리일까.

철컹, 들락(문)이 열리더니 "이 새끼, 이거 빼버려" 그러더니 대뜸 손톱을 뺀다. 떨어진 손톱은 파르르, 피는 쭈악, 까무러쳤다. 깨어나니 "꺾어" 그러자마자 내 무릎에 몽뎅이를 끼우고 내 발뒤꿈치를 내 코앞으로 돌린다. 찌지직, 나는 까무러쳤다.

다른 소리에 깨었다.

"뼈개, 다시는 걷지도 서지도 못하게."

또 까무러쳤다. 깨어나니 시커메진 두 무릎이 수박통만 하게 부어 있다.

너무나 들쑤셔 "이봐, 매보다 부은 무릎이 더 쑤셔, 아스피린이라도 한 알 주고 때리면 안 돼?" 그러자 "이 새끼야, 여기가 쓸풀(약)이나 주는 덴 줄 알아?" 그러면서 내 발을 잡아 빼더니 발등에다 이따만 한 몽뎅이로 쿵쿵. 금세 썩은 살구나무처럼 부어오른다. 매질이 아니라 온몸을 아예 시커멓게 곪아버리게 하자 그거이니, 넋살인들 오죽 바쁘겠는가.

또다시 깜빡 잃었다가 깨어나니 내 혓바닥에 집게 같은 게 물려 있다. 아마도 내가 뭐라고 소릴 질렀던가 보았다.

아무튼 피가 철철 흐르는 나를 보고 "네가 말을 그렇게 잘한다면서? 이젠 틀렸어 이 새끼야. 아랫도리나 벗어, 냄새 나 이 새끼야" 그런다. 혓바닥도 그렇고 온몸의 아무것도 움직여지질 않아 오줌도 막혔는데 벗고 자시고를 할 수가 없었다. 이때 "왜 아무것도 움직이질 못하느냐"고 다시 팬다. 다시 까무러쳤다. 물바가지를 맞고서야 깨어났는데 속옷을 안 벗는다고 또 갈기다가 "에이, 더러운 새끼" 그러면서 아래 속옷을 가위로 찢으며 "벗어."

어기적 어기적 찢어진 아랫도리만 벗어보니 그럴 수가 없다. 내 속옷이라는 게 피똥으로 뒤범벅, 손톱 빠진 내 손가락엔 어느새 골무가 끼어 있다. 나는 그 골무를 뺐다. 아팠다. 안간힘으로 참으며 그 골무를 내 속옷 똥 속에 쑤셔 넣었다. 내가 죽은 다음에라도 얼추(혹) 아내가 보라고.

그러고 나서 난 또 쓰러지고 말았다. 그게 내 안간 목숨의 마지막이었다.

그런데 그 둠속(지하)에서 난데없는 '왜~애웅' 소리가 들려와 깨어났다.

무슨 소리일까. 아뿔싸, 그 추운 겨울 그 깊은 땅 밑에 글쎄 파리새끼 한 마리가 찾아온 것이다. 고칠네(의사)가 온 것도 아니고, 예수, 부처가 온 것도 아니고 파리새끼 한 마리가 온 것이다. 너무나 반가워 나는 말을 걸었다.

야 파리야 이 새끼야,
내 꼴이 우습지.
하지만 난 떨고 있는 게 아니야 임마.
이 주먹 보여, 지난 날 삶의 바루(현장)에서 찬바람 가르던 주먹이라구, 보여?
비록 이참은 피투성이지만 부들부들 앙갚음의 주먹이 떨고 있는 거야 인석아.
이걸 네가 얼추 살아서 밖으로 나가게 되거든 사람들한테 말을 해줄래?
백기완이는 죽어가면서도 주먹을 떨고 있더라고,
목숨이라곤 너밖에 없어서 그래 임마.

그렇게 글월을 띄웠었는데 아, 그 파리새끼는 이참 어디에 살고 있을까.

때속(감옥)에서 만난 김지하

1980해 때속의 깊은 겨울밤, 무언가가 내 귓불을 '따끔' 하고 문다. 꼼짝을 할 수가 없어 손으로 툭 치면 오른쪽을 물고, 또 툭 치면 왼쪽을 물고.

무엇일까. 쪼르륵 달아나는 것을 보니 생쥐새끼다. 그놈이 날 우습게 보는 까닭이 있었다. 어렴풋한 넋살(정신) 속에서도 살조박이 떨어져나간 넓적다리가 하도 가려워 긁었다. 뭉클, 고름이 터진 것이다. 얼핏 닦아야 할 터이다. 하지만 옆으로 눕기도 버거운데 제아무리 냄새 한술 속을 거스르고 끈끈한들 어찌 치울 수가 있겠는가. 그냥 내버려두었더니 고 생쥐 녀석이 날 썩은 동태인 줄 알고 깨문 것이다.

나는 그때 사람이란 것의 되어먹기란 억은(모자란) 짐승보다 못하다는 것을 뼈저리게 겪고 있었다. 때속에 들어온 지 한 달도 안 돼서 스무 관(80킬로)도 더 나가던 내 몸이 여남은 관(40킬로)으로 퀭, 아내가 찾아와도 누구더라, 잘 가늠이 안 돼 어릿어릿하기도 했다.

하지만 나는 아픈 것 그것 하나만큼은 꼬박껏 더듬는 못난 짐승이었다. 빼내버린 손톱자국은 가누기도 힘들고, 탱탱 곪은 두 무릎은 이불잇에 살짝만 스쳐도 온몸이 오시시하고, 허리는 쑥쑥, 발길에 차인 배알이 주머구만 하게 빠진 불부등은 지글지글 쑤시지(탈장), 뻑 하면 가슴은 칼끝으로 후벼

대고, 맹물 한 모금만 마셔도 밑바닥까지 왜꽥 게우고, 먹는 게 없는데도 똥오줌은 왜 그리 자주 마려운지.

그때가 그렇게 힘들었다. 내 두 다리로는 일어나기도 힘이 드니 뒷간엘 갈 수가 없었고, 가도 무릎을 구부릴 수가 없어 뒤를 보기가 그리 힘이 들었다. 나는 누군가가 먹을 걸 넣어주면 알맹이는 모두 밥 나르는 도둑놈들한테 주고 비닐 껍줄만 모았다가 누운 채로 새끼를 꼬았다. 시골 놈이라 새끼 꼬는 솜씨는 남아 있었기 때문이다. 어쨌든 한 두어 발이 되자 배밀이로 기어가 똥뚝에 매달았다. 똥을 누고저 할 적마다 내 무릎으론 설 수도 없고, 구부릴 수도 없어 그 끈을 잡고 서서 똥오줌을 싸자는 것이다. 부지직, 할 것이면 넓적다리에 묻는 게 더 많았다. 닦아내자니 허리를 구부릴 수가 없고, 그대로 엉금엉금 기어 이불로 가는 길은 저 멀리 흥안령을 넘는 것보다 더 가팔랐다.

하지만 그럴 수가 있는가. 그 끈으로 목을 맬지도 모른다며 그나마 끊어 간다.

나는 생각했다. '이 벗나래(세상)란 짐승보다도 못한 것들이 참짜 짐승의 숨결까지 옥죄는 뼉빼(지옥)로구나.'

그때 때속은 차라리 어두워지는 것이 좋았다. 내 너덜이를 보고 싶질 않아서였다. 그렇게 어둑어둑해질 무렵이다. 갈라진 입술에 무언가가 쌔름한다. 비닐이 찢어져 펄럭이는 들락(문) 틈으로 날아든 눈송이였다. 그게 나를 일깨우는 것이었다.

"기완아 이 새끼야, 끝내 그렇게 죽을 거냐. 너도 한때가 있었잖아 임마. 맨주먹으로 무쇠도 깨트리던 젊은 날도 있었고, 죽어라 하고 너를 따라다니

던 가시나도 있었고. 그런 네가 죽을 때 죽더라도 이 새끼야, 한술 게걸(안간 힘으로 주절댐)이라도 써봐 이 새끼야' 그러는 것 같애 퍼뜩 드니 참말로 나에게도 젊은 날이 있긴 있었던 것으로 더듬어졌다.

그래서 바로 그 때박(순간)부터 힘을 내 '젊은 날' 이라는 찰(시)을 지어 머리 위 멍청(천정)에 입으로 새겨 넣었다.

> 그것은 강원도 어느 깊은 덤골(산골)이었지
> 열여섯쯤 된 계집애의
> 등허리에 핀 부스럼에서
> 이따만 한 구더기를 파내주고
> 아, 우리들은 얼마나 울었던가
> 나는 한살매를 저 가난의 뿌리와 싸우리라 하고
> 또 누구는 그 민중한테 장가를 들거라 하고
> (…)
> 그렇다
> 백술(백 번)을 달구름(세월)에 깎여도 기완아
> 너는 늙을 수가 없구나
> (…)

'그렇다. 저 노녘(북쪽)엔 늙으신 어머니가 아직도 날 기다리실 터이다. 그런데 내 어찌 먼저 죽으랴' 하고 '백두산 천지' 라는 찰도 지어 새겨 박았다. 윤이상 선생이 그 '백두산 천지' 가운데서 홍얼(곡)을 꾸리는 데 쓰셨다는 찰귀.

백두여 천지여

네 가슴 활짝 열어

배알이라도 꺼내 씻고 싶은

맑은 샘물 넘쳐흘러라

(…)

그리하여 남북은

우뚝 선 곳도 없고

후미진 곳도 없는 태평삼천리

그리움에 쩔은

백옥 같은 님을 향해

배를 띄워라

(…)

웅얼대고 또 웅질댔다. 그래도 커단 쇠못처럼 꽝꽝 때려 박힌 아픔은 아달 째(넘어가도 넘어가도 끝이 없는 재)처럼 가시질 않았다. 그래서 얼마 안 남은 쌀뒤주의 바닥을 긁듯 안간힘으로 박박 긁은 '뫼비나리'도 새겨 넣었다.

벗이여

민중의 배짱에 불을 질러라

장고는 몰아쳐 떼를 부르고

꽹쇠는 갈라쳐 판을 열고

징은 후려쳐 길을 내고

북은 쌔려쳐 저 분단의 먹개(벽)

>
> 제국의 불야성, 왕창 쓸어안고 무너져라
>
> 벗이여, 새날이 올 때까지 흔들리지 말라
> 갈대마저 일어나 소리치는 끝없는 아우내(아우성)
> 일어나라 일어나라
> 소리치는 피맺힌 아우내
> 앞서서 나가니
> 산자여 따르라 산자여 따르라

이따위들이 찰(시)인지 무언지 그때 나는 알 수가 없었다. 어쨌든 그것들이 비벼도 비벼도 저절로 감아지는 눈을 어렴풋이 뜨게 하는 것만은 틀림없었다. 그래서 발딱 누워서 노다지 쉬질 않고 웅얼댔다.

> 벗이여
> 알통이 벌떡이는
> 노동자의 팔뚝에 새내기처럼 안기시라
> 바로 거기선 저를 놓아야 한다네
> 사랑도 명예도 이름도 남김없이……

하지만 그 찰로 그때 그 죽음보다 더 됫싸게(심하게) 들쑤시는 헌디(생채기)를 잊는다는 건 그때뿐이었다. 아예 비나리 투로 꾸려도 어려웠다.

그래도 나는 멈추질 않고 노다지 웅얼대던 어느 날, 문득 따끔한 술 한 모금만 마실 것이면 그 지긋지긋한 아픔을 조금은 비낄 수가 있을 것만 같왔다.

그렇다. '술 한 모금, 딱 술 한 모금' 그러다가 깜빡 했다.

그런데 누군가가 내 눌데를 들여다보며 씨부린다.

"미친 것 같진 않은데 돌긴 돌았군."

나는 눈을 퍼뜩 뜨며 대뜸 소릴 질렀다.

"야 이 새끼야, 미치고 돈 것은 전두환이야 이 새끼야" 그러다가 나는 다시 아득한 어딘가로 굴렀다.

'이제는 죽었다. 다시는 깨어나질 말자' 그랬다.

그런데 또 무슨 소리가 들린다. '무슨 소리일꼬.'

듣자하니 나를 부르고 있다.

"백기완 선생님! 아, 백~기~완~ 선생님!"

'어, 누가 날 부르는 게 아닌가' 그러는데 참말이었다.

누군가가 눈발이 휘날리는 으슥한 마당에서 내 쇠들락(쇠창살)을 붙들고 "선생님, 저야요 저. 김지하."

보아하니 낡은 솜옷을 걸친 지하가 울부짖는 게 아닌가 말이다.

"선생님은 안 죽습니다. 죽을 수가 있겠어요, 반드시 일어나실 겁니다."

'뭐, 내가 다시 일어설 수가 있을 거라고?'

그때 지하는 때속에서 때속 도둑놈들도 못 만나게 홀로 가둬놓고 마당에서도 홀로만 걷게 했다. 그야말로 캄캄한 때속 홀눌데(독방)에서 일곱 해나 외로이 살고 있었다. 때문에 다독여도 내가 다독여주어야 할 짝수였다. 그런 지하의 그 지나는 말 한마디가 나에겐 얼마나 힘이 되던지. 그때 지하를 생각하면 나는 요즈음도 자꾸만 자꾸만 가슴이 미어진다.

녹슬은 기찻길

 어느 날 나는 그 긴 겨울밤을 하얗게 주먹을 떨고 있었다. 짐승 같은 것들 한테 짐승보다도 못하게 짓밟히면서도 꼼짝도 못한 내가 안쓰러워 입술만 멍든 것이 아니었다. 내 뻗대(자존심), 내 한살매가 바사지는 것 같애 이빨만 뽀드득 뽀드득 간 것이 아니었다. 뼈깡치만 남은 내 두 무릎도 지끈지끈 부렸다.
 밤에 때속들락(감옥문)은 그 누구도 열 수가 없다. 그런데 그것도 아닌 밤에 내 눌데(방)를 철커덩 따고 들어온 놈들이 있었다. 그 추운 밤 내 누더기 덮개를 홱 제끼더니 내 속옷도 홀랑 벗긴다.
 "누구야, 이거?"
 그래도 아무 말 없이 손불(전등)로 내 사타구니까지 살피며 저희들끼리 주절댄다.
 "이거 백기완이 맞어?"
 "글쎄 말이야, 그 떵떵 치던 백기완이 어딜 갔어, 꼭 곰 먹은 명태 같구먼."
 나는 나도 모르게 말을 받았다.
 "야 이 새끼들아, 말 똑똑히 해. 너희들이 다 알가먹은 뼈다구다. 왜, 곰탕으로라도 고아먹겠다 그거야. 빨리 덮기나 해, 이 새끼야."

힘껏 내질렀으나 꺼떡도 않고 손불로 내 얼굴을 째려 비추더니 구둣발소리만 떡떡 치며 나간다. 내 눌데에 신발을 신은 채 들어왔다 나가는 것이다.

아무래도 땅불쑥한(특별한) 막심(폭력적 권력)을 가지고 거들먹거리는 데서 온 놈들임이 틀림없었다. 아무리 떵떵거리는 놈들이기로서니 어연한 내 눌데를 시커먼 구둣발로 짓이기는 그들은 쌍이로구(도대체) 누구란 말인가. 사람인가, 짐승인가. 아니 내 목숨은 누구의 것인가. 내 것인가, 갸네들 것인가.

큰 홀뗴(강)는 부대낄수록 더더욱 세게 굽이치게 되어 있다. 하지만 발랑 꺾인 이의 한숨은 마냥 시물댄다고, 잠이 올 턱이 없었다.

아침이 지났다. 한참(점심)도 끝난 때속 마루는 고요라는 말따구 따위로는 이르질 못한다. '무달(침묵)' 그래야 한다. 누구나 숨을 죽이기 때문이다. 이때다. 어라? 그 숨죽은 무달을 가르며 식은 강냉이죽 꺼지는 듯한 서글픈 노래가 들려온다. 콧날이 시큰, 누가 부르는 노래일까. 밥 나르는 도둑놈 빨대 녀석의 소리라. 그를 불렀다.

"야 너, 거 무슨 노래가?"

"'녹슬은 기찻길', 나훈아 노래요."

"나훈아가 누구가?"

"나훈아도 모르면서 때엘 들어왔어요."

"아무튼 너, 그거 한 술 더 불러줄래."

"싫어요, 누가 부르라고 하면 난 노래가 안 나와요."

그 말에 나는 귀가 솔깃.

"그래, 난 그저 듣기만 할 테니까."

그제서야 또 부르는데 바윗돌로 가슴을 짓누르듯 숨이 막힌다. 뚫을 게 없었다. 조용히 눈물로 흘려버렸다.

대동강 한강물은
서해에서 만나
남과 북의 이야기를
주고받는데
전해다오 전해다오
고향 잃은 서러움을
녹슬은 기찻길아
너처럼 내 마음도
울고 있단다

"아저씨 울어요? 우시는 걸 보니 큰일은 못하시겠네요."
"큰일은커녕 작은 일도 못할 꼴새(꼬락서니)다, 인석아. 그러나저러나 너, 이참 나가면 뭘 할래?"
"이참에야말로 한탕 쳐야지요."
"빼대기(강도)짓 말이냐?"
"말이 왜 그렇게 쌍스러워요, 한탕이지. 근데 아저씨야말로 이참 나가시면 뭘 하실래요. 또다시 종이조박에 적은 글이나 읽다가 들어오실 거예요? 안 돼요. 가진 것들이란 그냥 달라고 하면 땡닢 하나 안 내놓는 겁니다. 그냥 들이대야지."
"뭘 들이대, 인석아."

"칼이지요."

"칼이라니. 그래봤자 그건 너 혼자만 잘살겠다는 거야 인석아."

"아저씬 '울보'라 내 말을 잘 못 알아들으시는 군요. 모두가 내 건 내 거라고 꽁꽁 잠그는데, 그럼 어떡해요."

"이봐, 모두가 잘사는 거 '노나메기'를 해야지."

"노나메기라니요."

"그건 너도나도 일을 하고 그리하여 너도나도 잘살되, 올바로 잘사는 벗나래(세상)를 만들자, 그 말이야."

"그런 벗나래가 어디 있어요."

"없으니까 만들자는 거지."

"뭘 가지고요, 있는 것들이 내놓는답니까?"

"어허, 너, 배가 고프면 어떻게 해서든지 좀 먹어야 하질 않어. 그와 똑같이 이놈의 벗나래, 아무리 착하게 살고자 해도 안 되니까 바로 그 착한 마음으로 착한 사람이 돼서 착한 사람들만 사는 벗나래를 만들자는 건데 안 되긴 왜 안 돼, 임마."

"노래 한 줄에 우시는 분이 이 뒷쌘 어려움들을 어떻게 참아내고 그것을 만들어요."

"뭐라고 인석아" 그러는데, 팔이 비틀려 끌려가더니 영 안 나타난다.

기다려도 기다려도 아니 오는 젓님(연인)을 헤매이다 지친 빼구(돌덩이)처럼 맨 잠이 사르르르.

의무과장 같았다. 중얼댄다.

"빨리 손을 안 쓰면 어렵겠군. 사람 하나 죽이겠어" 그러면서 돌아설 때다.

나는 발딱 누운 채로 입을 열었다.

"과장님, 다부(부탁)가 하나 있습니다."
"다 죽게 된 사람이 뭔 다부가 있어."
"딴 게 아니구요. 나한테 죽을 갖다주던 녀석을 한슬 만나게 해줄 순 없을까요? 그 녀석한테 노래 한 줄을 배웠거든요. 그래서 나도 내 찰(시) 한귀만 들려주고 싶어서 그러는 겁니다."
내 말에 사뭇 놀라는 듯 "뭐, 찰이라는 게 뭐야."
"글쎄요. 물동이의 물이 찰랑찰랑 차면 저절로 넘치드키 눈물이 차도 찰랑찰랑 넘쳐 흐르는 거지요 뭐. 그러니까 어려운 말로 시라고 할까요."
"그런 찰이 어디 있단 말이오. 붓과 종이가 없으니 써놓진 못했을 거고. 그 찰이라는 게 뭐요, 어디에 있다는 거요?"
"내 마빡 위 멍청(천정)에 새겨져 있는데요."
"안 보이는데."
"한슬 읽어드릴까요."
"그러라"고 하거나 말거나 나는 주절거렸다.

내가 만약 여기서 죽어
한줌 거름으로 눈을 감는다 해도
나는 아물레(절대) 그냥은 못 썩는다 암, 못썩는다
네놈들을 앙짱 내는 주먹의 나무를 키울 터이다
벗이여
내가 썩어 키운 주먹의 나무엔
이런 글귀를 달아줄 순 없는가
뱃멀(항구)을 찾아 끝없이 가는

싸움꾼(전사)들만 쉬어가시라

　　(…)

"어허, 댓님(당신)은 쌍이로구(도대체) 누구요? 저 바깥에 있는 고칠데(병원)로 내보내달라고 할 줄 알았더니 제 이야긴 않고 사람한테 사람 이야기나 알려달라는군."

그 한마디만 남기곤 그 의무과장도 가고, 나한테 노래를 가르쳐주던 그 도둑놈도 가고, 다시는 볼 수가 없었다.

하지만 그가 부르던 노래는 내 '묏비나리' 보다 더 끈끈하게 내 가슴을 적시곤 했다.

　　녹슬은 기찻길아
　　너처럼 내 마음도
　　울고 있~단~다

이 개망나니 새끼들아

　사람이란 죽을 때 죽더라도 '안간', 그것 하나만큼은 어떤 일이 있어도 놓을 수가 없게 돼 있다. 몸도 다되고 그 다된 몸을 보듬어내려는 끈기, 그것마저 다됐지만 어떻게든 다시 일으키려는 몸부림.
　그 '안간'만큼은 누구에게나 있게 마련이다. 따라서 마지막 때박(순간)까지 그것만큼은 어영차 내대게 마련이다. 그것을 제빛(부활)이라고 하는 사람도 더러 있는 걸로 알고 있다. 하지만 그것은 '안간'을 걷돌치는(추상화하는) 꾸럭(조작)일지 모른다.
　그럼 참짜 '안간'이란 무엇일까. 사람의 눈으로 보여지는 것일까, 아니면 손으로 만져지는 것일까. 그도 아니면 마음으로 느껴지는 것일까. 나는 이들 셋 가운데 어느 것도 아니라고 생각한다.
　그러면 '안간'이란 쌍이로구(도대체) 무엇이란 말인가. 그것은 목숨 아닌 것 때문에 죽기 바로 앞에 닥쳤을 때만 느껴지는 사람이라고 믿는다. 다시 말하면 목숨 아닌 것과 빠듯이 맞서 싸워 한사코 이겨내는 새 목숨이 곧 '안간'이다, 이 말이다.
　때문에 '우리들의 피눈물, 한나(통일)를 일구려는 힘의 참 알기(주체)는 무엇인가' 했을 때 바로 그 '안간'만이 모든 한나의 알기라고 믿고 있는 게

'나' 라는 사람이다.

전두환이한테 모진 매(고문)를 맞을 적이다. 우중충한 불빛 밑에서 웬 따꾼(군인)이 내 눈깔을 까보고 몸뚱일 뒤적이더니 소리를 높였다.
"이 사람 이거, 누가 이랬어. 차라리 죽이지. 이렇게 해놓고 날더러 어떻게 하라는 거야. 대뜸(당장) 고칠데(병원)로 옮기든지 아니면 덤(산)고랑에 갖다버려!"
그게 누구였을까.
하지만 그 뒤 나는 그의 말대로 고칠데로 옮겨지진 않았다. 도리어 덤고랑보다 더 우중충한 때속(감옥)에 처넣어졌다. 거기서 내 몸은 끝을 모르고 무너져내리고 있었다. 잡을 게 없었다. 아니 내 힘으로는 실오라기 하나 잡을 수가 없었다. 그러면서도 눈깔만은 껍뻑껍뻑, 그때 나를 버텨내던 건 무엇이었을까. 내 꺾심(의지)? 아니다. 그러면 내 깨침(지혜)? 아니라니까. 내 '안간' 이었다 이 말이다. 그 '안간' 이 때로는 뜨거운 불길로 치솟기도 하고, 또 때로는 샘이 되어 넘치기도 하고. 그리하여 겨우겨우 죽음만은 비끼고 있었다.
그런데 그나마 따름따름(점점) 트릿해가던 어느 날 새벽, 의무과장이라며 찾아와 귀띔을 한다.
"댓님(당신)은 누구요. 전두환이가 쓸풀(약)은 어쨌든지 쓸 만한 깨풀(진통제) 한 알을 못 쓰게 하니, 나 참. 하지만 난 고칠네(의사)요, 고칠네인 내 앞에서 댓님을 죽게 할 수는 없어요."
몇 날 있다가 또 와서 "댓님은 얼추(혹) 글도 쓰시오? 나도 고칠네이면서 아울러 글락이(소설가)요." 그래서 묻는다며 여럿을 꼽는다. "찰니(시인) 신경림, 고은, 김규동, 글락이 박태순, 이문구, 이호철, 남정현, 그리고 이철범, 글 쓰는 한승헌 말네(변호사)도 아시오?"

"알지요, 그 가운데서 한승헌 말네는 내 목숨을 건져준 분이기도 하고."

"아무튼 어느 모배울(대학) 고칠데에서 사람이 올지도 모르오."

그러고 간 뒤 참말로 한양모배울(한양대학) 고칠데에서 사람이 왔다. 내 몸을 뒤적이더니 말은 않고 한숨만 남기고 간다.

몇 날 뒤 나는 왱왱거리는 수레(차)에 실려 한양모배울 고칠데로 옮겨졌다. 거기서 배부터 째는 손놀(수술)을 받았다. 딴 사람 같았으면 서른 오큼(30분)이면 되는 것을 몽뎅이와 구둣발로 배를 짓이겨 배알이 빠지고 거기서 엉겨 붙는 바람에 손놀하는 데 자그마치 네 때결 서른 오큼(4시간 30분)이나 걸렸다고 했다.

못 깨어나는 줄 알고 새파랗게 질렸던 아내가 "비키라"고 소리소리 지른다. 누구도 나를 못 만나게 하느라 고칠데마루(병원복도)를 가득 메운 오랏꾼(경찰)들한테 지르는 소리였다.

공덕귀(윤보선 선생의 부인), 함석헌 선생도 나를 보러 왔다가 쫓겨나고, 몇 날 뒤 내 무릎에서 곪아 썩은 피고름을 땅지(병)로 하나쯤을 빼냈다. 그리고는 찰가루(석고)로 굳혀 나는 뻗정다리가 되었다.

이 때문에 오줌, 똥을 받아내고 있는데 밖에선 온낮(하루 종일) 싸움이 벌어진다. 내가 누워 있는 눌데(방)엘 "들어가겠다, 못 들어간다"는 다툼소리를 들을 적마다 가슴이 찢어지고 숨이 가빠 잠을 들 수가 없었다.

그것 때문만은 아니었다. '나'라는 사람은 그 무엇이든 다돼가고 있었다. 목숨도, 욱끈(건강)도, 날끼(생기)도, 꺾심(의지)도 거의 시들시들, 다시는 일어나질 못해보고 그렇게 가게 돼 있었다.

그런데 전두환이가 광주에서 사람 죽인다는 소리가 들려왔다. 벌떡 일어나려다 다친 허리가 삐끗, 그 진땀 위에 거품이 엉겼다.

'네 이놈, 네놈이 나를 때려 이렇게 나간이(몸을 못 쓰는 이)를 만들어놓고, 광주에서 또 사람들을 죽여?'

온몸이 떨렸지만 어쩌는 길이 없었다. 다만 내 머리맡에 무언가를 커다랗게 써놓고 밤낮을 흥얼거렸다.

젊은 춤꾼이여
딱 한 발 떼기에 목숨을 걸어라
하늘과 땅을 맷돌처럼 벅벅
썩어문드러진 저 먹빼기(살인마) 전두환의 틀거리를 몽땅 들어 엎어라

그렇게 써놓고선 웅얼대고 또 웅얼댔다.

그런데 오랏꾼들이 와당탕 달려들더니 그 글조박을 찢으며 "어디서 베꼈느냐. 그 몰두(원본)를 내놓으라"고 우격 다지다가, 끝내는 다 죽게 되어 누워 있는 개골(환자)한테 손따콩(권총)부리까지 들이댄다.

"내놓으라고."

"이봐, 이 글귀들의 몰두 말이가? 그건 내 머릿속에 있어 임마. 가져가려고 하면 내 대갈통을 뻐개고 가져가."

"백기완이 너는 '병감정유치'라 때(감옥)에 있는 거나 마찬가지야. 글을 지을 대로(자유)도 없고, 글을 읽고 웅얼댈 대로가 어디 있어, 없어. 까불면 손모가지를 짜르고 입에는 마개를 씌울 거야"라고 윽박지른다.

하지만 나는 또 딴 말투를 다시 써 걸었다. 벌써 다돼가던 내 몸에 도사렸

던 마지막 목숨, '안간'이 치솟았기 때문이다.

벗이여
여기서 한 발자욱만 물러서도 우린 모두 죽는다
목꽂이처럼 온몸으로 앞만 보고 나가시라

이참엔 종이를 찢기만 하는 것이 아니었다.
"'한 발자욱만 물러서도 우린 모두 죽는다', 그 소리는 어디서 나왔느냐."
고칠데에 누워 있는 날 보고 그 말이 둠속새뜸(지하신문)에 실렸다고, 나를 죽일 것처럼 부랄(심문)을 한다.
이때 내 말은 딱뿔(단호)했다.
"이봐, '한 발자욱만 물러서도 우린 모두 죽는다', 그 말의 몰두(원본)를 찾는 거냐. 그 말도 내 가슴속에 있다니까. 내 갈마(역사)라니까. 그러니 빼내가려고 하면 날 죽이고 나서 빼내가, 이 개망나니 새끼들아!"

이제 무엇을 두려워하랴 우리는 모였고야

고개 숙여 눈물 젖을 짬도 없이

벗이여! 일어나라

압제를 밟아대고 외간것들(외세)을 밟아대고

아! 자유 해방 통일, 끝내 승리의 그날까지

투사는 딱 한술 깨져 새날을 빛는 것

투사는 딱 한술 깨져 천해를 사는 것

아! 그 아우내 그 넋살은 다시 살이 되어

벗이여 일어나라

벗이여 일어나라

7

딱 한숨 깨쳐 천해를 산다는 것

러시아 어느 찰니(시인)한테 띄우던 글월

한양모배울(한양대학) 고칠데(병원)에서 석 달 만에 나왔다. 서대문 때(감옥)의 의무과장 윤호영 꿰찬이(박사)의 도움과 한양모배울 김광일 꿰찬이의 보살핌이 없었으면 나는 고칠데 옆에도 못 가보고 죽었을 것이다.

그 도막에 나라 안팎에서 많은 뜨거움을 보내주었다. 뭉쿨 하는 새름(정)도 보내주고, 꼬깃꼬깃 꼬불친 돈도 보내주고, 내가 백술(백 번)을 고개를 숙이고 만술(만 번)을 허리 굽혀도 모자랄 만했다. 하지만 나는 그 모든 분들에게 고맙다고 고개 숙일 짬이 없었다.

다시 온몸이 들꼬였다. 고칠데엘 또 들어가 무릎에서 썩은 고름을 빼고 뻗정다리로 한 달을 누웠다가 나오니 다시는 아프다는 말을 꺼낼 수가 없었다.

남들은 숟갈도 아니 들었는데 남의 밥을 먼저 처먹고서도 안맴(미안) 한 술 느끼질 못할 만치 뻔뻔치로 살아온 백기완이건만 낯짝을 못 들 만치 부끄러웠다.

그래도 깜치(정보원)들은 바싹 따라붙고, 잠은 안 오고 그럴 적이다. 밤늦게 글락이(소설가) 이문구가 술 한 땅지(병)를 들고 찾아왔다. 내 꼴이 안 됐던지 벌컥벌컥 혼자 들이키며 묻는다.

"거, '나간이'란 말이 무슨 뜻입니까?"

"몸에 금이 간 이다, 그 말이지. 사람을 묶어놓고 치고, 달아놓고 치고, 그리하여 녹초가 되면 더더욱 닦달을 했소. 골 빼먹고, 알 빼먹고, 뼈다구까지 우려먹는 것이었다. 그리 되면 온몸이 나가질 않겠소. 도끼로 찍으면 나무토막이 나가듯이. 그러나 피맺힌 부아(노여움), 그 '안간' 만큼은 펄펄 살아 있는 이를 일러 '나간이' 그러지요."

"그 나간이 나라가 있다고 하셨는데 그런 나라가 있을까요. 《허생전》의 '율도국'에 있었던가요."

"바로 이 땅 우리나라라는 게 나간이 아니오. 애, 어른 할 것 없이 몽땅 나간이를 만드는 나라. 그리하여 부들부들 떨고 있는 '안간'이 마침내 벌컥 일어나지 않고서는 배길 수가 없는 땅이 바로 이 땅 아닙니까."

"그렇군요, 그 나간이를 가지고 글락(소설)을 하나 꾸미면 안 되겠습니까."

"안 되다니, 이문구 같은 글쟁이가 손을 대면 나간이가 참짜로 살아날 겁니다."

몇 날 있다가 또 찾아왔다.

그러나 그날도 내 몸이 안 좋은 걸 보고 "선생님이 바로 나간이이신데" 하고 한숨으로 돌아간 뒤 내 몸은 또다시 뒤틀려 집에 누워 있을 수가 없었다.

쩔뚝쩔뚝 고칠데엘 가려고 퇴계로6가 집을 나섰다. 눈이 펄펄 내리는데 빌린거(택시)들은 딴 사람들만 태우고 내뺀다. 그 다투기에서 내 두 다리로는 겨루는 수가 없었다. 하는 수 없이 그 쌩쌩 추위에 서른 오큼(30분)쯤 서 있으려니 눈 위에라도 털썩 주저앉질 않고선 배길 수가 없었다.

이때다. 삐익~ 하더니 비싼 수레(차) 하나가 바로 내 앞에서 멎는다. 보아하니 옛날 벗이 아닌가. 너무나 반가워 "야, 이 새끼야" 그랬다. 틀림없이 내 소릴 들었고 또 내 쌍통하고도 마주쳤다. 그런데 전혀 모르는 체 커단 집으로 들어간다.

'가만있자, 그 녀석이 아니던가?'

한 스물 오큼(20분) 뒤다. 그때까지도 빌린거를 못 잡고 있는데 그 녀석이 그 큰집에서 다부 나온다.

"야 임마, 나야, 백기완이" 그랬는데도 못 들은 척 그 비싼 수레를 타고 붕~ 하고 내뺀다.

그리고도 한참만에야 빌린거를 겨우 잡아타고 고칠데를 다녀온 뒤 내가 숨을 고르고 있는 양평(김오일네 동네) 낡은 잿집(기와집)으로 다시 몰았다.

시퍼러둥둥한 내 꼴이 너무나 안 됐던지, 아내의 말이었다.

"댓님(당신), 무척 점잖아지셨나 봐요. 딴 때 같았으면 그 사람 그냥 놔두었겠어요, 우거지를 냈지."

나는 아무 맞대(대답)를 안 했다.

밖에선 눈보라 소리인지 짐승의 소리인지 컹컹, 우릉우릉, 마침 머리맡에 있는 글묵(책) 하나를 아무 생각 없이 집으니 러시아 찰니 '체르니셉스키'의 이야기다.

'짜르' 막틀(독재)에 맞서다가 잡혀가 꿀밑(영하) 마흔 꼼(도)의 추운 때속에 갇히기 열 해. 하지만 가만히 있질 않았다. 밤새 무언가를 썼다가 새벽녘엔 불동이(난로)에 넣었다고 한다. 또 다른 때(감옥)로 옮겨졌다. 그곳 추위도 꿀밑 마흔 꼼, 거기서도 밤새 뭔가를 썼다간 새벽녘에 불동이에 넣고. 세 술째 옮긴 때도 추위가 꿀밑 마흔 꼼이 넘는 곳, 거기서도 또 일곱 해, 모두 스물일곱 해나 때를 살았다.

이리하여 거의 죽게 되자 '짜르'가 그를 내준다. 그러나 이미 힘이 다해 때에서 나온 지 한두 달 만에 죽으니 '맑스'가 말했다고 한다.
"러시아 으뜸(최고)의 불쌈찰니(혁명시인)다."
그 끈질긴 러시아 찰니의 삶을 읽고 나자 옛 동무한테 짓밟힌 내 약오름 따위는 말짱 잊고, 몇 날을 눈만 껌뻑이다가 에라 모르겠다, 글이나 쓰자. 무슨 글을 쓸까. 나는 옛날에도 그 찰니한테 글월을 써 갖고 다니다가 오랏꾼한테 잡혀 혼쭐이 난 적이 있었는데 그것을 다시 쓰기 차름(시작)했다.

여보시오!
그대가 밤새 썼다간 불동이에 넣고, 또 썼다간 또 불동이에 넣기를 스물일곱 해, 그 속엔 무슨 이야기들을 적었더랬소. 얼추 러시아 불쌈(혁명)의 뜻을 적었더랬나요. 아니면 러시아 랭이(민중)의 날래(해방) 살냄(정서)도 아무려나 적어놓질 않았겠어요. 그렇다고 하면 그 아까운 것들을 모두 불을 지른 까닭은 뭐요?
거기도 이 땅의 전두환이 같은 던적(병균)이 있었수? 거기도 사람 잡는 개망나니가 있고, 등빼기(배신)가 있고, 깜떼(절망)라는 게 있수?
그대의 사랑은 어떤 것이었소……

긴 겨울 밤만큼이나 긴 글월을 날마다 써나갔다.
쓰게종이(원고지)로 팔백 날분(장)은 조히 되었다. '이것들만이 오늘의 나의 삶이라'며 안달을 했다. '이것들을 읽어줄 이는 어디 누가 없을까' 그러는데 나를 도울 사람들을 만나러 갔던 최열과 이호응이 눈을 하얗게 쓰고 왔다. 그 두 젊은이들은 그야말로 나를 일으켜주는 비나리였지만 그런 그들에게도 차마 내놓기가 무엇했다. 그러던 어느 날이다. 전채린 재름(교수)이

공주사대 '황토굿패' 황시백 더러(등)와 함께 몰려와 하는 말이었다.

"선생님, 선생님이 때속에서 쓴 찰이 있다면서요. 그것을 주십시오. 그것으로 찰묵(시집)을 꾸리겠수다. 그리하여 그것을 팔아갖고 선생님의 고칠데 돈(병원비)을 보태야 합니다."

나는 빙그레 웃으며 "벌써 다 태워버렸소. 하지만 이참 내가 러시아 어느 찰니한테 글월을 쓰고 있는데 그것을 모아 글묵(책)을 내는 게 어떨런지······" 그랬다.

"아닙니다. 선생님의 때속 찰묵을 내는 게 먼저라"고 버터 《젊은 날》이라는 나의 첫 찰묵, 돈 안 받는 찰묵을 내게 되었다.

찰묵이 나오자마자 전채린 재름이 대뜸 칠백 묵(권)을 팔고, 김찬국 재름은 미국까지 가지고 가 팔고. 그리하여 내가 우리들끼리만 쳐주는 찰니가 된 것이었다.

하지만 나는 내가 찰니가 되어가는 동안 러시아에 띄울 글월을 내리 써나갔다. 아내가 '입때껏 내가 쓴 글 가운데서는 내 생각이 가장 잘 드러나 있고 더구나 큰 덤(산)줄기처럼 숨 가쁘게 달구치는 글이라' 고 했었다.

그런데 누군가가 내가 없는 사이 우리 눌데(방)에 몰래 들어와 그 어기찬 글들을 몽땅 가져가고서는 이적지 안 돌려주고 있다. 전두환이가 아니면 그럴 수가 없는 치사한 짓이었다.

묻노니, 이제라도 그때 그 글들을 돌려줄 순 없는가?

'나'라는 사람은 한살매(일생)를 있는 대로 잃고, 그래도 남은 찌꺼기까지 죄 빼앗기며 살아왔다. 그까짓 글줄만 빼앗긴 건 아니다. 그런데도 그때 그 글들이 이적지 마냥 아쉬운 건 아마도 거기엔 무언가 저버릴 수 없는 내 생각, 내 살냄(정서)이 있어서 그런 것 같으니 그때 그 내 글을 가져간 사람들이여, 차라리 한 모금 살 터이니 되돌려줄 순 없는가.

딸들의 일어남

1982해 봄이던가. 나는 다시 싸움터엘 나서게 되었다. 여기저기 다니며 입에 거품을 물곤 했다. 어느 날은 기독교 예장 젊은이들이 모이는 대구에도 가게 되었다. 커단 교회에 들어서자 놀라웠다. 여러 천의 젊은이들이 하나같이 일어서며 노래를 불러준다.

사랑도 명예도
이름도 남김없이
(…)
앞서서 나가니
산자여 따르라
산자여 따르라

노래로는 처음 듣는 거라. 온몸의 솜털이 쭈빗, 그날 내 이야기는 딴 거이 아니었다.

"우리는 죽어서도 죽질 않고 일어서는 먼말(이야기, 신화)을 갖고 있는 겨레다. '멍석마리'라는 먼말이 바로 그것이다. 나도 그 먼말에 따라 죽었다 살아났노라"고 하니 내 귓구멍이 터져나갈 듯 들썩한 손뼉이 울린다.

새내기쯤 되어 보이는 한 가시나 배우내(학생)가 쪼르르, "저도 그 우리네 먼말 '멍석마리' 처럼 오늘의 어려움을 뚫겠다"고 발을 동동 구른다.

그렇게 뿌듯할 수가 없어 어깨에다 힘을 주며 서울역엘 내리는데 아, 이럴 수가. 기다리던 깜치(정보기관원)들이 발칵 뒤집는다.

"댓님(당신)은 여러 사람들 앞에 나서는 것부터가 사갈짓(죄)이오."

"뭐야, 이 새끼들" 하고 밀치고 엉겨붙고, 얼마나 실랑이를 했던지 꺾였던 두 무릎이 다시금 욱신욱신. 아침엔 일어설 수가 없게시리 두 무릎이 꼭 메주데이만 해지며 들쑤신다. 나는 도끼를 가져오라고 소릴 질렀다. 내 무릎만 짜르겠다는 것이 아니었다.

"이제부터는 어딜 가든 입만 갖곤 안 간다. 도끼를 들고 갈 거다. 그리하여 내 다리를 이렇게 만든 놈들의 골통을 바수고자 해서만 나서겠다"고 소리소리 질렀다.

하지만 미념(소용)이 어디 있으랴. 끝내는 고칠데(병원)엘 또 들어갔다. 두 무릎에서 시커먼 고름을 한 땅지(병)나 빼내고 찰흙붙이게(깁스)를 하고 있다가 한 달 만에야 겨우 나왔다.

얼마 있다가 이참엔 대전에서 수녀들이 와달라고 했다. 거기서도 '멍석마리' 이야기를 낑겨 넣었다.

옛부터 일꾼들이 일에 치어 죽으면 무덤을 아니 썼다. 썩은 멍석에 둘둘 말아 덤(산)고랑에 갖다버렸다. 이른바 '멍석마리' 다. 그리되면 배알은 여우가 뜯어가고, 팔다리는 들개가 뜯어가고, 나머지 살꼭짓(살점)들은 말똥가리가 뜯어가, 덜렁 남은 뼈깡치들.

　새벽녘 추위가 더 매서워 꿀밑(영하) 서른 꼼(도)에 가까우면 참나무가 얼어터진다. '쩡' '딱', '따당', '쩡', 깊은 고랑에서 나뒹굴던 머슴 놈의 뼈깡치들로 보면 그 참나무 얼어터지는 소리는 꼭 죽은 이한테 다시 내려치는 매질소리로 들리는 거라. 얼마나 약이 오르겠는가.

　그래서 그 참나무 얼어터지는 소리 떵딱(장단)에 따라 뼈깡치들이 '꿈틀' 또 '꿈틀'.

　'떵.'

　'꿈틀.'

　'떵덩.'

　'떵더쿵.'

　'꿈틀꿈틀 꿈틀.'

　마침내는 그 고얀놈들의 몽뎅이를 빼앗아 앙짱(박살)을 내버리고는 일꾼들이 바라는 벗나래(세상) '노나메기'를 만들었다는 옛이야기.

　내 이야기를 듣고 난 어느 수녀의 말이었다. "선생님, 그 이야기를 벌써 들려주셨더라면 제 생각이 사뭇 달라졌을 거"라고 했다. 그 소리에 힘이 나 서울역에 내릴 적에는 일그러졌던 두 다리가 다 가뿐했다.

　그런데 웬 낯모를 녀석들이 나를 또 가로막으며 윽박지른다.

　"네놈이 전두환 각하를 헐뜯었다"고 한참을 다투었다.

　"간다", "못 간다" 그러다가 두 다리가 다시 삐끗, 밤새도록 탱탱 곪았다. 다시 고칠데엘 들어가 고름을 빼고 한 달을 눕게 되었다. 이처럼 옛이야기 한마디를 해도 살 수가 없는 이 땅을 뭐라고 했던가. '대한민국' 그랬던가.

딱 한술 깨져 천해를 산다는 것　351

1983해 가을이었다. 이런 나의 삶을 보다 못한 우리 딸들도 드디어 일어서고 말았다. 큰딸애는 모배울(대학) 선생(강사)을 때려치우고 알맥꺼리(노동운동)에 뛰어들고, 둘째딸은 저네 모배울에서 "전두환이 때려잡자"고 외친 듯했다.

한밤에 청량리 오랏집(경찰서)이라며 말통(전화)이 왔다.

"서울가시나모배울(서울여대)에 다니는 백미담이네 집 맞느냐?"

"그렇다"고 했더니, "아버지, 어머니가 계시면 와보시오" 그런다.

'무슨 일일꼬?'

득달같이 달려갔더니 우리 미담이가 가둘(유치장)에 앉아 고개를 숙이고 있다.

"야, 너 왜 그래?" 그러면서 찬찬히 보니 목덜미가 찍 하고 찢어져 있다.

'옳거니, 그 헌디(생채기)를 감추느라 그랬구나. 똑뜨름(역시) 애비란 애들한텐 사뭇 개긴다고 가슴이 울렁울렁.

그렇게 잡혀간 딸애가 때속으로 옮기고 나서 얼마 있다가 가름날(재판날)이 왔다.

돈을 안 받을 뿐더러 여러 사람의 한참(점심)까지 사는 박찬종 말네(변호사)가 이화가시나모배울(이화여대)에 다니는 새내기 딸을 데리고 가름마당(재판정)엘 왔다.

"언니들이 싸우는 걸 보고 배우라고."

박찬종 말네가 묻는 것이었다.

"배우내(학생)들이 이참에 나선 것은 걷대털(정치적) 대로(자유), 다시 말해 울내빼꼴(민주주의)을 살리자 그것이지요?"

"네, 참된 울내빼꼴을 살리자는 겁니다."

"그러니까 빼앗긴 대로를 살리자, 그 말 아니오?"

"네, 참된 대로를 찾자는 겁니다. 따라서 이참 이 자리에 설 사갈놈(죄인)은 바로 전두환입니다. 가름네(재판장)님, 전두환이를 끌어와야 합니다."

매우 차분하게 말을 하는 것이었다. 그렇건만 막대(검사)가 벌떡 일어나며 "뭐야, 저 계집애 끌어내" 하는 그 한마디에 이러구 저러구가 있을까. 김인경이와 우리 딸애의 팔과 머리채를 마치 미친 개새끼처럼 잡아 끌어낸다. 에미, 애비가 보고 있는 그 자리에서. 그러자 뜻을 함께 하려고 왔던 배우내들이 모래주머니를 던지며 "전두환이 물러가라"고 외치고 누군가는 걸치게(걸상)를 뒤엎고, 가름마당(재판정)은 마치 소 싸움을 물린 보리밭처럼 금세 텅 해버렸다.

나는 속으로 외쳤다.

'마침내 여기저기 딸들이 다 일어나는구나!'

그런데 가름마당 뒤켠에 머리 허연 이가 끝까지 앉아 손수건으로 낯을 닦고 있다.

나는 너무나 고마워 "선생님, 고맙습니다. 끝까지 보아주시니" 그랬다.

이때다.

"백 선생, 무슨 말을 그렇게 하시오. 똑같이 울내빼꼴을 돋고저(위해서) 싸우는 건데."

찬찬히 보니 김영삼 총재다.

딸애들이 끄데이(머리채)가 잡혀 질질 끌려가던 그 북새 속에서도 딸애를 쫓아가려고 우리 집사람과 나는 '어찌할꼬, 어찌할꼬' 하고 어적이는데, 김 총재가 "제 수레(차)를 타세요. 딸들이 끌려간 때(감옥)까지 함께 갑시다."

그날 날씨가 추웠다. 그래 그런지 내 몸에선 야릇한(이상한) 끼숭(신호)이 왔다.

'얼추(혹) 딸들을 따라가다가 내 어떻게 되는 건 아닐까.'

주먹을 있는 대로 꼭 쥐고 입술을 다물 수 있는 대로 꼭 다물며 갔다. 한참 만에 때에서 다시 만난 우리 딸애의 말이었다.

"아버지, 이제부터는 말네 없이 우리들끼리 가름을 받을래요. 아버지가 그러셨잖아요. 고얀 놈들하고 싸울 적엔 오로지 제 꺾심(의지)으로 맞서는 거라고, 그래야 갈마(역사)의 불림(진보)은 한 발자욱이라도 앞으로 나아가는 것이라고."

그 말에 나는 다시금 '뭉클', 찢어지던 염통의 아픔이 가분재기(갑자기) 눈자위로 쏠리는 것 같았다.

그렇다.
인경아, 미담아!
아버지도 또 따라나설게. 같이 싸우자우…….
그리하여 이참에야말로 전두환 개망나니들을 그냥 끝장을 내자우.

벗이여 일어나라

1985해 봄이던가, 가을이었던가. 서울모배울(서울대학) 배우내(학생)들이라면서 날 찾아왔다.

"무슨 이야기를 해달라고 왔는가."

"말씀을 해달라는 게 아닙니다. '전두환 물러나라'고 외치던 황정하 뜨끔(열사)을 오랏꾼(경찰) 놈들이 우리 모배울 네걸(4층)에서 끔찍하게 밀어죽이질 않았습니까. 그 통거운(원통한) 뜻을 기리고자 우리 모배울 마당에 '시비'를 하나 세우고자 합니다. 그래서 그 시비에 넣을 찰(시)을 하나 지어주십사 해서 찾아왔습니다."

나는 먼저 "시는 우리말로 '찰'이요, 따라서 '시비'라는 말은 안 좋다. 우리말로는 '새긴돌'이니 바로잡자" 해놓고 또 물었다.

"이봐, 여기저기 훌륭한 찰니(시인)들이 많잖아. 그런데 왜 날 보고 쓰라고 그래?"

"아니지요. '새긴돌'은 한슬 세우면 천해, 만해 가질 않겠습니까? 그와 같이 천해, 만해 흔들리지 않을 분을 찾아온 겁니다."

"어허, 천해, 만해를 한결같이 흔들리지 않을 분이라. 나는 천해는커녕 헌날(매일) 흔들리는데."

"그래도 믿고 싶으니 써주시라"고 거의 떼를 쓴다.

마지못해 "언제까지냐"고 했다.

"하제(내일)까지 써주셔야겠습니다. 오랏꾼 놈들의 눈을 비껴가며 하는 일이라 바쁩니다."

"뭐라고, 하제까지라고?"

때결(시간)이 그렇게까지 다그친다면 난 엄두가 안 났다. 하지만 그 젊은이들의 뜻이 너무 살깟스러워 "좋아, 해보지" 하고 술 한 땅지(병)를 옆에 차고 내가 살고 있는 기자촌 뒷덤(뒷동산)엘 올랐다.

샘물을 주전부리(안주)로 꿀꺽꿀꺽, 해가 졌다. 그런데도 아무 생각이 떠오르질 않는다. 술도 떨어졌고, 하늘은 찌푸리고. 소리가 됐든 글이 됐든 콸콸 넘치질 않으면 손을 대선 안 된다는 것이 '나'라는 사람이다. 그런데 넘치기는커녕 전혀 끼도 안 비친다.

다음날 아침 또 올랐다. 젊은이들과 만나기로 한 때결은 얼마 안 남았다. 또 해가 기운다.

'어쩐다지.'

차라리 '정하야, 울고만 싶고나' 라고 한마디를 적어주고 냅다 달아나고 말까. 아니다, 우리 황정하는 비록 그 한살매는 짧았지만 빼곡히 차오르다가 퀄퀄 넘치질 않았던가.

그러다가 퍼뜩 한마디가 떠올랐다.

투사는 딱 한술 깨져 천해를 사는 것
투사는 딱 한술 깨져 새날을 빚는 것

딱 그 두 줄이 떠오르자 얼핏 내려와 '벗이여 일어나라' 라는 도틈(제목)으로 갈겨버리고는 읽어보지도 않고 덮어두었다.

그러고 나서 한 오큼(1분)도 안 됐는가 싶은데 '땡강.'

"거 누구요?"

"저희들입니다."

"때결을 꼬박이 맞추는군" 하고 찰을 내주며 읽어보라고 했다.

줄줄 읽는다. 나는 그들의 뒤늘(소감) 같은 건 묻지도 않고 "이젠 됐다, 가라. 이 찰을 쓰든 버리든 자네들 마음대로 하게" 그러고 보냈다.

그들이 가고 난 다음 나는 괜히 기다려졌다. 오줌도 찔끔찔끔.

"여보, 웬 젊은이들의 문길(기별)이 없었소."

"누굴 말하는 거요."

"아니, 그냥" 그러면서 자꾸만 내 어릴 적이 겹쳤다.

어린 나는 거리의 단팥죽이 그렇게도 먹고 싶었다.(그 단팥죽은 우리 시골엔 없어 한술도 먹어보질 못했다) 이런 나를 눈치 챈 새뜸(신문)팔이 두배 녀석이 팥죽을 사준다며 날 쪼매난 팥죽집엘 앉혀놓고 나가더니 영 오질 않는 것이었다. 갈월동 쇠다리 옆 비좁은 단팥죽 집이었다. 그 바글바글한 데서 마냥 앉아만 있으려니 내 마음이 어찌 고루겠는가. 신발은 떨어졌지, 입성(옷)은 꾀죄죄하지, 거기다가 오줌까지 찔끔대지, 드디어 알범(주인) 아주머니한테 마땅쇠(결국) 쫓겨나고 말았다.

그래도 얼추나(혹시나) 해서 밖에 섰으려니 조무래기들은 뻔질나게 들락이지, 팥죽 냄새는 물씬 나지, 서성여도 서성여도 두배 녀석은 영 안 오지, 가랑닢만 바람을 몰고 와 내 속을 뒤집는 것이었다. '휘이익~.'

꼭 그때처럼 밖에선 가랑닢이 이리 쏠리고 저리 쏠리고, 바로 그때다. '따르릉' 말통(전화)이 왔다.

"여보세요."

"선생님, 저희들입니다. '새긴돌'을 세웠습니다."

"그~으래."

"그런데 몹쓸 오랏꾼 놈들이 몰래 뽑아갔습니다. 또 세우고자 하지만 이참엔 세울 데가 없구만요."

가슴이 철렁. 하지만 나는 자못 가라앉은 목소리로 말을 했다.

"그 너른 서울모배울에 황정하 뜨끔의 '새긴돌' 하나 세울 데가 없단 말인가."

그렇게 말을 하고나서도 어찌나 서운하든지.

달구름(세월)은 흘러 스무 해쯤, 서울모배울 배우내 김세진, 이재호 뜨끔을 기리는 날, 나도 고개를 디밀고자 서울모배울엘 갔다.

얼짬(잠시) 뒷간엘 갔는데 어느 배우내가 "선생님, 어쩐 일이세요?" 그런다.

"응, 오늘이 이 배울(학교)의 뜨끔을 기리는 날이라 그래서 왔지."

"뜨끔이라니요?"

"오늘이 김세진, 이재호 뜨끔이 이 썩어문드러진 쪼각막틀(분단독재)에 불을 당긴 날 아닌가. 모르고 있었나."

빙그레 웃기만 한다.

"이봐, 자네 내 이름이 무엇인 줄은 알어?"

"이름은 모르겠고요, 이따금 볼통(티브이)에서 마주쳤기 때문에 고개를 끄떡한 것뿐이에요."
　나는 문득 내 어린 날 단팥죽 집에서 단팥죽도 못 먹고 앉았다가 끝내는 쫓겨나면서도 그 두배 녀석을 기다리던 생각이 나 이러쿵 저러쿵 아쉬웠던 지난날들을 더듬었다.
　'아, 요즈음 달구름은 옛보다 더욱 바쁘게 달음박질치는가.'
　어쨌든 내 이름쯤 모르는 거야 어쩌랴만은, 그 배우내가 두배 녀석처럼 나를 깡모래밭으로 떠미는 것 같아 내 마음이 야릇하게 삐끼는 것을 몸서리치지 않을 수가 없었다.
　'그렇구나, 이제부턴 아무데나 함부로 나타나질 말아야겠구나.'

　또다시 달구름은 잠도 안 자고 흘렀다. 그 젊은이들이 찾아오던 기자촌 집에서 거의 서른 해를 살았는데 쫓겨났다. 이명박이가 우리 집을 허물고 돈 많은 사람들의 마을, 뉴타운을 만든다나.
　그 도막에 우리 기자촌 집은 따꾼막틀(군사독재)의 날카로운 손톱에 긁힌 자국들이 가문 논바닥처럼 얽혀 있어 차라리 새름(정)이 흠뻑 든 곳이었다. 더구나 전두환, 노태우한테 찍힌 무시무시한 날도끼 자국들도 곧 오늘의 갈마(역사)라고 할 만했다. 뿐이던가, 앙똥한 째눈(감시)에 피멍이 든 자국들은 오늘을 깍치는(고발하는) 쭈빗한 갓대(증거)나 다름없었다. 바로 그렇기 때문에 우리 팍내(부부)의 새름이 더 들었었는데 그런 집을 마구 허물고 뭐, 뉴타운이라고?
　이 땅 몇 만해 동안 마을 이름을 영어로, 그것도 뜻을 거짓 꾸며 지은 적이 딱 한술이라도 있었던가. 없었다. 그러기에 쫓겨나오던 날, 우리 팍내는 왜놈들한테 땅과 집을 빼앗기고 만주로 쫓겨가던 생각이 나 몸부림을 쳤다.

하지만 힘이 없다 보니 무슨 미념이 있으랴. 추적추적 짐을 싸는데 허접 쓰레기 같은 살림살이는 왜 그리 많은지. 그 꿈실꿈실한 살림을 헤집던 아내가 갑자기 곰 낡은 바가지를 갸륵갸륵(조심조심), 그 위에 쌓인 먼지를 털고 있다. 무어라고 새겨져 있는 자국도 보인다. 돋보기로도 안 보여 돋움(확대경)으로 보다가 어? 이럴 수가, 그 낡은 바가지에 스물세 해 앞서 '벗이여 일어나라'는 황정하 뜨끔을 기리는 찰이 서글프게 바래 있질 않는가.

아, 얼마나 부아(화)가 떨렸으면
온몸이 기름이 되어 당긴 불길
독재의 아성 어두움을 가르고
꽃잎처럼 높은 하늘에 흩어진
한 젊음의 마지막엔 차라리 잃었던
민중의 새날이 배었다

이제 무엇을 두려워하랴 우리는 모였고야
고개 숙여 눈물 젖을 짬도 없이
벗이여! 일어나라
압제를 밟아대고 외간것들(외세)을 밟아대고
아! 자유해방 통일, 끝내 승리의 그날까지
투사는 딱 한술 깨져 새날을 빚는 것
투사는 딱 한술 깨져 천해를 사는 것
아! 그 아우내 그 넋살은 다시 살이 되어
벗이여 일어나라

벗이여 일어나라

읽을수록 온몸이 부들부들 떨려온다. 그래서 요즈음 나는 스무 해도 더 묵은 그 낡은 바가지를 내 밥올리게(밥상) 바로 앞에 걸어놓고 아침저녁으로 되읊고 있다. 모두가 잊어도 나는 아침저녁으로 읽고 또 읽으며 거퍼 외치고 있다.

'벗이여 일어나라! 벗이여 일어나라……'

살다보니 만났다 멀어져간 사람들

그게 1986해 6달 어느 날이던가. 이른 저녁부터 밤새 비가 엄청 왔다. 기자촌이란 워낙 높은 데라, 길바닥으로 콸콸 흐르는 물길이 버려진 쓰레기, 먼지, 나뭇가지, 담배꽁초, 떨어진 신발 따위들을 몽창 휩쓸어버린다.

그런데도 우리 골목엔 시커먼 오랏꾼(경찰)과 깜치(정보원)들의 수레(자동차)가 자그마치 일곱이나 눈깔을 부라리고 있건만 그것만큼은 그 엄청난 비도 떠내려 보내질 못하고 있다.

수레 둘은 내 큰딸을 잡자는 것이고, 다섯은 하제(내일)에 있을 '권양성고문 진상폭로대회'에 내가 함께굴낯(공동대표)이라 집 밖에 나가기는커녕 꼼짝도 마라 그거였다.

안 그래도 나는 움직이기가 힘들었다.

제주모배울(제주대학) '신입생 환영회'엘 갔을 적이다.

"여러분 '신입생 환영회'라니 그게 뭔 말이요. 신입생은 '새내기', 환영회는 '맞이잔치' 그래서 '새내기 맞이잔치' 그러자"고 하니, 배우내(학생)들이 발을 구른다. 한라산이 울리도록…….

그때까진 좋았다. 하지만 서울엘 오느라 날틀(비행기)에 올랐는데 두 무릎이 욱씬욱씬, 날틀에서 내리자마자 고칠데(병원)로 곧바로 가 한 달도 더 누게 되었다.

또 관악덤 밑에 있는 어느 모배울에서였다.
"여보게들, 이참 여기를 '아크로폴리스 광장' 이라고들 하는데 난 잘 모르겠구만. 그게 뭔 말인가. 여러분들은 이참 주어진 마들(판)은 깨트리고 새로운 여러분들의 마들을 열고자 여기에 모인 게 아니오. 미검뿔빼꿀(미제국주의)이 내리친 마들 말이요. 그렇다고 하면 갸들이 내리친 마들은 깨고 새로운 마들을 만들자는 말 '새뚝이' 란 말을 듣고 나와야 할 거고, 거기에 마당이란 말을 더해 '새뚝이 마당' 그래야지, '아크로폴리스 광장' 이 뭐요. 대뜸 바로잡질 않으면 나, 말 못하겠소."

그래갖고 손뼉을 받다가 또 쓰러져 또 한 달을 눕게 되었었다. 이래저래 마음도 몸도 고루질 않았다. 그런데다 비가 엄청 퍼부으니 더욱 온몸이 쑥쑥쑥 들쑤셨다. 밤이 깊었다. 그래도 잠을 못 이루고 뒤척이는데 콩나물을 사볼까 하고 나갔던 아내가 쿡쿡 찌른다.

"여보, 아…… 여보, 녀석들이 수레 속에서 잠이 들었어요."

"뭐라고, 그 새끼들이 잠에 빠졌다고?"

나는 '이때다' 하고 빗속의 기자촌집 뒷덤(뒷산)을 벌벌 기어 넘었다. 그리고는 흙투성이인 채 마침 지나는 빌린거(택시)를 잡아타고 열릴마당(대회장)인 '명동성당' 으로 갔다.

"어머나, 우리 선생님이."

신부, 수녀 몇이 날 보더니 굴낯(대표) 한 분이 오셨다고 반긴다.

날이 밝자 웬일로 비가 그친다. 성당 이쪽저쪽으로 부아에 찬 사람들이 십만도 더 모여들었으나 오랏꾼에 막혀 성당까진 못 들어온다. 하는 길(수)

있는가. 나 혼자서 '여는 말'과 '마무리 말'로 "전두환 물러가라! 전두환 물러가라!"고 세슌(세 번) 크게 외치고는 수녀원 어디에 몇 날 동안 숨었다가 다시 냅다 달아났다.

박종태, 나종학, 송일영네 집을 거치고 다른 데로 옮겼지만 속이 안 좋아 볶이던 어느 날이다. 에라 모르겠다, 하고 벙거지를 눌러쓴 다음 어느 낚시터엘 갔다. 떡하니 낚시꾼처럼 한 이틀 묵고 있는데 언뜻 둘레의 빈홀(공기)에 쉬파리가 끼는 듯하다.

'안 되지, 여기서 더 미적이다간 잡히고 말지. 그렇다. 또 달아나자' 하고 아주머니한테 그동안 고마웠다고 끄떡 하고 나서는데 등에 업혀 있던 그 집 꼬마가 "할아버지, 빠이빠이" 그런다.

"그래, 잘 있거라" 그리고 마침 낚시꾼들이 타고 온 빈 빌린거(택시)를 잡아타고 한참을 달려오다가 문뜩 했다.

'뭐, 할아버지 빠이빠이? 에라, 모르겠다. 잡힐 때 잡히더라도 다시 가서 그 꼬마의 말을 바로 잡아주고 와야지, 그냥 내버려두면 커서도 그 말을 내리 쓰질 않겠는가.'

다시 수레를 돌려 "아가야, '빠이빠이'란 말은 코배기놈들 말이고, 우리 말을 써야 해. '잘잘', 잘 가세요, 잘 있을게요, 라는 '잘잘' 알았지."

그러고 돌아서는데 재 너머로 오랏꾼 수레가 달려든다. 냅다 달아났었지만 입때껏 그때 그 일을 잊을 수가 없다.

'아, 그때 그 꼬마가 이제쯤이면 거의 서른 살, 이참도 내가 가르쳐준 그 '잘잘'이란 말을 쓰고 있을까?

어즈버(아), 내 더듬이에 나의 이끼가 서리는 까닭은 무엇일까.

그렇게 내빼고 다니던 어느 날 저녁이다. 나보다는 열 살쯤 위로 보이는 한 늙수구레가 미아리 마룻길에서 배추를 잔뜩 실은 손수레를 끄느라 낑낑대고 있다. 아차하면 밑으로 곤두박힐 꼴나위(꼭 그렇게 될 운명)다. 뛰어들어 밀어주었더니 고맙다고 쐬주를 사며 하는 말, "녕감, 내 밀게나 하는 게 어때? 내 저녁마다 술은 살 테니……."

"그러지요" 하고 몇 날 뒤 또 밀어주고 나서 한 모금 나누는데, 날너러 "무얼 하다 제 돈으로 술 한 모금 못 먹는 맹추가 되었어" 그런다.

나는 술낌에 "나 말이오? 한나꺼리(통일운동) 하는 사람 아니오" 그랬을 뿐이다. 그런데 갑자기 "언니(형)" 그러면서 엎드려 저도 낑겨달라고 한다.

만주에서 8.15 뒤 라비(고향)를 찾아오다가 애루(동생)는 38금(선) 둘레에서 따콩(총)에 맞아죽고, 저도 따콩을 맞아 다리를 잘 못 쓰지만 언니를 따라 한나를 해가지고 할아버지, 아버지, 어머니가 계시는 만주엘 다시 가겠다고 그 늙은 어깨를 들썩인다.

나는 술낌에 나도 모르게 노래를 불러 제꼈다.

> 진달래꽃 무르녹은 언덕 밑에는
> 순이야 잘 있더냐 고향에 마을
> 이국의 가시네야 호궁소리냐
> 조선이여 불러보며 울기도 했소

그런데 그 할배가 따라 부르기에 어디서 배웠느냐고 하니 8.15 뒤 만주에 있을 적에 들어 안다고 한다. 그의 우김대로 우리는 대뜸 언애(형제)를 맺었다. 내가 아래지만 내가 언니로.

그런데 그만 일이 벌어지고 말았다. 내가 숨어 있는 집 둘레가 야릇해 가 분재기(갑자기) 먼 데로 또 옮기질 않으면 안 되었다. 그 늙수구레한테 말도 못하고, 더군다나 내가 '덜커덩' 잡혀 때에 갇히고 말았다.

그러고 나서 어느덧 스물세 해, 하지만 틀림없다. 그 늙수구레는 헌날(만날) 울면서 나를 기다렸을 것이 틀림없다. 아직껏 어디에 살아나 있을까. 거리에서 한 서너술 막술을 먹은 것밖에 없는데도 떠올리기만 하면 나보다는 열 살이나 위인 내 아우 손수레꾼 생각이 자꾸만 들쑤셔 코도 눈깔도 고루질 못한다.

'여보게 아우, 죽지 말고 살아만 있게나. 내가 곧 달려갈 터이니.'

날마다 그러면서도 이적지 찾아보질 못했으니……. 아, 사람이여 달구름(세월)보다 더 야속쿠나.

그렇게 빼내(도망) 다니느라 다섯 달이 지나던 그 무렵 나는 그만 탈(병)이 도지고 말았다.

'어디로 갈꼬?'

마침 양 수녀, 윤 수녀의 도움으로 왜관 '파티마 요양원'에 '김아모스'로 숨어 있던 어느 날이다. 박 우발(원장) 수녀님이 말통(전화)을 걸어왔다.

"백 선생님, 밖을 좀 내다보세요."

슬며시 내다보니 이럴 수가? 마치 찬굿(영화) 〈불쌈꾼(혁명아) 사파타〉의 마지막 뵈기(장면)처럼 백도 더 되는 오랏꾼(경찰)들이 덤(산)자락을 뺑 둘러치고 나한테 따콩을 겨누고 있다.

꼼짝없이 잡혀가는데 그때 시름 짓던 그 우발 수녀님은 아직 욱끈(건강)하게 잘 계실까? 고마웠다는 끄떡 한술 못한 내가 자꾸만 쫄아드는 것 같아서 하는 말이다.

아무튼 그 수녀원에서 잡혀 꽁꽁 묶인 채 뻗난길(고속도로)을 쑤악 달릴 적이다.

오줌이 마렵다고 했다.

참으란다.

그대로 싸겠다고 하니 묶인 채로 멎을데(휴게소)에 내려준다. 바글바글한 사람들 틈에 낑겨 오줌은 누었다. 그러나 바지를 올릴 수가 없어 아질해(안타까워)하는데 "무슨 끔찍한 짓을 저질렀기에, 늙은이가 쯔쯔쯔" 혀를 차며 내 바지를 올려주던 그 사람은 누구였을까? 이름이나 알아놓을 걸.

이따금 뻗난길을 달릴 적마다 두리번거려진다.

얼추(혹) 그때 내 바지춤을 올려주던 그 사람을 다시 만날 순 없을까…….

막대(검찰) 눌데(방)에도 들것에 실려 들어갔다. 그리고 막대의 닦달도 누워서 받을 적이다. 마침 그곳에 잡혀와 있던 어느 모배우내(대학생)가 "백기완 선생님 아니십니까. 어떻게 이렇게 되실 수가. 선생님, 힘을 내시라"고 소리소리 지르다가 입이 틀어막히던 그때 그 씩씩한 모배우내는 이참 무엇을 하고 있을까.

또 그때 탈이 깊은 나를 어찌할 바를 몰라 한참 동안 쳐다만 보다가 어딘가에서 말통(전화)을 받고서야 때에 집어넣던 그때 그 막대는 이참 무엇을 하고 있을까?

밖엘 나서니 밤은 깊고 눈발이 쌔렸다. 들것에 누운 채 때의 큰 들락을 열고 들어서자마자 삐끄득 씨끄덕 약이 바친 나는 소릴 질렀다.

"야, 전두환이 이 새끼야, XXX XXX이다!"

그 쩌렁쩌렁 소릴 듣고 저쪽 구석에서 "저건 백기완이다. 선생님, 힘내시라'고 소리소리 지르던 그 도둑놈은 쌍이로구(도대체) 누구였을까?

백기완이라는 말이 울려 퍼져서 그런지, 그 눈 내리던 밤, 열두 때결(시)이 다됐는데도 또 한 구석에선 '산 자여 따르라, 산 자여 따르라'는 노래를 불러주던 아, 그 도둑놈은 또 누구였을까. 만나면 돼지기름데기를 주전부리(안주)로 쐬주를 받아주고 싶은데 어쩔고나, 내가 너무 늙었는가.

때속에도 날이 밝았다. 아내도 아직 안 왔는데 한승헌 말네(변호사)가 먼저 왔다. 일만 터지면 애를 써주는 한 말네도 어려울 터인데 날 찾아와 나에게 힘을 주고 가곤 한다.

나는 대뜸 때에 대고 "한 말네의 글묵(책)을 보겠다. 넣어달라"고 했다.

그러나 안 된단다.

'거의 날마다 찾아오는 내 말네인데 그분이 지은 글묵은 못 보게 하다니.' 어쩔씨구 그때 그 때속의 그 얏싸한 개망나니는 누구였을까.

이참에라도 한술 만나면 꼭 물어보고 싶으다.

"그때 나한테만은 그런 구박까지 준 까닭이 무엇인가."

달구름(세월)은 흘러 1987해 1달, 한승헌 말네가 애를 써 한양모배울(한양대학) 고칠데(병원)로 옮겼다. 3달 하루가 되자(3.1절), 겨우 내 두 다리로 일어서기는 할 만치 되었다. 그런데 바로 그 3달 하루, 온 겨레가 우러르는 그날, 오랏꾼(경찰)이 들이닥쳐 내 팔에 꽂힌 김물(링거)을 빼고 나를 다시 때속으로 끌고 가려고 한다. 탈돕네(간호사)들이 이럴 수가 있느냐고 소릴 지르고, 마침 나를 보러 오셨던 박용길(문익환 목사 부인)과 이기연(질경이 옷)이 오랏꾼 수레바퀴에 누워버렸다.

못 간다고.

하지만 미념(소용)이 있으랴. 무지무지하게 끌어낼 적이다.

저만치서 두 다리가 다쳐 끌수레(휠체어)에 타고 있던 낯모를 알맥이(노동자)가 소릴 지른다.

"이놈들, 네놈들은 저렇게 김물을 꽂고 계시는 백기완 선생을 다시 때에 처넣지만, 우리는 멀지 않아 네놈들을 처넣을 거다, 이놈들아!" 그러던 그 삐꺽 마른 알맥이는 이참 어디서 무엇을 하고 있을까. 맨품쟁이(비정규직)로 내몰리진 않았을까.

때속에서 몇 날 지내고 나서다. 누군가가 내 눌데(방)로 훽하고 이닦솔(치솔)을 하나 던져준다. 그 이닦솔로 예쁜 가시나의 까끔(조형)을 깎았다. 거기에 두루 말린 종이를 펴보니 이렇게 적혀 있었다.

"이를 닦는 솔을 까끔해 빚은 머리털들은 나름으로 달뜨게(열심히) 살다간 어느 아낙의 몸에서 나온 것입니다. 지니고 있으면 좋은 일이 있을 겁니다."

아, 그때 나한테 그 이닦솔로 된 어느 아낙의 까끔, 그 머리칼의 알벰(주인)은 누구였을까.

> 꽃도 피었다간 지고
> 달도 떴다간 지고
> 그래도 지워지지 않는 새롬(기억)들이여
> 모두가 나보다는 무언가를
> 남기고 가는 것 같구나.

아, 천해 만에 온 때활(기회)을 잃었구나

1987해 첫달, 때(감옥)에서 고칠데(병원)로 옮겨져 누워 있을 적이다.

'서울모배울(서울대학) 박종철 배우내(학생)가 모진 매를 맞고 죽었다'는 소리가 들려왔다. 나는 나도 모르게 벌떡 일어나며 고칠데 뒤에 있는 덤뻬알(산자락)이 우르르 떨도록 외쳐댔다.

'종철아, 이눔으아야, 내가 죽어야 할 것을 네가 먼저 목숨을 뺏기다니……, 하지만 종철아, 너의 죽음은 마침내 쌈불(바다 속 화산)이 되어 발칵 뒤집을 거다'라고 외치기만 한 것이 아니었다.

'바로 내가 그 쌈불이 되어야 한다'며 그해 6달, 때에서 나오자마자 곧바로 지팡이를 짚고 거리로 나섰다.

따다당, 시청 앞 덕수궁 옆엔 숨을 못 쉬게시리 매콤알(최루탄)이 잇따라 펑펑, 나는 그 한가운데 서서 "여러분! 이제는 비틀어버릴 때입니다. 이제 전두환의 간들간들하는 저 마지막 목두가지는 우리가 앞장서 비틉시다"하고 소릴 질렀다. 그러자 곧바로 나를 겨냥한 사과탄이 펑펑, 다른 건 몰라도 숨을 쉴 수가 없었다.

그래도 나는 물러서질 않았다. 도리어 한 발 한 발 다가서며 "와라 이놈들아. 오늘로서 우리들의 불길은 마침내 쌈불이 될 것이요, 따라서 네놈들은 이제 통구이로다, 통구이.”

그러자 또다시 펑펑펑, 따당땅, 백도 더 되게 내 둘레에서 터져 내 사타구니까지 매콤알로 범벅이 되었다.

나는 눈깔이 빠진 듯 그대로 주저앉고 말았다. 놀란 젊은이들이 날 부추기고 찻집 아줌네가 물을 떠다주기도 하고.

그해 6달, 그 어기찬 싸움에서 연세모배울(연세대학) 이한열 배우내가 또 쓰러졌다.

최병수가 그린 '한열이를 살려내라!'는 그림을 따라 나는 다시 나섰다. 따다당, 펑펑, 나는 매콤알로 범벅이 된 두 눈이 도리어 따름따름(점점) 밝아오는 것을 느꼈다. 저 앞에 빛나는 깃발이 보이는 것이었다.

'우리는 이긴다'는 깃발.

연세모배울에서 그 깃발을 들고 이한열 뜨끔(열사) 땅술접네(장례식)를 마련하던 1987해 7달 8날 밤이었다.

연세모배울 큰들락(대문)을 넘어 누가 휘이휘이 걸어온다.

'낯이 익은데 누구더라.'

뜻밖에도 때에서 바로 나오고 있는 문익환 목사가 아닌가.

나는 반갑게 나무 밑에 앉히며 말했다.

"녕감, 내 말 한술 들어보겠수? 우리는 이제 때활(기회)을 잡았수. 그것도 천해 만에 잡았수. 동학싸움 때 삼십만이 넘게 싸우다가 죽었지만 마지막 검줄(성취, 승리)을 거머쥐진 못하질 않았습니까. 또 8.15란 뭡니까. 여러 백만이 죽음으로 싸워 마침내 왜놈검뿔삐꼴(일제)을 꼬꾸라뜨렸지만 겨레의 날래(해방)를 마저 이룩하진 못했고. 그 뒤 날래한나(해방통일) 싸움은 또 오죽 어기찼습니까. 그런데도 아직은 마저 일구질 못하고 있습니다. 하지만 이제 때활이 온 겁니다. 자그마치 천해 만에. 우리 랭이(민중)들이 앞장서 검줄을 이룩할 때활이 왔다니까요.

그러니까 이참 뽑기(대통령선거)에서만큼은 내가 대통령을 하겠다고 갈라서면 안 됩니다. 또 그들, 대통령을 하겠다는 사람들 가운데서 누구 하나를 밀겠다고 갈라서도 안 됩니다. 더구나 뽑기로 뭐이 될 줄 알아서도 안 되지만, 뽑기를 하드래도 내가 좋아하는 사람을 뽑겠다고 랭이들까지 알기(중심)를 못 세우고 갈라지면 큰일입니다. 그건 미검뿔빼꼴(미제국주의)한테 또다시 갈기갈기 찢긴 채 또다시 미국과 앞잡이들의 갈라놓기 꿍셈(음모)에 빠지는 거나 다름없습니다. 그리되면 따꾼막틀(군사독재), 쪼각막틀(분단독재) 그 죽일 놈들이 다시 살아날 수도 있으니 넝감, 넝감이 앞장서 바로 옆에 있는 계훈제 선생과 나, 그리고 문 목사부터 하나로 묶으셔야 합니다. 이어서 모든 모두날(민주화) 철썩(세력)을 몽땅 하나로 묶도록 하셔야 합니다. 이제부터는 그래야 합니다. 그게 참짜 날래요, 한나라니까요."

"알겠다"며 우리는 쓴턱한(독한) 술을 딱 한 모금씩 마셨다. 나는 그때 몸이 너무나 안 좋아 술을 마실 수가 없는데도 마셨다.

날이 밝았다.(1987. 7. 9) 연세모배울 마당. 이한열 뜨끔의 땅술접네엔 이백만도 더 모였다. 그것 하나만으로도 우리가 이긴 것이었다. 그런데 사람들이 몰개(파도)처럼 더 모인 시청 앞엔 따다당, 매콤알이 터졌다. 터져도 끔찍하게 터졌다. 그 때문에 그 뜨거운 물결은 매콤알에 어수선해지기 차름(시작)했다.

왜 그랬을까. 전두환의 거짓놀음, 뒤집기였다. 이제부터 우리들을 갈갈이

흐트러놓은 채 모든 것을 뽑기(선거)로 내몰겠다는 응큼한 뒤집기.

아니나 다를까. 이백만도 더 모인 그날, 이른바 이 땅의 새뜸(신문)들은 모두 그 이백만의 불쌈털(혁명적) 아우내(아우성)에 마주한(대한) 적글(기사)은 밑으로 내리고, 새뜸 머리엔 '김대중 사면복권' 하고 큰들락짝(대문짝)만 하게 올리고 있었다. 그 옆에 아주 작게 '백기완이도 풀렸음' 그랬다.

나는 섬짓(섬뜩)하여 문 목사한테 말했다.

"내가 대통령 하겠다는 건 나쁜 게 아니다. 하지만 이참에 서로 내가 하겠다는 건 곧 갈라서기라, 다시 말해 미국과 전두환의 갈라놓기 꿍셈에 속는 거라, 그렇게 되면 입때껏 싸워온 모두날(민주화)의 알짜(실체)가 죽습니다. 때문에 내가 대통령 하겠다는 생각은 한축(일단) 접고 따꾼막들(군사독재) 끝장과 사람 죽인 개망나니는 어떤 일이 있어도 이참에만큼은 깡그리 쓸어 팡개치겠다는 한뜻으로 뭉쳐 뽑기로라도 천해 만에 온 때활을 반드시 살려야 합니다."

"좋다"고 헤어지고 나서, 아 그럴 수가.

그해 8달, 알맥이(노동자)들의 어기찬 싸움을 비롯해 9달, 10달, 갈마(역사)의 쌈불은 우당탕 거퍼 터지는데도 사람들은 '나는 누구를, 아니다, 나는 누구를 대통령으로 내세운다'는 생각으로 갈라서고 말았다.

문 목사는 누구를 뽑아야 한다고 하고, 계훈제 선생은 아니다, 대통령 하겠다는 사람들을 찾아다니며 하나가 되라고 눈물로 다그치자고 하고. 아니다, 대통령 하겠다는 뜻을 하나로 묶는 일은 눈물로는 안 된다. 힘으로 해야 한다. 그렇다면 어떻게 해야 하는가. 허구 많은 랭이의 힘으로 둘 가운데 누구 하나를 먼저 대통령을 하게 하고, 또 하나를 다섯 해 뒤에 하게 하면 된다. 그건 말로만으론 안 된다. 갈마와 그 힘의 알기(주체) 랭이들이 나서 대통령 하겠다는 둘을 어떻게든 하나로 묶어야 한다고 했다.

그러나 대통령을 하겠다는 사람들이 하나가 안 되자, 그래도 천해 만에 온 때활을 끝내 살리는 조리(방법)로 젊은이들이 날더러 '랭이소래(민중후보)'로 나서라고 했다. 나는 매우 똑바로 말을 했다.

"아니다, 나만한 사람이 나오려고 하면 자그마치 쉰 해가 걸린다. 그러니 나는 그냥 들녘의 한 풀잎으로 놔두라."

하지만 "갈마가 곤두박질칠 때 가만히 있는 것이야말로 사갈짓(죄)이라"는 바람에 내가 나서 우리 모두가 하나 되는 조리로 들고 나온 것이 '민중후보 연립정부안' 이었다.

한마디로 우리들의 날래의 바램을 일구는 조리로 둘 가운데 누구 하나를 먼저 대통령을 하게 하고, 그 다음에 또 하게 하고, 그리고는 참짜 모두날(민주화)을 이룩할 텃밭을 만들면 된다는 것이었다.

김영삼 선생이 날보고 만나잔다. 만났다.

거기서 내가 내 손바닥에 쓴 '민중후보 연립정부안' 다섯 가지 걸대(조건)를 보이자 "그것들은 다 따꾼막틀을 끝장내고 모두날을 일구어야 할 걸대들 아니오. 그러니 김대중 선생과 우리 셋이 만나기부터 하되, 백 선생이 들고 나왔으므로 백 선생이 자리를 만들어주시오" 그런다.

"아니다, 김 선생이 김대중 선생과 함께 오랫동안 이승만, 박정희에 맞서 싸워왔으니 김 선생이 나서 우리 한자리에 모이자고 해야 합니다."

"아니다, 백 선생이 말뜸(화두)을 들었으므로 백 선생이 나서라"고 해 내가 김대중 선생한테 여러 술 말통(전화)을 들었지만 닿질 않았다. 겨우 몇 날 만에 김대중 선생네 집엘 일부러 가서 만났다.

하지만 셋은 한자리엔 앉아보지도 못하고 말았다. 너도나도 뽑기 마지막엔 반드시 하나가 될 거라고 온 벗나래(세상) 온골(세계)에 말매김(언약)을 해놓고선…….

나는 대통령 뽑기 이틀을 앞두고 "아직 늦지 않았으니 이참만큼은 어쨌든 우리 하나가 되자"고 울부짖으며 대통령 소래(후보)를 헌신짝처럼 내던져버렸다.

어느 적네가 물었다.

"누구 한 사람 손을 들어주면 안 됩니까?"

"안 된다. 누구의 손을 들어주었다고 우리가 하나 되는 건가. 나도 랭이들도 모두 미국과 그 앞잡이 전두환이의 갈라놓기 꿍셈에 홀까닥 빠지는 꼴이니 아직 때결(시간)은 남아 있다. 이참 뽑기만은 하나로 나서자"고 거듭거듭 눈물로 다그쳤다.

그러나 끝내 하나가 안 되고 말았다. 그리고는 어떻게 되었던가. 어더렇게 되었느냔 말이다. 뻔한 일이 벌어졌다. 노태우가 대통령이 된 것이다. 이름만 들어도 눈깔에 시뻘건 숯불이 활활 타오르는 개망나니 노태우가. 이로 말미암아 미국 놈 앞잡이들과 따꾼(군사) 개망나니들이 서른 해 동안 저네들 마음대로 사람을 죽이고, 대로(자유)를 죽이고, 날래하나의 갈마와 그 하제(희망)를 죽이던, 그놈들의 썩음(부패)과 대할(불법)과 등뼈기(반역)는 도리어 뽑기라는 이름으로 오할로(합법화) 되고 아, 천해 만에 온 갈마의 때활은 알알이 깨지고 만 것이다.

돌덩이 같은 주먹으로 훔쳐도 훔쳐도 내 피눈물은 그치질 않았다. 그렇게 천해 만에 온 갈마의 나아감을 깽친 사갈짓에 마주해 누구 하나 떨짐(책임)을 지지도 않고, 누구 하나 뼈저리게 뉘우치지도 않고, 천해 만에 온 랭이검

줄(민중승리)의 그 때활을 죽이고 만 것이었다. 이리하여 올바르고, 아름답고, 거룩한 것들, 그들의 피눈물은 도리어 대할이 되고, 진꼴(실패)의 갈마가 되고, 어쨌든 거머쥔 놈이 장땡이라는 썩어문드러진 벗나래가 오늘에 이어지고 있는 것이다.

남북정치협상회의, 거기서 나는 무슨 말을 하려고 했던가

1989해 새해 첫 하루, 새해맞이로 찾아온 사람들로 벅적이는데 누군가에게서 말통(전화)이 따르릉.

"선생님, 굴대(방송) 들었어요?"

"무슨 굴대, 못 들었는데."

"노녘(북쪽) 김일성 주석이 마녘(남쪽) 일곱 사람한테 '남북정치협상'을 들고 나왔어요. 거기엔 김영삼, 김대중, 문익환, 김수환, 노태우, 김종필과 함께 백 선생 이름도 있어요."

나는 요만큼도 놀라질 않았다. 다만 혼자서 마음먹었다. '나는 가겠다'고.

그래서 그 자리에서 문 목사한테 말통을 넣었다. "함께 가자"고.

그러나 뜻밖에도 목사는 안 가겠다고 한다. 돈 많은 정주영이가 먼저 왔다 갔다 해서 마음에 안 든다고.

"그건 다르질 않겠어요. 마녘과 노녘의 건대마주주기모임(정치협상회의)인데요."

"그래도 안 가겠다"고 한다.

나는 갑자기 한쪽 어깨가 되게 주어맞은 것처럼 뻐근해왔지만 어쩌는가. 나 혼자라도 가겠다고 마음먹고 '기독교백주년기념관'에서 적네(기자)들을 만나자고 했다.

그 자리엔 계훈제, 송건호, 송월주, 신경림 선생이 함께했다. 어쩐 일인지 젊은 사람들은 하나도 안 왔다. 하지만 나는 요만큼도 괴난 마음 따위는 쓰질 않았다. 도리어 떳떳하게 내 뜻을 밝혔다. 굴대에서 온 이들한테도 땅불쑥하니(특별히) 힘을 주어 내 뉘희깔과 내 쌍통을 똑바로 찍어달라. 그리하여 널리 알리라고 하고 걸돌(층계)을 내려오고 있었다.

이때다.

뒤늦게 문 목사가 '기독교백주년기념관' 두걸돌(2층 층계)을 뚜벅뚜벅 걸어 올라오며 같이 가겠다고 한다.

하는 길 있는가. 나는 여러 굴대와 적네들한테 다시 좀 찍어달라고 다부(부탁)했다. 그래서 내가 불기(성명서)를 읽고 있는 모습을 다시 찍어 널리 알리게 되었다.

나는 문 목사한테 "이제는 노녘으로 가는 조리(방법)가 뜸꺼리(문제)다. 이랬으면 어떨까요? 우리 둘이 큰 마주(도시)마다 다니며 사람들을 모아놓고 우리가 왜 노녘엘 가려고 하느냐. 노녘엘 가면은 무슨 말을 했으면 좋겠는지를 물읍시다. 한 스무 군데 돌 것이면 한 오백만쯤 안 나오겠습니까. 거기서 '마녘노녘(남북)의 걷대(정치) 모임'의 뜻을 널리 모두어야 합니다. 다시 말해 한나뜸꺼리(통일문제)는 겨레틸(민족적)로 풀어가야 할 뿐만 아니라 랭이틸(민중적)로 몰고 가야 합니다. 목사는 무슨 말을 주고받고 싶다고 할 겁니까."

나는 먼저 이 땅을 쪼개놓은 모든 물코(체제)를 사그리 없애자고 하겠다. 서로 으르렁거리는 따콩(총)과 칼도 몽땅 없애고, 쪼각낸 우리네 바투(현실)

를 할(법)로 매긴 모든 물코도 없애고, 쪼개져 있는 맑티(문화)까지도 이참에 다함께 말끔히 씻껏(청산)하자고 들이대겠다. 그리고는 이런 이야기도 하고 싶다고 했다.

첫째, 우리 겨레의 어먹한(위대한) 섯빨(기상)은 무엇이던가. 그것은 '저치' 가는 거라는 말을 하고 싶다. '저치' 란 무엇이드냐. 이 땅별(지구)을 손바닥에 올려놓을 때까지 한없이 가는 널마(대륙)의 마음이다.
다시 말해 가고 또 가면서 이건 내거다 하고 깃발이나 꽂고, 울타리나 치고, 빼발(국경)이나 긋자는 게 아니다. 사랑을 심으러 가는 거다. 그 패박(상징)으로 진달래와 밤나무, 그리고 은행나무를 심으면서 가는 거다.
진달래란 무엇이드냐. 사랑의 불길이다. 또 밤나무는 무엇이드냐. 이웃과 함께 먹고 함께 사는 새름(정)이다. 다시 말해 밤이라는 열매는 심은 사람만 먹자는 것이 아니다. 이웃도 먹고, 다람쥐도 먹는 누룸(자연)의 새름이니, 그것을 심자는 것이요. 은행나무는 또 무엇이던가. 천해, 만해 가는 아주마루(영원)의 패박이니 그것을 심으며 가는 '저치' 가 우리 겨레의 섯빨이라는 걸 말하고 싶다.
둘째, 이 땅 모든 이들이 우러르는 빼난꼴(전형성)은 누구일까. '버선발' 이다. 죽어도 한 뼘 땅이라도 가져보고 죽고 싶다는 사람들의 목마름에 쏠려 저녘바다(서해)를 땅으로 만든 '버선발' 은 어느 날 이렇게 내뿔었겠다.
"땅을 갖고 싶어 하는 놈들은 모두 듣거라. 참말로 제 땅을 갖고 싶은 놈들은 누구나 저 흰두루(백두산)에서 한라까지 아무것도 안 들고 맨몸 맨주먹으로 와서 한 줄로 쭈악하니 서라. 그런 다음 '땅' 하고 북이 울릴 것이면 달려가 마음껏 땅을 가지라"고 했다. 여러 만해 동안 맺힌 한, 박힌 살(죽음)을 한없이 풀자 그 말이다.

하지만 힘 있는 놈들이 저마다 그 너른 땅에 울도 치고 또 어떤 녀석은 한 나라까지 만드는 바람에 어린 것의 머리가 하얘지도록 땅 한 뙈기를 못 가지는 것을 보고 버선발은 한없이 슬픈 한숨을 쉴 수밖에 없었다.

사람들이라는 것들이 이럴 수가……, 쉬고 또 쉬고.

그러자 그 한숨이 마침내 하얀 눈이 되어 천해, 만해 내리니 어더렇게 됐을까.

어더렇게 되긴.

쪼매난 울도 커다란 나라도 집도 사람도 장독도 볏짚 낟가리도 몽땅 눈 속에 파묻히는 걸 보고 이참도 울고 있는 '버선발 이야기'를 하고 싶다.

그게 바로 우리네의 안타까운 거울이라고.

셋째, 우리 겨레의 알짜인 랭이(민중)의 하제(희망)를 말하고 싶으다. 그건 또 무엇이드냐. '노나메기'다. 사람이 살다 보면 아름다운 숲은 논밭이 되고 마을만 되는 것이 아니었다. 우리 사람 사는 마을까지를 엉뚱한 것들이 차지해왔다. 이를테면 치사하고 더럽고 께끔하고 고약한 것들이 차지하게 되었다, 이 말이다.

그게 누구던가. 돈만 보면 먹어대는 '납쇠'요, 먹어도 먹어도 속이 좁아지는 '쫄망쇠'요, 샘보다 맑은 땀과 눈물만 뺙치는(짓밟는) '뺙쇠'가 거머쥐게 되어 그런 것이니 딴 건 없다. 그 납쇠, 쫄망쇠, 뺙쇠부터 사그리 없애야 한다.

그리고는 너도나도 일을 하고 그리하여 너도나도 잘살되 올바로 잘사는 벗나래(세상), '노나메기'를 만드는 것이 우리네의 하제라는 거.

그런데 요즈음 우리들이 살고 있는 이 땅, 아니 이 땅별(지구)은 이참 어떻게 돌아가고 있는가. 이적지도 돈만 아는 돈 버러지 '납쇠'가 날뛰고 있다.

그것뿐이 아니다. 집도 먹고, 땅도 먹고, 풀도 먹고, 나무도 먹고, 덤(산)과 들도 먹고, 덜컹(공장)도 먹고, 돈놀(은행)도 먹고, 사람도 먹고, 닥치는 대로 먹어대지만 소갈머리는 더없이 좁아지는 '쫄망쇠'가 몽땅 거머쥐고 있다.

더구나 이참은 사람 같은 사람은 오간 데가 없고 가장 못된 '뻑쇠'가 날뛰고 있다. '뻑쇠'라니 누구를 말하던가. 거짓말로 맑음(순정)을 밟배(겁탈)하는 치를 '뻑쇠' 그러는 것이다. 이 때문에 '뻑쇠'는 사람의 착한 땀과 맑은 눈물만 뻑치는 게 아니다. 옳음을 뻑치고, 아름다움을 뻑치고, 거룩함을 뻑쳐 사람과 이 누룸(자연)까지 죄 쌔코라뜨리고(망치고) 있다. 그리하여 너도 나도 다투어 '뻑쇠'가 되어야지만 살 수가 있고 '뻑쇠'에 꿇어야지만 가녀린 목숨을 붙일 수가 있다는 '뻑쇠'의 맑티(문화), '뻑쇠'의 맑걸(문명), '뻑쇠'의 꿈에 아롱지는 것이 곧 그 참짜 '뻑쇠'가 되는 것이라고 을러대고 있다. 이 때문에 이참 쪼각난 이 땅은 이들 납쇠, 쫄망쇠, 뻑쇠가 놀아나는 썩은 마들(판)이 되어버린 꼴이다.

이래가지곤 안 된다. 여기에 맞서 사람과 누룸의 값어치를 바로 세울 하제를 내대야 하는데 그게 뭣이냔 말이다. 나는 그것이 '노나메기'라고 외치고 싶다고 했으나 아, 뜻 같질 않았다. 나는 내가 주저앉은 게 아니라 억지로 주저 앉혀지고 만 셈이었다. 하염이 없었다.

나는 이 땅에서 태어나 이 땅에서 자랐지만서도 바로 그 우리 땅에 서 있는 것이 아닌 것처럼 여겨졌다. 됫싸게는(심지어는) 내 삶, 내 이야기까지가 죄 겉돌고 있음을 안타까워하지 않을 수가 없었다.

바로 그 무렵 나와 함께 애를 쓰던 오세철 재름(교수), 김영규 재름, 임진택, 천영초, 홍선웅, 양규헌, 서동석, 저 전북의 김중길, 제주의 고경생이한테까지 부끄러웠다. 하지만 나는 요즈음도 그때 못한 말, 납쇠, 쫄망쇠, 뻑쇠, 다시 말해 모랏돈빼꼴(독점자본주의)이 빚어놓은 못난 이, 그 막심(폭력)을 사그리 없애는 것이 참짜 올바른 벗나래를 만드는 것이요, 그것이 곧 한나(통일)라고 내대며 살고 있음을 떳떳이 털어놓고 싶으다.

목꽂이와 곧은목지

이참에야말로 탁 털어놓고 말할 게 하나 있다. 1990해름(년대) 아직 캄캄한 새해 첫날부터 나는 뒷덤(뒷산)에 올라 소리 없는 소릴 지르는 버릇에 빠져들고 있었다는 것이었다. 딴 거이 아니었다.

덤마루에 올라서자마자 "야, 이 데데한 벗나래(세상), 썩어문드러진 잔챙이들아. 치사하게 굴지들 말라우. 쩨쩨하게 굴지들 말라니까. 너만 잘살겠다고? 야, 이 께끔하고 더러운 것들아. 혼자만 잘살겠다고? 다 해 처먹어라, 다 해 처먹어, 이 새끼들아. 치사하다 치사해. 께끔하다 께끔해. 그렇다고 하면 짜배기로 한마디 해야겠다. 백기완이 너는, 너는 이 새끼야, 어떻게 살고 있어 임마. 너부터 똑똑히 살아 임마. 너, 너, 너, 너어……."

그러다가 나는 새벽하늘이 무너져라 울곤 했다. 부끄러움도 모르고 두려움도 모르고 울다가 퍼뜩. 날카로운 뜸꺼리(문제)에 떵 하고 부딪치며 생각했다. 나를 비롯해서 사람들이 모두 치사하고 께끔하고 데데하고 쩨쩨하고 더럽고 던적스러운 까닭은 모두 어디서 비롯되는 것이란 말이드냐. 저 멀리 바다 건너에서부터 온 깨침도 많고, 믿음도 많고, 듬직(사상)도 많다. 하지만 이 땅의 뿌리, 그 가운데서도 이 땅 랭이(민중)들의 '날래듬직(해방사상)의 뿌리'를 못 찾아서 그런 건 아니겠는가.

그렇다. 그것은 무엇보다도 이 땅 랭이들의 '날래듬직의 뿌리'를 못 찾았을 뿐만 아니라 그 뿌리에 오늘의 날래듬직을 빚툴털(창조적)로 이어 솟굿(발전)시키지 못해서 그렇다.

그러면 어떻게 해야 하나. 이제부터라도 이 땅 랭이들의 날래듬직, 그 뿌리를 캐서 바르게 엮어야 한다.

그래서 나는 새벽마다 덤(산)에 올라 소리소리 지르던 버릇을 때려치우고선 이 땅 날래듬직, 그 뿌리 찾기에 뛰어들어버렸다. '멍석마리 이야기', '뿔로사리 이야기', '골굿떼 이야기', '저치 가는 이야기', '이심이 이야기', '장산곶매 이야기', '이런 데, 그런 데 이야기…….' 이런저런 것들은 벌써 토막으로라도 말을 해놓긴 했다.

하지만 토막진 그 이야기들을 옹근(총체)것으로 엮어 마치 홀떼(강물)처럼 굽이치게 해야 한다고 강원도 어느 깊은 골에 처박혀버렸다. 거기서 조범준, 이관태가 거들어 굶진 않고 '이심이 이야기'의 옹근 모습을 막 갈겨쓰고 있었다.

그런데 우리 통일문제연구소 일매기(사무실)에 있는 남궁호한테서 따르릉이 왔다.

"선생님, 빨리 오셔서 한 말씀 하셔야겠습니다. '수서비리'가 터졌거든요."

"'수서비리'라니?"

듣자하니 그것은 이 땅에서 힘께나 있다는 건대꾼(정치꾼), 암똘뱅이(지식장사꾼), 알떵(권력가)들까지 모두 함께 해 처먹은 엄청난 사갈짓(범죄)이었다. 그 한가운데엔 썩어문드러진 모랏돈(독점자본) '한보'가 있는지라, 글만 쓰고 있을 수가 없긴 없었다. 대뜸 강원도 구석에서 뛰쳐 나왔다.

그리고는 먼저 우리 일매기에서 밀굿(농성)을 차름(시작)했다. 계훈제 선생, 강희남 목사, 박현채 재름(교수) 더러(등) 여럿이 밤을 새웠다. 그 새뜸(소식)은 마침 김중배 선생이 〈동아일보〉 글채림(편집국장)으로 있어 머리적글(1면 머리기사)로 나기도 했다.

그런데 알 수가 없었다. 잘 아는 이들이 우리들 밀굿에 함께하질 않는 거라. 알 수가 없는 게 아니라 도무지 헤아릴 수가 없었다. 어쨌든 한바탕 뒤집어놓고 나는 다시 강원도엘 갔다.

그런데 얼마 안 돼서 또 따르릉이 왔다.

명지모배울(명지대학) 강경대 배우내(학생)가 노태우의 쇠몽둥이에 쓰러졌다고 한다.(1991. 4. 26)

나는 다시 글쓰기를 물리고 거리에 나섰다.

서울시청 앞마당 뺑 둘레에는 오랏꾼(경찰)들이 빼곡히 매콤알(최루탄)과 몽뎅이를 곤두세우고, 그 한가운데는 커단 수레(차)로 된 물거둘(물대포)이 처음으로 나타나 쭉박(겁)을 주는 걸 본 나는 온몸이 떨려 가만히 있을 수가 없었다. 그 너른 시청 앞마당을 나 혼자서 두루마기 자락을 휘날리며 뚜벅뚜벅, 마침내 그 물거둘을 부여잡곤 소릴 질렀다.

"네 이놈, 마구죽이기(학살자) 노태우 놈, 이놈, 썩 물러가질 못할까!"

그런데 놈들이 홀로 서 있는 나한테 매콤(최루)가루를 쏘는 게 아니었다. 아예 물통으로 내 머리위에서부터 뒤집어씌운다. (그 모습이 찬굿 〈닫힌 교문을 열며〉에 나온다.)

때박(순간) 내 앞만 안 보이는 게 아니었다. 내가 다 안 보였다. 그래도 나는 물러서질 않았다. 노태우를 꺾어 팡개칠 때는 바로 이참이라고 앞장을 서던 어느 날, 십만도 더 모인 종로2가에서다. 그 많은 사람들 앞에 잘 아는 이가 나서더니 "이참 우리는 기초의원 뽑기(지방선거)에서 이기도록 하자"고 한다.

'사람 죽인 노태우 놈 깨부시자가 아니고 기초의원 뽑기에서 이기자고?'

거센 물살 맨 앞에 서 있는 나도 알 수가 없는 그 말따구.

노태우를 깨트리자고 불길처럼 들고일어난 그 마당에 기초의원 뽑기에서 이기자니 쌩이로구(도대체) 누가 그따위 개나발을 하라고 했단 말인가. 그건 노태우 깨트리기를 하지 말자는 말이다. 아니 거리에 나서는 것조차 그만두자는 거짓뿌렁, 얏싸한 호들테기(기회주의자)의 장삿속 끓기(항복)라.

나는 그때 싸움의 한복판에 서 있으면서도 이 싸움을 움직이는 놈이 따로 있다는 걸 깨우치면서 쓴웃음을 짓지 않을 수가 없었다.

그렇구나. 다시 강원도로 들어가야 할까 부다.

그런데 바루(현장)의 오틀(논리)은 나를 그냥 놔주는 게 아니었다. 일이 또 터졌다. 한진중공업 박창수 알맥이(노동자)가 갑자기 때(감옥)에서 죽은 것이다. 그것은 두말할 나위도 없이 노태우의 먹빼기(암살), 마구죽이기(학살)임이 틀림없었다. 때속에서 꽁꽁 묶여 있는데 어떻게 떨어져 죽고, 왜 죽느냔 말이다. 애들과 사랑하는 아내가 기다리고 있는데. 더구나 내가 앉았는 역울(빈소)에까지 오랏꾼들이 쳐들어와 쇠메, 쇠몽둥이, 쇠갈퀴로 '쿵쿵', 역울을 허물더니 그의 지릇(유해)까지 뺏어간다.

'제 놈들이 죽인 그 통거운(원통한) 지릇을 제 놈들이 뺏어가?'

그냥 밀다가 짓밟힌 누군가가 울면서 나한테 묻는다.

"선생님, 우리 일꾼들은 어떻게 살아야 합니까? 또 우리가 가는 길은 어떤 거겠습니까?"

나는 나직이 입을 열었다.

"이제부턴 '목꽂이' 야. '목꽂이' 란 말 들어보았어?"

"네, 우리 바루(현장)에서 갖는 모임을 '목꽂이' 그러는 걸로 아는데요."

"아니야, '목꽂이' 란 모임만 뜻하는 게 아니야. 말 그대로 한술 나섰다고 하면 목숨부터 내대는 사람, 이를테면 온몸으로 들이대는 우리 일꾼들의 해대기야. 왜냐. 있는 것들, 못된 것들은 우리를 괴롭힐 때 무엇을 들이대는지 헤아려보드라고. 제 배지밖에 모르는 까막눈 모랏돈(독점자본)과 눈물이라곤 그 뿌리마저 없는 막심(폭력), 거기다가 꽁꽁 얼어붙은 돌덩이보다 더 차가운 뚱속(욕심)만 내대는 것이 아니잖아. 선자(지위)와 찌이름(명예), 배터(학벌)까지를 몰아대질 않어.

그런데 우리는 무어가 있어. 가녀린 목숨과 땀에 지친 알통밖에 더 있어. 그래서 일꾼들은 한술 들이댔다 하게 되면 온몸으로 해대기, '목꽂이' 로 들이댄다 이 말이다.

또 우리 일꾼들은 어디로 어떻게 가야 하느냐고?

바로 '곧은목지' 야.

'곧은목지' 란 말 들어봤어? 그건 딴 거이 아니야. '곧은목지' 란 일을 하다가 목이 부러졌는데 그 목이 붙어갖고 옆으로도 못 보고 숙이지도 못하고 빠딱 세우게 되니 어더렇게 되가서.

눈이 넷이 되는 거야. 발등의 두 눈과 얼굴의 두 눈, 발등의 두 눈은 뭘 하자는 걸까. 바로 발부리의 걸기작(장애)을 보자 함이고, 얼굴의 두 눈은 또 무엇을 보자는 것일까. 저만치 앞서 있는 데, 멀리를 보자 함이라. 몸뚱이 꼴이 어더렇게 되겠느냐 이 말이다.

한 발자국을 가드래도 목은 빠딱, 가슴은 불쑥, 주먹은 불끈, 그리고는 앞만 보고 가는 거야.

높은 뫼가 가로막아도 그냥 곧장 앞으로만 가고, 깊고 거친 홀떼(강)가 가로막아도 그냥 첨벙첨벙 곧장 앞으로만 가고, 걸기작대는 것들 있잖아, 그런 것들은 낯짝이고 몸실(체통)이고를 볼 것 없어. 그냥 몽땅 밟아대고, 짓이기고, 앙짱을 내며 가는 것이 '곧은목지'의 길, 일꾼들의 길이라니까.

우리 박창수가 바로 그 '곧은목지'라, 이참 우리들은 여기서 한 발자국인들 옆으로 비끼면 안 돼. 제 놈들이 죽여놓고, 그 안타까운 지릇을 쇠메와 쇠몽치로 역울을 부셔버리고선 뺏어가는 걸 보라고.

노태우 그놈이 사람이가. 따구니(악마)도 안 그래. 그러니까 우리들은 딴 것으로 나서선 안 돼. 오로지 '목꽂이'가 되어 '곧은목지'로 나아가면 노태우 따위는 그냥 보내는 거라고, 알겠어."

그런데 박창수 뜨끔(열사) 땅술굴낯(장례위원장)이 된 나는 어떻게 했던가.

부산 한진중공업 마당까지 따라가 이대로 땅에 묻을 순 없다고 눈물만 흘리다가 되도 않는 나발이나 내뱉을 뿐이었다.

우리 창수를 땅에 묻던 그날 밤 두 때결쯤이었다. 바람과 함께 비가 엄청 왔다. 그런데도 나는 적어도 땅술굴낯으로 고작 이렇게밖에 말을 못했다, 이 말이다.

"창수야. 야, 창수야!
모든 풀나무들이 다 꽃을 피우는 게 아니구나.
그러나 너는 떡잎도 제대로 못 냈으되 벌써 꽃이 되고 날래(해방)의 열매를 맺은 이눔아, 창수야! 이참은 찬바람에 묻히지만 언젠가는 날래의 씨앗으로 살아나거라, 창수야."

그러면서 땅에 묻고 말았으니 '백기완이 이 새끼야, 너도 사람이가. 창수가 아니라 노태우를 땅에 묻을 그 어기찬 불쌈(혁명)의 때활(기회)을 제대로 살리질 못하고, 도리어 우리 박창수를 땅에 묻었으니 야, 이 새끼, 백기완이 임마. 너도 사람의 새끼냐고.'

사람의 마지막이란 삶의 들락(문)이 꽈당 하고 닫히는 게 아니다.

죽음이라는 그 마지막이 바로 새로운 삶을 열어가는 첫발임을 알아야 한다.

내 한살매란 갖은 꺾임(좌절)과 온갖 깜떼(절망)로 내몰리는

썰품(비극)의 거퍼(연속)였다.

여기서 그 꺾임과 깜떼를 도리어 먹거리로 삼질 않으면 살 수가 없었던 것이니,

죽어서도 다시 사는 삶, 그거이 참짜 사람답게 사는 한살매(일생)라.

8
나는 늙지 않겠다

노녘(북쪽) 누님께 띄우는 글월

누님!

아직 살아계시지요? 지난 2000해 10달, '북쪽노동당창당'을 기리는 날, 얼쫌(잠깐) 뵈온 지가 어느덧 여덟 해가 지났습니다 그려. 올해 여든이시지요. 그렇게 외롭게 늙으신 누님을 쉰여섯 해 만에 만났는데 글쎄 조마구만한 (오천 원짜리) 개엿 한 덩이만 놓고 왔으니 이 기완이 오죽 답답한 놈입니까.

알로 말하면 그때 내가 노녘을 가리라곤 어림도 못했습니다. 노녘에서 나도 오란다는 묻길(기별)이 왔다고 해서 이곳 통일부라는 데다 내 뜻을 내밀었드랬지요. 그러면 나도 갈 수가 있다 없다, 딱 그 말만 하는 줄 알았는데 말입니다. 날보고 말입니다. 이곳 컹대(정부) 애들이 "한나(통일) 가르침(교육)을 받으라" 그러는 겁니다. 그렇질 않으면 노녘엔 못 간다는 것입니다.

너무나 어이가 없어 한마디 하고 치우려고 했었지요.

"야 이놈들아, 네놈들이 나한테 한나 가르침을 받아야지, 누가 날 가르친다는 거가. 내가 한나 그러면 네놈들은 반공, 또 내가 날래(해방) 그러면 네놈들은 싸지(안보), 그러던 애들 아니가. 그런데 날더러 한나 가르침을 받으라고?"

딱 그 말 한마디 한 것으로 치우고 노녘에 간다는 것은 내 머리에서 지우고 있었습니다. 이 마녘(남쪽)에서 산다는 게 그렇거든요.

그런데 민주노총 젊은이 신현훈이 아침 일찍부터 수레(차)를 끌고 와 "날터(비행장)엘 한술 가보기나 하시자"고 하는 겁니다. "싫다"고 해도 자꾸만 졸라 한축(일단) 나가본 겁니다. 그런데 마침 아침을 안 먹은 터라 그 날터 가게 비알들락(유리창)에 널린 개엿이 어찌나 먹고 싶던지, 하나 샀더랬지요.

그런데 컹대에서 온 녀석이 "나만 노녘엘 못 간다"는 겁니다.

"뭐, 나만 못 간다고. 에라, 이 등빼기(배신자) 놈들, 몽땅 없애버리겠다"고 아각대기를 늦은 한낮까지.

그런데 민주노총 젊은이들이 얼낌에 밀드라구요. 노녘에서 날아온 날틀(비행기)이라나.

그래 어릿어릿 하기를 한 열 오큼(10분)쯤 지났을까. 누군가가 "선생님, 여기가 바로 노녘입니다" 그러는 겁니다.

'뭐, 노녘?'

그때부터 왈칵, 내 온몸의 물끼가 눈자위로 쏠리더니 떨기(폭포)처럼 쏟아지기 차름(시작)한 겁니다.

사람들이 묻더라구요.

"노녘에서 무엇을 했느냐?"

"우리 누님을 만나 그저 울기만 했다. 거리에서도 대동흘떼(대동강)에서도 그저 울기만 했다"고 했습니다.

자그마치 예순 해 만에 간 내 옛살라비(고향), 거기서 누님으로부터 어머니가 돌아가셨다는 것을 곧바로 내 귀로 들었으니 줄줄 쏟질 않고 어떻게 배기겠어요. 그때 내 온몸을 조이던 울음은 아직도 아니 멈추고 있습니다. 요즈음에도 잠결에 흐느끼니까요.

누님!

제가 평양의 황철 선생님 무덤에서도 펑펑 운 건 모르시지요. 제가 열세 살 적입니다. 황선생의 굿을 보고자 서울 어느 굿집(극장) 똥뚝을 기어들어 가질 않았겠습니까. 그런데 좁은 똥통을 빠져나오느라 온몸에 묻은 똥냄새 때문에 잡혀 귀싸대기를 엄청 맞았습니다. 그 바람에 드락(무대)에 선 황철 선생은 못 보았었지요. 목소리만 들었을 뿐, 그린 분을 무덤으로 만났으니 이래저래 얼마나 눈물이 납니까.

또 어떤 이가 물었습니다.

"노녘에서 무얼 보았느냐?"

나는 "옛날 보던 바로 그 이웃들을 보았다. 이 마녘 땅엔 남을 이겨야 산다는 욱셈(강박)과 남을 제껴야 올라선다는 잔머리에 지친 이들이 많다. 그런데 노녘에서는 내가 예순 해 앞서 보던 바로 그 웃음 띤 그 사람들이더라"고 하니, 기세이(백기성) 언니(형)가 어찌나 우시던지.

누님!

댓 해 앞서(2003. 2) 그 기세이 언니가 돌아가신 걸 모르시지요. 때살이(감옥살이) 열 해 만에 나오시던 날입니다. 오죽 굶었으면 아래윗니가 몽땅 빠져 호물때기가 되어서 나오셨는데도 "난 꺼떡 없다"고 하시더니……, 돌아가시기 앞서입니다. "내 눈과 배알은 아직 쓸모가 있다고 하니 모배울(대학) 고칠데(병원)에 주고, 나머지는 재로 건사하다가 라비(고향) 땅에 뿌려달라!"

얼마나 라비가 가고 싶었으면 그랬겠습니까.

누님!

우리 어머니 난날(생일)을 알고 계신지요?

언젠가 아버지한테 "왜, 우리 엄마이 난날도 모르냐"고 하니 "야 임마, 언제 네 에미 난날을 차려먹었어야 알질 않어" 그러시드라구요.

그래서 누님한테 꼭 어머니 난날을 물었어야 하는 건데…….

누님이 그러셨지요.

"야, 기완아."

"응."

"우리들 허리를 뚝 자른 놈들 있잖아, 미검뿔빼꼴(미제국주의) 놈들, 그놈들을 그저 앙짱 메기자우."

"그러자우."

그러곤 울고, 또 그러다간 또 울었을 뿐이니.

누님!

아버지가 돌아가시기 앞서는 담배 값도 없으셨는데도 노녘의 어머니와 누님한테 주신다고 쌀 일흔 가마 값을 모으신 걸 모르시지요. 아버지는 늘 길을 잃으셨습니다. 멱을 감으러 가신다고 비누와 천발(수건)을 들고 나가셨다가도 길을 잃곤 하셨습니다.

지나던 사람들이 "할아버지, 어딜 가시던 길이신데요?"

"나? 내 라비 구월산을 가던 길이지" 그러셨는데 요즈음 제가 비슷해지고 있습니다. 꿈을 꾸었다고만 하게 되면 라비 꿈이니까요.

하지만 누님!

우리들의 라비는 옛날 우리들이 함께 살던 그 삶터가 아닙니다. 이제는 한나가 바로 우리들의 라비입니다. 따라서 누님과 만나는 것도 한나가 아니면 만나는 게 아닙니다. 하지만 그 한나는 요새 어찌되고 있을까요.

돈의 막심(폭력)과 피투성이로 싸우고 있는 또 한켠에선 돈이 온골(세계)을 먹어가고 있습니다. 한나해가고 있다, 그 말씀입니다. 돈이 사람들을 따름따름(점점) 잡아먹고 있다, 그 말씀입니다. 곧바로 말씀드리면 돈의 막심이 온골을 하나씩 둘씩 깔아뭉개고 있습니다. 사람 사는 이 벗나래(세상)를 죽이고 있다, 그 말입니다.

그뿐일까요. 속임손(사기치기), 앗딱손(거짓손)이 온골 온 구석구석을 한나해가고 있습니다. 갈마(역사), 그 불림(진보)을 거꾸로 돌리고 있다, 그 말입니다.

누님, 이때 우리들의 참 한나는 무엇이겠습니까. 그 돈과 그 돈의 막심, 그 앗딱손을 사그리 까팽개치고는 사람과 누룸(자연)이 함께 고루 잘사는 벗나래를 이룩해내는 거, 그게 바로 한나 아니겠어요.

누님!

우리 언애(형제)들의 만남은 바로 그 싸움의 바루(현장)인 것이오니, 누님! 한나를 이룩할 그날까진 어떤 일이 있어도 돌아가시면 안 됩니다.

나한테 묻는 이들이 많습니다.

"한나가 이룩되면 무엇을 할 거냐?"

"한나를 일군 다음엔 온골을 떠돌면서 우리들은 어떻게 한나를 이룩했는가, 온 갈마를 더듬고 다니는 이야기꾼이 되겠다."

나는 늘 그래왔습니다. 하지만 요즈음은 달라졌습니다.

참말로 한나를 일굴 것이면 내 바램은 우리 엄마이 무덤을 찾아가 한바탕 실컷 우는 겁니다. 울다가 울다가 못 일어난들 그게 바로 한나다, 나는 그거지요.

　누님! 문득 붓을 놀릴 수가 없습니다.
　왜 이리 눈물이 자꾸만 쏟아질까요. 우리 언애들이 무엇을 그리 잘못했다고…….

　누님!
　누님이 그렇게도 사랑하던 인순이도 잘 있습니다. 인순이도 벌써 일흔이 넘었지만 아직도 옛날처럼 그렇게 예쁩니다. 노래 솜씨도 옛날과 똑같고.
　언젠가는 누님과 인순이 그리고 나 기완이, 이렇게 우리 셋이서 함께 만날 그날이 있을 겁니다.
　그날까진 어떤 일이 있어도 눈을 감으시면 안 됩니다.
　누님!
　이 백기완이가 마녈에서 무엇을 한 줄 아세요. 못된 짓을 하는, 사람 같지 않은 코배기 새끼 셋을 꼬꾸라뜨린 걸 모르시지요. 이 마녈에선 나 하나뿐입니다. 어떤 힘꾼도 못했다니까요. 깡으로 해댄 거지요. 그러던 이 백기완이, 그렇게도 억세던 이 기완이가 이제는 늙었습니다. 하지만 아직은 내 타고난 안간 섯빨(기상)로 하여 아직은 욱끈욱끈 힘살이 아주 풀리진 않았거든요. 곧 누님께로 달려갈 터이오니 누님! 눈을 감으시면 안 됩니다.
　우리 언애가 앞장서 우리를 가른 놈들, 그놈들을 그저 단박에 앙짱을 내자고 다짐했었잖아요. 누님, 내가 저 노녈엘 보낸다고 쌀 오백 가마 값을 모아놓은 걸 모르시지요. 봉은사 명진스님과 신도들, 그리고 많은 이들이 함께했지만 종이가 짧아 다 밝히진 못하는데다 아직은 못 보내고 있습니다.
　그러니 더더욱 누님 생각이 납니다. 눈물만 나는 게 아니라 눈알이 터지는 것처럼…….

  사랑하는 누님! 누님만 떠올리면 떠올릴수록 이 싸나운 눈이 왜 이리 트릿해지는지. 누님, 아, 백인숙 내 누님!

돌빔 이야기

섣달그믐께만 되면 이 땅엔 딴 때와는 달리 가루눈이 그리 많이 내렸다. 그리되면 헌옷을 꿰매고 있는 엄마를 비추느라 넘실대던 콜클 불빛도 다해 가고 졸음에 겨운 돌빔이의 칭얼이도 울음으로 바뀌는 것이었다.
"엄마, 우리는 왜 설빔을 안 하니? 때때옷도 하고, 떡도 좀 해야지."
"네 애비가 곧 와, 그게 우리에겐 설빔이야."
"지난해에도 안 오셨잖아."
"꾹꾹 누르며 기다려봐. 졸면 안 오셔, 네가 졸면 오시다가 발길을 돌리신다니까. 네 눈썹도 희어지고."
그 말에 끔찔한 돌빔은 꼬박껏 기다리다가 깜빡 조는데 밖에 나가셨던 어머니의 큰소리가 들려왔다.
"돌빔아, 이것 좀 보거라. 누가 갖다놓았을까?"
그러면서 '부심이' 한 벌을 내려놓으신다. '부심이' 란 옷이다. 계집애 것은 풀빛 치마에 빨강 고름의 빛동(색동)저고리. 그리고 사내애 것은 풀빛 바지에 빨강 대님, 그리고 빨강 저고리에 풀빛 고름. 이놈을 입고 눈 오는 허연 벌판 위에 나서기만 하면 제아무리 꽁꽁 얼붙은 눈길이라고 하드래도 가분재기(갑자기) 봄바람이 싹트는 거라. 그래서 '부심이' 는 그 어떤 것보다도

애들이 좋아하는 옷이라고 쳐온다.

가난뱅이 돌빔한테 그런 '부심이'가 왔더라는 이야기는 금세 여기저기 번져버렸다.

어째서 쭐(복)이라곤 눈곱만치도 없이 똥구멍이 찢어지도록 가난한 돌빔이한테 그런 '부심이'가 왔더란 말이드냐. 맞대(대답)는 손출(간단)했다. 갸는 워낙 마음이 착하고 생각이 늘 따뜻해 누군가가 돌빔을 보낸 것이라고들 했다. 그 외로운 돌빔이한테 가분재기 '부심이'가 오자, 사람들은 그때부터 '설빔'이라 하질 않고 '돌빔' 그러면서 섣달그믐이 오면 착한 마음으로 누군가로부터 날아들 깨끼(선물)를 기다렸겠다.

하지만 저 깊은 흰두루(백두산)에 혼자 사는 열한 살 '도랑네'에겐 그런 말은 한낱 뜬구름이었다. 도랑네는 어머니가 일찍 돌아가서 한 살 적부터 아버지와 똑(단) 둘이서만 살았다. 마을도 없고 그래서 이웃도 없으니 도랑네는 그야말로 혼자 자라게 되었다. 그런 도랑네가 다섯 살 되던 해, 눈이 펄펄 내리던 깊은 밤이었다. 석석 낫 가는 소리가 나더니 아버지가 하시는 말이었다.

"얘야, 조금만 기다리거라. 아버지가 '돌빔'을 해갖고 올 테니" 그러면서 한밤에 나가시곤 여섯 해가 지났는데도 아버지는 아니 돌아오셨다.

도랑네는 이래서 정말 혼자서 자라게 되었다. 더구나 섣달이 되면 밤마다 콜콜 불빛을 켜놓고 졸음 따위는 날콩을 씹드키 자근자근 씹어가며 꼬박껏 아버지를 기다렸다. 따슨 마음, 착한 뜻으로 기다리면 아버지도 오시고, 또 돌빔도 온다고 하질 않았는가. 그런데 그 깊은 골엔 제아무리 들락(문)을 꽁꽁 달아도 툭 하면 불을 꺼뜨렸다. 들락 틈으로 바람이 들어와 콜콜 불을 훌쩍 꺼뜨리는 것이었다. 이래선 안 되지. 아버지도 안 계신데 불까지 꺼지면 아버지가 뭘 보고 찾아오시냔 말이다. 그래서 거퍼 쏘시개에다 부싯돌을 거댔다. 그래도 바람이 쏭 하고 불면 또 꺼지고, 또 거대도 또 꺼지고, 그러는 도막에 쑥 덤, 이를테면 쑥 쏘시개도 다 해가 더듬더듬 불을 거대니 그 깊은 골은 어찌 되었을까. 그야말로 새시까만 꺼믐의 밤이 아니 될 수가 없었다.

앞이 안 보이는 게 아니라 아예 앞이라는 게 없는 것 같았다.

그런 한밤에 어쩐 일로 그 골에 홀로 들던 한 나그네가 그만 길을 잃고 말았다. 도둑일까. 아니다. 메척(원래) 도둑은 길을 잃질 않는다는 말이 있다. 남의 것을 노리는 녀석이 돈 많은 집을 잃으면 쌔빌 수가 없질 않는가. 더구나 도둑은 남의 먹개(벽)를 넘기도 하지만 어쨌다고 하면 냅다 달아나야만 한다. 때문에 길을 잃는다는 건 곧 죽음이라, 도둑이라고 하면 작은 도둑이든 큰 도둑이든 도둑은 길을 아니 잃는다 했거늘, 그날 밤 그 깊은 골에서 길을 잃은 이는 누구였을까.

아무도 아는 사람이 없었다. 그 나그네가 오라는 데 없는 덤삐알(산등)을 넘고 넘어 골짝으로 들어서긴 했으나 보이는 집도 하나 없고 마주해주는 불빛 한 티가 없었기 때문이다. 그렇게 어두움에 어두움을 물으며 한참을 가노라니 먼 데서 마치 캄캄한 밤을 가르는 불빛 하나가 도란도란했다.

'옳지, 저길 가면 살겠구나' 하고 기어갔는데 조그마한 집에 웬 꼬마 계집애가 혼자 울고 있다.

"애야, 어쩐 일로 이 깊은 골에 어린 네가 혼자 산다드냐?"

"네, 아버지가 돌빔을 해가지고 오신다고 나가셨는데 아니 오셔 혼자 살아요."

"무슨 돌빔을 해온다고 하셨느냐."

"네, 제가 배가 고프다고 한 것밖에 없어요"라며 눈을 더욱 도란거린다.

나그네는 눈깔을 딱따굴로 굴리지 않을 수가 없었다.

'야가 바로 한빛으로 어두움을 가른다는 바로 그 도랑네로구나' 라고 차려졌기 때문이다.

그래서 그 길로 때(감옥)를 찾아가 소릴 질렀겠다.

"들락을 열거라. 돌빔을 왔노라 이놈들, 냉큼 열지 못할까."

아무 맞대(대답)가 없자 한술쯤은 또 불러댔다.

"게 아무도 없다드냐. 돌빔을 왔다고 하질 않았느냐."

그래도 아무 맞대가 없었다. 다만 쭉칼(창)을 든 것들이 이리 뛰고 저리 뛰는 소리만 시끄럽다.

이를 본 나그네의 마빡은 마치 얼어붙은 홀떼(강)가 새벽녘 추위에 갈라지드키 '쩡' 하더니만 그냥 한 손으로 때의 들락을 민다. '어영차' 하고 달구질 소리를 낼 것도 없는 듯 그냥 밀어제끼니 어더렇게 되었을까.

어더렇게 되긴…….

그 묵직한 때의 먹개가 욱실욱실, 마침내 쾅하고 무너진다.

대뜸 홀랑 까발겨지는 때속의 우중충한 눌데(방)들. 이를 본 나그네는 가분재기 눈살이 찌푸려졌다. 차마 눈을 뜨고는 볼 수가 없었기 때문이다.

얼마나 굶었는지 열 해 가뭄에 삐꺽해진 사시나무처럼 마른 놈, 얼마나 울었는지 눈깔이 아예 하얗게 바래져버린 놈, 먹개를 할퀴느라 얼마나 바둥댔는지 열 손가락 손톱이 몽땅 빠진 놈, 보다 못한 나그네는 다시 소리를 지르는 것이었다.

"여기에 얼추(혹) 도랑네의 애비가 있소. 저 흰두루 깊은 골에 도랑네란 어린 것을 홀로 남겨두고 돌빔을 하러왔다가 때에 처박힌 애비 말이오. 있다고 하면 냉큼 나오시오."

 아니나 다를까. 한 아저씨가 나오는데 꼭 '문돌이' 같으다. 낫은 들어 풀은 베어봤으나 그보다 먼저 베어 팡개쳐야 할 부셔놈(원수놈)의 고얀 목은 한술도 쳐보질 못한 얼대(어리석고 정신없는 놈), '문돌이' 말이다. 나그네는 그 도랑네 애비라는 문돌이의 손을 끌고 얼핏 사리려고 했다. 하지만 얼마나 어정쩡한 문돌이인지 따라가야 할지 말아야 할지를 몰라 주춤댈 적이다. 망나니 여럿이 칼을 들고 덤빈다. 얼마나 잘 처먹었는지 기름끼 짜르르한 놈, 손등이 마빡처럼 번들번들한 놈, 끔적일수록 살이 빠져 날씬해지는 놈, 그냥 놔둘 것이면 그 도랑네의 애비가 한 칼에 죽을세라, 나그네는 마치 녹다 남은 눈사람을 차드키 뻥, 뻥, 엉덩이를 내질렀겠다.

 그러자 그럴 수가 없다. 망나니 놈들의 똥구멍은 말할 것도 없고 눈깔구멍, 입구멍, 귓구멍에서도 무언가가 뿌지직 뿌지직 나온다.

 뭐가 나오는 것이었을까. 뭐가 나오긴, 모두 똥이 아닌가 말이다, 똥.

 이에 나그네가 소리를 지르는 것이었다.

 "네 이놈들, 몸에 든 것은 몽땅 똥이었구나. 똥으로 찬 놈들은 똥통에 들어가 똥으로 헹구고 나오거라 이놈들, 어서!" 하고 모두 똥통에 처넣어버리니 어더렇게 되었을까. 어더렇게 되긴……, 모두 "살려만 달라"고 살살 빈다.

 나그네는 거퍼 소리를 지르는 것이었다.

 "좋다, 살려는 주겠다. 다만 똥구덩이에 뛰어들어 똥을 똥으로 닦아내야 한다. 그리하여 똥이란 똥은 한 꼬물도 아니 묻힌 놈들만 기어 나오거라."

 하지만 택이나 있을까. 똥통에서 기어 나오는 놈들마다 말끔히 똥을 떨군 놈들은 하나도 없는지라. 다시 첨벙첨벙 커단 똥구덩이에 처넣자 이놈저놈 죄들 운다.

"나으리, 똥은 냇물에 가서 닦고 오면 안 되겠습니까? 나으리."

"그래? 그러면 네놈들 머릿속에 가득 찬 똥, 또 네놈들 마음속에 가득 들어 있는 똥은 모두 어찌할 거냐?"

"네~, 다시는 남의 것을 뺏어먹지도, 속여먹지도 않고, 착한 이를 잡아넣지도 않겠노라"고 썰썰 빌다가 쩔쩔 빈다.

이때부터 우리네는 섣달그믐 "돌빔하러 왔다" 하게 되면 때가 됐든 막틀(억압독재)이 됐든 이러구 저러구 없었다. 냉큼 때의 들락을 활짝 열어왔다는 이야기다.

죽어서도 사는 삶

오래 살고 있다고 나만 보면 "욱끈(건강)이 어떠냐"고 묻곤 한다.

나는 대뜸 "우리 같은 사람이 무슨 욱끈이 따로 있겠소. 그저 죽기 아니면 살기지요" 그런다.

또 내 낯살에도 주름께나 졌다고 이래 물어오기도 한다.

"선생님, 요즘 사람들한테 무슨 말을 해주고 싶습니까?"

그럴 적마다 나는 "요즘 사람들은 저마다가 다 떙이(천재)요, 모두가 깨친 이라고 뻐기는데 내가 해줄 말이 뭐가 있겠소."

"그래도 선생님의 푸둘한(귀한) 한 말씀을 듣고 싶어 하는 사람들이 많을 텐데요."

"그으래?"

굳이 듣겠다고 하면 한 서넛쯤 털어놓곤 한다. '젊은이들이여'라고 소리 만 떠는 게 아니라 온몸을 떨면서.

첫째, 모랏돈빼꼴 맑걸(독점자본주의 문명)의 꾸럭(조작)에 속지 마시라 그거다.

무슨 말이냐. 내가 한배울(초등학교)엘 들어가고 나서다. 글파(공부)를 좀 한다고 홀곤(반장)이 됐다. 그런데 선생님이 "홀곤이라면 그 시골뜨기 솜옷

은 좀 벗어버리고 빼난 배우내옷(학생복)을 입고 오라"고 한다. 나는 집으로 달려들며 소릴 질렀다.

"야 엄마이, 나도 배우내옷……, 선생님이 홀곤이 됐으면 시골뜨기 같은 솜옷은 벗어버리고 멋진 배우내옷을 입으래."

우물에서 노오란 좁쌀을 씻고 계시던 어머니의 말씀이었다.

"뭐야, 배울(학교)이라는 데는 애들끼리 어울리는 걸 배우는 데지, 으뜸이나 해가지고 홀곤이 되고, 그리고 뭐, 비싼 옷을 입어야 홀곤이라고? 그따위 배울엔 가지도 말거라. 그만 때려치워."

그때는 그 말씀이 그렇게도 고까웠다. 하지만 따름따름(점점) 커가면서 그 한 말씀은 내 한살매(평생)의 생각을 맵진(결정한) 깨우침이 됐다고 믿고 있다.

그래서 하는 말이다. 요즈음 모랏돈빼꼴 맑걸이란 무어기에 속지 말라는 걸까.

'겨루는 건 대로(자유)다. 아름다운 꽃들도 겨룸에서 이겨가지고 피는, 이를테면 대로의 매듭이다. 따라서 대로에 따라 남을 짓밟고 죽여서라도 이기는 것처럼 아름다운 것은 없다' 라고 한다.

하지만 참말로 대로에 따라 대로롭게 겨룬다고 하면 누가 이길까. 한배울의 셈으로도 가릴 수 있는 뻔한 맞대(대답)가 나온다. 돈 있고 힘 있는 놈이 반드시 이기게 되어 있고, 돈 없고 힘없는 놈은 어김없이 지게 되어 있다. 그런데도 '겨뤄라, 겨뤄서 이기라' 는 건 뭐란 말인가. 남을 짓누르고 짜고 죽여서라도 돈만 벌겠다는 모랏돈빼꼴 그 맑걸의 속임손(속임수)이지 딴 거이 아니다. 그렇다고 하면 남을 죽여도 되는 대로라는 것이 참짜 대로인가. 아니다. 백술을 까뒤집어도 그건 돈을 늘쿠고자 하는 돈의 오틀(논리), 다시 말하면 돈의 거짓이니니, 그 거짓에 속지 말라 그거다.

둘째, 모랏돈빼꼴 맑걸이 거의 이백 해 이어오는 동안 사람이 곧 맑걸의 알기(중심)임을 내세워왔다. 하지만 이 때문에 사람들은 누룸(자연)을 따름따름(점점) 쌔코라뜨려(망쳐) 사람이 도리어 누룸의 부셔(적)가 돼버린 것이 오늘이다.

왜 그렇게 됐을까. 돈이다. 돈을 벌고 돈을 거머쥐고자 다투어 누룸을 그르쳐왔는데도 이참 모든 값(가치)은 무엇이 어떻게 되어가고 있을까. 모든 걸 쌔코라뜨려서라도 돈을 거머쥐는 것만이 이룩(성취)으로 치고 있는 잘못된 맑걸로 되고 있다. 거듭 말하면 오늘 우리가 살고 있는 이 벗나래(세상)의 알범(주인)은 사람이 아니라 돈으로 바꿔었다 이 말이다. 사람들이 돈을 거머쥐게 되는 것 같애도 사람이 돈의 매먁(노예)이 되고 있는 것이다. 이것도 맑티(문화)요, 맑걸일까. 아니다. 사람 잡는 사갈(범죄)이요, 감나(용서)할 수 없는 돈, 그 가운데서도 모랏돈의 막심(폭력)일 뿐이다. 따라서 뒤집어엎어 버려야 할 맑티다 이 말이다.

그런데도 사람들은 그 잘못된 맑걸에 속고 있는 것뿐만 아니라 사람 스스로를 속이고 있다. 사람이 사람을 속이는 맑걸에도 그 알짜(실체)가 있을까? 없다. 있다고 하면 팍삭(멸망)이요, 그 팍삭에 따른 죽음뿐이니, 사람들이여! 갈마(역사)의 알기를 사람으로부터 돈으로 바꾸고, 그리하여 사람을 죽이고 누룸까지 죽이고 있는 모랏돈빼꼴 맑걸을 뒤집어엎어 사람이 사람으로 다시 태어나자, 그리하여 사람과 누룸을 함께 살리자고 외친다.

셋째, 이제부터 늙은 나는 무엇을 하고자 할까. 내 가슴이 그래도 퉁퉁 뛰고 있는 마지막 그날까지 모랏돈빼꼴 맑걸을 그저 앙짱 쳐버리기(폐기)에 내 온힘, 내 온 한살매(일생)를 다하려고 한다. 왜냐 모랏돈빼꼴 맑걸은 사람과 누룸만 죽이고 있는 게 아니기 때문이다. 있는 이와 없는 이를 딱 갈라 놓고선 없는 이들을 더욱 깊은 늪으로 몰아넣어 죽이고 있다. 죽어야 할 놈은 안 죽고 죽지 말아야 할 놈만 죽이고 있다. 보길 들면 이참 돈이 좀 있다고 거들먹거리던 미국은 그 많은 돈으로 돈놀이를 해먹다가 벼랑으로 굴러 떨어졌다. 그러면서도 그 아픔, 그 죽음을 엉뚱하게도 다른 나라에 들씌우고 있다. 미국을 괴롭힌 적이 한숟도 없는 아프리카 널마(대륙)에는 사익도 더 되는 사람들이 하루에 라면 하나 값이 없어 죽어가고 있다. 모랏돈빼꼴이 첫발을 내딛던 이백 해 앞서 아프리카에는 굶어죽는 이가 딱 한 사람도 없었는데도 말이다. 이 끔찍한 바투(현실)는 바로 모랏돈빼꼴 맑걸이 만들고 있는 빽빼(지옥)지 딴 거이 아니다.

　오늘날 모랏돈빼꼴의 하주물코(사회체제)가 그렇고, 마주(도시)의 됨됨이가 그렇고, 일터가 그렇다. 달품(월급)을 받는 일꾼(정규직)과 맨날 품삯을 받는 일꾼, 이를테면 맨품(비정규직)으로 갈라놓아 사람의 뚤커(용기), 사람의 뜻, 사람의 어기찬 하제(희망)까지 뒤죽박죽으로 쪽박을 내고 있다. 이 때문에 이 너른 빈팅(공간)에서도 맑은 빈홀(공기) 한숨 마실 수가 없고 사람들이 빼곡한 속에서도 사람 만나기가 무섭고 믿으면 믿을수록 속고 꺾이고 탈(병)에 들게 하여 사람 사는 이 벗나래(세상)를 몽땅 새시까만한 깜떼(절망)의 구렁으로 몰아넣고 있다.

　목이 말라 죽어가는 어린 것이 하루에 오천이 넘는데도 온골(세계) 놀이돈(금융자본)의 뚝(반)이나 거머쥐고 으시대던 미국 먹줄(경제)의 곤두박(파탄)을 보란 말이다. 뺏어 먹고 알가 먹고 제 마음대로 짜 먹다가 누구 말마따나 제갈구(자체모순) 때문에 벼랑으로 굴러 떨어지고 있는 미국 먹줄을 보란 말이다. 미국은 이참 어떻게 하고 있는가. 이미 쌔코라진(망한) 놀이돈을 없애는 것이 아니라 도리어 그 따구니(악마)에 미국 랭이(민중)들의 피를 보태 살리고 있고, 나아가서는 그 죽음의 뼈아픔을 도리어 가난한 나라, 가난한 사람들한테 뒤집어씌우는 저 미국의 모랏돈빼꼴을 보란 말이다. 그거이 참말로 알목(생명)이 있고 쓸모 있는 건가? 아니다. 마땅히 없애야 할 사갈치(범죄조직)라, 나는 남은 내 삶의 모두를 바쳐 그 모랏돈빼꼴을 쳐버리고는 노나메기 벗나래를 만드는 데 쏟고자 할 뿐이라고 말한다.

어떤 이는 또 묻는다.
"백기완이 댓님(당신)은 입때껏 올바로 살았다고 보는가, 아니면 아주 데데하게 살았다고 보는가?"
그럴 적마다 내 맞대(대답)는 이러하다.
"그건 나에게 물을 게 아니라 모랏돈빼꼴한테 물어야 할 뜸꺼리(문제)다. 어쨌거나 나는 사뭇 모자랬다. 아무튼지 날래(해방)란 낱말 하나를 깨우치는 데 서른 해나 걸렸으니 오죽 모자랬는가."
그러면 누군가가 다시 들쑤셨다. "이봐 백기완이, 백기완이가 왜 그렇게 더뎠는지 알아. 쪼알털(과학적) 더듬(사고)을 못 갖추어서 그런 거"라고 했다.
그런데 그렇게 나를 몰아치던 바로 그 녀석이 데데한 매인네털(소시민적) 초리(갈등)에 빠져 쪼알털 더듬의 껍질만 남기는 것을 보고 나는 주먹을 쥐며 부들부들 떨었다. 하지만 쥐어지르진 않았다. 썩어문드러진 모랏돈빼꼴 맑걸, 그걸 무엇보다 먼저 깨부셔야 한다고 생각되었기 때문이다.
뜻밖에도 이런 내 글을 입술이 터지도록 헤집던 연구소의 채원희가 물었다.
"선생님, 남은 한살매를 어떻게 채우시려고 하십니까?"

"채우다니, 말이 틀렸구만. 내 한살매는 지난 일흔 해가 아니다. 오늘 하루가 바로 내 한살매의 차름(시작)이다. 아니 오늘 이 때박때박(순간순간)이 내 한살매의 새로운 차름이라. 그 때박마다 앞만 보고 거침없이 뛰겠다."

알짜 알맥이(노동자) 양규헌도 물었다.

"선생님, 선생님의 그 때박때박도 마지막이 있질 않겠습니까. 그 마지막을 어떻게 꾸미고자 하시는지, 선생님의 말씀을 듣고 싶은데요."

나는 "글쎄"라는 더듬이도 없이 곧바로 뱉어냈다.

"사람의 마지막이란 삶의 들락(문)이 꽈당 하고 닫히는 게 아니다. 죽음이라는 그 마지막이 바로 새로운 삶을 열어가는 첫발임을 알아야 한다. 내 한살매란 갖은 꺾임(좌절)과 온갖 깜떼(절망)로 내몰리는 썰품(비극)의 거퍼(연속)였다. 여기서 그 꺾임과 깜떼를 도리어 먹거리로 삼질 않으면 살 수가 없었던 것이니, 여기서 무엇을 깨우쳤을까. 죽어서도 다시 사는 삶, 그거이 참짜 사람답게 사는 한살매"라는 것이었다.

퉁차기(축구) 온골(세계) 큰잔치와 나

온골퉁차기큰잔치(월드컵)가 열리던 2002해 4달 어느 날이다. 퉁차기몰대(축구협회의 조중연)에서 날 찾아와 하는 말이었다.

"이참 퉁차기 큰잔치를 앞두고 퉁차기빼난뽀덜(축구대표선수)들에게 욱(기)을 넣어줄 한 말씀을 좀 해달라" 그런다.

나는 놀라지 않을 수가 없었다.

"내 나이쯤이면 힘의 바닥까지가 다 말라 배트라져 있다. 그런데 무엇이 남았다고 그 욱끈(건강)한 뽀덜(선수)들에게 힘을 넣어주겠는가. 잘못 찾아온 것 같다"고 했다.

아니란다. "많은 적네(기자)들도 그리고, 여기저기서 이 땅 뽀덜들에게 됫찬 욱을 넣어줄 분은 백기완 선생밖에 없다고들 하니 한 말씀만 해주시라"고 한다.

"정 그렇다고 하면 좋다. 다만 걸대(조건)가 있다. 먼저 뽀덜들 하나하나가 다들 좋다고 해야 한다. 그 다음은 히딩크 아달(감독)도 좋다고 하면 한 술 생각해보겠다"고 했다.

그렇지 않아도 그보다 앞서(2002. 2) 동아일보 체육부장(이재권)이 찾아와 "퉁차기몰대 정몽준 웃내(회장)와 댓거리(대담)를 해달라"고 했다.

나는 대뜸 "그런 생각을 누가 먼저 꺼냈느냐. 나는 어려서 퉁차기뽀덜이 되고자 했지만 돈이 없어 돌배울(중학교)에도 못 다니는 바람에 퉁차기뽀덜이 되기는커녕 퉁차기놀마(축구장)에도 한술 못 나가봐 한이 맺힌 사람이다. 하지만 정몽준 웃내로 말하면 이참 온골퉁차기큰잔치를 끌어왔을 뿐만 아니라 퉁차기에 익난이(전문가)다. 그러니 나하고 아귀가 맞겠느냐. 아마도 한쪽이 너무나 기울 거라"고 했다.

아니라고 한다. "서로 다르게 살아왔으므로 퉁차기를 보는 눈이 서로 다른 것, 그것이 더욱 뜻이 있을 거라"고 거의 다그친다.

그래서 몇 날 뒤(2002. 4. 13) 떡하니 마주앉았다. 하지만 나는 내 눈자위부터가 말쨌다(편칠 않았다). 퉁차기 신발도 못 신고 그야말로 맨발 맨몸으로 어기찬 퉁차기놀마에 나선 것 같은 헐꼇(기분)이니 눈시울이 오죽 찡하는가. 꿀꺽 했다. 그래도 축축이 젖어오는 목을 겨우 가누며 내뱉었다.

내가 보기엔 퉁차기란 둥근 퉁(공)만 차는 게 아니다. 돈이 없을 것이면 죽어라 하고 다져온 뜻도, 타고난 슬멋(재주)도 살릴 수가 없는 잘못된 이 둥근 땅별(지구)도 함께 내지르는 거, 그거이 참짜 퉁차기라는 것이 내 펏침(철학)이다.

그래서 하는 말인데 이 땅에서 퉁차기 큰잔치를 열게 된 것을 참말로 잘되게 하려고 할진댄 일본하고 함께 여는 것이 아니었다. 쪼개져 있는 우리 겨레가 함께했으면 얼마나 좋았겠는가. 이런 꼭짓(점)에서 볼 때 온골퉁차기몰대(국제축구연맹)가 잘못한 것이다. 퉁차기가 곧 잔잘(평화)이라고 울러대는 온골퉁차기몰대가 이 땅의 갈라짐이 곧 댄잔잘(반평화)이라는 것을 몰라서 그랬는 것 같으다. 그러니까 이제부터라도 우리는 더욱 잘해야 될 것 같다.

첫째, 온골 퉁차기 큰잔치를 열고 있는 동안만이라도 마녘(남쪽)과 노녘(북쪽)이 서로 죽이는 것을 매기고 있는 이른바 '국가보안법'의 총부리를 거두고 갈라진 땅 어디고 우리 겨레라면 누구나 마음대로 오갈 수 있게 해야 한다.

둘째, 퉁차기는 잘 여문 콩을 까는 도리깨질과 같은 굴랑(예술)이다. 때문에 퉁차기놀마에서 으뜸만 하자는 건 퉁차기의 제 넋, 제 모습이 아니다. 그러니까 이 땅에서 열릴 퉁차기를 돋울(응원할) 때 부르는 노래도 우리네의 타작 노래인 '옹헤야'나 '쾌지나 칭칭 나네'로 바꿔야 한다. 어줍지 않게시리 '빰빠밤 빰~~' 어쩌고 하는 노래(드보르자크의 '신천지')는 미국땅에 온 구라파 사람들이 미국의 저녘(서쪽)을 짓밟는 것을 높땡(찬양)한 것이라, 집어치워야 한다.

셋째, 요새 젊은이들은 거의가 우리 뽀덜 힘내라는 뜻으로 '화이팅' 그런다. 그것도 집어치워야 한다. '화이팅'이란 뭔 말이냔 말이다. 남을 죽여서라도 이기자는 게 아닌가. 이건 퉁차기 넋살(정신)하고는 전혀 다르다. '아리아리' 그래야 한다. 길이 없으면 길을 찾아가고 그래도 길이 없을 것이면 길을 내자(만들자)는 참짜 굴랑틸(예술적) 우리말 '아리아리'로 바꾸어야 한다. 또 '슛'을 '쌔려', '크로스'는 '가로지르기', '골'은 '꽈이팅(과녁지르기)'으로 바로잡아야 한다.

넷째, 이참에 퉁차기는 그야말로 잔치다. 때문에 그것을 참짜 온 겨레의 잔치, 아니 60억 온골(세계) 사람들의 잔치로 꾸려야 하며, 그러고자 해서는 마녘에 살고 있는 온 사람들이 쌀 한 되씩 모으기로 하자. 그 쌀로 몽땅 가래떡을 해갖고 온골 온 사람들이 한 조박씩 다 먹도록 하자.

다섯째, 이참 잔치를 우리들만 즐겨서야 되겠는가. 일을 하고자 해도 할 데가 없고, 제아무리 살고자 해도 살 수가 없는 사람들, 이를테면 거리의 장사꾼들을 건드리지 말 것이며, 알맥이(노동자)들의 대로(자유)를 짓밟지 말 것이며, 더구나 때속(감옥)에 가두어놓고 있는 곧맴(양심)들을 몽땅 내놓고 잔치를 벌여야 할 것이다.

여섯째, 뽀덜들에게 한마디 하고자 한다. 참짜 퉁차기는 네가 지고 내가 이기겠다는 생각만 갖고 나서선 안 된다. 춤꾼처럼 나서야 한다. '온몸으로 나서는 이는 마치 버들가지 물이 오르듯 몸짓을 하라'는 말이 있질 않는가. 그렇다. 버들가지가 바람에 흔들흔들, 마냥 스스로를 치는 것 같애도 짜배기로는(진짜로는) 바람을 몰고 가는 것이다. 때문에 퉁(공)을 부셔(상대)의 땅으로 몰고 갈 적에는 마치 바다에서 이는 몰개(파도)처럼 한꺼술에 몰고 갈 것이요, 그리하여 꽈이팅(골인)을 일굴 적에는 마치 물떨기(폭포)가 떨어질 때 한꺼술에 떨어지드키 텅 하고 깨트려야 하고, 파고들 적에는 물줄기가 굽이치드키 솟을(넘쳐) 돌아야 한다. 무슨 말이냐. 굽이치는 물줄기는 바윗덩이에 부딪쳐도 꺾이질 않는다. 어기차게 휘몰아치는 것이니, 이 땅의 젊은이들이여! 아니 온골의 젊은이들이여! 퉁을 몰아 꽈이팅도 일구어야겠지만 알로는(사실은) 스스로도 몰고, 다그치는 바람도 몰아, 잘못된 돈의 맑티(문화)를 뚫고 새로운 맑티, 신바람을 일으키자.

그렇게 말을 했었다.(배극인 〈동아일보〉 기자 정리, 2002. 2)

아무튼 나와 만나는 것을 여러 뽀덜들도 좋다고 하고, 히딩크 아달도 좋다고 해서 떡하니 파주에 있는 개기(연습) 마당엘 가니 어두워졌는데도 아

직 개기가 덜 끝나 있다.(2002. 4. 13)

땀에 범벅이 되어 이리 뛰고 저리 뛰는 젊은 뽀덜들을 보고 있노라니 적네들이 다가와 "오늘 무슨 말씀을 하시렵니까"라고 묻는다.

나는 "저것 좀 보시게나. 저 놀마(운동장)의 잔디가 사뭇 '나네' 빛이지요. 언 땅을 어영차 지고 일어서는 새싹의 파아란 빛, '나네'" 그러는데 울컥해 와 나는 겨우 넘겼다. 내 온몸이 가분재기 서글퍼졌기 때문이다. 무슨 말이냐. 누구는 타난(운)이 좋아 저런 데서 퉁을 차고, 그러나 나 같은 사람은 이 적지 퉁 한술 못 차보고 뒷골목에서도 마냥 쫓기며 살고 있는 꼴이니, 내 무슨 생각이 따로 있어 저 젊은이들의 욱을 살리는 이야기를 해주랴. 그저 "뽀덜 여러분" 하고 말문을 열었을 뿐이었다.

"여러분, 이참 여러분들이 이 땅에서 퉁차기 온골 큰잔치를 연다지요. 참맘으로 리야(축하, '늴리리야 의 준말)를 보냅니다."

그러고선 이렇게 쭐쾠다.

첫째, 요즈음 온골 퉁차기에 앞장선 구라파의 퉁차기, 그건 썩었다. 퉁차기가 돈의 매멱(노예)이 되어 있다. 퉁 잘 차는 '지단'은 팔백억 원, '피구'는 칠백억 원, '호나우두'는 오백억 원, 이런 투로 알퉁으로 먹고사는 알맥이(노동자)들이라면 억만 해를 한 푼 안 쓰고 벌어 모아도 안 될 큰돈을 받는다니, 이게 말이나 되느냐. 이건 퉁차기를 돈의 머슴으로 만들고 있다는 끔찍한 갓대(증거)다. 내질러버려야 할 건 안 내지르고 둥근 '퉁', 그것만 내지르게 함으로써 퉁차기의 제품(제 모습)을 썩히고 있으니, 이참이 땅에서 퉁차기 큰잔치를 여는 것을 때참(계기)으로 돈의 뚱속(욕심), 그에 따른 뺏어대기, 그 거짓과 사갈짓(범죄)을 함께 내지르는 참짜 퉁차기 맑티(문화)를 일구도록 하자.

둘째, 제발 '열여섯 다락(16강), 열여섯 다락' 어쩌고 하는 그 말따구 좀 집어치우자.

내가 열여덟 살 적이다. 그때는 한참 우당(전쟁)이 불붙고 있어 미빠데(미군부대) 곁엔 가기도 싫었다. 그런데 그 미빠데 쇠그물(철조망)을 붙들고 "개새끼들 나오라"고 울부짖는 열댓 살쯤 된 갈배우내(여학생)가 하나 있었다. 울부짖는 몸부림이 너무나 안타까웠다.

그렇다고 하면 "애야, 너는 어째서 그러냐"고 물었어야만 했다. 그런데 미따꾼(미군)들은 도리어 그 어린 것의 머리를 박박 깎고, 뒷싸게는 앞가슴까지 찢어발기며 눈구덩이에 내다 팡개치는 것이었다. 이건 빨갱이 계집애라고.

그래도 다음날 또다시 찾아가 "개새끼들 나오라"고 하자, 이참엔 우리 따꾼오랏(헌병)한테 넘겨 "빨갱이 계집애, 없애버리라"고 했다. 그리하여 모진 매를 쳐 내다버렸는데도 또 찾아가 "개새끼들 나오라"고 소리소리 지르는 까닭이 있었다. 미따꾼 놈들이 그 어린 것을 몰아 짓밟아 그러는 것이었다.

참으로 통겁고(원통하고), 사람이라고 하면 참아선 안 되는 일인데도 그때 우리네 그 많은 걷대꾼(정치꾼), 널려 있는 말내미(언론)는 말할 것도 없고, 할(법)을 다루는 사람들도 아예 눈을 돌리고 있을 때, 열여덟 어린 사내애가 그 미빠데엘 가서 맞짱 거는 것이었다.

"너네 빠데(부대)에서 가장 주먹이 센 놈 나오라. 나하고 맨몸으로 맞짱을 한술 뜨되, 내가 지면 날 죽여도 좋다. 하지만 내가 이길 것이면 저 어린 갈배우내한테 엎드려 빌어라. 잘못했다고."

이러구서 맞붙게 되었다. 하지만 택이나 있겠는가. 그 코뿔소 같은 녀석의 딱 한 대에 나가떨어진 그 어린 사내애는 생각했다.

'나로 말하면 퉁차기뽀덜이 되고자 해서 열세 살 적 저 먼 시골에서 맨발로 서울에 왔으나 뽀덜은커녕 퉁 한슬 못 차보았다. 그런데 여기서 이렇게 죽게 되다니, 그럴 수가 있는가. 나도 딱 한슬은 내질러보고 나서 죽어도 죽자' 그러구선 비칠비칠 일어나 딱 한슬 내질렀는데 어떻게 되었을까. 그 무지무지한 코뿔소가 '콰다당' 꼬꾸라졌으니……,

이 땅의 씩씩한 퉁차기뽀덜 여러분! 제 아무리 덩메 큰 구라파 뽀덜들이라고 하더라도 욱 죽지 말고 그냥 앙짱 박고, 냅다 차시라. 그리하면 반드시 으뜸할 터이니 제발 열여섯 다락, 열여섯 다락 어쩌고 하는 말따구 좀 때려치우라. 이 늙은이도 신나게 외치겠다.

그리고 돌아왔다.

그 뒤 퉁차기는 어떻게 되었던가. 우리가 온골에서 자그마치 네 다락(4강)에 든 것이었다. 엄청난 솟굿(발전)이었다.

그 뒤다. 서형욱 적네한테 말통(전화)이 왔다.

"하제(내일) 이른 아침, 히딩크 아달이 인천 날터(비행장)에서 저네 나라로 가는데 선생님께서 배웅 좀 해주시면 안 되겠느냐. 히딩크 아달이 선생님께 드린다고 글월도 써갖고 있다"고 한다.

나는 그날 새벽에 서형욱 적네의 수레(차)를 얻어 타고 인천 날터에서 히딩크 아달을 반갑게 껴안았다. 나한테 주려고 했던 글월도 받았다. 돌아오는 길에 글월을 뜯어보니 멋쩍게도 "나를 우럼(존경)한다"는 말이 들어 있었다.

'뭐, 나를 우럼한다고.'

나는 어릴 적 퉁차기놀마에 가도 돈 내고 들어간 적은 한슬도 없었다. 몰래 들어가다가 잡혀 매를 맞으면서도 다시 들어가 곁눈으로 보아왔을 뿐 퉁차기 마당에서 사람으로 여겨진 적이 딱 한슬도 없었다.

더구나 늙은 나로 말하면 마녘과 노녘 알맥이들 퉁차기가 열리는 날, 천리 길을 달려 창원까지 내려갔는데도 나를 반기는 사람 하나 없고, 큰발(확성기)로 거기에 온 사람들 이름이 흘러나왔다. 누가 오고, 누가 왔다고. 그런데 내 이름만 빼는 것이었다. 그만치 나를 우럼하는 사람은 하나도 없는 게 바로 내가 살고 있는 이 땅이다.

그런데 히딩크 아달이 나를 우럼한다고?

언젠가 히딩크 아달이 다시 이 땅에 왔다고 알려줘 밥을 같이 먹게 되었다. 나는 우리 퉁차기를 높이 올려준 데 마주해(대해) 고마운 뜻으로 "그대가 개고기를 먹겠다고 하면 내가 한슬 사겠다"고 했다. 개고기 한 턱은 돈이 엔간히 들긴 하지만 맛있고 또 우리네 먹거리 맑티(문화)의 훌륭한 잇대(전통)의 하나이기 때문에 그랬다.

히딩크 아달이 웃으면서 "한슬 생각해보겠다"고 했었는데 아직껏 묻길(기별)이 없다.

얼추(혹) 뒷틀(오해)진 것은 아닐까. 개고기를 안 먹는 그네들의 맑티로 보아서. 하지만 우리 먹거리 맑티를 조금이라도 알고 있다고 하면 그럴 닭은 없을 터인데.

아무튼 언젠가는 히딩크 아달한테 고맙다는 뜻의 한 턱은 꼭 내고 싶으다. 우리 퉁차기를 오죽 높이 올려놓았는가 말이다.

나는 늙지 않겠다 423

내 찬긋글묵(영화극본) '쾌지나 칭칭 나네'

 선생님께서는 피눈물 나는 일본검뿔빼꼴(일제)의 더부땅(식민지)을 사셨습니다. 그리고 8.15 뒤에는 나라의 허리가 뚝 하고 잘리는 부끄러운 아픔을 온몸으로 부대끼다가 곧바로 박정희가 울커대는(강요하는) 조국근대화, 말하자면 돈빼꼴(자본주의)로 이 땅의 삶과 오랜 갈마(역사), 그리고 그 맑티(문화)까지도 발칵 뒤집는 길턱(과정)을 살아오고 있습니다.

 그 도막에 하주물코(사회체제)의 값어치도 많이 바뀌었습니다. 또 그 속에 듬직(사상)과 굴랑(예술)도 많이 바뀌었지만 사람들은 어떤 댑새(모양, 유형)로 빚어졌는지요. 그 빼어난 모습을 한마디로 알아들을 수 있게 말씀을 해 주실 순 없겠습니까.

 이 겨락(시대)의 돈빼꼴이 만들어놓은 사람들의 빼난꼴(전형성)을 말하는 거지요. 그거야 손출(간단)하질 않겠어요. '쾌진이'라는 사람됨(인간상)하고 거기에 맞걸(대비)되는 '칭칭이', 그리고 '나네'라는 사람됨이라고 할 수가 있을 겁니다.

 쾌진이는 밥술이나 먹는 집 아들로 태어나 돈빼꼴의 바람을 타고 엄청난 납쇠(재벌)가 되었지만, 이와 댄(반대)으로 칭칭이는 가난한 집 아들로 태어나 돈빼꼴로 소용돌이치는 부림(변혁, 변화)의 길턱에서 죽어가면서도 참된 사람됨을 일구어가는 모습이고.

그리고 나네는 누구더라? 옳거니, 나네는 오로지 돈빼꼴의 울커(강요)에 대놓고 맞설 뿐만 아니라 그 돈빼꼴을 없애버리고는 사람이 사람으로 살 수 있는 벗나래(세상)를 만들고자 싸우는 빼난털(전형적 사람)이라고 할 수가 있겠고.

나는 이들 세 사람의 꼴새를 좀 더 알아보기 쉽게 내대고저 지난 1998해 '쾌지나 칭칭 나네'라는 찬굿글묵(영화극본)을 꾸렸었다. 그 줄거리는 이러했다.

쾌진이와 칭칭이는 매우 찰석한(다정한) 동무였다. 한 마을에서 태어나 한 배울(초등학교)에서 3학년까지 같이 다니기도 했다.

이들 둘이는 얼마나 끈끈했던지 아침마다 배울(학교)엘 가는데 손을 맞잡질 않으면 한 발자국도 떼질 않을 만치 가까웠다. 집에 올 적에도 남다르게 굴었다. 땅불쑥하니(특히) 덤뻐알(산자락)을 돌 적에는 반드시 오줌발이 누가 더 세게 더 많이 나가는가를 겨루다가 깔깔 웃기도 하고, 참으로 한 언애(형제) 같았다.

하지만 칭칭이네는 쾌진이네 땅을 부쳐 먹고 사는 배밀네(소작인)였다. 이들 어린 것들의 사이가 워낙 가까워 땅 알범(주인)과 배밀네의 틈살(차이)이 있는 것도 모르고 지냈다. 하지만 칭칭이 애비와 쾌진이 애비 사이에는 서로 말 못할 갈구(모순)가 한둘이 아니었다.

어느 날이다. 쾌진이가 배울에 가느라 아침 일찍 "야 칭칭아, 어서 나와,

배울에 늦겠다"고 소리를 질렀다. 그런데 맞대(대답)가 없는 거라.

'어쩐 일인가' 하고 찌그득 사립을 열고 보니 '앗따, 그럴 수가' 집 안이 텅텅, 사람도 없고 부엌에 걸려 있던 솥단지도 없고, 칭칭이와 같이 올라타고 풀을 먹이러 가던 칭칭이네 누렁소도 없는 거라.

'이디를 갔는고.'

아버지한테 물었더니 놀랄 일이었다.

"애야 쾌진아, 없는 집 사람들이란 발을 한 군데만 오래오래 붙일 수가 없게 돼 있단다. 집도 제 것이 아니고, 땅도 제 것이 아니기 때문이니, 가진 게 없는 집 애는 다시 찾는 게 아니래두."

이 말을 듣자 쾌진이는 발을 굴렀다. 우리 칭칭이를 찾아내라고. 하지만 그 누구도 칭칭이네가 어디로 떠나갔는지를 알려주질 않는 거라. 이에 어린 쾌진이는 꿈마다 칭칭이가 보이곤 했다.

그러나 어느 만치 크자 쾌진이는 아버지의 뜻에 따라 미국엘 가서 모배울(대학)을 나오고 돌아와서는 아버지의 말을 귀담아 듣게 되었다.

"쾌진아, 돈은 말이다. 거기에 피땀이 묻었거나 똥이 묻어 있은들 가리면 안 돼. 그냥 먹는 거, 그게 돈이라는 거라고, 알겠어."

그런 말씀에 따라 쾌진이는 전혀 다른 사람이 되고 말았다.

이 마을 저 마을에 돈이 될 만한 땅은 모두 샀다 팔았다 했다. 땅과 집을 빼앗긴 집 애가 발을 굴러도 쾌진이는 눈곱만치도 아랑곳하질 않았다. 뿐이던가. 장사가 잘 안 되는 덜컹(공장)도 샀다 팔았다.

돈지르기(투기)도 했다. 가랫딱(증권)도 샀다 팔았다. 돈놀(은행)도 샀다 팔았다. 마침내 엄청 떼돈꾼, 그야말로 돈과 땅, 덜컹밖에 모르는 납쇠가 된 쾌진이는 거의 막된 임금처럼 놀아났다. 이 때문에 쾌진이네 뒤뜰은 그 우물도 짜다는 말이 돌곤 했다. 맑은 샘이 아니라 땅과 집과 덜컹을 빼앗긴 사람들의 피눈물이라고 했다. 참말로 쾌진이 눈엔 보이는 게 없었다. 그걸 '호남물산'이라고 떵떵 치던 어느 날이다. 마루에 놓인 꽃독(화분) 밑에서 팔락이는 새뜸(신문)을 보다가 깜짝 놀라게 되었다.

엎어진 배추더미채 끌려가는 사람을 찬찬히 보아하니 그 옛날 쾌진이의 동무 칭칭이가 아닌가 말이다. 꿈마다 보이곤 하던 바로 그 칭칭이. '어라, 쟈가?' 쾌진이는 문득 칭칭이가 보고 싶었다. 그래서 허름하게 차려입고선 맛돌마당(장마당)엘 가서 칭칭이를 만났다.

"이게 누구야 이거."

둘이는 옛날처럼 손을 잡고 칭칭이네 집엘 가서 술 한 모금을 마시는데 옆에 있는 곧울(사진)을 보다가 쾌진이는 깜짝 놀랐다.

그 곧울 속에 있는 사내 녀석은 쾌진이네 바닷가 딴집(별장) 모래밭을 거닐다가 쾌진이네 개에 쫓겨 바다에 빠져 죽은 바로 그 애다. 또 그 옆에 밝게 웃고 있는 가시나도 거의 빠져 죽어가는 것을 쾌진이가 뛰어들어 살려낸 바로 그 애라.

쾌진이가 "야네들은 누구냐"고 물으니 갑자기 어눌해진 칭칭이의 말에 쾌진이는 그만 고개를 떨구지 않을 수가 없었다.

"사내애는 내 아들이야. 배울에도 못 다니고, 하지만 혼자 글파(공부)를 해 고칠모배울(의과대학)에 막 들어갔었는데, 니 '호남물산'이라고 알고 있제. 그 큰 '호남물산' 딴집 앞 바닷가에서 그 집 개에 쫓겨 바다에 뛰어들었다가 죽었고, 또 그 옆에 애는 어느 덜컹에서 일을 하는 일꾼이자 내 아들의 젓님(연인)이었는데 어떻게 어떻게 살아서 내 아들이 못 다한 고칠글파(의학)를 하겠다고 했었지. 하지만 요즈음은 통 알 수가 없으니 어쩌는가. 자자, 술이나 들자우." 그런다.

그런데 보아하니 칭칭이의 한쪽 손 손가락이 하나도 없다.

"여보게, 어려서도 도리깨질을 그렇게도 잘하던 자네의 그 손이?"

"어, 이거 아무것도 아니야. 바로 그 '호남물산'에서 막일을 할 적에 쇠눌(프레스)에 찍힌 기 아니가. 하지만 그 녀석들이 어디 고칠데(병원)나 가보라고 하는가. 내가 고칠데엘 가겠다, 돈을 내놓으라고 하니 도리어 '호남물산'의 들락(문)을 깼다며 끌고 가 때를 살리질 않았나. 죽일 놈들이지만 힘이 없으니 어떡하나. 자자, 술이나 먹음세."

쾌진이는 문득 아버지 말씀이 떠올랐다.

"가난뱅이는 찾는 게 아니"라고.

하지만 하나만은 꼭 묻고 싶었다.

"여보게, 거 서른 해 앞서 말이야, 자네는 왜 나한테 말도 안 하고 감쪽같이 우리 마을을 떠났지."

"어허, 그걸 왜 이제 와서 묻나."

"알고 싶어서 안 그러나."

"지난 일이지만서도 우리 집에 돈 될 만한 것이 무엇이 있었나. 누렁소 한 마리밖에 더 있었나. 그것을……, 그것을 빚을 받는다며 자네 아버지가 끌고 가며 집도 땅도 다 내놓으라 캐서……."

집으로 돌아온 쾌진이는 그의 소맥밭(목장)에 대고 소 한 마리 값이 얼마냐, 그 돈을 가져오라고 했다. 그리고 그 돈을 가지고 다시 칭칭이를 찾으니 칭칭이도 없고 칭칭이네 집도 없었다.

옛 생각이 나 갑자기 아질해진 쾌진이가 막 돌아서는데 웬 녀석들이 손불

(전등)을 비추며 가자고 한다.

"걸뱅이 같은 놈이 맡길(통장)엔 어떻게 이렇게 큰돈이냐. 너, 날치기 맞지?" 그러면서 철커덩 오랏집(경찰서) 가둘(유치장)에 집어넣는다.

몇 날 만에 나와 겨우겨우 칭칭이를 찾아 옛날의 소를 다시 돌려준다며 맡길을 내주니 칭칭이의 말이었다.

"네 꼬라지로 보아서 네가 더 안 돼 보이니 도루 갖고 가게. 가서 그 돈으로 나처럼 손수레라도 끌게" 그런다.

그러고 나서 몇 날 뒤다. 칭칭이가 낑낑 손수레를 끌고 언덕을 오르는데 한 떼거리의 떡떼들이 지나는 사람을 둘러싸고는 몽뎅이로 내려치고 있다.

"네 이놈, 땅벌레, 납쇠 새끼 이놈, 그렇게 빌뱅이처럼 거짓꾸미고선 값나갈 만한 땅이나 찾고 다니는 이놈, 내 땅 내놓아라 이놈" 하고 아주 죽이려고 든다. 칭칭이는 안 보았다면 모르되 두 눈으로 보고서야 어찌 비끼겠는가. 옛 솜씨대로 몽뎅이를 든 놈들을 모조리 때려눕히고 보아하니, 그게 쾌진이가 아닌가. 너무나 반가워 껴안았는데 어라? 칭칭이 배에서 피가 묻어나오더니 쓰러진다. 칼자욱이었다.

칭칭이가 끝내 눈을 감으며 하는 말. "여보게, 내가 끌고 다니던 손수레는 놓고 가니 자네가 끌며 살게. 사람이라면 제 힘껏 살아야지. 그렇게 노다지(늘) 떠돌아다니면 되겠나."

쾌진이는 어이가 없었다.

자그마치 서른 해 만에 만난 칭칭이가 쾌진이를 살려놓고 죽다니. 이제 내가 할 일은 무엇이란 말인가. 그냥 일매기(사무실)로 돌아갈까. 아니다. 그래도 저 칭칭이의 죽은 아들 피라의 젓님이라도 한술 만나서 피라 아버지의 무덤이 어디라는 것도 알려주고, 또 젓님이가 고칠글파를 한다고 하니 그거라도 좀 거들어주어야 하질 않을까.

그러나 그즈음 마들(판)은 영 다르게 돌아가고 있었다. 쾌진이의 '호남물산' 과 함께 아주 큰 벌짝(회사) '유림상사' 에 피라와 함께 다니던 나네는 날마다 벌짝 앞에서 내대(시위)를 했다.

"내 젓님 피라를 살려내라."

"바다도 네 것이냐, 누룸(자연)을 내놓아라."

그 으름장이 '유림상사' 안에 알맥꺼리(노동운동)와 맺혀져 일이 크게 벌어지자 '유림상사' 유 전무가 고쾌진 웃내(회장)한테 아뒤(사정)를 올렸다.

"고쾌진 웃내님, 그 나네라는 가시나를 어찌 했으면 좋겠습니까."

"보길 뭘 봐 임마. 가시나는 그냥 '앗싹' 해버려. 그래야 입을 다무는 거야."

'앗싹' 이란 가시나의 몸을 짓밟으라 그 말이다. 그 한마디에 '유림상사' 에선 오랏집에 엄청 큰돈을 보냈고, 이에 따라 오랏꾼은 그 나네를 '앗싹' 해버리고는 그것도 모자라 나네가 '유림상사' 에 팍말(손해)을 끼쳤다고 때에 처넣어버렸다.

이리하여 한참 동안 때를 살고 나온 나네는 숫떵(처녀)의 부끄러움도 무릅쓰고 두하(동지)들에게 '앗싹' 입은 일을 털어놓고 말았다. 소름끼치는 이야기였다. '오랏집 안에서 오랏꾼이 한 가시나를 짓밟다니', 속이 벌컥 뒤집힌 알맥이(노동자)들이 여기저기서 들고 일어나던 그 바루(현장)에서 고쾌진이가 나네를 만나게 된 것이다.

"나네 씨, 나요 나. 바닷가에서 만났던 나라고요. 이제는 나네 씨를 좀 거들고 싶어서 이렇게 찾아왔는데"라는 말이 떨어지기가 무섭게 나네는 그냥 철썩, 고쾌진이의 귀싸대기를 철썩 하고 갈기며 하는 말이었다.

"이 한다리(개새끼) 새끼가, 네가 어떻게 날 찾아와 이 새끼야. 내 젓님을 죽이고 내 시아버지가 되실 분도 죽이고, 그것도 모자라 오랏꾼들과 짜고 내 몸에 칼을 댄 네놈이 날 찾아와 다시 때에 처넣겠다는 거 아니냐. 네 이놈, 너는 이참 살아 있는 것 같애도 알목(생명) 없는 썰품(비극)이야, 이 새끼야."

나네가 사라진 뒤 쾌진이는 두고두고 생각했다.
'날더러 알목 없는 썰품이라니, 그게 무슨 말일까. 옳지. 다시 한술 그 나네를 만나 물어보리라' 하고 달려가는데 있던 집들이 몽땅 헐려 있고 그리하여 뎅그렁 남은 들에 르말(팻말)만 하나 붙어 있다.
'유림상사 새 마주(도시) 텃밭.'
쾌진이는 저도 모르게 마음이 넉넉해져 눈길을 돌리는데 이미 끊긴 물쫄(수도)가에 누군가가 쓰러져 있다. 누구일까. 내 땅 내 마주 텃밭에 쓰러져 있는 놈은 누구일까. 몰고 가던 수레를 세우고 들여다보니 놀랍다. 얼마 앞서 소 판 큰돈을 갖고 있다고 날치기로 몰려 오랏집 가둘에 있을 적에 만난 쪽다리다. 가둘에서 쾌진이한테 돈 만 원을 주며 오랏꾼한테 찔러주고 나가라고 하던 그 뜨내기 장사꾼 쪽다리.
"여보게, 이거 어떻게 된 건가."
비스듬히 쳐다보던 쪽다리가 하는 말이었다.
"야 임마, 한다리, 아직도 오랏꾼 앞잡이 한다리 짓이냐. 이거나 받아 임마. 이것으로 떨방 장사라도 해 처먹어 임마" 그러면서 내주는 것을 받아보니 십 원짜리, 백 원짜리, 오백 원짜리, 또 이따금 천 원짜리 종이돈도 있다.
"여보게 여보게" 불러보았으나 이미 눈을 감았다.

고쾌진이는 뭐라고 입을 열 수가 없었다. 그 너른 땅 맨 저쪽에 쪼매난 막집(판잣집)이 하나 남아 있다.

'저 집은 왜 안 밀어냈을까.'

더듬더듬 가보니 흙먼지를 흠뻑 뒤집어쓴 구멍가게다. 슬며시 들여다보았다. 웬 할머니가 졸다 말고, "이봐요, 뭘 또 훔치려고 그래요. 술은 그냥 줄 터이니 이거나 좀 읽어주오."

받아 읽어보니 참말로 놀랄 일이다. 때속에서 나네가 보낸 글월이다.

"아주머니, 야가 누구입니까."

"누구이긴, 내 쵹네(손녀)딸이지. 그러나 저러나 우리 애의 집데(주소)는 어디입니까."

"글쎄 때인 것 같은데요."

"때라는 데가 무엇 하는 데인지는 모르겠으나 거기도 사람 사는 데일 터이니 나 하나 더 엉덩이 붙일 눌데(방)는 있겠지요. 거기라도 가야지, 곧 여기도 밀어낸다고 하니. 자, 이거나 한 모금 하시오."

그러면서 술 한 땅지(병)를 집어주곤 보따리도 없이 어철어철 간다. 멀리서 부릉수레(불도저)가 달려온다. 우릉우릉, 주는 술을 버릴 수도 없어 들고 나서는데 마침 부는 바람이 '호남물산 새 마주터'라는 르말과 '유림상사 새 마주터'라는 르말에 붙었던 먼지들을 쌩쌩 말끔히 날리고 있다.

이 딱선이를 어찌 한단 말인가

 우리 통일문제연구소, 그 일매기(사무실)는 늘 썰렁하다. 아니, 메척(원래) 썰렁하다. 그래서 우리 연구소의 덧이름을 '썰렁 일매기' 그렇게 부르게 되면 딱 맞아떨어진다. 더구나 시끌한 알맥바루(노동현장)엘 가서 한바탕 뒤집어버리고 돌아오는 날은 어김없었다. 그야말로 '썰렁' 이었다.

 "여러분, 알맥이(노동자) 여러분, 우리들의 하제(희망)가 무엇인 줄 아십니까. 딴 건 없습니다. 뚤커(용기), 바로 그 뚤커입니다. 그 뚤커는 또 무엇인 줄 아세요. 요것 좀 보세요. 요 동구메이, 돈. 돈이 우리들의 뚤커인 줄 아십니까. 아닙니다. 요 돈, 다시 말해 모랏돈(독점자본)이란 칼을 들고 뺏어대기, 알가대기(짜대기)이지 마땅쇠(결코) 뚤커는 아니지요. 돈이 뚤커가 아니라고 하면 그럼 쓸샘(기술)일까요. 아니라니까요. 그건 있는 것들이 몽땅 거머쥔 갈퀴입니다. 돈빼꼴(자본주의)의 갈마(역사)가 그걸 말해주고 있지요.
 여러분, 그러면 무엇이 참짜 뚤커이드냐, 생각들 좀 해보셨어요? 그건 알통입니다.
 여러분, 제 팔뚝을 좀 보세요. 말라 배틀어졌지만 바로 이 알통, 알맥이라고 하면 누구나 갖고 있는 이 알통, 그래서 그 알통은 아무리 빼앗겨도 뚤커를 잃지 않는 알목(목숨), 그야말로 뚤커라. 여러분, 알통밖에 없는 여러분! 이 무지무지한 짓누름 속에서 이제 우리들이 사는 길은 무엇일까요. 뚤커를 잃질 않는 겁니다. 그렇습니다, 우리 백술을 꼬꾸라져도 뚤커를 내자구요. 뚤커!"

떡하니 말은 그렇게 하고 돌아오지만 우리 일매기는 돌아와도 돌아와도 그렇게 썰렁할 수가 없다. 왜 썰렁하냐는 것은 묻지를 마시라. 그냥 썰렁하니까.

그렇게 썰렁하던 어느 날이다. 지친 몸으로 우리 일매기에 들어서는데, 어? 우리 일매기가 훤하질 않는가 말이다. 어쩐 일인가. 두리번거리니 마루 끝에 멍석을 말아놓은 것 같은 커단 구렁이 한 마리가 똬리를 틀고 앉아 있질 않는가.

한참을 넋살(정신)없이 보고 있던 나는 대뜸 "어허, 엄청난 누룸(자연)이 들어와 앉았군" 그랬다.

알로는(사실은) 구렁이가 아니라 커단 '똥덩이' 그림이었기 때문이다. 그것도 마냥 '똥자루' 가 아니었다. 깡보리밥에 우거지국, 거기에 열무김치를 석석 비벼먹은 뒤에 나온 게 틀림없는 '똥자루.'

그 옆에 신학철 선생이 떡하니 웃고 있는 것이었다.

신학철 그림네(화가)는 2005해 5달부터 2008해 3달까지 자그마치 석 세 해 동안 내가 쓴 《부심이의 엄마생각》이란 글묵(책)을 바탕으로 우리 어머니 그림을 그려주고 있었다.

그것들을 팔아서 '노나메기 맑티울(노나메기 문화관)' 을 만드는 데 쓰라고.

그런데 어머니를 그리면서 '똥자루' 를 그렸다? 나는 왠지 눈물이 왈칵 쏟아졌다. 그 눈물의 물살에 하마터면 떠내려갈세라, 나는 고개를 들었다.
 문득 이미자의 '여자의 일생'이라는 노래가 떠올랐던 것이다.

   비탈진 고갯길을
   허덕이면서
   아, 참아야 한다기에
   눈물로 보냅니다
   여자의 일생

 그 노래를 떠올릴 것이면 곧 우리 어머니가 떠오르고, 우리 어머니를 떠올리면 곧바로 눈물을 쏟는 삶을 살고 있는 것이 '나'라는 사람이다. 그런데 신학철 선생까지 우리 어머니를 그리다가 어쩐 일로 '똥자루'를 그렸단 말인가. 아무리 타고난 그림꾼이라고 한들 '똥자루'와 우리 어머니를 어떻게 이덧(연상)할 수가 있었을까.

 똥은 사람의 몸에서 나와 거름이 되는 것으로 하여 곧 누룸이다. 그러니까 바로 우리 어머니다. 그렇게 친 게 아니었을까. 그 엉뚱한(?) 어림빨(상상력)이야말로 함부로 이러구 저러구 못할 굴랑(예술)의 맨마루(최고차원)라, 나는 외쳐댔다.
 "신학철, 그는 사람이 아니라 떵이(천재)다, 떵이."
 따라서 그 그림은 '노나메기 맑티울'을 짓는답시고 팔아버릴 그런 바발(작품)이 아니다. 왜냐, 그것은 그대로가 누룸이라, 그것을 어느 돈 많은 이의 툇마루에서 허구한 날 낮잠이나 자게 해선 안 된다. 차라리 온 사람들이 볼 수 있게 해야 한다. 아니 온골매둘(국제연합) 마루에 걸어, 온골(세계) 사람들이 다 보고, 부대끼고, 그래서 모두가 이 벗나래(세상)의 어머니, 그 참짜 사랑을 떠올리게 해야 한다.

그런 뜻으로 나는 그 그림 앞에서 밤이 늦도록 이미자의 '여자의 일생'을 부르고 또 부르며 저 멀리 아득한 노녘(북쪽)을 더듬었다.

그날 신 그림네가 갖고 나온 바발은 '누룸' 말고도 모두 마흔 쪽이나 있다. 짧은 글이라 다 쳐들 수가 없어 딱 둘만 말을 하겠다.

하나는 그냥 맨땅으로 된 부엌에서 늙으신 어머니가 쭈그리고 앉아 바가지에 담긴 국수를 자시는 그림이다. 우리에게 국수란 무엇일까. 딴먹거리(별식)다. 시집장가 가는 날이나 얻어먹는 맛나(요리)다. 그렇다고 하면 마땅히 왁자한 사람들과 함께 밥올리게(상)에 떡하니 앉아 자셔야지, 어째서 읽은 부엌 맨땅바닥에 홀로 쭈그리고, 그것도 사발도 아니고 바가지에 담아 자시는 것일까. 바로 그 모습 안에 잔치를 치루어내는 조선의 어머니, 거룩한 따스함이 서려 있는 게 아닐까.

"그렇다, 신 그림네는 떵이(천재)다."
나는 옆 사람들이 놀랄 만치 크게 떴다고았다(소리 질렀다).

또 하나는 그저 더듬한 시골 이응집(초가집) 눌데(방)의 모습, 거기엔 꼬마 입김에도 마냥 촐랑대는 호롱불이 켜져 있고, 그 밑에서 어머니는 누더기를 기우시며, 그 옆에 쪼매난 꼬마 녀석한테 옛이야기를 들려주고 있는 그림이다.

그 꼬마는 늘 배가 고프다고 내처 칭얼대는 엉석이다. 그런 것이 어머니의 옛이야기에 빨려들어 마치 가뭄에 찬비가 이웅집 지붕에 잦아들드키 저를 잊고 있는 그런 모습이다.

나는 무릎만 칠 수가 없었다.

"신학철, 그는 사람이 아니다. 바로 우리네 갈마(역사)요, 우리네 누룸이다"라고 외치며 생각했다.

'이 그림들은 우리 일매기 먹개(벽)에 걸어놓고, 천해고 만해고 모두가 볼 수 있도록 하겠다고 다짐했다. 하지만 그렇게 되면 볼꾼들 때문에 좁은 일매기라 일을 못 한다……, 그건 또 어떻게 하지' 그러는데 2008해 봄 어느 날, 그 그림들을 그림마당 〈눈〉에서 쑤기(전시회)를 거저 열어주겠다고 했다. 고마웠다. 하지만 나는 하나도 팔질 않고 입때껏 그냥 품고 있다. 그로 말미암아 석 세 해나 땀을 흘린 신 그림네한테 술 한 모금을 제대로 못 받아주었지만 어떡하랴.

아랫도리는 오줌을 싸 벗어버리고, 짚세기도 벗어버리고, 다만 고추만 달랑 내놓은 채 맛마당(장마당)에서 무언가 먹고 싶어 여기저기 기웃거리고 있는 그림을 어찌 내 품에서 멀어지게 할 수가 있단 말인가. '노나메기 맑티울' 꾸리기가 늦어지는 한이 있은들 그냥 하염없이 내 품에 안고 지내리라. 그래서 요즈음도 함께 자고, 먹고, 그러고 있다.

아, 그 그림들을 다시 밝은 한낮에 내놓을 날은 언제일까. 모르겠다. 그 그림들만 떠올리면 저 노녘 어머니 생각만 미치게 나는 것이니, 이 딱선이를 쌍이로구(도대체) 어찌 한단 말인가. 그냥 우는 수밖에 없을 것 같다.

있는 대로 탈탈 털어 '한바탕'
— 한나(통일), 그날 노래마당(음악회) 이야기

한바탕이란 무슨 뜻이며 어떤 때 쓰는 말일까.
한술쯤 땅이 꺼지도록 내쉬는 한숨을 일러 한바탕이라고 하는 것이 엔만(보통)이다. 하지만 알로는(실은) 그것만은 아니다. 허리가 휘도록 지게 짐을 잔뜩 지고 눈보라치는 마루턱을 헉헉 오르다가 가분재기(갑자기) 힘이 빠지며 다리도 떨리고 배알도 떨리고 사두이(허리)도 떨려 '에라 모르겠다' 하고 지게 짐을 벌렁 내던지며 휫젓는 한사위, 그것을 일러 달리 말하질 않는다. '한바탕' 그런다. 이런 꼭짓(점)에서 보면 한바탕이란 늘 우리와 함께하는 한소리, 한사위일 터이다.
그러나 한바탕이란 또 그렇게 늘어지는 것만도 아니다.
푸른 하늘, 맑디맑던 이 땅의 허리를 느닷없이 뚝 뿐질러 피눈물을 펑펑 흘리게 하는 그 못된 놈들, 그놈들을 맞닥뜨리게 되면 주먹만 떨리는 것이 아니다. 온몸이 떨려 자다가도 "뿌러진 허리는 코다리" 하고 냅다 내지르게 되는 한소리를 무어라고 하느냐 하게 되면, 바로 '한바탕' 그런다. 이런 꼭짓에서 보면 한바탕이란 도끼로도 못 가르는 것을 한사위로 갈라치는 소리일 터이다.
하지만 '한바탕' 이란 또 그것만은 아니다. 그러면 어떤 것이 참짜 한바탕이란 말이더냐.

　이 온 누리(우주)엔 먼지가 있기 훨씬 앞서부터 주름이 겹쳐왔다. 그 어떤 빛살도 없는 주름, 그런 주름이 쌓이고 또 쌓이기를 아마도 백삼십칠억 해 쯤 앞서일 거다. 이 누리는 그렇게 쌓이고 쌓인 주름 때문에 목이 잠겨 숨을 쉴 수가 없게 되자, 그 겹겹의 주름을 왕창 찢어발기지 않을 수가 없었다. 바로 그 우당탕 터져버리는 한소리, 그것을 '한바탕' 그러는 것이니. 그렇다고 하면 그 한바탕이란 무엇일까.

　오래된 누리, 그 지난 누리를 단박에 깨트려버리자마자 새로운 누리가 후다닥 태어나는 어기찬 벅참의 아픔, 그 매돌림(전환)의 때참(계기)을 '한바탕' 그런다 이 말이다.

　그렇다. 이 땅에 사는 우리들은 저 어마어마한 누리로 보면 아주 보잘 것 없는 쪼매난 어적(미물)에 지나지 않지만, 그러나 지난 여러 만해 동안 주름이 한 겹 두 겹 쌓이고 또 쌓여져왔다. 그 속에서도 땅불쑥하니(특히) 거퍼 쌓이고 포개 쌓여져온 데가 있었으니 그게 어디일까. 바로 우리들이 살고 있는 이 땅, 삼천 리 우리 땅이다.

　그래 그랬던가. 지난 2000해로 막 넘어서려는 캄캄한 밤, 나는 가분재기 가슴이 막혀 견딜 수가 없었다. 그래서 나도 모르게 가슴을 치고 또 치다가 마침내 울음을 터트리기 차름(시작)했다. 꺼이꺼이 또 꺼이꺼이.

　하지만 암만 울고 또 울어도 내 가슴에 겹겹이 쌓인 주름을 뚫을 수가 없었다.

　거기서 나는 생각했다. 이건 내 가슴에만 포개진 주름이 아니기 때문일 거다. 이 땅에 사는 사람들 모두의 삶 위에 겹치고 겹친 주름 때문일 게 틀림없을 거다. 그렇다고 하면 어떻게 해야 할까. 옳지, 요 쪼매난 땅에 살고 있는 칠천만 겨레한테 먼저 글월을 띄우자.

우리 한술 다함께 한바탕 울어버리자고. 어떻게 우느냐. 이 땅의 칠천만 늙은이, 젊은이, 어린이, 가릴 것도 없고 따질 것도 없다. 너나없이 막걸리 한 바가지씩만 죄 들고 모두 제집 안눌데(안방)를 박차고 나와 저네 둘레 마당으로 나서자고 글월을 띄우자.

그리하면 저 장산곶 마루에선 느닷없이 '떵' 하고 북이 울릴 것이요, 그리되면 우리 다함께 제젓끔 가져온 술을 꿀꺽꿀꺽 마셔버리고는 모두가 하나같이 '옹헤야'를 부르자 이 말이다. 주름을 깨고 껍줄을 까부수는 노래 '옹헤야.'

그렇게 부르고 또 부르는 도막에 집에 조정놈(도둑)이 든들 어떠랴. 고약한 그놈들이 또다시 쳐들어온들 어떻고, 그까짓 잔챙이들의 짓은 모두 한갓 된 딱선이들의 놀투(장난)쯤으로 치고 우리 덮어놓고 한바탕 울어에자.

그런 글월을 띄우겠노라고 내젓는 내 발걸음은 그렇게 어엿할 수가 없었다. 나는 지나는 아무나 붙들고 울부짖었다. 우리 한바탕 울어버리자고. 그런데 엉뚱한 말을 걸어온다.

"선생님, 그 어적이는 발길로 어딜 가시는 길이십니까."
"응, 나? 한바탕을 꾸리러 가는 길이지."
"한바탕이라니요."
"응, 한바탕, 한바탕이라니까."
"선생님, 요즈음 육끈(건강)은 어떠신지요."

"응, 한바탕 울어버릴 만은 하지."

나는 마구 아무한테나 엥겼다. 하지만 내 발길은 내 발바닥만 달달 닳게 했을 뿐 정작 내 발바닥을 붙일 데는 아무데도 없었다. 그러니 하는 수가 있는가. 나로 보면 적지 않은 돈 백오십만 원을 먼저 모았다. 그것을 홀랑 주고 한축(일단) 종로5가 '연강홀'을 빌린 다음 정태춘을 만나 물었다.
"이봐, 정태춘. 한바탕 해대는 게 어때."
"좋습니다" 그런다.
신이 난 나는 다시 찰니(시인) 김정환을 만났다. 그런데 뜻밖에도 김정환이가 손을 젓는다. "선생님, '연강홀' 거기는 기껏 해봐야 오백 사람도 못 들어갑니다. 저한테 몽땅 맡기세요" 그런다.
문득 다리가 후들거렸지만 어떡허랴. '연강홀'에 미리 낸 돈 백오십만 원은 떨어진 신발처럼 내동댕이치기로 하고 아주 물러섰더니 김정환이가 전인권과 짜임(연출)을 함께 맡고 오세철 재름(교수)이 연세대 배우내(학생)들한테 말을 해 연세대 바깥마당(노천극장)을 빌리고 2001해 6달 9날 늦은 여덟 때결(시), 나로 보면 그래도 '한바탕', 하지만 젊은이들로 보면 '한나 그날 노래마당', 어려운 말로는 '통일, 그날 음악회'를 열게 되었다.
아무렴(물론) 나도 비실비실 낑겨들었다. 사람들이 모일까 싶었는데 구름처럼 밀려온다. 모두가 낯익은 젊은이들, 하던 일을 놔두고 일부러 와서 그러는 건지 모두가 벅찬 숨결이 가빠 보였다.
노래마당을 이끄는데 냄내(사회자)가 없었다. 아마도 김정환의 살냄(정서)인 듯싶었다. 허허, 모두가 냄내라 그런지, 소리꾼 하나하나가 모두 땅불쑥한(특이한) 제 마들(판)처럼 빛난다.

임옥상의 그림은 그 크기가 적은데도 마당을 꽉 채우는 것 같으고, 춤패 불림의 어기찬 몸사위로 차름하여, 소리꾼 정태춘, 장사익, 이은미, 사랑과 평화, 고맙게도 함께해준 장미희 청대(배우), 늘 으랏차 보이는 땅거(악단) 들국화, 이런저런 빛나는 별들이 쏟아져 니올 적마다 갈라진 땅이 꺼져라 몰개(파도) 같은 손뼉과 아우내(아우성)가 터져 나오고, "잡으라!" 그래서 내 빼다니던 민주노총 듬메(위원장) 단병호가 불쑥 나서 한마디 할 적이다. 나는 그만 가슴이 뭉클, 고개를 들 수가 없었다. 앞이 안 보였기 때문이다. 그래서 고개 숙인 채 소리소리 질러댔다.

"우리 단병호, 신현훈이를 잡겠다는 놈은 그 누구더란 말인가. 나서라, 이 말이다. 알맥이(노동자)의 날래(해방) 없이 무슨 놈의 울내빼꼴(민주주의)이란 말인가. 야, 이 얏싸한 거짓말쟁이들아."

마침내 마들이 맘판(절정)으로 뜨겁게 달아올랐구나 싶을 즈음이다. 전인권의 냄으로 윤선애가 나서 '그날이 오면'을 앞소리로 잡자, 연세대 바깥마당을 꽉 하니 메운 어린이, 젊은이, 늙은이들이 모두 하나같이 일어나 모뽀리(합창)를 해대고 마당으로 뛰쳐 나와 춤을 추고 영차영차 어깨동무로 하나 되고, 그야말로 한바탕인 그 때박(순간), 나는 끝내 '워이워이, 얼라 얼라 어람마' 한바탕 터뜨리지 않을 수가 없었다. 자그마치 예순 해 동안 내 가슴에 쌓인 누더기가 쏘시개처럼 활활, 옆에 있던 내 애루(동생) 인순이가 비칠대는 나를 부축하고 아내가 뜨겁게 손을 잡아주고. 그래도 나의 한바탕은 싸나운 쌈불(바다 속 화산)처럼 우당탕 우당탕. 밤을 하얗게 새운 다음날 새벽, 나는 내 뒷주머니를 뒤지고 바닥을 휘저었다. 어젯밤 나하고 한바탕을 같이 한 만 사람도 더 되는 그 불덩어리들의 이름은 누구더라. 꼭 알고 싶은데 아, 누구누구더라. 단병호는 잡혀가고, 그래서 또다시 땅이 꺼지는 한숨만 쉬었다.

'어젯밤 한바탕을 함께했던 벗이여, 잊지 마시라. 내 언젠가는 있는 대로 탈탈 털어 반드시 한바탕 살 거구먼……'

하얀 종이배

이 하얀 종이배 이야기는 알로(사실로) 있었던 것이다. 나는 그것을 벌써 나의 《통일 이야기》에 적어둔 까닭이 있었다. 이 안타까운 이야기야말로 이 땅의 허리가 뚝 하고 잘린 뒤 그것을 하나로 하고자 했던 맨 처음의 싸움이라 여겼던 것이다. 그래서 한술 적어두었으면 그만인데 굳이 이렇게 다시 쓰는 까닭은 무엇일까. 또 다른 생각이 있기 때문이다. 이 이야기를 내가 죽기 앞서 반드시 찬굿(영화)으로 꾸려 우리를 가르고 있는 놈들, 아니 이참도 우리들이 살고 있는 이 땅별(지구)을 있는 놈과 없는 놈으로 딱 하니 갈라놓고 있는 썩은 맑걸(문명) 앞에 쏘시개처럼 내놓으리라는 다짐의 뜻이 있었기 때문이라는 것을 미리 밝혀둔다.

푸른 들을 가로지르는 쪼매난 냇물에 하얀 종이배 하나가 두둥실, 그 위에 잠자리 한 마리가 내려앉자 그 무게 때문에 꿀핏 기우뚱, 놀란 잠자리는 달아나고, 어디선가 날아온 돌멩이 하나가 퐁당 하자, 하얀 종이배가 마구 기우뚱한다. 그런데 어쩐 일로 돌멩이 하나가 또다시 퐁당, 마침내 가라앉자 물속의 피라미 새끼들이 바그그 모여 안 됐다는 듯 그 종이배에다가 입도 맞추고 꼬리도 쳐준다.

이때 다른 종이배 하나가 또 떠내려온다. 그러자 이참엔 난데없이 무지무지한 구둣발이 첨버덩, 마구 움켜쥔 미따꾼(미병정)의 눈에 어리는 종이배의 글귀.

"범술아, 나 있잖아, 하제(내일)엔 배울(학교)엘 꼭 갈 거그든. 기다려."
— 차돌이 —

그림이 바뀌면,
'타다탕' 어린 꼬마가 첨벙첨벙 달아나고,
한참 뒤 그가 허리에 매었던 글묵(책) 보자기가 냇물가 풀섶에 걸려 있는데 그 위에 잠자리가 앉아 꺼뻑꺼뻑 졸고 있다.

8.15 날래(해방) 곧 뒤 38금(선) 둘레에서 있었던 이야기다.
차돌이는 한배울(초등학교)에 막 들어간 꼬마. 외딴곳 조그마한 이웅집(초가집)에서 어머니와 단 둘이서 사는데 그렇게 밝을 수가 없는 애다. 어머니도 밝고.
그런데 하루는 키 큰 미국 따꾼들이 난데없이 차돌이네 집에서 얼마 안 떨어진 곳에 38금이란 말뚝을 박는 것이었다. 배울에서 돌아오던 차돌이는 그 말뚝을 보게 된다.
'어? 무슨 말뚝일까. 여긴 우리 어머니가 일구시는 밭인데……' 고개를 갸우뚱하다가 말뚝을 겨냥해 '쏭' 하고 돌멩이를 던졌다. '똑' 하고 맞는다. 그러나 돌멩이만 굴러 떨어질 뿐 말뚝은 끄떡도 아니 한다.
무슨 말뚝일까. 고개를 또다시 갸우뚱하며 어머니한테 물어보리라는 듯

막 뛰어들며 "어머니!" 그러는데 아침까지도 멀쩡하시던 어머니가 어쩐 일로 누워계신다. 보아하니 얼굴이 다치고 손이 까져 있다.

"엄마, 왜 그랬어" 하고 물을 짬도 안 주시고 어머니가 입을 여신다.

"아물네야, 네 덧이름(별명)이 왜 아물네인 줄 알아."

모르겠다는 듯 쳐다보자 "너는 아무리 배가 고프고, 모기·빈대 따위가 물어뜯고, 또 몸이 아파도 늘 웃는데 그게 그렇게 예쁠 수가 없어. 그래서 네 애비는 늘 널 두고 아물네 그랬거든. 아무리 괴로워도 웃는다는 뜻이지."

그림이 바뀔 것이면,

냇가 높은 바위 위에서 고추까지 내놓고 홀랑 벗은 차돌이가 활짝 웃음을 띠운 채 붕 하고 냇물로 뛰어내린다. 이를 애비가 받으려고 하다가 삐끄덩 하는 바람에 그 어린 것이 그대로 물속으로 '첨버덩', 쏙 들어갔다가 나오면서 허부적 허부적 물을 먹는다. 그런데도 그 어린 것이 울질 않고 마치 비 개인 하늘처럼 그렇게 밝게 웃을 수가 없는 차돌이, 꼭 껴안는 차돌이의 애비.

그래서 그때부터 네 애비는 널 두고 '아물네' 그랬거든.

차돌아, 얼추(혹) 엄마가 어딜 가드래도 넌 꼭 이 집에서 살거라. 네 애비가 왜놈 따꾼 놈들한테 끌려갔지만 늘 웃기만 하는 널 두고 네 애비가 어찌 아니 돌아오시겠니. 반드시 그놈들을 물리치시곤 돌아오실 테니 이 집에서 기다리거라. 그리고 배울엔 비가 오나 눈이 오나 꼭 다니고, 알았지.

차돌이는 무슨 말씀인가 했다. 그런데 다음날 배울엘 갔다가 "어머니" 하며 뛰어들었지만 어머니께서는 아래치마가 피투성이인 채 누워계시다가 차돌이 손을 꼭 잡고 "차돌아, 어머니가 어딜 가더라도 알았지, 너는 늘 웃고 살아야 돼, 이제 네 애비가 꼭 돌아오실 거그든, 알았지" 하고는 눈을 감는다. 생채기는 칼을 맞은 자리임이 틀림없는데 그 옆에는 피가 묻어 얼룩진 38금이란 글씨의 말뚝이 뎅그렁.

그렇게도 밝던 차돌이 얼굴은 그날부터 달라지고 말았다. 어머니가 주신 다짐을 지키려고 해도 지킬 수가 없었기 때문이다. 살던 집은 어머니가 돌아가시자 곧바로 누가 와서 나가란다. 이제부터는 너네 집이 아니란다.

살던 집에서 쫓겨난 차돌이는 38금으로 치면 노녘(북쪽)에 계시는 먼 피붙이(친척) 아저씨네 집에서 살게 되었다. 그러니 "살던 집을 꼭 지키라, 그리하면 네 아버지가 반드시 돌아오실 거라"는 어머니의 다짐을 지킬 수가 없었다. 또 "배울엔 빼먹질 말고 꼭 다니라"는 다짐도 지킬 수가 없었다.

노녘 아저씨네 집에서 차돌이네 배울까지는 거의 사십 리, 그것도 거친 덤(산)길, 거기다가 늘 맨발로 몰래몰래 38금을 넘나들어야 하는 길이라, 그 어린 것의 걸음으로는 거의 열 때결(시간)이나 걸렸다. 이 때문에 배울엘 가노라면 새벽도 아닌 밤에 나서야 하고 그래도 그날로는 오가질 못하고 이틀에 한술 꼴로 배울에 가게 되니 스승님이 늘 나무랬다.

"배울엘 다니고자 하면 똑똑히 다니라고."

하지만 밤새도록 오가도 이틀에 한술 꼴로 가게 되는 배울이지만 그래도 차돌이는 한때도 머뭇대질 않고 꼬박꼿 다녔다. 거기다가 배울이 끝나면 옛 살던 집 처마에 얼마 동안 쭈그리고 앉아 얼추 아버지가 돌아오실세라 기다리기도 했다.

그러니까 차돌이가 먹는 밥은 아침 한 끼, 그나마 밤에 집을 나서야 하니 늘 밤참, 그것을 뜨는 척만 하고는 밥을 싸 글묵(책) 보자기에 넣었다. 그리고는 배울에 가는 길에 어머니 무덤 앞에 갖다놓고 주절댔다.

"엄마, 배고프지. 이거 먹어" 하고 꾸벙(절)을 올린 다음에야 차돌이가 먹고 배울엘 가면 스승님이 또 나무랬다.

"너는 이틀에 한술 꼴로 오는 배울마저 밤나닥 늦느냐."

하지만 차돌이는 그 까닭을 말하질 않았다.

그러던 어느 날 38금을 넘으려는데 따콩(총)을 든 사람들이 왔다 갔다 한다. 그날따라 우중충한 밤, 들킬세라 몰래몰래 기어서 배울로 가는데 후드득 빗방울이 잦더니 밤새 큰 비가 왔다. 비옷이 있으랴, 비받이(우산)가 있으랴. 때로는 바위틈에 비켰다가, 때로는 냅다 뛰었다가, 아무튼 홀랑 젖어 어머니 무덤을 찾았으나 어라? 어머니 무덤이 없는 거라. 모진 비가 어머니 무덤을 휩쓴 것이었다.

"엄마, 엄마, 어딜 갔어" 하고 울부짖고 있는데 갑자기 '어흠', 놀라 돌아보니 그게 바로 차돌이와 가장 착끈한(친한) 벗 범술이가 아닌가.

범술이가 차돌이 엄마 무덤 가차이에 진달래나무를 심어두었다가 그것을 길잡이로 차돌이를 찾아와 만난 것이었다. 둘이서 손을 잡고 차돌이 엄마 무덤을 내려오면서 범술이가 노래를 부른다. 그리하면 꼬박껏 같이 부르게 되어 있는데 차돌이는 그날따라 노래가 잘 안 되었다. 자꾸만 눈물이 나왔기 때문이다. 하지만 그것을 참다 보니 걸음도 늦어지고 따라서 배울도 늦게 되었다. 스승님한테 또 무랄(야단)을 맞았다. 이를 본 범술이가 그 까닭을 말하려고 할 적이다. 차돌이가 입술을 앙 깨무는 것이었다. 범술이도 무랄을 맞으면서도 배울에 늦은 까닭을 꿀꺽 눈물로 삼킬 만치 둘 사이는 정말 따스게 착끈했다.

어느 눈 오는 날 범술이는 차돌이가 아버지를 기다리는 차돌이의 옛집 처마엘 찾아갔다. 거기서 구운 콩 한 오큼을 불쑥, 그 콩은 눈이 하얗게 덮인 뙈기밭, 그 눈 위로 솟은 콩깍지, 거기에 달려 붙어 있어 들쥐도 못 따먹은 것이었다. 그것을 손을 혹혹 불어가며 따다가 지불(화로)에 하나하나 구웠다. 단침이 나왔지만 한 알도 안 먹고 차돌이를 준 것이니 오죽 무엇한가. 배도 고프고 그걸 차돌이가 아는지 맛있게 먹으며 너도 먹으라고 내주는 손이 새까맣게 얽어 있다. 아니라고 내젓는 범술이의 콧물은 한 자쯤 나왔고, 그렇지만 함께 껴안고 노래를 부르는데 그렇게 밝을 수가 없다.

"얘들아 나오너라 달 따러 가자~."

어느 날 매우 깊은 밤, 38금을 살금살금 넘어오던 차돌이가 발을 맹(헛)디뎌 미따꾼한테 잡히고 말았다. 움켜쥔 손에 대롱대롱 매달린 차돌이. 미따꾼이 웅크르는 것이었다.

"이따금 38금을 기어 넘던 그림자가 네놈이었구나. 어린 것이 어째서 넘어 다녀선 안 되는 이 38금을 몰래몰래 넘어 인석아. 다시 그러면 쏠 거야."

"몰래 넘는 게 아닌데요."

"그럼 왜 밤에만 넘어 다녀."

"집은 저 노녘, 우리 배울은 저 마녘이라, 우리 배울엘 가는 건데요."

"안 돼. 임마, 이건 이제 우리 미따꾼이 마음대로 하는 땅이야, 알겠어."

"아닌데요. 저기 저기엔 우리 엄마 밭이 있는데요."

"그건 다 옛날이야기야 인석아, 또 걸리면 쏘아버릴 거야" 그러면서 군밤까지 먹인다.

"아닌데요. 우리 엄마가 배울엔 꼭 다니라고 했는데요."

"네 이놈, 벗나래(세상)가 바뀐 것도 모르냐. 다시 걸리면 참짜로 쏠 거야."

차돌이는 밀려나오면서 생각했다.

'나쁜 아저씨들, 이제 곧 울 아버지가 오시면 일러주어야지.' 그러면서 문득 엄마 생각이 났다. 그래서 냅다 뛰면서 "엄마, 엄마, 왜 땅속에 계세요. 나쁜 놈들이 배울에 다니는 길도 빼앗는데 왜 땅속에 계시냐구요. 에이 우리 엄마, 엄마, 엄마" 울부짖으면서 더욱 빨리 냅다 뛰었다.

어느 날은 발을 맹 딛지도 않았는데 "게 섰거라" 소리에 냅다 뛰었다. 이때 뒤에서 '따다땅', 그만 논바닥에 엎어져 글묵(책)이 흠뻑 젖게 되었다. 하는 수 있는가. 젖은 채로 배울에 갔다가 스승님한테 손바닥을 맞았다.

"밤나닥 하루씩 거르고 그나마 늦고 이제는 글묵까지 물에 적셔갖고 배울엘 오다니, 네 어머니, 아버진 뭘 해. 그럴려면 배울엘 그만 다녀."

눈물이 쏙 빠질려고 했지만 차돌이는 꿀꺽 참았다.

어머니가 뭐라고 그랬느냔 말이다.

"차돌아, 어머니가 없더래도 너는 아물네야. 그러니 웃으며 살거라" 그러질 않았는가.

그러던 어느 날 깊은 가을로 접어들자 빠알갛게 익은 감 한 톨이 나무 맨 꼭대기에 대롱대롱 남아 있다. 어머니와 손을 잡고 지나던 생각이 난다. 이때다, 까치가 까악까악 따먹으려고 한다. 차돌이는 놓칠세라 잽싸게 올라가 감을 따 바지주머니에 넣고 어머니 무덤으로 가는데 저벅저벅 누가 쫓아온다. 냅다 뛰다가 돌맹이에 걸려 퍽, 이어서 '따다땅', 이 때문에 엎어지며 일으키며 어머니 무덤까지 와 감을 꺼내놓으려고 하니 감이 뭉개져 빠알간 껍줄만 남았다. 그 껍줄만 어머니 무덤 앞에 놓고 꾸벙을 하는데 눈물이 왈칵, 하지만 울음 없는 울음을 울지 않을 수가 없었다.

높은 뫼가 둘러치고 쭈악 뻗은 들녘, 눈이 펄펄 내린다. 38금이라고 써 있는 막대기도 쇠얼개(철조망)도 모두 눈으로 덮여버린다. 다만 그 38금을 가로지른 발자국이 저 노녘에서 마녘에 있는 차돌이 어머니 무덤까지 이어진 것을 보고 여러 따군들이 시끄러웠다.

"노녘에서 온 놈을 잡으라" 그거였다. 차돌이는 냅다 뛰었다. 차돌이는 배울 뒷간까지 달려오긴 했다. 하지만 눈 위에 발자국은 좀체 지워지질 않으니 어쩐단 말인가.

그런데 마침 범술이가 차돌이 엄마 무덤으로 차돌이를 만나러 왔다가 "노녘에서 온 것이 네놈이었구나", "아니다" 하고 옥신각신하는 바람에 차돌이는 멀리멀리 달아날 수가 있었다.

다시 봄이 왔다. 차돌이가 2학년이 되었다. 그러던 어느 날 또다시 38금을 몰래 넘다가 "게 섰거라!" 따다땅, 언덕에서 구르다가 논바닥에 첨벙, 젖은 글묵을 말리느라 이틀을 빼먹고 배울엘 가니 스승님도 애들도 손뼉을 쳐준다.

"우리 차돌이가 얼룩진 글묵을 메고서도 힘겹게 배울에 왔다"고 스승님이 등을 쳐주고, 이어서 한 사람씩 나와 제품(제가 좋아하는 것)의 노래를 하라고 한다. 차돌이도 나서 '울밑에 귀뚜라미 우는 달밤에~'라는 노래를 부르자 모두 혀를 찬다. "말 한마디 없던 애가 노래를 잘해도 정말 잘하네."

그래서 차돌이가 다른 배울과 노래 겨루기에 굴낯(대표)으로 나가기로 되었다. 늦게까지 개기(연습)를 한 다음 밤이 깊자 지친 몸으로 38금을 몰래몰래 넘으려는데 또다시 따다땅, 집까지 냅다 뛰어오긴 했다. 그런데 그만 몸살에 고뿔까지 겹치게 되었다. 몹시 아픈 밤, 목이 마른데도 물이 없다. 꿈적일 순 없고, 그러다가 깜빡, 차돌이는 꿈에 아버지를 보았다. 하얗게 늙으신 아버지는 "얘야 차돌아, 노래는 말이다. 아침에 부르면 떨리고, 한낮에 부르면 소리만 세지고, 저녁에 부르면 슬, 슬프……." 그러디가 아버지가 없어졌다.

"아, 아버지" 그러다가 한밤에 깨어보니 꿈. 춥고 떨려 일어날 수가 없었다.

그래도 배울을 가느라 38금을 넘는데 너무나 힘이 들어 주저앉고 말았다. 해가 떴다. 발 아래 개미떼가 줄줄이 마녘으로 가고 있다. '어허, 너희들은 너희 땅을 마음대로 왔다 갔다 하는구나. 그런 너희들을 밟으면 안 되지' 하고 비켜서며 종이에다 범술이에게 보내는 글월을 적었다. 그 종이로 종이배를 접어 냇물에 띄웠다.

"범술아, 나 오늘은 아파서 못 가겠어. 하제(내일)엔 꼭 갈게, 알았지" 하고.

기우뚱 기우뚱 떠내려가는 하얀 종이배, 그러나 그것이 마녘으로 넘어서자 키 큰 따꾼들한테 들키고 말았다. 종이배를 펴보다가 글귀가 야릇하다고 수군댄다. 이건 몰래몰래 노녘 이야기를 마녘에 알리는 수군(비밀문서)임이 틀림없다고 수군수군. 그때 차돌이는 이때다 하고 냅다 뛰었는데 "누구야, 게 섰거라!" 따다땅, 냅다 달아나며 차돌이는 투덜댔다.

'왜 어른들은 나 같은 어린 꼬마를 배울에도 못 가게 하는 걸까. 저네들은 아들딸도 없는 건가. 모르겠구나, 모르겠어' 그러는데 또다시 따다땅, 따따 따따땅. 그 뒤 차돌이의 글묵 보자기만 냇물에 떠내려 오다가 풀숲에 걸렸을 뿐 차돌이가 간 곳은 알 길이 없었다.

이 이야기를 범술이로부터 들어 알게 된 차돌이의 스승님은 깜짝 놀라며 범술이를 비롯 여러 애들이 찾아 나섰지만 알 길이 없었다. 그러나 범술이만은 배울도 집어치우고 차돌이를 찾아 헤매게 되었다.

"차돌아, 차돌아."

그 소리는 새벽하늘에도 울리고 한낮에도 울리고 밤에도 울리고, 덤자락에 부딪히며 메아리로 쩌렁쩌렁 울렸다. 하지만 메아리의 맞대는 차돌이의 것이 아니었다. 어디서 나는지 '타다탕' 따콩소리뿐이었다. 그래도 차돌이를 찾는 범술이의 젖은 소리는 울리고 또 울렸지만 끝내 차돌이를 찾았다는 소리는 아니 들려왔다.

다만 그로부터 예순 해가 지난 뒤다. 38금 둘레 어드메 차돌이 엄마의 무덤이 있음 직한 자리인지 진달래가 그리 푸성한 어느 두메엔 아흔이 넘은 앞을 잘 못 보는 어느 할아버지와 다리 하나가 없는 예순이 넘은 늙은이가 서로 얼싸안고 그렇게도 슬피 우는데 살구꽃잎이 비바람에 날리며 그 두 늙은이를 하얗게 휘어 감더라는 이야기다.

나는 늙지 않겠다 453

나 혼자 웅질 대는 안간 소리, '비나리'

다른 사람들은 어떤지 모르겠지만 나는 나 혼자서 웅질 대는 안간 소리가 있어온다. 우리 어머니께서는 그것을 '비나리'라고 하셨다. 그 가운데서 몇 나만 적어볼까.

아, 나의 밤은 새벽으로 열리는 게 아닌가 부지. 왜 이리 길고 깊은 걸까. 그래도 또 가자. 한살매(한평생) 밤 속을 가는 이에겐 발끝에서 새벽이 열린다고 하질 않았던가.

오늘만은 그림을 하나 그리자. 붓은 없어도 밤새 타버린, 새시까맣게 타버린 내 몸뚱아리, 그 시커먼 숯덩이로 만나는 놈 쪽쪽, 걸리는 놈 쪽쪽, 그 쌍통(얼굴), 그 등때기, 그 염통(심장)에 직직 북북, 간밤의 내 꿈 이야기를 하나 그려보자.

이봐,
거기는
그렇게 넓고 넓어도

네 거, 내 거가 없는 곳이야

쫄랑 주머니 따위는 쓸 데가 없으니

꽁쳐갈 생각일랑은 아예 하질 말어라

서러움 같은 것도 울어버릴 데가 없으니

남김없이 탈탈 털고

뭐라? 그래도 뉘우칠 것은 좀 챙겨가지고 가고 싶다고

어허 살아서도 못 뉘우쳐온 놈이

또 속여먹을라구. 지긋지긋해 임마, 때려치워 임마

그래도 네놈이 사람이라고 하면 마음의 눈만은 닫질 말어 임마

온몸을 지팡이처럼

마음의 눈만은 번쩍 뜨고

마음의 눈만은 번쩍 뜨고

　오늘 내가 맨 먼저 만나야 할 사람은 딴 사람이 아니다. 바로 나다. 나 백기완이라는 놈의 속, 그래서 떡하니 백기완이의 속으로 들어가 알짜 백기완이를 만나보니, 아이구야, 백기완이 이놈아, 어째 그럴 수가 있는가. 그래도 한때 뻘떡 꼴렸던 뿔따구(노여움)는 있었던 것 같은데 왜 그리 쪼글쪼글 주름이 졌어 임마, 엉? 또 무슨 뜨거운 것을 그리 많이 흘렸기에 구멍이 나도 천 길도 더 깊게 뚫려 있어, 임마. 어째서 속이라는 건 구석구석이 왜 그리 바랏한 잿빛이 되었으며 거기에 쉬다 만 한숨은 왜 그렇게 꼬드라져 밸밸 꼬여 있고, 그 속에 배어 있는 따끔한 한 모금이란 군말은 또 무어가. 그 밸밸 꼬드라진 구석에서도 따끔한 그 한 모금만큼은 죽은 뒤에라도 꼭 먹고 싶었다 그 말이가. 백기완이 네 이놈, 네놈도 남몰래

꽁치는 게 하나 있었구나, 네 이놈.

눈이 내린다. 눈이 오면 몽땅 버리고 저 눈길을 따라 내 라비(고향)로 갈 거라고 별러왔으니 벗자, 훨훨 벗고, 홀랑 벗고, 남김없이 벗고, 아, 내 라비로 가는 길에 내 무엇을 걸치랴. 속 생각, 그 생각의 더 속 알맹이, 그 누더기까지 몽땅 아낌없이 벗어버렸는가 싶은가. 웬일이던가. 가분재기 추위 깨어보니 또 꿈이었구나.

뭐, 미친 소고기를 먹고 미쳐 죽으라고? 주먹을 쥐었다. 엷은 마룻바닥을 조금만 내리쳐도 바사지는, 벌써 나간 주먹일망정 한사코 움켜쥐고선 거리로 나섰다. 이명박이가 됐든 코배기가 됐든 와라, 이 말이다. 한술쯤 앙짱 내리라 다짐하며 하루 내내 소리를 질렀을 뿐 한술도 써보질 못해서 그런가 부지. 젠장 그렇게도 굳세게 움켜쥐었던 주먹엔 식은땀만 배었구나.

이럴 수가, 이승만하고도 맞서 싸웠고, 박정희, 전두환과도 목숨을 걸고 싸워왔지만 이명박 준심(정권), 이건 준심도 아니고, 사람도 아니고, 그대로가 몽땅 때속(감옥)이구나. 그것도 입때껏 내가 겪어보질 못한, 몽땅 거짓말로 지은 거짓말 때속이구나. 이를테면 벽돌 한 조박도 거짓말, 모다구 하나도 거짓말, 서까래도, 밑돌(주춧돌)도, 기둥도, 지붕까지가 몽땅 거짓말로 얽은 거짓말 때속. 그 속에서도 거짓말로 사람들을 부리려 들고 거짓말로 찍어대고 거짓말로 뺏어대는 이 희한한 거짓말 때속. 볼 게 무엇 있나, 부셔라. 사람이라면 아무리 바보 멍청이인들 거짓말 때속에서야 어찌 살겠는가.

　살아보니 생각은 고요한 척할 수가 있었다. 그러나 마음은 조용할 수가 없더라. 날마다 썩어문드러진 톡(독) 꼬챙이가 덤터기처럼 날아드는데 어찌 가만히 앉았겠는가.
　보라, 바다가 저리 일렁이는 건
　밑물이 윗물을 뒤집는 물살이지
　깨비(신)의 노름(조화)이 아니고야
　보라, 가랑닢들이 저리 곤두박질치는 건
　물 위에 떠 있는 것들의 끝장이지
　바다가 꺼지는 게 아니라니까

　올 2009해 7달 24날 새벽, 나는 선잠에서 소스라쳐 일어나 앉았다. 이제 아침도 거르고 저 평택 쌍용 수레(자동차) 알맹이(노동자)들의 싸움터엘 가야 한다. 나는 떡하니 수레 안에서 〈북을 때려라〉는 내 찰(시)을 속으로 읊조렸다. 그러다보니 아침은 굶었어도 마침내 내 온몸이 불덩어리가 되었다. 그래서 주먹을 움켜쥐고 쌍용 수레 싸움의 바루(현장)에 이르렀다. 그런데 이럴 수가, 온몸이 쭈뼛. 아, 이럴 수가. 나는 휘둥그레진 내 눈깔을 굴릴 수조차 없었다. 이게 내가 예순 해도 더 넘게시리 온몸으로 모두날(민주화)이다, 알맹이들의 날래(해방)다, 어쩌고 하며 피눈물을 흘려온 이 땅이란 말인가. 무시무시하게 차린 오랏꾼(경찰)들이 한 덜컹(공장)을 숨 막히게 둘러치고 있다. 매톡(악독)하기로 이름난 미국의 '관타나모' 사람 뼉뼈(도살장)는 저리 가라였다.

이 무더운 여름에 먹고살겠다고 바둥이는 그 착한 알맹이들을 쪼매난 두 덤(창고)에 육백이나 몰아넣고 몇 날째 먹을 물을 끊고, 씻을 물을 끊고, 먹거리도 끊고, 탈난 사람들의 쏠풀(약)도 끊고, 똥오줌을 쌀 데도 없고, 잠자리 날틀(헬리콥터)은 거퍼 지붕 위를 웽웽 날며 매톡물(독극물)을 뿌려대고, 그것도 모자라 모다구 따콩(전기총)을 쏘아대며 사람들을 내 눈앞에서 내놓고 죽이고 있는 게 아닌가. 죽여도 이쪽저쪽 구멍에 불을 지펴 죽이는 오소리 잡이보다 더 얏싸하고 더럽고 께끔하고 매톡하게 죽이고 있다. 목숨만 죽이는 게 아니다. 사람의 마지막 이랄(인권), 사람의 맨 마지막 목숨 뻗대(자존심)까지 마구 짓밟고 자근자근 짓이기고 있다. 아, 이럴 수가. 오늘의 온골(전세계)에서 하나밖에 없을 뼉빼가 아니면 그 무엇이란 말인가.

우리 마들(판) 놀음에는 개마들(개판), 죽을마들(죽을판), 난장마들(난장판), 막마들(막판), 그리고 썩을 마들까지 있는데 이것들은 모두 못된 마들, 억은 마들을 말한다. 그 못된 꼭짓(점)을 모두 모은 것보다 더 끔찍한 마들이 이참 평택 쌍용 수레마당에서 벌어지고 있다는 것을 나는 이내 몸으로 부대끼게 된 것이었다. 쌍용 알맹이들만 죽이는 것이 아니었다. 이 땅의 모든 알맹이들을 죽이고 온골 알맹이들을 죄 죽이고 사람의 곧맴(양심)을 몽땅 죽이는 아, 평택의 뼉빼!

어쨌든 나는 거기서 '여는 말'을 하게 되어 있어 떡하니 나설 수밖에 없었다. 왈칵 쏟아지려는 것을 겨우 참고 섰는데 오랏꾼과 그 앞잡이들이 그래도 한살매 알맹이들의 아픔을 함께해온 날 보고 도리어 물러가라는 나발소리, 잠자리 날틀 소리, 치는 소리, 깨지는 소리, 내지르는 소리, 햇살은 뜨겁지, 그 때문에 귀와 목과 가슴이 메어 나는 곧 쓰러질 것만 같았다.

그래서 어차피 죽을 바엔 한바탕 하고 죽어야겠다 하고 소릴 질렀다. 내 말을 들었다고 하는 사람이 없을 만치 시끄러운 속에서 안간 힘으로 소릴 질렀다.

네 이놈, 이명박 준심 이놈!
썩하니 물러나라 이놈들!

하지만 알맥이 여러분, 힘을 내시라!
제 알통으로 먹고사는 알맥이는 썩은 나무, 죽은 나무엔 무릎을 꿇는 게 아니니,
알맥이 여러분, 알맥이 여러분! 끝까지 힘을 내시라.

눈물이 내 눈에서 흘러 나오는 것이 아니었다. 가슴속에서 뭉클뭉클 넘치는 것을 온몸으로 받으며 곧바로 서울 여의도에서 있을 말내미(언론), 굴대듬(방송국) 적네(기자)들의 싸움터로 달려오는 수레(차) 속에서도 내가 할 수 있는 건 딱 하나밖에 없었다. 남몰래 속으로 〈북을 때려라〉는 찰을 읊어대는 것이었다.

    우리는 모였다
    북을 때려라
    날마다 찢어지던 땀방울
    그 속에 어리는 쪼매난 검줄(승리)
    알맥날래(노동해방)의 깃발을 들고

우리는 이렇게 모였구나

북을 때려라

가슴을 펴라

우리는 이겼다

또랑물이 샛흘떼(샛강)가 되고

샛흘떼가 큰 흘떼가 되듯

몰아치는 저 알맥 날래의 아우내(아우성)

우리는 이겨야 한다

북을 때려라

보라 저 매톡한 독수리는 높이 떴지만

하늘을 여는 건 그들이 아니다

북을 때려라

보라 저 매톡한 뺏어대기 모랏돈빼꼴(독점자본주의)의 칼날은 번득이지만

벗나래(세상)를 여는 건 그들이 아니다

북을 때려라

오!

빛톨(창조)의 알기(주체)들이여

손에 손을 잡고 일어서라

알맥이가 밀리면

사람이 밀리고

알맥이가 진꼴(실패)할 것이면

갈마(역사)가 진꼴 나는 것이니
저 매톡한 모랏돈빼꼴
그 앞잡이 거짓꾼들의 낙지발
그저 토막토막 질겅질겅 끝장낼 때까지
북을 때려라
북이 없으면 가슴이라도 때리고
가슴마저 거덜 날 것이면
하늘을 때리고 땅이라도 쳐
일하는 이의 피눈물이 통하는 벗나래
일하는 이가 알범(주인)이 되는 벗나래
너도 일하고 나도 일하고
그리하여 너도 잘살고 나도 잘살되 올바로 잘사는 벗나래
노나메기 벗나래
아, 우리가 우리 손으로 일굴 그날까지
아, 우리가 우리 손으로 일굴 그날까지
북을 때려라
떵떵떵 북을 때려라

   이것을 속으로 읊으며 그날 늦은 셋 때결(시), 나는 여의도 마당까지 왔다. 비가 뚝뚝 떨어졌다. 이어서 여러 굴대듬의 굴대솔(방송인)들, 그리고 여러 새뜸(신문) 말내미들이 모인 자리에서 나는 또다시 한마디 했다. 온몸에 밴 한숨 끼를 안간힘으로 찢으며 나의 맨 밑두리에서부터 쌈불(바다 속 화산)처럼 치솟는 안간 쇳소리를 냈다.

"여러분! 이제 우리들은 딴소릴 내어선 안 됩니다. 우리네 소리, 뜻을 하나로 해야 합니다.

이명박 준심 몰아내자!

이명박 준심 물러가라가 아니라, 몰아내자!"

있는 대로 피를 내뱉고 돌아오며 나는 생각했다. 내가 이참 어느 겨락(시대)을 살고 있는 건가. 지난 저 먼 옛날, 예순 해 앞서로 되돌아가고 있는 건 아닌가. 그렇다. 나는 이참 지난 예순 해 앞서보다 더 치사하고 께끔하고 매톡한 이명박 막심(폭력) 앞에 맨 주먹으로 맞서 있다. 따라서 내가 젊어져야 한다. 그렇다. 내 나이에서 예순 해를 피눈물로 깎아버리자, 그리하여 늙은 젊은이가 되지 않을 수가 없구나, 하고 발을 구르며 다른 비나리 한귀를 떠올렸다.

누가 그랬던가.

"한 늙은이의 나이테를 까부셔 젊은이를 만들어내는 것은 돈이 아니다. 뚱속(욕심)도 아니요, 그렇다고 뚤커(용기)도 아니다. 깨지고 비틀리는 불림(진보)을 안간 힘으로 이끌어야 할 갈마털(역사적) 일목(과제)이다."

아, 누가 그랬던가.

기완아, 그 말만 믿자!

그 말만 믿자!

낱말풀이

ㄱ

가둘: 유치장.
가래: 땅을 뒤엎는 쟁기.
가래 있다: 말라 있다.
가랫딱: 증권(證券).
가랭이: '가랑이'의 입말.
가름: 재판, 판결, 심판. *-네: 재판장/ -마당: 재판정.
가분재기: '갑자기'의 우리말.
가짓: 시늉.
간들: '운명'의 우리말.
간소리: 물간소리, 빛깔이 바랜 소리.
갈구: 모순.
갈마: 역사. *-깨달: 역사의식/ -털: 역사적.
갈배우내: 여학생.
감나: 용납, 용서. *-하다: 용서하다.
감은 내: 후더분한 내.
감칠: 아름다움, 미적구조. *-털: 미적.
값: 가치.
갓대: 증거.
개개다: 어지럽히다, 끼어들다.
개골: 환자.
개기: 연습.

개나발: 개수작.
개띤: 개 같은.
개불: 낙오자.
갯뚝: 부두.
갸륵갸륵: 조심조심.
갸운날: 명절.
거대다: 불을 붙이다, 말을 붙이다.
거덜: 다 떨어진 (자락).
거둘: 대포. *물-: 물대포.
거머쥐기: 차지하기, 지배.
거슬: 저항.
거저: 공짜.
거퍼: 연속.
걷대: 정치. *-꾼: 정치꾼/ -마주주기모임: 정치협상회의/ -털: 정치적.
걷돌치다: 추상화하다.
건솔건솔: 대충.
걸: 층, 계단을 세는 단위. *세-: 3층.
걸기작: 장애물.
걸대: 조건.
걸돌: 층계, 계단.
걸치게: 걸상.
걸통: 장롱.
검줄: 승리, 성취.
겉돌: 형식. *-글나: 형식문학.
겉통: 간판.
계걸: 안간힘으로 주절댐, 마구 먹고자 함.
겨락: 시대.
겨레: 민족. *-맑티: 민족문화/ -털: 민족적.
겨루기: 경기.
고루: 균등.
고름: 균형.
고실: 명주.

고실빛: 은빛.
고치게: 의사.
고칠글파: 의학공부.
고칠데: 병원. *-마루: 병원복도.
고칠모배울: 의과대학.
고칠배우내: 의대생.
곤두박: 파탄.
곧맴: 양심.
곧울: 사진.
골게: 취미.
골터: 자주성.
괴난: 쓸데없는.
구장: 이장(里長).
군빛: 환상.
군불: 촛불.
굴낯: 대표. *함께-: 공동대표.
굴대: 방송. *-듬: 방송국/ -솔: 방송인.
굴랑: 예술. *-이: 예술가/ -털: 예술적.
굴텅: 타락.
굿: 연극, 모임, 회의. *-집: 극장.
그럴하다: 편하다.
그림네: 화가.
글나: 문학. *-갈마: 문학사.
글락: 소설. *-이: 소설가.
글묶: 책. *-두툼: 책가방/ 글묶올리게: 책상/ -읽기모임: 독서회/ -집: 책방, 서점.
글채림: 편집국장.
글파: 공부.
금: 선. *38-: 38선.
길눈이: 잔치나 모임의 주례.
길턱: 과정.
길퉁: 거리.
김물: 링거.

깃불: 전기.
깃줄대: 전봇대.
까끔: 조각, 조형, 조형물.
까리: 알지 못할 일.
깍치: 고발(告發).
깔끗: 성깔.
깜떼: 절망.
깜치: 정보기관원.
깡치게: 단단히.
께끼: 선물.
께달: 의식.
께비: 신(神).
께침: 지혜.
께풀: 진통제.
꺼리: 운동. *씨같이-: 농민운동.
꺽지: 노여움, 저항정신.
꺾심: 의지.
꺾임: 좌절.
께끔하다: 치사하다.
꼬꼬밥: 반깃밥. 쌀은 별로 없고 좁쌀이나 보리쌀이 많이 있는 밥.
꼬닥: 비판.
꼬지: 표.
꼭값스럽다: 아주 기특하게 재미있다.
꼭적: 정리.
꼭짓: 점.
꼰아보다: (무게 등을) 달아보다.
꼴나위: '꼬락서니' 란 말의 애교를 띤 말.
꼴눈: 증오.
꼴새: 꼬락서니.
꼼: 도(℃, 度).
꼼손: 꼼수.
꼽: 밀리미터. * 열여섯-: 16밀리.

꽃독: 화분.
꽈이팅: 과녁지르기, (축구에서) 골인.
꾸럭: 조작.
꾸럼: 창작.
꾸럼모임: 발기위원회.
꾸뻥: 절, 인사.
꾸설: 의리.
꾸시렁대다: 입속말로 웅얼대다.
꾸정하다: 비겁하다.
꿀밑: 영하.
꿀위: 영상.
꿍셈: 음모.
꿍실꿍실: 곰팡이 낀 낡은 살림살이.
꿰찬이: 박사.
끄데이: 머리채.
끄름: 그을음.
끈매: 인연.
끌덩이: 숯.
끌수레: 휠체어.
끔쩔: 위험.
끝가서: 마지막쯤.
끝머리: 말기.
끼고: 교장.
끼꺽: 기질.
끼발: 감수성.
끼숭: 신호.
낌낌하다: 불안하다, 멋쩍다.

ㄴ

나간이: 몸을 못 쓰나 정신은 말짱한 이, 병신.
나발떼: 선전꾼.
나척: 권리.
난날: 생일.
난이: 공주.
날감: 횟감.
날굴대: 생방송.
날끼: 생기.
날나발: 소문.
날노래: 유행가.
날떨구: 날벼락.
날래: 해방. *-꺼리: 해방운동/ -한나: 해방통일.
날분: 장, 종이를 세는 단위(한 장, 두 장).
날치: 생선.
날터: 비행장.
날틀: 비행기. *잠자리-: 헬리콥터.
납쇠: 재벌, 돈밖에 모르는 구두쇠.
내: 연기.
내놓기: 석방.
내대: 시위.
내댈: 발표.
내댐: 선언.
내미: 표현.
내빛: 기색.
내줄: 외교. *-통길: 외교관계.
내지르다: 차다.
내질: 발음.
냴판: 결정적. *-으로: 결정적으로.
냄: 안내.
냄내: 사회자.
냄을 내다: 배웅하다.
냇길: 이념.
넋살: 정신. *-없이: 정신없이.
널마: 대륙. *-스럽다: 대륙적이다.
널짝: 판때기.
노녘: 북쪽.

노다지: 늘, 늘상.
노래마당: 음악회.
노름: 조화(造化), 만물을 창조하고 기르는 대자연의 이치.
놀마: 운동장.
놀이돈: 금융, 금융자본.
놀투: 장난.
높뗭: 찬양. *-소리: 찬송가.
누골: 강당.
누룸: 자연. *-스레: 자연스레/ -쪼알: 자연과학.
누리: 우주.
누리끼리: 귀금속, 금.
눈걸게: 안경.
눌데: 방. *안-: 안방/ 홀-: 독방.
눌비: 침대.
뉘희깔: '눈'의 입말, 눈깔.
뉘희꾸멍: 눈.
뉘희꾸멍처럼 메탱탱하다: 썩은 굴비처럼 눈빛이 살아 있지 않음.
늘쿠다: 늘리다, 연장하다.
님내: 우정.

ㄷ

다구리: 몰매.
다그치다: 몰려오다.
다락: 수준, 경지, 강자의 순위, 강(强). *네-: 4강/ 열여섯-: 16강.
다룸: 시험.
다부: 부탁.
닦기: 도장(道場).
달구름: 세월.
달구질: 스스로 자기 의지를 뜨겁게 달구는 것.

달놀이: 운동회.
달뜨게: 열심히.
달라: 명제.
달리: 대신에.
달매: 달력.
달품: 월급.
답쌔기다: 때리다.
당탕: 포탄.
대갈찌: 대가리.
대들: 도전.
대들할: 헌법.
대뜸: 당장.
대로: 자유.
대할: 불법.
댄: 반(反), 반대. *-으로: 반대로/ -갈마: 반역사/ -검뿔: 반제국주의/ -고루: 반균등/ -굴랑: 반예술/ -대로: 반자유/ -뗴: 반대당, 야당/ -맑티: 반문화/ -불림: 반진보/ -알목: 반생명/ -잔잘: 반평화/ -한나: 반통일.
댄욱: 반발.
댄이: 반대자.
댄척: 반대.
댑새: 모양, 유형.
댓거리: 서로 다른 뜻을 주고받는 것 그리하여 공통점을 찾아가는 것, 면접.
댓님: 당신.
댕이: 도장(圖章).
더덩: 더 이상.
더듬: 관념, 사고.
더듬하다: 어눌하다.
더러: 등(等).
더부땅: 식민지.
던적: 사람 몸에 들어와야 살아가는 병균.

덜컹: 공장. *쇠-: 철공장.
덤: 산. *-골: 산고랑/ -골짝/ -더미:
　산더미/ -덩이: 산덩이/ -불: 산불/ -뼈알:
　산자락.
덤덤이: 듬성듬성, 어름어름.
덤터기: 다 해진 누더기, 무너지는 쓰레기 산.
멋이름: 별명.
덧침: 군말.
덩메: 덩치 큰 몸뚱이.
덩커리: 커다랗고 많은 양을 일컫는 무더기, 장애
　물.
덮개: 외투.
도들하다: 잘 익지 않아 맛이 없어 보인다.
도랫니: 종교인.
도루: 다시.
도막: 사이.
도지: 먹구름, 시커먼 비구름.
도틈: 제목.
돈놀: 은행.
돈빼꼴: 자본주의.
돈지르기: 투기.
돈고저: 위하여.
돋울: 응원.
돋움: 확대경.
돌가리: 석탑.
돌덤: 채석장.
돌림쇠: 사기꾼.
돌림탈: 전염병.
되여울지다: 여울이 다시 여울지다.
뒷마: 돛 없는 작은 배.
뒷싸게: 심지어, 심하게.
뒷싸지다: 거세지다.
뒷차다: 강하다.

두덤: 창고.
두술: 두 번.
두아집집: 쌍과부집.
두하: 동지(同志).
둠속: 지하. *-새뜸: 지하신문.
뒤꺾: 반동.
뒤늘: 소감.
뒤주: 안내.
뒷깡: 야만인.
뒷놀음: 유착.
뒷덤: 뒷동산.
뒷틀: 오해. *-하다: 오해하다.
드락: 무대.
들락: 문. *큰-: 대문/ 큰-짝: 대문짝.
들락눌데: 문간방.
들랑이: 재야, 썩은 권력에 반대하여 맑은 마음으
　로 싸우는 이들.
듬메: 위원장.
듬직: 사상.
등빼기: 반란, 반역, 배신, 배신자, 역적. *-털:
　반역적.
따구니: 악마.
따꾼: 군, 병사, 병정, 군인. *-가름: 군사재판/
　-노래: 군가/ -등빼기: 군사반란/ -막틀: 군
　사독재/ -38금: 38선, 군사분계선/ -수레:
　군용차/ -오랏: 헌병, 헌병대.
따라: 절차(節次).
따름따름: 점점.
따릉: 전화.
따붓: 연필.
따콩: 총. *손-: 권총.
따콩멎데: 휴전선.
딱빨하다: 단호하다.

딱선이: 하나도 모르는 이.
딱지: 신분증.
딴먹거리: 별식.
딴집: 별장.
땅거: 악단.
땅별: 지구.
땅불쑥자리: 특권.
땅불쑥하니: 특히.
땅불쑥하다: 특징적이다.
땅불쑥한: 특별한.
땅술: 장례. *-접네: 장례식.
땅지: 병, 병을 세는 단위.
땅지: 사람 아닌 사람, 속이 빈 사람.
때: 감옥. *-살이: 감옥살이/ -속: 감옥 속.
때결: 시간.
때둘: 시계.
때박: 순간, 찰나.
때박때박: 순간순간.
때지기: 간수, 정보원.
때참: 계기.
때활: 기회.
땔감개비: 장작.
땡땡이: 속이 좁은 사람.
땡저미: 전차, 쇠수레.
떠방: 반응.
떨구: 벼락.
떨방: 어깨에 메는 끈.
떨썩하다: 시끄럽다.
떨짐: 책임.
떴다 고고: 마구 소리 지름. *떴다 고았다: 마구 소리를 질렀다.
떵딱: 장단.
떵이: 천재.

떼: 무리들.
똑: '단' 하나 또는 '단' 둘이 그럴 때 쓰는 말.
똑뜨름: 역시.
똘뱅이먹줄: 시장경제.
뚝: 반(半).
뚝샘: 영웅.
뚝쇠: 우두머리, 영웅.
뚝찬이: 세력.
뚤커: 용기.
뚱속: 욕심.
뜨겅: 열(熱).
뜨끔: 열사.
뜨매: 감동.
뜨저구니: 떼쓰기, 심술.
뜬소리: 맨 앞에서 지르는 소리.
뜸꺼리: 문제.
뜻말: 취지문.

ㄹ

라비: 고향.
래빛: 진달래 빛.
랭이: 민중. *-검줄: 민중승리/ -굴랑: 민중예술/ -소래: 민중후보.
르말: 팻말.
리야: 축하, '늴리리야'의 준말. *-하다: 축하하다.
리킴: 궐기.
릿금: 영상.

ㅁ

마구대기: 협박.
마구말: 공갈.
마구죽이기: 학살.

마녘: 남, 남쪽.
마다해: 연년생.
마들: 판. *개 – : 개판.
마들마들: 판판이.
마땅쇠: 결국, 결코.
마룩: 국물.
마주: 도시.
마주한: (~에) 대한.
막대: 검사, 검찰.
막스대게이: 더벅머리.
막심: 폭력.
막집: 판잣집.
막틀: 독재. *–네: 독재자/ –준심: 독재권력.
말낚시: 말로 딴지 걸기.
말내미: 언론.
말네: 변호사.
말떨: 명령.
말뜸: 화두.
말림: 온몸으로 말함.
말매김: 언약.
말수레: 역마차.
말쩨다: 편치 않다.
말통: 전화. *–틀: 전화기.
맑결: 문명.
맑음: 순정.
맑티: 문화. *–꾸럭: 문화조작/ –꾸럼: 문화창작/ –네: 문화인/ –듬: 문화재/ –울: 문화관.
맘판: 절정.
맛나: 요리.
맛돌: 시장.
맞값: 벌금.
맞결: 대비.
맞글묵: 교과서.

맞대: 대답.
맞섬: 대항.
맡길: 통장.
매가지로: 풀기 없게.
매걸: 장교.
매기다: 정하다.
매돌림: 전환.
매멱: 노예.
매인네: 소시민. *–털: 소시민적.
매콤알: 최루탄.
매톡물: 독극물.
매톡하다: 악독하다.
매팡석: 가마니보다 넓은 낟알 까는 까래(황해도 말).
맨마루: 절정, 최고차원.
맨품: 매일 받는 품삯. *–쟁이: 비정규직.
맴치다: (술 등에) 취하다.
맵지다: 결정하다.
맷쌈: 확인.
맹: 가짜, 헛것. *–잔치: 위장결혼.
맹디디다: 헛디디다.
맷말: 결론.
머리적글: 신문 1면의 머리기사.
먹개: 벽, 담. *–그림: 벽화.
먹떼: 보수반동.
먹줄: 경제. *–배데: 경제학자.
면개: 차례.
면말: 이야기, 신화.
면얼: 무의식.
멀턱 눈: 보아야 할 것을 못 보는 눈.
멋가락: 반지.
멋떨: 인기.
멋춤: 기본사위.

멍청: 천정.
멎데: 정거장.
멎을데: 휴게소.
메베: 번역. *-하다: 번역하다.
메척: 원래, 원체, 본래.
멕: 목욕. *-감다: 목욕하다.
멕뻬기: 암살, 살인마.
멕쟁이: 가마니보다 큰 것을 이르는 황해도 말.
멕치기: 사냥.
모다구: '못'의 황해도 말.
모두날: 민주화.
모두다: 모으다.
모랏돈: 독점자본. *-빼꼴: 독점자본주의.
모쁘리: 합창.
목꽂이: 쪼매난 일이든 큰일이든 온몸으로 들이댐.
목두가지: '목'의 입말.
목인줄쫄: 편도선암.
몰개: 파도, 몰려오는 물살.
몰두: 원본.
몰아따콩: 기관총.
몰아쏘기: 집중사격.
몸끼: 본질.
몸실: 체통.
못알: 오해.
무달: 침묵.
무랄: 야단.
묵사림: 도서관. *나라-: 국립도서관.
묶냄: 조직.
문길: 기별.
물떨기: 폭포.
물쫄: 수도. *함께-: 공동수도.
물찌: 물똥, 설사.

물코: 체제(틀거리).
물통: 척(隻), 배를 세는 단위.
미념: 소용.
미따군: 미군.
미약: 갑자기 넘어지는 모습을 나타내는 의태어.
미쟁이: 덧칠하는 이.
밀게: 등사판.
밀굿: 농성.
밑깔: 보장.
밑돌: 주춧돌.
밑두부: 순두부.
밑떼: 저력.
밑짱: 기초.

ㅂ

바걸: 현상.
바구하다: 필요하다.
바깥마당: 노천극장.
바깥채: 사랑채.
바라대: 야바위.
바래: 실존.
바램: 기대.
바루: 현장.
바발: 작품.
바투: 현실.
밝빛: 밝으면서도 활달한 빛.
밟배하다: 겁탈하다.
밤나닥: 밤낮.
밥네: 식구.
배길: 학기.
배눌: 교실.
배데: 학자.
배밀네: 소작인, 붙어사는 이.

배알: 내장.
배우내: 학생. *돌-: 중학생/ 선-: 고등학생/
  모-: 대학생.
배울: 학교. *한-: 초등학교/ 선-: 고등학교/
  모-: 대학교.
배자로: 우연히.
배터: 학벌.
백땅놈: 남의 것을 빼앗고 죽이고 못된 짓을 일삼
  는 사람.
백술: 백 번.
백주하다: 시시하다.
뱃길: 발길질.
뱃멀: 항구.
뱅이집: 난민수용소.
버럭없다: 뜬금없다.
벌짝: 회사.
벗나래: 세상.
벙거지: 모자.
보두다: 성화를 부리다.
보뒤: 사전(辭典).
복다니: 중심, 한가운데.
볼통: 티브이.
뵈기: 장면.
부랄: 심문, 조사.
부러: 자청해서.
부릉수레: 불도저.
부림: 변혁.
부셔: 원수, 적. *-놈: 원수놈.
부아: 노여움.
불기: 선언, 성명.
불끈: 노여움.
불나락: 불티.
불동이: 난로.

불떨: 폭탄. *개금-: 핵폭탄.
불떨구: 벼락.
불림: 진보.
불방: 폭격.
불부등: 사람의 귀한 부분 그 위를 말함.
불쌈: 혁명. *-꾼: 혁명가/ -찰니: 혁명시인/ -
  털: 혁명적.
붙이게: 테이프, 풀.
비껏: 피난, 피난민.
비끼다: 숨다.
비당: 예술적으로 빼어난 이.
비받이: 우산.
비알들락: 유리창.
빈묵: 공책.
빈팅: 공간.
빈홀: 공기.
빌린거: 택시.
빛톨: 창조. *-털: 창조적.
빛동저고리: 색동저고리.
빠구: 돌덩이, 깨지지 않는 결심.
빠끗히: 밝은 눈으로.
빠데: 군대, 부대. *미-: 미군부대.
빠저: 유독.
빼꼴: 주의(主義). *검뿔-: 제국주의.
빼난꼴: 전형성, 전형상. *-털: 전형적.
빼난이: 장군.
빼내다니다: 도망 다니다.
빼대기: 강도(强盜).
빼돌: 전환점.
빼발: 국경.
뺑손: 마을의 원(군수), 수령.
뻗난길: 고속도로.
뻗대: 자존심.

뼈깡치: 뼈다귀.
뼥뼤: 도살장, 지옥.
뼥쇠: 순정을 겁탈하는 놈.
뼥치다: 짓밟다.
뽀덜: 선수(選手).
뽑기: 선거.
뿔대: 노여움, 분노.
뿔따구: 노여움, 분노.
삐까집: 똥뚝간.
삐알: (산)자락.

ㅅ

사갈: 죄. *-놈: 죄인/ -짓: 범죄/ -치: 범죄조 직/ -티: 범죄단서.
사두이: 허리.
사름사름: 얌체 눈치 보듯.
사리: 처지.
사릿: 감상.
사맴: 민심.
살: 죽음.
살갖다: 따습다.
살냄: 정서.
살네: 간첩, 정탐꾼.
살뜻하듯: 사람의 살같이 미더운.
살티: 인생관.
새긴돌: 시비, 비석.
새김: 서명. *새김말: 좌우명.
새내기: 신입생, 신입사원, 새색시, 새신랑.
새녘: 동쪽.
새뜸: 소식, 신문, 뉴스. *-딴글: 신문호외.
새롬: 기억.
새름: 정.
새시깜해지다: 아득해지다.

새찰대다: 까불다.
선자: 지위(地位).
설무덤: 모르는 무덤.
설정: 근심.
섬김발: 제사상.
섬짓하다: 섬뜩하다.
섯빨: 장수의 기개, 기상.
세딱: 세 가지.
소들: 효자.
소래: 후보.
소리통: 라디오.
소맥밭: 목장.
속떼기: 속없는 멍청이.
속임손: 속임수, 사기 치기.
속쫄: 위암.
손놀: 수술.
손불: 손전등.
손출하다: 간단하다.
손탕탕: 수류탄.
솟굿: 발전.
솟을 돌다: 넘쳐나다.
쇠그물: 철조망.
쇠눌: 프레스.
쇠들락: 쇠창살.
쇠몰: 철로.
쇠벙거지: 철모.
쇠뿔이: 빼어난 이, 영웅.
쇠얼개: 철조망.
수군: 비밀문서.
수레: 차. *긴-: 기차/ 쇠-: 전차/ 함께-: 버스.
술끼: 취기.
숫떵: 처녀.
슬멋: 재주.

숨앓이: 진폐증.
승방뜰: 서울의 사당동.
시꺼먹다: 놀라다, 혼나다.
싸움꾼: 전사.
싸지: 안보.
쌀두덤: 쌀을 보관하는 창고.
쌈불: 바다 속 화산.
쌔껌하다: 진저리치다.
쌔려: 축구에선 '슛'이라는 말.
쌔벼보다: 훔쳐보다.
쌔코라뜨리다: 망치다.
쌔코라지다: 망하다.
쌍이로구: 도대체.
쌍통: 얼굴.
써물대다: 근질대다.
썩버섯: 독버섯.
썩벌: 퇴폐.
썩음: 부패.
썩풀: 독풀.
썰통: 난장.
썰품: 비극.
쏘탈: 당뇨병.
쑤기: 전시회.
쓰게종이: 원고지.
쓴턱하다: 독하다.
쏠루: 가루약. *-장수: 약장수.
쏠바늘: 주사.
쏠새: 소비. *-맑티: 소비문화.
쏠샘: 기술.
쏠턱하다: 중요하다.
쏠풀: 약초.
씨갈이: 농사. *-꺼리: 농민운동/ -꾼: 농민, 농사꾼/ -마을: 농촌/ -바루: 농촌현장.

씨알갱이: 속이 든 모습.
썩돌: 석탄. *-캐기: 탄광.
씹씹이: 멋쩍게, 쓸쓸히.
셋것: 청산.

ㅇ

아각대다: 아우성치다.
아글아글: 악착스럽게 볶아대는 모습.
아낙: 내부.
아님: 여사.
아달: 감독.
아달째: 넘어도 넘어도 끝이 없는 재.
아뒤: 사정.
아맹: 가치.
아무려나: 물론.
아물레: 절대.
아뿔스레: 어쨌든지.
아우내: 아우성.
아주마루: 영원 *-로: 영원히.
아줌: 여인.
아질하다: 정신이 팽하다, 안타깝다.
아침돌이: 순회.
안둘: 반, 우리 반.
안맴하다: 미안하다.
알가대기: 짜대기, 시끄럽게 대들다.
알각: 세게 타오르는 불길.
알각대다: 마구 소리지르다.
알기: 주체, 중심, 본부, 주인공. *곧은-: 맨 가운데, 총본부.
알떼기: 형상.
알라바치기: 아첨.
알로: 실제로.
알로는: 사실은.

알림: 청첩.
알맥: 노동. *-꺼리: 노동운동/ -날래: 노동해
    방/ -이: 노동자.
알목: 목숨, 생명. *새-: 새생명.
알범: 주인.
알짜: 실체.
알짱: 시비. *-대다: 시비를 걸다, 깐죽대다.
알찐하다: 앙상하다.
암똘뱅이: 지식장사꾼.
앗딱손: 거짓손.
앗딱수: 속임수.
앗싹: 산산이 아스러지거나 깨지는 소리 또는 모
    양새.
앙짱: 박살.
앙짱처리기: 폐기.
애나무: 묘목.
애뜻: 사랑스러운 뜻.
애루: 동생.
애숭이: 애송이.
야릇한: 이상한.
얀사이: 사기꾼.
얄떵: 못된 권력가.
얏싸하다: 치사하다, 비정할 정도로 모질다.
어림빨: 상상력.
어먹하다: 위대하다.
어발: 위기.
어적: 미물(微物).
어정: 서글픈 넋두리. *-을 띄우다: 서글픈 넋두
    리를 띄우다.
어정하다: 서글퍼서 어릿어릿하다.
어즈버: 감탄사 '아'의 옛말.
억은: 모자란, 잘못된.
언니: 형.

언마: 장모.
언애: 형제.
얼근: 마구 갈라지고 터지고 꼬인.
얼낌에: 얼떨결에.
얼대: 어리석고 정신없는 놈.
얼떵: 어서.
얼른짝: 유리.
얼쌈: 잠깐, 잠시.
얼쩍한: 얼빠진, 헤아리지 못하는.
얼추: 혹. *-나: 혹시나.
얼쿠다: 얼리다.
엇대서: 비교해서.
엇차: 사람 씨.
엔만: 보통.
엠병: 장티푸스.
역울: 빈소.
열나: 만약. *-에: 만약에
열릴마당: 대회장.
열모: 다양성.
염통: 심장.
엿메기: 엿판.
옛살라비: 고향.
오람: 인류. *-맑티: 인류문화.
오랏꾼: 경찰.
오랏집: 경찰서.
오큼: 시간의 분(分). *다섯-: 5분.
오틀: 논리.
오할: 합법.
온골: 세계. *-갈마: 세계역사/ -투난: 세계기
    록.
온골매둘: 국제연합.
온골통차기몰대: 국제축구연맹.
온낮: 하루 내내.

올갱이: 씨앗.
올곧: 정의.
올리게: 상. *밥-: 밥상.
옴박: 잔. *한 옴박: 한 잔.
옹근: 통채.
옹금: 급소.
와라와라: 시끄러운 소리.
왜검뿔: 일제. *왜놈검뿔빼꼴: 일본제국주의.
왜드라지다: 꼬이고 터져 저리다. *오금이-: 오금이 저리다.
우길: 동기, 계기.
우당: 전쟁. *-내댐: 선전포고.
우등불: 산사람들이 어딘가로 떠났다는 것을 알리는 통나무 불.
우람 소슬하게: 우람하면서도 정답게.
우럼하다: 존경하다.
우발: 원장.
욱: 기.
욱끈: 건강. *-하다: 건강하다.
욱셈: 강박.
욱썰욱썰: 몹시 쑤시는 상태.
울거: 영웅.
울내빼꼴: 민주주의.
울커: 강요. *-대다: 강요하다.
웃내: 회장.
웅질대다: 웅얼거리다.
웅쿠름: 협박성 있는 말투.
으뜸: 최고.
으스렁: 으스름.
을러대기: 힘이 빠진 사람에게 힘내라고 돋구어 주는 말.
응큼: 흉칙한 음모.
이내: 곧, 곧바로.

이닦솔: 칫솔.
이덧: 연상. *-하다: 연상하다.
이랄: 인권.
이룩: 성취.
이름: 알리다, 계시.
이물: 선봉, 앞장서다.
이응집: 초가집.
익난이: 전문가.
일때결: 노동시간.
일떼: 교무실.
일렁: 사태.
일매기: 사무실.
일목: 과제.
입성: 옷.
잇대: 전통.
잇줄: 전설.

ㅈ

자맥: 정화.
자못지게: 멋지게.
잔잘: 평화.
잘룩: 볼이 쏙 들어가게 웃는 모습.
재름: 교수(敎授).
재자: 만들자.
잽싸게: 빠르게, 날래게.
잿집: 궁궐, 기와집.
쟁말: 분위기.
쟈갈쟈갈: 쇳소리처럼 소릇한.
저녘: 서쪽.
저녘바다: 서해.
저랑: 양쪽.
저분한: 착하고 어리숙한.
저치: 아득하고 끝없이 넓은 들, 시집장가. *-가

다: 시집장가 가다.
적글: 기사.
적네: 기자. *-만남: 기자회견.
적투: 공법.
접시: 사기꾼.
젓낌: 간섭.
젓님: 연인.
젖골: 여관.
젖으시다: 쉬다.
제갈구: 자체모순.
제깐: 인품, 품성.
제밑: 자신.
제밑게: 자신 있게.
제불: 화신.
제빛: 부활.
제젓끔: 서로, 제각기.
제참: 자격.
제품: 자기가 좋아하는 제 모습.
조갑지: 조개.
조리: 방법.
조잘머리 없는: 재수 없는, 얏싸한.
종집게: 족집게.
주발: 공청회.
주전부리: 안주.
준뼘: 자(길이를 재는 단위).
준심: 정권, 권력.
줄창: 늘, 늘 상.
쥐썩풀: 쥐약, 독약.
지기: 수위, 지키는 사람.
지끈하다: 독하다.
지난: 내력.
지루: 권태.
지룻: 유해.

지불: 화로.
지재: 혼례.
지킴이: 경호원.
진꼴: 실패. *-나다: 실패하다.
짐수레: 트럭, 짐차.
집데: 주소.
집마름꾼: 건축가.
집안가두기: 가택연금.
짓나: 설계. *-돈: 설계비.
짓불: 정책.
짓싸: 탄압.
짚세기: 짚신.
짜나리(까나리): 연평도 둘레에서 잡히는 멸치 비슷한 고기.
짜배기로는: 사실은, 실제로는.
짜임: 연출.
짜통: 사건.
짜퉁: 궐기.
짝팔: 운, 운수.
짠까: 제도.
짠틀: 계획.
째눈: 감시.
짼지밥: 김치밥.
쪼각: 분단. *-거머쥐기: 분단지배/ -막틀: 분단독재/ -맑티: 분단문화/ -물코: 분단체제.
쪼개놓기: 분단.
쪼알: 과학. *-털: 과학적/ -털 더듬: 과학적 사고.
쫄: 암. *-끝머리: 말기 암.
쭈빗: 긴장.
쭉박: 겁.
쭉칼: 창.
쭐: 복, 푸짐한 것이 안기는 것('복 받으세요' 할

때 '복'으로 쓰임).
쭐이타다: 급하다.
찌이름: 명예.
찍게: 사진기, 촬영기.
찍줄: 전기줄.
접접: 반찬.

ㅊ

차름: 시작. *-하다: 시작하다.
착끈하다: 친하다.
찬굿: 영화. *-글묵: 영화대본/ -벌짝: 영화사/ -지기: 영화감독.
찰: 시. *찰니: 시인/ 찰묵: 시집.
찰가루: 석고.
찰석하다: 다정하다.
찰흙붙이게: 깁스.
참굿: 실극.
참외둘: 원두막.
창고: 방향.
채알: 천막.
챔: 검사.
천발: 수건.
천수레: 완행열차.
철썩: 세력.
청대: 배우.
초리: 갈등.
촉고: 손자.
촉네: 손녀.
치발: 침략, 침략자.

ㅋ

컹대: 정부. *컹대집: 정부종합청사.
코다리: '벌레가 먹었지만 고기는 고기다' 라는 뜻.
코질: 아편.
콩콤: 재미. *-있다: 재미있다.
큰발: 확성기.

ㅌ

타난: 운, 운수.
타들: 상여.
탈: 병. *-돕네: 간호사.
터감: 학문.
털: 적(的), 명사 뒤에 붙어서 상태를 나타내는 접미사.
텀불: 유세.
텅박: 허무. *-빼꼴: 허무주의.
톡: 독.
톱살: 욕.
통: 칸.
투난: 기록.
툴: 봉지.
퉁: 공. *-차기: 축구.
퉁겁다: 원통하다.
퉁차기: 축구. *-놀마: 축구장/ -몰대: 축구협회/ -뽀딜: 축구선수.
퉁차기 온골 큰잔치: 월드컵.
틀거리: 체제.
틀거지다: 고장나다.
틈살: 차이.
틔알: 사람. *한-: 한 사람.

ㅍ

팍내: 부부.
팍말: 손해.
팍삭: 멸망.

팔락: 흥분.
패대기: 칠성판.
패림: 진단.
패박: 상징.
펏침: 철학.
푸둘하다: 귀하다.
풀쩍: 해결.
피불: 난로.
피붙이: 친척

ㅎ

하기: 실천. *-빼꼴: 실천주의.
하루거리: 말라리아.
하제: 내일, 희망.
하주물코: 사회체제.
한나: 통일. *-꺼리: 통일운동/ -털: 통일적.
한나홀셨: 통일독립. *-홀셨나라: 통일독립국가.
한다리: 개새끼.
한따꾼: 일등병, 졸병.
한매: 활동.
한살매: 일생, 한평생.
한술: 한 번.
한참: 점심.
한축: 일단.
할: 법. *오-: 합법/ 오할로: 합법화로.
할대: 법칙, 원칙.
함께불기: 공동성명.
해: 년. *해름: 년대.
허파쫄: 폐암.
헌날: 매일, 만날.
헌디: 생채기.
헐껏: 기분.
헷술: 약점.

혓차: 칭찬.
호들테기: 기회주의, 기회주의자.
호물때기: '오무래미'의 사투리(평안, 함경, 황해).
홀곤: 반장.
홀셨: 독립. *-꺼리: 독립운동/ -꾼: 독립군.
환울: 영광.
후덤: 애국자.
훌치다: 쓰라림보다 더 심한 통증을 느끼다.
휫딱: 착각.
흘떼: 강, 강물. *한-: 한강.
흥얼: 곡(曲).
희깔: 재수. *-없다: 재수없다.
흰두루: 백두산. *-뼈알: 백두산자락.

사랑도 명예도 이름도 남김없이

초판 1쇄 발행 2009년 9월 25일
초판 5쇄 발행 2021년 3월 5일

지은이 백기완
펴낸이 이상훈
편집인 김수영
본부장 정진항
인문사회팀 권순범 김경훈
마케팅 천용호 조재성 박신영 성은미 조은별
경영지원 정혜진 이송이

펴낸곳 한겨레출판(주) www.hanibook.co.kr
등록 2006년 1월 4일 제313-2006-00003호
주소 서울시 마포구 창천로 70(신수동) 화수목빌딩 5층
전화 02)6383-1602~3 팩스 02)6383-1610
대표메일 book@hanibook.co.kr

ISBN 978-89-8431-355-2 03810

- 책값은 뒤표지에 있습니다.
- 파본은 구입하신 서점에서 바꾸어 드립니다.